Atlas cultural de
AMÉRICA ANTIGUA
Civilizaciones Precolombinas

GIROL SPANISH BOOKS
120 Somerset St. W.
Ottawa, ON K2P 0H8
Tel/Fax (613) 233-9044

Dirección editorial:
Julián Viñuales

Coordinación editorial:
Julián Viñuales Jr.

Dirección técnica:
Pilar Mora

Coordinación técnica:
Miguel Ángel Roig

Título original:
Atlas of Ancient America

Traducción y fotocomposición:
Thema, S.A.

© Equinox Ltd. (Oxford)
© Ediciones Folio, S. A.

**Edición especial y exclusiva para
Editorial Optima, S.L.**

Publicado por:
Ediciones Folio, S. A.

Dep. Legal: B-48505-2000
ISBN: 84-95300-24-9

Impresión:
Cayfosa-Quebecor
Santa Perpètua de Mogoda
(Barcelona)

Printed in Spain

AUTORES:
Michael Coe es profesor de
Antropología en la Universidad de Yale
y director del Museo Peabody de
Historia Natural.
Dean Snow es profesor de
Antropología en la Universidad Estatal
de Albany, en Nueva York.
Elizabeth Benson es investigadora
asociada del Instituto de Estudios
Andinos de la Universidad de
Berkeley, California.

Portada: Templo de Sol.
Palenque, México.
(Candy Lopesino,
Juan Hidalgo, INCAFO).

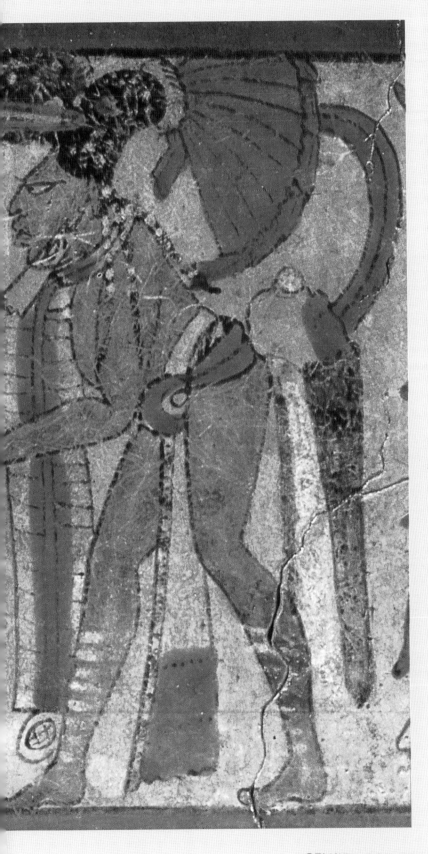

Atlas cultural de
AMÉRICA ANTIGUA
Civilizaciones Precolombinas
por Coe, Snow y Benson

EDITORIAL OPTIMA

ÍNDICE

Frontispicio. Cazadores y soldados representados en dos vasos mayas. El hombre sin vestiduras ha sido capturado y es llevado al suplicio.

Artículos especiales

Artículos locales

Lista de mapas

TABLA CRONOLÓGICA

	20000		10000	9000	8000	7000	6000	5000	4000	3000	2000	MILENIOS 1000	SIGLOS a.C. 0 d.C. 100

PANAMÉRICA

LÍTICO SUPERIOR (Alaska)

LÍTICO INFERIOR | LÍTICO MEDIO | ARCAICO (adaptación de bandas indias a entornos reducidos)

N. América | Clovis | Folsom | Tradición de punta lanceolada

h. 10 000 puntas y raspadores
El Jobo, Venezuela

Extinción de muchos animales gigantes h. 10 0000-8000 a. C.

Punta Folsom h. 9000 a. C.

Figurilla de Valdivia h. 3000-1800 a. C.

Cabeza olmeca, La Venta h. 900-400 a. C.

NORTEAMÉRICA

Culturas esquimales Estadio I

Culturas esquimales Estad. II

Esquimales Estadio III

Esquimales Estadio IV

Bosques orientales

Bosques orientales

Grandes Llanuras

Tradiciones prehistóricas del suroeste

Suroeste

Aparición de las tribus en California

Costa noroeste. Culturas arcaicas establecidas h. 7700 a. C.

MESOAMÉRICA

ARCAICO

FORMATIVO PRIMERO

CLÁSICO PRIMERO

Maíz en uso h. 5000 a. C.

Olmecas

FORMATIVO MED

Teotihuacán

Cultura Ocós ha. 1500 a. C.

Izapán

Cultura Barra ha. 1600 a.C.

SURAMÉRICA

Migración arahuaca a las Antillas

Cerámica en Puerto Hormiga, Colombia h. 3000 a. C.

San Agustín

Cultura de Las Vegas

Cultura de Valdivia

Chorrera

PERÍODO INICIAL

HORIZONTE PRIMERO

Chavín

Moche

Paracas

Nazca

Algodón cultivado h. 3500 a. C.

La metalurgia más antigua h. 1500 a. C.

| 300 | 400 | 500 | 600 | 700 | 800 | 900 | 1000 | 1100 | 1200 | 1300 | 1400 | 1500 | 1600 | 1700 | 1800 | 1900 |

Gunnbjörn avista Groenlandia 982 ● Asentamientos escandinavos en Groenlandia

Leif Erikson avista la Península del Labrador 986 ●

Asentamiento escandinavo
en L'Ansa aux Meadows,
Terranova

Cabot descubre Terranova 1497 ● Asentamientos europeos en Norteamérica

Tratado de Tordesillas 1494 ● 1539 Hernando de Soto
explora el SE de Norteamérica

Colón llega al Nuevo Mundo 1492 ● Conquista y ocupación española de México

Conquista y ocupación española de Perú

Colonización portuguesa de Brasil

Indios de la Pampa argentina exterminados
en la década de 1880

Vaso Moche
h. 100-500 d. C

Palacio Cliff, Mesa Verde h. 1100

Señor Chac Zutz de Palenque 730 d. C.

Estatuilla inca de plata

Culturas esquimales Estadio V

Cultura Adena

Cultura Hopewell   Bosques orientales. Cultura del Mississippi

Cultivo meridional aérea del Mississippi

Período de bosques de las Llanuras   Grandes Llanuras   Tradición coalescente

Introducción
de nomadismo a caballo

Grandes Llanuras   Período de aldeas de las Llanuras

Desierto Oeste y Suroeste   Cultura Fremont

Suroeste   Tradición Hohokam

Suroeste   Tradición Mogollón

Tradición Anasazi

Viviendas voladas en Mesa Verde

Culturas de California

Desarrollo de las culturas indias de la costa noroeste

FORMATIVO TARDÍO   CLÁSICO TARDÍO   POSCLÁSICO I   POSCLÁSICO TARDÍO

El Tajín

Toltecas   Aztecas

Monte Albán   h. 800 Colapso maya en las   Oaxacas   Mixtecas
tierras bajas del Sur

Civilización maya ●

Juego de pelota en Antillas; nuevos inmigrantes   Nuevas migraciones y estilos ceramistas

desarrollo regional   Período de integración

I PER.   HORIZONTE MEDIO   PER. INTERMEDIO FINAL   HORIZONTE
INTERMEDIO   TARDÍO

Sicán   Incas

Huari

Tiahuanaco   Chimúes

9

PREFACIO

El 12 de octubre de 1492 Colón desembarcaba en una pequeña isla de las Bahamas; el acontecimiento cambió el mundo de un modo que ni los europeos ni los nativos americanos jamás hubieran podido imaginar. Dos tradiciones culturales, que durante miles de años se habían desarrollado sin conocerse, entraron repentinamente en contacto, y ninguna de las dos volvió a ser ya la misma.

En aquellos países, en los que todavía pervive una numerosa población india, no hay necesidad de formular la pregunta: ¿por qué estudiar arqueología americana? A todas luces es manifiesto que el pasado forma parte del presente. En otros lugares, las culturas de la América antigua se presentan con mucha frecuencia como curiosas pero exóticas, interesantes tal vez, pero irrelevantes para el curso de la historia mundial. Esa postura ignora la aportación del indio americano a la alimentación del mundo (productos internacionales como el maíz, los frijoles, las patatas y la mandioca), a la medicina (quinina, coca, estricnina) y a la herencia artística del mundo en general. En nuestro siglo, con el redescubrimiento del arte «primitivo» por los pintores y escultores europeos, los artefactos de la América nativa –jades olmecas, vasos mayas, tejidos peruanos, máscaras haidas– han merecido una valoración de auténticas obras de arte y no de meras curiosidades etnográficas. Artistas como Henry Moore reconocen su deuda con la escultura azteca y tolteca, mientras que escritores modernos (incluyendo a Miguel Ángel Asturias, Premio Nobel) se inspiraron de la mitología nativa.

Naturalmente que esto es un fenómeno reciente, pero desde el primer contacto América no ha dejado de contribuir a la gran corriente de la vida intelectual europea. Los pueblos descubiertos por los conquistadores eran completamente nuevos, sin que la Biblia ni las geografías del mundo conocido los hubiesen tenido en cuenta. De alguna manera tenían que ajustarse al sistema de las cosas. ¿Quiénes eran? ¿De dónde llegaron? ¿Tenían alma? El descubrimiento de un continente nuevo, con un entramado de estructuras sociales radicalmente distintas de las conocidas, suscitó una serie de problemas morales y, al mismo tiempo, proporcionó una piedra de toque con la que poder calibrar las instituciones europeas. Algunos filósofos de la política vieron a los indios como bárbaros, al margen del cristianismo o de la civilización; otros, cual Montaigne, Diderot y Rousseau, crearon el mito del noble salvaje, como una estratagema para atacar al sistema europeo de privilegios y de opresión política. Los países recién descubiertos proporcionaban un laboratorio para la experimentación social, tanto en el mundo real de las misiones jesuitas del Paraguay como en el mundo de ficción de la *Utopía* de Sir Tomás Moro.

Las Américas han desempeñado también su papel en el desarrollo de la arqueología como ciencia. A comienzos del siglo XVIII, se consideró a los indios más primitivos americanos como la réplica viviente de las tribus europeas, descritas por los autores griegos y romanos. Las hachas de piedra de los europeos prehistóricos fueron comparadas con las que usaban los iroqueses o los tupinambas, y los eruditos formularon la idea de la Edad de la Piedra, anterior al conocimiento del bronce y del hierro. Otros esquemas evolutivos, calcados del testimonio americano, argüían en favor de una era de caza y recolección antes de que apareciera la agricultura.

Ese mismo interés por la evolución de la conducta humana está en el centro de la arqueología moderna, y los arqueólogos vuelven a formular preguntas de alcance universal, aunque de un tipo muy diferente. ¿Fue la caza excesiva la que motivó la extinción de tantos grandes mamíferos hace unos 10 000 años? ¿Cómo y por qué la agricultura sustituyó a la actividad colectora? ¿Qué motivó la evolución de los primeros Estados en distintas partes del mundo? El desarrollo cultural ¿está gobernado por unas leyes generales? ¿O el comportamiento humano es demasiado complejo como para poder explicarlo en términos puramente científicos? En el examen de estas cuestiones de interés mundial el testimonio americano reviste importancia capital, y el largo aislamiento de América es una ventaja. Cualquier esquema universal sin otra base que los datos del Mundo Antiguo puede quedar en entredicho con una simple pregunta: ¿habían ocurrido las cosas del mismo modo en las Américas?

Así pues, hay buenas razones para que este libro se ocupe primordialmente de la población y de su conducta, de los indígenas americanos y de la rica variedad de culturas que crearon. Apreciar la variedad de ese pasado y comprender las Américas de hoy resulta una necesidad para un libro que presenta una introducción al hemisferio en su conjunto, que lo tiene en cuenta *todo*, desde los cazadores de Tierra del Fuego en el 10 000 a. C. hasta los imperios espléndidos y altamente civilizados de los aztecas y los incas. Arte y artesanía forman parte de la historia, y tienen gran importancia los hallazgos arqueológicos examinados en el propio emplazamiento. Mas para entender esos restos arqueológicos es necesario verlos como fueron en tiempos, y como la obra de un pueblo concreto. Las figuras pertenecen al paisaje, y eso significa mapas. Este libro es sobre todo un atlas histórico, que recrea el paisaje siempre cambiante del pasado en todos sus aspectos: físicos, culturales y políticos.

Y todo esto no es ya tarea para un solo autor. Los arqueólogos de hoy son especialistas, y en los capítulos que siguen las responsabilidades se las han repartido Michael Coe (Partes I, II y IV), Dean Snow (Partes I y III) y Elizabeth Benson (Parte V). Cada uno de estos autores ha contribuido a la redacción de la Parte VI.

WARWICK BRAY

PARTE PRIMERA
EL NUEVO MUNDO

Topografía de las Américas

LAS CULTURAS NATIVAS Y SU ENTORNO

Mientras que todas las poblaciones nativas del Nuevo Mundo tienen su origen común en Asia, no hay nada parecido a un indio americano «típico» (o esquimal, en este sentido). Desde su migración (o migraciones) inicial al hemisferio occidental, las presiones de la selección natural –y especialmente las climáticas– en los entornos más variados produjeron a su vez una gran variedad de fenotipos en las poblaciones indígenas. Todas tienen, sin embargo, piel morena, ojos oscuros y cabellos lisos y negros.

Abajo, izquierda. Jíbaro del río Upano, cuenca superior del Amazonas, Ecuador. La población nativa de los trópicos americanos tiende a ser de estatura más pequeña y de un físico menos robusto que la de latitudes superiores.

Abajo, centro. Hechicero crow, miembro de la tribu homónima, Montana. Los cazadores montados de las llanuras representan la población más corpulenta y dura del Nuevo Mundo.

Abajo, derecha. Esquimales nostak con traje de verano. En su adaptación a las condiciones de frío extremo, los esquimales (o inuit) tienen cuerpos fornidos y extremidades relativamente cortas, con bolsas de grasa para protección de los ojos.

En vísperas del «descubrimiento» español del Nuevo Mundo, alrededor de 40 millones de nativos americanos vivían en el hemisferio occidental, desde los esquimales y aleutianos de las altas latitudes de Norteamérica hasta los onas y yaganes del estrecho de Magallanes y el cabo de Hornos. Entre los trópicos de Cáncer y Capricornio surgieron y florecieron algunas de las civilizaciones más poderosas y brillantes que el mundo haya visto jamás, aunque fueran totalmente desconocidas para la Europa y el Asia de la época. Pero cada tipo de cultura conocida en el Viejo Mundo estaba también presente en el Nuevo, desde los cazadores y colectores primitivos hasta las sencillas sociedades agrícolas y los poderosos imperios.

Hoy buena parte de aquella antigua magnificencia es poco más que un recuerdo, si llega a eso; y siglos de violenta embestida militar, cultural y religiosa por parte de los europeos, quienes además llevaron consigo enfermedades que causaron estragos, han reducido a la población nativa a una fracción de lo que fue en otros tiempos. Con la única excepción de Paraguay, en que la guaraní es una de las lenguas oficiales, ninguna lengua nativa americana goza de *status* oficial en ningún Estado moderno del Nuevo Mundo, ni representar alguno de los indios americanos está acreditado ante las Naciones Unidas. Tratados por los católicos latinoamericanos como una fuerza laboral sumamente despreciable pero necesaria, y por los protestantes angloamericanos como demonios terribles, los indios nunca tuvieron mucho futuro en las áreas más favorables para el asentamiento europeo. En efecto, la tecnología avanzada del Viejo Mundo debía imponerse a las culturas aborígenes, aun a las más desarrolladas.

Lengua y raza

De las aproximadamente 3000 lenguas del mundo, es decir, de las hablas mutuamente ·ininteligibles, alrededor de 400 se empleaban en el hemisferio occidental, aunque –al igual que ocurre con los cálculos demográficos– en este punto resulta difícil ser exactos. En ambas áreas de investigación el problema radica en que los primeros censos y los primeros vocabularios o diccionarios se fijaron décadas y aun siglos después del primer contacto con los europeos, pasado el trastorno motivado por las enfermedades, la represión, el exterminio y las expulsiones. Los lingüistas –a la cabeza de los cuales figura el comandante John Wesley Powell en el siglo XIX– han clasificado esas lenguas en unas 100 «familias» genéticamente emparentadas, con un alcance similar al de la familia indoeuropea (que incluye la mayor parte de las lenguas habladas en Europa, Persia y la India).

Tal diversidad lingüística se explica por un período muy largo de aislamiento cultural del Nuevo Mundo respecto del Viejo. Con la excepción de los esquimales, cuyos hablantes se encuentran a ambos lados del estrecho de Bering, ninguna de las lenguas aborígenes de América presenta hasta ahora conexiones evidentes con las del Viejo Mundo, aunque se han esgrimido algunos argumentos en favor de la afinidad del athapascán (ha-

Izquierda. Cañón Chaco, Nuevo México, visto desde el sureste. Aislado de la moderna civilización americana, el cañón ha conservado las ruinas de 12 pueblos (grandes poblados con numerosas viviendas) y más de 300 asentamientos menores, que en tiempos formaron una red comercial a gran escala, que fue parte del «fenómeno» Chaco en sentido amplio (véase pág. 78). En primer término, aparece el asentamiento más famoso y mejor excavado: Pueblo Bonito. Las viviendas de tales construcciones fueron construidas por los indios anasazis y florecieron desde mediados del siglo X a mediados del XII. La aparente solidez de tales construcciones no debería ocultar la dependencia básica de los anasazis de la agricultura: su red comercial probablemente sufrió notables recortes con las insistentes sequías de finales del siglo XII.

blado en el noroeste de Norteamérica y por los navajos y apaches del Suroeste) con algunas lenguas del Asia occidental.

Pero, aun cuando no puedan señalarse orígenes asiáticos a las lenguas del Nuevo Mundo, entre los antropólogos médicos no existe duda alguna de que los aborígenes americanos eran todos de un tronco racial mongoloide. Al llevar tanto tiempo en el hemisferio occidental, con sus enormes diferencias ambientales, la selección natural contribuyó a producir en las poblaciones originarias unas diferencias físicas y de carácter fenotípico. Los esquimales o inuits, por ejemplo, que viven en condiciones de frío extremo, propenden a los torsos rechonchos y las extremidades cortas, según parece como una adaptación para una menor pérdida del calor corporal; y, en general, los indios americanos de latitudes más septentrionales (distintas de las que ocupan los esquimales) son más altos y pesados que los que viven en regiones tropicales. Pero esto no es razón para pensar en alguna influencia de pueblos que no fueran los procedentes de Asia sobre la América precolombina.

El medio ambiental del Nuevo Mundo

Mientras que la masa continental de Norteamérica y Sudamérica no es más que una fracción de Eurasia y África combinadas, que puede explicar la escasa población indígena del Nuevo Mundo y sus pocas lenguas, el medio ambiental es mucho más variado, porque los pueblos precolombinos estaban diseminados por todas partes, desde los esquimales polares del norte de Groenlandia hasta los fueguinos del extremo meridional de Sudamérica, a unos 45 grados de latitud Sur. Así es imposible generalizar acerca del medio ambiente en que se encontraban los primitivos americanos.

El accidente geográfico más sorprendente del hemisferio occidental es la gran cordillera que se extiende desde Alaska descendiendo por las montañas Rocosas y continuando a través de la cadena andina del oeste de Sudamérica. Al este de esa «espina dorsal de las Américas», el continente está formado en general por tierras bajas, con extensas llanuras fluviales, como la cuenca del Mississippi en Norteamérica y las cuencas del Orinoco y del Amazonas en América del Sur. Los montes Apalaches del este de Estados Unidos y las tierras altas de Brasil constituyen las excepciones a esa topografía.

Pero mucho más importante que la altitud para establecer los límites del desarrollo cultural y de la población del Nuevo Mundo, fue la tolerancia al frío y los hielos de las principales plantas alimentarias. Como en su mayor parte éstas eran originariamente tropicales –en especial el maíz, los frijoles, los chiles y las calabazas–, la población humana alcanzó densidades mucho mayores en las tierras bajas en las que los alimentos eran más abundantes. Al este de Norteamérica, por ejemplo, el cultivo del maíz apenas se extendió al norte de la región de los Grandes Lagos, más allá de la cual las poblaciones indias eran muy escasas. Ciertamente que las grandes civilizaciones indígenas, como la azteca, la maya y la inca, dependían por completo del cultivo eficaz de las plantas autóctonas; por ello no es casual que esas culturas complejas se encontrasen dentro de los trópicos.

Medio ambiente y cultura

Milenios de desarrollo cultural y diversidad del medio ambiente dieron como resultado diversas adaptaciones culturales. Las culturas más complejas fueron las de Mesoamérica (aquellas partes de México y de América Central que estaban civilizadas cuando se inició la conquista española) y el área andina, fundamentalmente el territorio del Imperio inca y sus predecesores. Esas fueron las áreas «germinales» del Nuevo Mundo antiguo, con grandes Estados altamente organizados, ciudades, arquitectura y escultura monumentales y, lo que es más importante, con religiones estatales organizadas.

Entre las dos áreas «germinales» se encuentran la baja América Central, Colombia, el oeste de Venezuela y el norte de Ecuador, región calificada por los arqueólogos –a falta de una expresión mejor– como el «área intermedia». Aquí las poblaciones se multiplicaron desde que prevaleció la agricultura del maíz; pero el nivel social nunca superó el del caudillismo. Otro tanto puede decirse de las islas del Caribe, las primeras tierras del Nuevo Mundo «descubiertas» por las expediciones de Colón y que él siempre consideró como las avanzadillas de Asia.

Al norte y sur de Mesoamérica y en el área andina hubo culturas menos complejas, pero que dependían también de la agricultura. Tal es el caso de la del Mississippi, en el este y sureste de Estados Unidos, que produjo ciudades tan enormes como Cahokia, con la mayor estructura piramidal del Nuevo Mundo.

Al este de la cadena andina, en la selva tropical de las cuencas del Orinoco y del Amazonas, hubo (y hay todavía) sociedades de nivel tribal y caudillista con una base económica asentada en la agricultura de la mandioca –más que del maíz–. Y aunque a los ojos occidentales puedan parecer unas sociedades «primitivas», en ellas puede encontrarse la clave de la vida sedentaria y hasta de ciertos aspectos de la religión en la América meridional precolombina.

Los aborígenes americanos que vivían más allá de donde es posible una agricultura eficaz, al norte o al sur de la zona con suficientes días sin heladas como para que pudiesen madurar las cosechas de origen tropical, necesariamente tuvieron que seguir una forma de vida venatoria y colectora. En ciertos aspectos, esa forma de vida mostraba una semejanza con la economía nómada de los cazadores del Pleistoceno tardío, que fueron los primeros en colonizar el hemisferio occidental. Sería sin embargo erróneo situar a todos los pueblos no agricultores de la América antigua en el mismo casillero, porque algunos de ellos tuvieron unas economías altamente especializadas y a menudo enormemente productivas, como los pescadores salmoneros del noroeste del Pacífico, que vivían en grandes aldeas bien organizadas, y los esquimales y aleutianos de la región más septentrional de Norteamérica, con su explotación de los mamíferos marinos, como focas y ballenas.

Conviene tener en cuenta otro dato al tratar de las culturas aborígenes americanas más allá de las áreas «germinales»: el del «presente etnográfico». Al ejercer los europeos y euroamericanos una presión demográfica, política y cultural sobre las poblaciones indígenas, estaban introduciendo elementos nuevos que alteraron para siempre la vida de los nativos, al tiempo que ellos mismos describían esas culturas. Un caso al respecto es el estilo de vida tradicional de los indios de las llanuras en el Oeste americano, todavía considerados como los más «típicos» de los nativos. Una vez orientada principalmente hacia la caza del bisonte, esa cultura dependió ya por completo del caballo doméstico, introducido por los españoles en Norteamérica. Para un libro de texto acerca de la cultura de las llanuras, el «presente etnográfico», sería, sin embargo, el período posterior al contacto con el nomadismo a caballo.

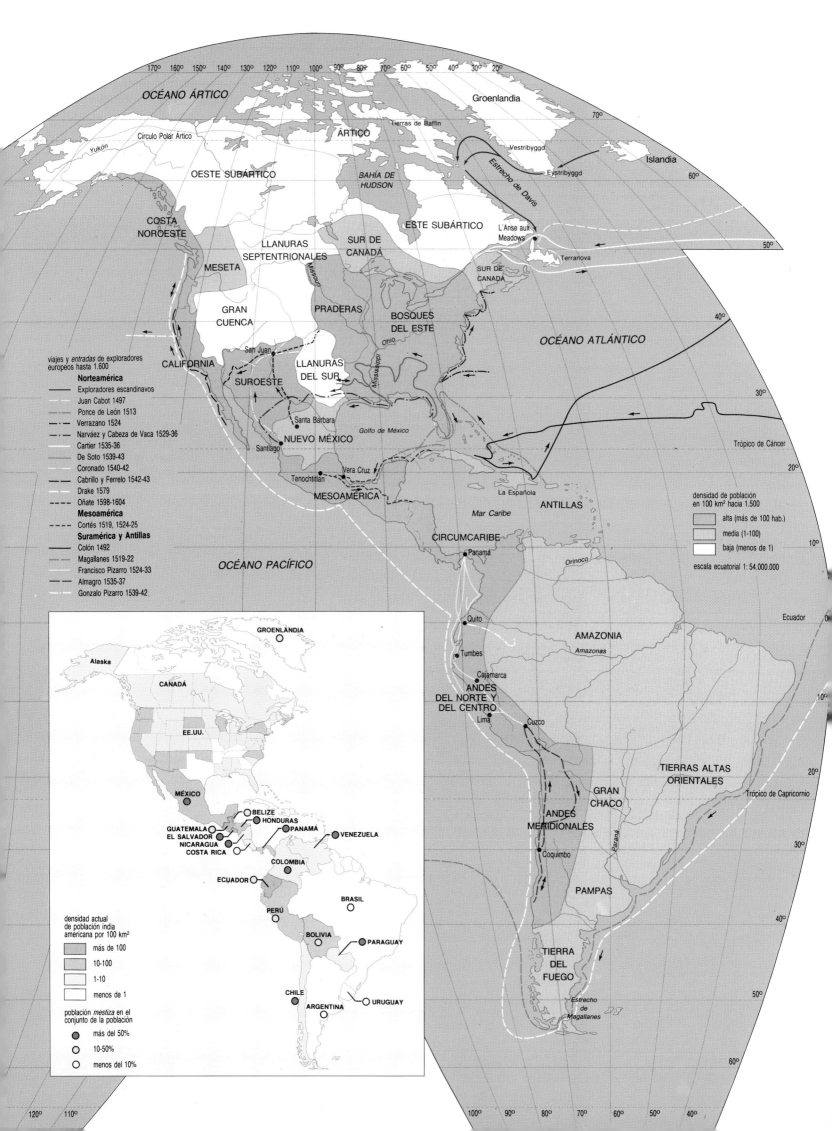

OCÉANO ÁRTICO

Groenlandia

Tierras de Baffin

Círculo Polar Ártico

Yukón

ÁRTICO

OESTE SUBÁRTICO

BAHÍA DE
HUDSON

Vestribyggd

Eystribyggd

Islandia

Estrecho de Davis

COSTA
NOROESTE

MESETA

LLANURAS
SEPTENTRIONALES

SUR DE
CANADÁ

ESTE SUBÁRTICO

L'Anse aux
Meadows

Terranova

SUR DE
CANADÁ

GRAN
CUENCA

PRADERAS

BOSQUES
DEL ESTE

OCÉANO ATLÁNTICO

Missouri

Ohio

Mississippi

CALIFORNIA

San Juan

LLANURAS
DEL SUR

SUROESTE

Santa Bárbara

NUEVO MÉXICO

Santiago

Golfo de México

Tenochtitlan

Vera Cruz

MESOAMÉRICA

La Española

ANTILLAS

Mar Caribe

CIRCUMCARIBE

Panamá

Orinoco

OCÉANO PACÍFICO

Quito

AMAZONIA

Amazonas

Ecuador

Tumbes

Cajamarca

ANDES
DEL NORTE Y
DEL CENTRO

Lima

Cuzco

TIERRAS ALTAS
ORIENTALES

ANDES
MERIDIONALES

GRAN
CHACO

Paraná

Coquimbo

PAMPAS

TIERRA
DEL
FUEGO

Estrecho
de
Magallanes

70°
60°
50°
40°
30°
Trópico de Cáncer
20°
10°
Ecuador
10°
20°
Trópico de Capricornio
30°
40°
50°
60°

viajes y *entradas* de exploradores
europeos hasta 1.600

Norteamérica

Exploradores escandinavos
Juan Cabot 1497
Ponce de León 1513
Verrazano 1524
Narváez y Cabeza de Vaca 1529-36
Cartier 1535-36
De Soto 1539-43
Coronado 1540-42
Cabrillo y Ferrelo 1542-43
Drake 1579
Oñate 1598-1604

Mesoamérica

Cortés 1519, 1524-25

Suramérica y Antillas

Colón 1492
Magallanes 1519-22
Francisco Pizarro 1524-33
Almagro 1535-37
Gonzalo Pizarro 1539-42

densidad de población
en 100 km² hacia 1.500

alta (más de 100 hab.)
media (1-100)
baja (menos de 1)

escala ecuatorial 1:54.000.000

Mapa secundario:

GROENLANDIA

Alaska

CANADÁ

EE.UU.

MÉXICO

BELIZE
HONDURAS
GUATEMALA
EL SALVADOR   PANAMÁ
NICARAGUA
COSTA RICA

VENEZUELA

COLOMBIA

ECUADOR

BRASIL

PERÚ

BOLIVIA

PARAGUAY

CHILE

ARGENTINA

URUGUAY

densidad actual
de población india
americana por 100 km²

más de 100
10-100
1-10
menos de 1

población *mestiza* en el
conjunto de la población

más del 50%
10-50%
menos del 10%

DESCUBRIMIENTO Y CONQUISTA POR LOS EUROPEOS

Poblaciones nativas y descubrimiento europeo en el siglo XVI

Un cuadro demográfico del Nuevo Mundo en vísperas del descubrimiento de Colón tiene necesariamente que ser en gran parte conjetural. Los cálculos sobre la población nativa a comienzos del siglo XVI varían de una fuente a otra. Un mapa que adopte unos tipos de densidad de amplia banda desfigura la verdad; pero es la única forma de llegar a algo parecido a una representación acordada. De lo que no hay duda es de las consecuencias inmediatas y devastadoras que se abatieron sobre la población nativa en vísperas de la llegada de los primeros exploradores europeos. Por doquier las comunidades nativas de América se vieron asoladas, generalmente por la rápida difusión de las enfermedades europeas; pero en algunos lugares a ello se sumaron las feroces guerras de exterminio. Contra tales azotes los indios tenían escasa capacidad de resistencia; sólo en las regiones alejadas de los asentamientos europeos contó la población nativa con alguna probabilidad de supervivencia.

Las cifras de población aborigen nunca se recuperaron, pero el modelo de distribución de finales del siglo XV (*véase recuadro*) sí ha persistido. Todavía hoy las poblaciones de pura sangre india son más numerosas en las naciones andinas y de Centroamérica, y son también abundantes en aquellos estados de EE.UU. en que se han establecido las reservas indias. Pero son muchos más los millones de los que pueden considerarse como descendientes parciales de la población indígena: los llamados *mestizos*, la población indio-europea que hoy constituye un alto porcentaje de habitantes en los países de Latinoamérica.

El concepto –o más bien la falacia– de que los europeos «descubrieron» un Nuevo Mundo en 1492 d. C. o, de manera más realista, alrededor del año 1000, es común entre los europeos y sus descendientes. Los indígenas americanos, familiarizados con su propio pasado, saben que sus antecesores asiáticos «descubrieron» este hemisferio nada menos que en el período de las glaciaciones; y muchos indios norteamericanos, por ejemplo, encuentran ridículas las pretensiones europeas.

A pesar de lo cual, los europeos y euroamericanos siguen fascinados por los primeros contactos entre sus antepasados y los indios americanos, y tiene una importancia innegable el que ese contacto reportase un beneficio duradero a la población blanca del hemisferio oriental y un desastre sin paliativos para los pueblos de piel atezada del hemisferio occidental.

Las pretensiones de una intercomunicación entre Europa y América del Norte en el período previkingo están envueltas en una concepción interesada y en un patriotismo étnico. Esto es cierto sobre todo por lo que se refiere a los supuestos viajes de monjes irlandeses al Nuevo Mundo, aunque –como nos recuerda el historiador inglés Geoffrey Ashe– puede encontrarse algo de verdad en las diferentes leyendas que giran en torno al viaje de Brendan (Barandán), un monje irlandés del siglo VI, en busca de un paraíso terrenal, llamado la «tierra prometida a los santos». Que los ascetas monjes irlandeses eran capaces de alcanzar costas muy distantes en embarcaciones totalmente primitivas, para establecer sus comunidades en lugares alejados, está demostrado por su colonización de las Orcadas, las Shetland, las Feroes, y muy probablemente también de Islandia. El relato de peregrinaje oceánico de Brendan hacia el Norte y el Oeste lo refieren varias fuentes de fecha muy posterior y era conocido en gran parte de Europa occidental. Colón se informó muy bien sobre él antes de su primera expedición. Brendan y sus compañeros de hábito pudieron haber alcanzado Groenlandia y, en alguna otra excursión, haber tocado efectivamente las tierras más templadas del Nuevo Mundo continental; tierras que habrían identificado con el paraíso terrenal que andaban buscando.

Sin embargo, no existe prueba arqueológica alguna que demuestre la existencia de esos tempranos viajes irlandeses al hemisferio occidental, y la misma leyenda de Brendan está tan repleta de maravillas, que la mayor parte debe de ser una fábula. No es ese, en cambio, el caso de las grandes exploraciones vikingas alrededor del año 1000. La colonización escandinava de Islandia y Groenlandia es un hecho: los hijos menores y sus familias, hambrientos de tierra, partieron de las costas noruegas, conquistaron el Atlántico Norte y establecieron colonias diseminadas por aquellas tierras distantes. Artefactos escandinavos han aparecido precisamente en la isla de Ellesmere, en el alto Ártico de Norteamérica. Todo ello fue posible por sus conocimientos avanzados en la construcción de barcos y en el arte de marear; las naves escandinavas, con su refinamiento técnico, superaban ampliamente las irlandesas.

Groenlandia la avistó por vez primera un hombre llamado Gunnbjörn a comienzos del siglo XI. En 982 el famoso Eric el Rojo se hizo a la vela a fin de encontrar la tierra que Gunnbjörn había avistado, para lo cual exploró a fondo sus costas. No halló alma viviente, pese a que los animales habían vivido allí en tiempos anteriores (después desaparecieron). De regreso en Islandia, Eric el Rojo aprestó una expedición colonizadora, con 400 personas que llevaron consigo ganado vacuno, ovino y caprino. Fundaron dos colonias, una occidental y otra oriental, aunque ambas en la que podríamos llamar costa suroccidental de aquella tierra polar. Después del año 1000, Groenlandia formaba parte del mundo de la Europa cristiana, con sus iglesias, y después de cierto tiempo hasta con un obispo, a la vez que mantenía un comercio regular con Noruega. Pero algún tiempo después del 1400 todos sus habitantes murieron de manera misteriosa.

Desde que el estrecho de Davis, que separa Groenlandia de la Tierra de Baffin, no representó ninguna barrera para los marineros escandinavos, no pasó mucho tiempo antes de que los vikingos de Groenlandia conociesen las regiones costeras del extremo septentrional de América del Norte. Las sagas escandinavas describen tres regiones: primera, Hellulandia, un lugar estéril y frío, que suele identificarse con la costa oriental de la Tierra de Baffin (que queda a ambos lados del Círculo Polar Ártico); segunda, Marklandia, al sur de Hellulandia, con abundantes bosques y que, casi con certeza, se identifica con la costa de la actual península de Labrador; y, tercera, Vinlandia. Los primeros mapas europeos y las mismas sagas sugieren que ésta última era una larga y estrecha península o isla, que se extendía hacia el Norte en dirección a Marklandia. Se decía que esta región, a diferencia de las otras dos, era habitable, con viñedos silvestres y «trigo que crecía solo».

La saga de los groenlandeses narra que Vinlandia fue descubierta en 986 por un viajero que accidentalmente había perdido la ruta; pero que fue visitada y colonizada por Leif Eriksson. Las expediciones subsiguientes hicieron posible allí una colonia más o menos estable, aunque no faltaron los choques violentos con una población nativa, a la que llamaron *skraelings*, y que casi de seguro eran esquimales.

¿Dónde estaba Vinlandia y qué era? Hipótesis y especulaciones desenfrenadas habían situado rotundamente la región al sur de cabo Cod y de Rhode Island; pero años de investigación y búsqueda condujeron al erudito noruego Helge Ingstad a demostrar en forma concluyente que se trataba de la extremidad septentrional de Terranova, donde descubrió y excavó un asentamiento escandinavo en un lugar conocido como L'Anse aux Meadows (El Pato de las Praderas). Es el único yacimiento o asentamiento indiscutiblemente escandinavo en América del Norte, y debe de tratarse del lugar descrito en las sagas. Una serie de datos obtenidos con el radiocarbono fija su ocupación en torno al año 1000. Los cimientos de la casa, los sencillos artefactos escandinavos y las pruebas de fundición de hierro hidratado son típicos de los asentamientos escandinavos medievales en Noruega, Islandia y Groenlandia.

¿Cuál fue el efecto de este contacto sobre las poblaciones del Nuevo Mundo? Probablemente muy pequeño. Los esquimales de la cultura Dorset, que ocuparon el extremo septentrional de Terranova, sin duda apreciaron el hierro forjado que los vikingos habían llevado allí o que habían fundido *in situ*, y algunos artefactos vikingos debieron de circular por los centros de comercio esquimal dentro del Ártico; pero la influencia europea sobre las culturas indígenas americanas fue mínima hasta la llegada de españoles y portugueses siglos más tarde.

Los viajes de Colón

Al hablar de «descubrimiento» es necesario distinguir entre descubrimiento de hecho y descubrimiento efectivo. Un ejemplo de tal distinción podría ser el del famoso lugar inca del Machu Picchu, que en realidad estaba descubierto mucho antes de que la expedición de Hiram Bingham, en 1911, llegase hasta allí (sin duda que los indígenas que habitaban los valles cercanos lo conocían de siempre); pero fue Bingham el que lo dio a conocer al mundo entero. Eso mismo ocurrió con Colón: realmente los vikingos habían descubierto el Nuevo Mundo, pero Colón lo puso en el mapa y, con sus exploraciones, condujo a la colonización europea en gran escala y al continuo holocausto que ha devorado a los americanos nativos en los últimos cinco siglos.

Cristóbal Colón era un genovés pobre, a quien los Reyes Católicos, Fernando e Isabel, elevaron hasta la dignidad de «Almirante de la mar océana y gobernador general de las Indias». Después de la negativa del rey Juan II de Portugal a Colón, los soberanos españoles accedieron a costear una expedición que, cruzando el Atlántico, alcanzase las Indias orientales. Por entonces Colón, como cualquier europeo culto, sabía que la Tierra era esférica; conocía los supuestos viajes de Brendan en busca de la «tierra prometida» del Oeste; y había visitado Islandia, donde debió de oír hablar de los descubrimientos y colonización de Groenlandia y Vinlandia por los vikingos. Pero, confiando demasiado en la geografía teórica de Paolo Toscanelli, subestimó seriamente la anchura del Atlántico y creyó que las costas orientales y los sistemas de islas de Asia no estaban muy alejados de Europa. A pesar de sus cuatro grandes viajes de descubrimiento, siguió convencido de que había alcanzado las Indias orientales por la ruta del Atlántico, y no un continente «nuevo» por completo.

Fue poco después de la medianoche del viernes 12 de octubre de 1492, cuando el Nuevo Mundo fue avistado por vez primera desde la carabela *Niña*; a la mañana siguiente, los españoles vieron a gentes desnudas y el almirante desembarcó para plantar el pabellón real y tomar posesión de la nueva tierra para la Corona española. Se trataba de una isla pequeña, que los indígenas denominaban Guanahaní, pero que los españoles llamaron San Salvador, y era una de las muchas islas del archipiélago de las Bahamas. Los nativos eran sencillos y pacíficos, y Colón, en la esperanza de que sería más fácil convertirlos al cristianismo si se les trataba amablemente, les dio gorros rojos y collares de cuentas de cristal sin valor alguno. Así comenzó el primer intercambio entre europeos e indios americanos.

En el primer viaje, el almirante tocó Cuba y dejó una pequeña colonia en la Española; pero en los tres viajes subsiguientes exploró las Antillas, desembarcó en la tierra firme de Sudamérica, en la desembocadura del Orinoco, y navegó a lo largo de la costa de Honduras (donde encontró una gran canoa maya dedicada al comercio).

Las exploraciones y colonizaciones portuguesas se extendieron en general por el Sur y el Este, alrededor de

África y hasta la India. Una prolongada disputa diplomática entre España y Portugal indujo al papa Alejandro VI a trazar una línea de Norte a Sur, que repartía el mundo entre las dos naciones; en 1494, esa línea se estableció por mutuo consentimiento (en el tratado de Tordesillas) a unos 45 grados latitud Oeste, asignando a España todo lo que quedaba a poniente de dicha línea y a Portugal lo que estaba al este de la misma. Como la línea pasaba por la tierra firme de Sudamérica, Portugal pudo reclamar lo que ahora es Brasil oriental (que descubrieron posteriormente los lusos, en 1500) al sur de la desembocadura del Amazonas.

Algunos eruditos creen que los pescadores vascos y tal vez gentes de Bristol habían estado trabajando en los bancos frente al nordeste de Norteamérica por la abundancia de sus caladeros, antes del primer viaje de Colón, y que pudieron haber tocado el Nuevo Mundo. Como quiera que fuese, en 1497 unos mercaderes de Bristol fletaron una nave que zarpó hacia el oeste a las órdenes del capitán genovés Juan Caboto, quien probablemente descubrió Terranova y el continente. Sin embargo, habría de pasar otro siglo antes de que los ingleses y sus competidores, los franceses, empezasen a pensar en la colonización de Norteamérica.

NORTEAMÉRICA EN EL SIGLO XVI

El siglo XVI fue un período crepuscular en la historia de la exploración europea de América del Norte. El clima entusiasta que había empujado a los escandinavos a colonizar Groenlandia en los primeros momentos fue decayendo a lo largo de las centurias siguientes, y las colonias groenlandesas habían desaparecido para comienzos del siglo XV. Las experiencias de los escandinavos apenas si fueron para los exploradores europeos posteriores algo más que un rumor en el mejor de los casos. Pescadores portugueses o de otros países pudieron haber tenido noticias de América del Norte a lo largo del siglo XV; pero no poseemos pruebas ciertas.

Arriba. Los viajes de Colón giraron en torno a la Española, que fue el centro de las primeras operaciones españolas. Colón, por supuesto, creía haber alcanzado unas islas poco distantes de Asia. Su llegada a la Española la representó en un grabado el artista belga Théodore de Bry un siglo después del acontecimiento. De Bry, que nunca visitó el Nuevo Mundo, ilustró la *Historia Americae* en 14 volúmenes con escenas del viaje. Su punto de vista es siempre el del europeo. Aquí presenta a un grupo de indios ofreciendo regalos a la expedición de españoles recién llegados, regalos que más bien se parecen a los objetos que harían los joyeros europeos con el oro del Nuevo Mundo, que objetos realizados por los indios. De hecho, los indios obsequiaron a Colón con papagayos, lanzas y ovillos de hilo de algodón. De Bry pinta a estos indios tainos con taparrabos, pero en realidad no llevaban vestido alguno, sino sólo plumas y adornos de oro. Pintaban sus cuerpos de rojo y negro.

El modelo de conquista europea en el siglo XVI
La rapidez y el éxito con que los españoles forjaron un vasto imperio en las Américas certifican la alta organización efectiva de las grandes civilizaciones de la época en Mesoamérica y los Andes. Al suplantar a los gobernantes aztecas e incas, los conquistadores españoles se hicieron inmediatamente con las riendas que controlaban a millones de personas. Al tiempo, sus tierras pasaban a la Corona de España, cuyas pretensiones a la parte del león frente a Portugal en el continente recién descubierto habían quedado establecidas desde el año 1494.

A comienzos del siglo XVI, los europeos creyeron haber encontrado Asia, o al menos una serie de islas frente a las costas asiáticas. A menudo, la exploración inicial, se preocupó más de rodear esos obstáculos que de la manera de explotarlos, y la esperanza de hallar un paso a través del Pacífico se mantuvo viva a lo largo de todo el siglo. Muchos exploradores apenas hicieron algo más que costear. La mayor parte, cuando desembarcaba, penetraba poco tierra adentro. Las «entradas» mayores (exploraciones continentales) las llevó a cabo principalmente un puñado de exploradores españoles, entre los que destacan Hernando de Soto, Francisco Vázquez de Coronado y Álvar Núñez Cabeza de Vaca.

Muchos de los exploradores, especialmente los que penetraron en el interior, esperaban emular las conquistas provechosas de Cortés y de Pizarro. Al comienzo, los asentamientos de ingleses y franceses durante ese siglo se establecieron en gran parte para apoderarse de las naves españolas que transportaban tesoros, mientras que los asentamientos costeros españoles miraban principalmente a la protección de las mismas. Algunos enclaves de la costa se debieron a misioneros españoles que esperaban convertir a los indios. Los intentos por crear unas colonias agrícolas viables y autosuficientes no se acometieron seriamente hasta el siglo XVII.

Pescadores hábiles, aunque analfabetos y furtivos,

pueden haber fundado pesquerías en Terranova durante el siglo XVI. Ciertamente que en el XVI barcos pesqueros vascos, bretones, portugueses, ingleses y franceses explotaban anualmente los caladeros del gran banco. A mediados del XVI, al menos 50 barcos faenaban cada estación en la zona. Para 1580 los barcos eran ya más de un centenar, y para finales de siglo alcanzaban ya las 200-300 unidades. Los pescadores del sur de Europa llevaban sal para curar el pescado y sólo ocasionalmente tenían necesidad de desembarcar para procurarse agua, leña y alimentos.

Los europeos del Norte no tenían acceso a la sal barata, por lo que establecieron asentamientos temporales en tierra para secar sus capturas antes de transportarlas a casa. A mediados del siglo XVI se pusieron de moda en Europa los sombreros de piel de castor. No pasó mucho tiempo sin que esta nueva industria agotase las reservas de castores europeos, por lo que la demanda de pieles hubo de buscar otras fuentes de aprovisionamiento. Es probable que los pescadores descubriesen la posibilidad de alguna ganancia adicional comerciando con los indios en los asentamientos costeros. Así, varias décadas antes de que se encontrasen con Hudson, Champlain y demás exploradores de inicios del siglo XVII, algunas comunidades indias de la costa ya conocían a los mercaderes europeos. Y sabían lo que éstos buscaban y lo que ellos mismos más deseaban a cambio.

Exploración de las costas

Los relatos sobre la exploración europea del siglo XVI en América al norte de México son incompletos e inseguros. A pesar de lo cual está claro que al menos la mitad de los años de ese siglo hubo contactos significativos entre indios y europeos en uno o varios puntos del continente más a menudo que a lo largo de las costas. Gaspar Côrte-Real avistó cabo Farewell, Groenlandia, en 1500 y volvió a navegar al lago de la costa nororiental de Labrador y Terranova antes de desaparecer en el océano al año siguiente. Una embarcación superviviente regresó a Portugal e impulsó a Miguel Côrte-Real a seguir la ruta de su hermano en 1502. También él se perdió en el mar.

Sebastián Caboto siguió la ruta de su padre hacia América en torno a 1508; pero dejó muy poca información sobre su viaje. Juan Ponce de León exploró la costa de Florida en 1513. Antonio de Alaminos, que más tarde serviría a Hernán Cortés como piloto en la conquista de México, tocó la misma costa en 1517. João Fagundes exploró las costas de Terranova hacia 1520. Ponce de León intentó establecer una colonia en Florida en 1521, pero en un ataque de los indios fue herido de muerte. Giovanni da Verrazano, un italiano al servicio de Francia, exploró la costa de Carolina septentrional a lo largo del verano de 1524 estableciendo contacto con los indios en varios puntos. Estevão Gomes, un portugués que trabajaba para España, siguió sus pasos a los pocos meses, mas no se conocen los detalles de su viaje. En 1526, Lucas Vázquez de Ayllón fundó y luego abandonó el asentamiento de San Miguel de Guadalupe, en la costa de la actual Carolina del Sur. Al año siguiente, John Rut pilotó un barco inglés a lo largo de la costa de Norte a Sur, haciendo a la inversa la ruta de Verrazano.

En 1528, cuando Rut iba de regreso a Inglaterra, Pánfilo de Narváez intentó explorar Florida. Ya en 1520 había fracasado en su empeño por poner a Cortés bajo la obediencia de Diego Velázquez en suelo mexicano; sus esfuerzos ahora, ocho años después, tampoco obtuvieron mejores resultados. Desembarcó con una expedición en los alrededores de la bahía de Tampa y perdió el contacto con sus naves. La expedición exploró el territorio a lo largo de la llanura costera hacia el noroeste de Florida, y desde allí regresó al mar en botes construidos tierra adentro. Después de seguir la costa del golfo hasta las proximidades de la moderna Galveston, Texas, los botes fueron dispersados por una tormenta, en la que perecieron Narváez y la mayor parte de sus hombres. Pero uno de los botes, que transportaba a Alvar Núñez Cabeza de Vaca, a un africano llamado Esteban y algunos hombres más, embarrancó, dando origen a una «entrada» involuntaria a través de los desiertos de Texas y del norte de México, que se prolongó siete años. Cabeza de Vaca llegó agotado en 1536 a una avanzadilla española del oeste de México, y más tarde escribió un diario de sus viajes entre los indios.

Jacques Cartier realizó su primer viaje a Canadá en 1534. Su segundo viaje se prolongó durante los dos años siguientes, pero fracasó su intento de establecer una colonia en Standacone (moderna Québec). Richard Hore exploró (con menor éxito) al servicio de Inglaterra la misma región y casi por las mismas fechas.

Exploración tierra adentro

Hernando de Soto inició su «entrada» en el Sureste en 1539. Marcos de Niza, en compañía de Esteban, el compañero de Cabeza de Vaca, exploró el mismo año en dirección Norte al suroeste de México. La «entrada» posterior la llevó a cabo la expedición de Coronado al año siguiente. En 1541, al tiempo en que Cartier iniciaba su tercer viaje hacia el Nordeste, tuvieron efecto dos importantes «entradas» españolas.

Un año más tarde Cartier regresaba a Francia después que sus cargos y su nuevo asentamiento de Charlesbourge-Royal los asumiera una nueva expedición a las órdenes de Roberval, mientras que la expedición de Coronado regresaba a México después de haber estado a pocos cientos de kilómetros de la de Soto. Los hombres de éste necesitaron otro año para completar su regreso a México. También Roberval regresó en 1543.

Entretanto, en 1542, Juan Rodríguez Cabrillo exploraba la costa de California. No dio con la Puerta Dorada, como haría Drake 37 años más tarde; pero pasó algún tiempo en la bahía después llamada de Drake. Cabrillo murió a comienzos del año siguiente, dejando al mando de la expedición a Bartolomé Ferrelo, quien completaría el viaje.

Fray Luis de Cáncer intentó fundar una misión en la bahía de Tampa, en 1549; pero fue asesinado por los indios, que recordaban la visita de Soto diez años antes. Una década más tarde, Tristán de Luna y Arellano consiguió establecer una base en Ochuse, junto a la rada de Pensacola. Dos años después, en 1561, Ángel de Villafane relevaba a Luna y más tarde intentaba, sin éxito, el asentamiento de Santa Elena, en la costa oriental. No obstante, Pedro Menéndez de Avilés supo aprovechar la ocasión para explorar la costa por el norte hasta la bahía de Chesapeake. El protestante francés Jean Ribault fundó la colonia de Charlesfort, en Parris Island, en 1562. René Goulaine de Laudonnière construyó dos años después el Fort Carolina, más importante, a orillas del río St. Johns. En 1565 Laudonnière recibió pertrechos de John Hawkins, que por entonces realizaba su segundo viaje contra los españoles. Pero Menéndez de Avilés ocupó los asentamientos franceses, hizo ejecutar a sus pobladores, a los que había capturado, y fundó las colonias españolas de San Agustín, San Mateo y Santa Elena. Al año siguiente, Pedro de Coronas procuró, aunque sin éxito, extender la influencia hispana me-

diante el establecimiento de un puesto en la bahía de Chesapeake.

John Hawkins realizó su tercer viaje en 1567, llevando como segundo jefe a un joven que andaba por los 25 años y que se llamaba Francis Drake. Uno de los hombres de su tripulación puede haber sido David Ingram, tal vez desembarcado en la costa del golfo. Más tarde Ingram se jactó de haber marchado desde allí hasta Nueva Brunswick a lo largo de los años siguientes, mientras visitaba aldeas indias durante su recorrido; pero el relato lo ponen en duda muchos historiadores. Los franceses tomaron venganza de los españoles en 1568, cuando Dominique de Gourges destruyó el asentamiento hispano de San Mateo. Unos jesuitas españoles consiguieron fundar una misión en 1570 junto al río York, pero San Agustín fue arrasado por los ingleses y los jesuitas exterminados por los indios al año siguiente.

Mientras los españoles levantaban los restos de sus asentamientos meridionales, otros exploradores europeos emprendían la aventura de buscar un paso alternativo por el Noroeste que los llevase hasta Asia. Eannes Côrte-Real anduvo en su búsqueda, seguido en 1576 por el explorador inglés Martin Frobisher. Dos años después, Frobisher llevaba a cabo sus viajes segundo y tercero, tiempo en que los franceses hicieron algunos breves intentos por reasentarse al norte de Santa Elena. En 1579, Francis Drake exploró la costa californiana en busca de la bahía de San Francisco, como lo hiciera Cabrillo antes que él; pero navegó hacia el Norte hasta la isla de Vancouver antes de regresar a la bahía que ahora llevaba su nombre, y adentrándose después por el Oeste en el Pacífico.

Los relatos e impresiones de los indios americanos, que llegaron a Europa en el siglo XVI, obtuvieron una respuesta ampliamente favorable. Los informes sobre sus sufrimientos a manos de los españoles, tal como los ilustró De Bry (*arriba*), suscitaron simpatía, mientras que los atractivos dibujos del explorador inglés John White (*derecha*), fomentaron el sentimiento de la nobleza del indio, que ya aparecía en *La tempestad* de Shakespeare.

El interés español por el suroeste revivió en 1581. Francisco Sánchez Chamuscado condujo a una pequeña partida de soldados y clérigos en dirección Norte hasta la región de Pueblo, abandonando a su suerte a uno de los sacerdotes moribundos y a otros dos compañeros cuando regresó al año siguiente. Antonio de Espejo fue en busca de los misioneros supervivientes en 1582; pero la «entrada» se convirtió en una expedición de búsqueda hasta que Espejo conoció sus muertes.

Humphrey Gilbert recorrió Terranova mientras que Etienne Bellenger exploraba la bahía de Fundy en 1583. Philip Amadas y Arthur Barlowe reconocían en 1584 la costa, preparando el asentamiento que Walter Raleigh fundaría en Roanoke al año siguiente. Ese año vio también el primer viaje de John Davis en busca del paso noroeste. En 1587 Francis Drake arrasó la colonia española de San Agustín, Roanoke fue abandonada y Davis repitió su intento. En 1587, Davis llevó a cabo su tercera tentativa, mientras que los colonos de Roanoke lo hacían por segunda vez. Vicente González descubría la colonia de Roanoke tras su exploración de la bahía de Chesapeake en 1588; pero John White no encontró rastro alguno de los colonizadores cuando regresó allí para relevarlos en 1590.

La costa del Atlántico Sur quedó en manos españolas durante la última década del siglo, mientras que los pescadores franceses, vascos, portugueses e ingleses se disputaban la costa septentrional. George Drake asoló las islas Magdalena en 1593, y un año más tarde Stevan de Bocall, un vasco que trabajaba al servicio de Inglaterra, exploraba la costa de Terranova. En 1597 intentaron colonizar las islas Magdalena, pero fueron expulsados. Sería en el siglo siguiente cuando los ingleses pudieran asentar colonias estables en América del Norte.

Por la misma época, los españoles mostraban un empeño más serio por la exploración del suroeste. Juan de Oñate condujo una gran expedición colonizadora hasta el norte de Nuevo México en 1598 y fundó una colonia en San Juan, en el valle superior de Río Grande. Allí inició un régimen de opresión sobre los indios pueblos, que se prolongaría durante 80 años.

Aunque los contactos entre europeos e indios en el siglo XVI fueron de mero tanteo, esporádicos y por lo general reducidos a las regiones marginales del continente, marcaron el tono para unos contactos posteriores más intensos. Las mercancías comenzaron a fluir en las dos direcciones, y las culturas de ambos continentes también empezaron a experimentar alteraciones de un modo que sería mucho menos sutil en el siglo siguiente.

Poblamiento y devastación

Las poblaciones indias que los europeos encontraron estaban todavía en período de reconstrucción. Las epidemias que a menudo precedieron a los informes descriptivos, hacen que los estudiosos modernos tengan dificultades para calcular el censo demográfico. Los cómputos corrientes más dignos de crédito señalan unas densidades bajas de 0,1-1 persona por 100 km^2 en el Ártico, Subártico, las llanuras y algunas áreas de la Gran Cuenca. Densidades medias de 1-100 personas por 100 km^2 eran probables en el sur de Canadá, la altiplanicie y algunas zonas del nordeste de México. Unas densidades altas, de más de 100 personas por 100 km^2, caracterizaban sin duda el resto del continente.

Las epidemias de origen europeo devastaban ya Centroamérica a comienzos del siglo XVI, y brotes aislados de enfermedades en América del Norte se relatan aquí y allá en algunos de los documentos conservados. Des-

pués de 1600, la exploración europea se hizo más frecuente, comportando unas expediciones más numerosas y estableciendo colonias. Al mismo tiempo, las epidemias de viruela, sarampión, gripe y otras enfermedades letales, fueron adquiriendo carta de naturaleza, y la población india de América del Norte empezó a declinar drásticamente. En esa época las poblaciones indias de México ya habían alcanzado su punto más bajo: sólo el 5% con relación a 1492.

Incluso sin las epidemias mortales que se propagaban en una sola dirección, las culturas indias de Norteamérica estaban en desventaja de adaptación frente a la expansión europea. Europa se hallaba en el centro de un sistema económico mundial en desarrollo, y su expansión estaba promovida por naciones Estado de base territorial de un tipo puntero que aún no se había desarrollado en América al norte de México. Las naciones de Norteamérica carecían todavía de muchos rasgos de organización estatal, que incluían unas fronteras territoriales bien definidas. El colapso demográfico posterior al 1600 sólo pudo acelerar un proceso inevitable.

LATINOAMÉRICA EN EL SIGLO XVI

El debate sobre la verdadera naturaleza de la subyugación de los indios nativos de lo que sería Latinoamérica (México, Centroamérica, Sudamérica y la parte del Caribe de habla hispánica) por parte de españoles y portugueses en el siglo posterior a 1492, casi empezó una década antes de que el proceso de colonización se extendiese a los territorios en tierra firme de México y Perú. El debate lo protagonizaron no tanto los críticos extranjeros de la expansión ibérica cuanto los propios juristas y eclesiásticos con influencia y autoridad en las cortes de Madrid y de Lisboa.

En la América hispana, el fraile dominico Antonio de Montesinos advirtió a los ocupantes de la Española (la moderna Haití y la República Dominicana), ya en 1511 y en un sermón que se hizo famoso, que estaban en pecado mortal por la «cruel y horrible» servidumbre que habían impuesto a los nativos de la isla, los taínos. Los cálculos sobre la población nativa de la Española en 1492 varían notablemente, pero es probable que no llegase a los 3 millones; en 1539, los taínos habían sido virtualmente exterminados por una combinación de crueldad generalizada, exceso de trabajo y el azote de las enfermedades europeas.

Para 1539, la urgencia por desarrollar una legislación efectiva, que frenase los excesos de los conquistadores, había dejado de ser una simple necesidad social y moral para convertirse en un problema de importancia política fundamental, cuando la Corona española recibió informes del Perú sobre las encarnizadas guerras civiles de bandas rivales españolas, que se disputaban los despojos de la conquista y buscaban la forma de imponer su propia autoridad. Mientras que en el Caribe los españoles habían encontrado una población nativa en un estado intermedio de desarrollo, con sociedades asentadas y cierto grado de organización política, y que se resistían a la esclavitud y otras formas de conscripción, las conquistas de México en 1519-1521 y de Perú en 1533 los enfrentaron abiertamente con unas sociedades complejas, que contaban con un alto grado de organización administrativa y social. La recompensa inmediata fueron los tesoros acumulados no sólo por los aztecas y los incas, sino también por otras muchas civilizaciones que les precedieron. Pero mucho más importante que el botín fue el acceso al trabajo y a los tributos de millones de indios que, ya antes de la llegada de los españoles, estaban habituados a la explotación socioeconómica por parte de los forjadores de imperios.

Los conquistadores de Perú estaban divididos para 1536 en dos grupos un poco fluidos: el de los pizarristas (seguidores de Francisco de Pizarro y de sus cuatro hermanastros) y el de los almagristas (seguidores de Diego de Almagro, compañero de Pizarro en la expedición de Panamá a Perú, que regresó de Chile defraudado por su fracaso al no haber encontrado allí una ciudad rival de Cuzco, la capital inca). Los cabecillas de las facciones en guerra estaban motivados por el afán de poder, y sus secuaces por la obtención de *encomiendas* de indios, a los que podrían exigir tributo o prestación personal. En teoría, el sistema de encomiendas, que había tenido su origen en la Española (aunque sus orígenes peninsulares estaban en la Reconquista española), representaba un compromiso entre el reconocimiento por la Corona del derecho de los conquistadores a tener acceso a la fuerza laboral india y el rechazo de la idea de que los indios pudieran ser esclavizados de una manera indiscriminada. Entre sus ventajas, el sistema incluía la preservación de la naturaleza comunal de la sociedad india, porque los encomenderos solían vivir lejos de sus cargos, dejando a los jefes hereditarios nativos, los *caciques* o *curacas*, la tarea de obtener y distribuir los tributos.

En la práctica, sin embargo, como lo advertía incansablemente Las Casas, los españoles tendían a ignorar las obligaciones que el sistema les imponía –la defensa y protección de los indios, la provisión de sacerdotes y de escuelas–, mientras que sus exigencias de tributos y prestación personal fueron tan agobiantes, que acabaron por destruir las comunidades nativas.

La Corona respondió a las reclamaciones de Las Casas con un extenso código de Leyes Nuevas en 1542, privando de inmediato de sus encomiendas a los funcionarios de la Corona, los eclesiásticos y cuantos habían estado implicados en los disturbios de Perú; declaraba que el resto de las encomiendas revertiría a la Corona a la muerte de sus propietarios, y dejaba bien claro que no se otorgarían nuevas encomiendas. De hecho, el sistema estaba siendo abolido. La reacción espontánea de los españoles de Perú, que virtualmente eran los que habían combatido en las guerras civiles y que se veían abocados a la pérdida inmediata de sus encomiendas, fue arreglar sus diferencias internas y, al mando de Gonzalo de Pizarro (Francisco, al igual que Diego de Almagro, ya había muerto en los disturbios), empuñar las armas contra el primer virrey de Perú, Blasco Núñez Vela. Éste había llegado a Lima en 1544 para imponer las Leyes Nuevas. En 1545, la Corona optó por revocar las cláusulas más duras de la legislación, iniciativa que se debió, principalmente, a las advertencias que se hicieron desde México de que sin encomenderos no sería posible proteger el virreinato de Nueva España contra las revueltas indias, como la de los mixtones, que en 1540-1541 había estallado al norte del país. Pero la decisión regia llegó demasiado tarde para salvar a Núñez, que murió combatiendo a Pizarro a comienzos de 1546. Se demostró adecuada, sin embargo, para persuadir a un gran número de colonizadores influyentes de que apoyasen en contra de Pizarro al nuevo representante de la Corona, Pedro de la Gasca, que llegó a Perú en 1547. Tras una sangrienta batalla cerca de Cuzco, Pizarro fue ejecutado en mayo de 1548, y las encomiendas de sus partidarios, que no se habían pasado a tiempo a las filas realistas, fueron redistribuidas entre los jefes del ejército de De la Gasca.

Casi simultáneamente, se hacían en Valladolid los preparativos para un debate formal, y en presencia de un jurado, entre Las Casas, «el apóstol de los indios», y el principal apologista de la conquista, Juan Ginés de Sepúlveda, quien creía que las atrocidades denunciadas por fray Bartolomé de Las Casas, aunque repugnantes, tenían menos importancia que la responsabilidad de los españoles en imponer la cultura cristiana a los nativos americanos, «que reclaman... ser puestos bajo la autoridad de príncipes y naciones civilizados y virtuosos, de manera que puedan aprender del poder, sabiduría y ley de sus conquistadores a practicar una moral mejor, unas costumbres más dignas y una forma de vida más civilizada». Aunque no se anunció el resultado, la Corona rehusó el posterior permiso para publicar las obras de Sepúlveda, mientras que a Las Casas sí se le permitió sacar a la luz la primera edición de su famosa *Breve relación de la destrucción de las Indias* en 1552.

La «leyenda negra» del dominio europeo sobre Latinoamérica, aunque no recibió tal nombre hasta siglos después, fue creada por Las Casas y otros frailes que habían presenciado la fría crueldad de los conquistadores, que trataban de enriquecerse a toda prisa en las islas del Caribe y en las costas del continente durante las primeras décadas que siguieron a 1492, cuando la autoridad de la Corona era poco efectiva y cuando aún no se advertían claramente las ventajas económicas que a largo plazo hubieran podido obtener los colonizadores, de haberse cuidado de la población nativa. Los peores excesos se cometieron en los centros de una civilización aborigen avanzada –México, Centroamérica y Perú–, en la segunda mitad del siglo XVI, para sustituirla por unas formas más sistemáticas y controladas de explotación, tendentes a proporcionar a la sociedad española el acceso al trabajo y la producción de indios mediante una gran variedad de recursos, como el sistema de las encomiendas, destinado a compaginar la libertad teórica de los nativos con las exigencias de los colonizadores. Aunque la encomienda sobrevivió en Nueva España y Perú hasta comienzos del siglo XVII, la mayor parte de las concesiones revertió a la Corona al cabo de dos generaciones, pasando los territorios así liberados al control de los gobernadores provinciales o *corregidores*, cuyas responsabilidades incluían la supervisión del sistema tributario. Ello implicaba la recaudación para la Corona de un impuesto personal, que cada dos años habían de pagar los varones indios adultos en reconocimiento de su subordinación.

La otra institución principal establecida para que los españoles se aprovechasen del trabajo de los indios fue la conscripción de trabajadores por las autoridades virreinales sobre una cuota base que habían de aportar, en pro de los particulares o de las corporaciones municipales.

Incas lamentando la mala suerte de un cautivo de los españoles, que lo ejecutan «sin ninguna culpa».

Las vicisitudes de la población nativa

En Perú se estima que la población aborigen descendió de unos 9 millones en 1533 a poco más de 500 000 individuos a comienzos del siglo XVII; en esa postración se mantuvo hasta principios del XVIII, alcanzando los 700 000 en 1800. En la costa, el colapso fue casi total, debido principalmente a la inflexión de las enfermedades epidémicas –la primera epidemia de viruelas, que mató al emperador inca Huayna Capac se adelantó de hecho a la llegada física de Pizarro–, aunque la crueldad de los conquistadores, las continuas guerras (que también precedieron a la conquista) y el impacto psicológico de la destrucción de su mundo fueron otros tanto factores decisivos sobre la capacidad reproductora del indio. El modelo de decadencia fue similar en

Nueva España (México y Centroamérica), donde una población nativa que según los distintos cálculos pudo ser de 11 a 25 millones en vísperas de la conquista (los estudios recientes optan en general por la cifra más baja) descendió a un millón y cuarto en 1625, alcanzando los dos millones y medio en 1800. De nuevo fueron las epidemias el factor más destructivo.

Mucho menos avanzada está la investigación sobre las poblaciones nativas más descentralizadas en las vastas regiones al este de los Andes y al sur de América meridional; en parte porque dichas áreas nunca se asimilaron plenamente a los Imperios de España y Portugal, y así tampoco proporcionaron las cuentas del tributo colonial, que sirven de base para las estimaciones de la población anterior a la conquista. Se cree que la población araucana de lo que hoy son Chile y la Patagonia rondaba el millón de habitantes a comienzos del siglo XVI. Nunca fue asimilada propiamente al Imperio español, en parte porque su misma estructura seminómada y descentralizada impedía a los pequeños grupos de europeos someterla mediante ataques convencionales, como en los casos de México y de Perú. Estos últimos eran centros de unos complicados sistemas imperiales, de modo que los conquistadores sólo tuvieron que ocupar el lugar de los antiguos soberanos aztecas e incas. Consecuentemente, la conquista de Chile fue un largo proceso de guerra de fronteras, reforzado por tratados ocasionales, que fue empujando gradualmente a los araucanos hacia el Sur, donde tal vez unos 100 000 nativos conservaron su independencia frente al dominio blanco. Sólo fueron sometidos por completo en el siglo XIX.

Dominación por la brutalidad: un español calzando espuelas da un puntapié a un indio arrodillado.

También es muy difícil de estimar la población de lo que luego sería el Brasil portugués, cuando en 1500 llegaron los primeros europeos. Esto se debe, en parte, a que comprendía muchas tribus diferentes y, en parte, a que la Corona portuguesa mostró mucho menos interés que la española en el recuento y protección de los habitantes nativos. Las estimaciones van de los 2 millones y medio a los 5 millones, prevaleciendo entre los estudiosos modernos las cifras más altas. Lo cierto es que, cuando en 1533 empezó la colonización sistemática de los portugueses, todo el litoral estaba habitado por tribus dispersas de la familia tupí-guaraní, y que para 1600 se había producido un gran despoblamiento. Aunque las epidemias representaron un factor significativo en tal proceso –una de viruela mató en Bahía a 30 000 personas en 1562-1565, por ejemplo–, las guerras de exterminio y esclavitud tuvieron allí una importancia relativamente mayor que en muchas otras zonas de la América española. Los indios tupinambas de la costa de Bahía, por ejemplo, fueron deliberadamente dispersados, esclavizados y muertos por el tercer gobernador general de Brasil, Mem de Sá (1557-1572), que destruyó más de 300 aldeas en torno a Salvador, la capital de Brasil en el siglo XVI. Aunque la escasez de mano de obra que esa política provocó en la costa, al final se remedió con la importación de esclavos negros, indujo a comienzos del siglo XVII a las incursiones en busca de esclavos a lo largo del Amazonas por el Norte y en Paraguay por el Sur. En ambos casos los adelantados portugueses –y las fronteras efectivas de Brasil– se adentraron en muchos territorios que nominalmente estaban asignados a España, pero que los españoles solían evitar por no ofrecer metales preciosos de explotación rentable y nativos fácilmente asimilables. Los misioneros jesuitas, que llegaron a Paraguay en 1610, organizaron por su cuenta a los guaraníes a fin de que resistiesen a la penetración portuguesa, preservando allí a unos

100 000 nativos al margen de la aculturación y otras cosas peores, hasta que la Compañía de Jesús fue expulsada por la Corona española en 1767. En Paraguay occidental, un número menor de indios chacos, así como algunas tribus dispersas de amazonios, se mantuvieron a salvo únicamente por su alejamiento de la colonización europea. En la cuenca del Amazonas, el número total de supervivientes tal vez rondase el millón.

Las misiones jesuíticas de Paraguay, que se asentaban en la segregación de la población india respecto de los europeos, con la única salvedad de los misioneros, representaban en cierto sentido el desarrollo de algunas experiencias llevadas ya a cabo por Las Casas en la primera mitad del siglo XVI, y que pretendían demostrar a la Corona que los nativos de las Américas eran capaces de vivir una existencia cristiana en paz y armonía, separados de la sociedad colonizadora. Y aunque las tentativas de los dominicos no dieron resultado en ese punto, la idea de una sociedad que podía construirse mediante «repúblicas» separadas de indios y españoles, cada una con su propia jerarquía y su control social y político, fue algo que se mantuvo vigorosamente en la legislación colonial española hasta bien entrado el siglo XVII. En cierta medida reflejaba la necesidad de conservar y hasta ampliar los privilegios de los nobles nativos, como un medio que permitiese a un puñado de españoles controlar a los millones de pobladores indígenas del pueblo llano que sobrevivieron a la primera conquista. En Perú España mantuvo en Cuzco a los emperadores marioneta incas hasta 1549, y muchas mujeres de la aristocracia nativa se casaron con encomenderos. Sayri Túpac, nieto del último emperador inca aceptado por todos, Huayna Capac, vivió a lo gran señor en Yucay a finales de la década de 1550. Y en 1616 se le otorgó el título de marquesa de Oropesa a la nieta de Sayri, cuyo padre había sido capitán general de Chile. En México, a dos de las hijas de Motechuhzoma (Moctezuma) se les concedieron encomiendas perpetuas sobre ciudades indias, o sea que se siguió una política similar. En cada zona, la Corona reconoció el *status* y los privilegios de los indios nobles hasta el siglo XVIII.

La conservación de una minoría india superior permitía teóricamente el aislamiento físico de comunidades indias al margen de las ciudades españolas, con lo que se evitaron algunos de los abusos que habían dado pie a la crítica de la política india en la primera mitad del siglo XVI. Sin embargo, y al tiempo que la Corona iba promulgando una legislación en tal sentido, las presiones irresistibles de tipo social y económico –que incluían la falta de mujeres españolas, la servidumbre personal, la inmigración de los indios a las ciudades y el establecimiento de fincas españolas junto a las comunidades de nativos– fueron minando dicha minoría con la creación de un amplio segmento de población que no era ni india ni española, sino mixta o *mestiza*. En la superficie, una cultura y unos valores europeos dominaron la sociedad latinoamericana en los siglos XVI y siguientes. En cualquier caso, y en contraste con la experiencia de Norteamérica, la población indígena de al menos aquellas zonas de Latinoamérica con unas sociedades más avanzadas, al tiempo de la conquista consiguieron sobrevivir al pillaje y saqueo del primer siglo de colonialismo, mezclando de hecho su sangre y su cultura con las de sus dominadores europeos, con lo que echaron los cimientos de las sociedades mestizas del siglo XX.

ESPECULACIONES Y ESTUDIOS

Las especulaciones acerca de quiénes eran los habitantes del Nuevo Mundo y de dónde habían llegado empezaron ya con los primeros contactos. Colón creyó que eran nativos de las Indias orientales, tal vez sujetos al Gran Khan descrito por Marco Polo. Los españoles, deseosos de emplearlos en trabajos forzados, se preguntaban si eran seres humanos y si tenían alma. Si la respuesta era negativa, podrían reducirlos a la condición de esclavos para el trabajo en las minas y las plantaciones.

Una vez la Iglesia hubo resuelto que los indígenas tenían almas que debían ser salvadas, empezó la obra de conversión y llegaron misioneros a las posesiones españolas. Durante el siglo XVI acudieron frailes y sacerdotes con un notable grado de cultura. Muchas de las tradiciones indígenas que encontraron en México hablaban de la llegada de los indios ancestrales en barcos que procedían del mar oriental, y numerosos misioneros se convencieron de que estaban tratando con descendientes de las diez tribus perdidas de Israel, que se describen en el Antiguo Testamento. El hecho de que ninguna tribu o nación indígena hablase hebreo no contribuyó a debilitar dicha teoría, que se mantuvo hasta los últimos siglos y que todavía cuenta con partidarios.

En 1590, el jesuita José de Acosta publicaba su *Historia natural y moral de las Indias*, en la que exponía otra teoría: que los nativos del Nuevo Mundo no se parecían a los judíos, sino a las gentes de Tartaria, y que habían pasado desde el Asia del nororiental a su hemisferio. La teoría de Acosta, claro está, es la que ha sobrevivido al paso del tiempo, aunque este autor no tuvo manera de conocer el cuándo, dónde y porqué de la migración desde Asia al Nuevo Mundo, toda vez que en aquel tiempo los europeos nada sabían de Alaska, Siberia o el estrecho de Bering.

Después de la Revolución norteamericana, cuando los blancos avanzaron por el Oeste más allá de los montes Apalaches, penetrando en territorio indio, empezaron a surgir nuevas especulaciones sobre los indios, especialmente en las primeras décadas del siglo XIX. A medida que los blancos avanzaban por las cuencas de los ríos Ohio y Mississippi encontraron fortificaciones antiguas que las tribus indias coetáneas no sabían explicar. En algunas hallaron enterramientos con objetos de cobre, perlas, mica y otras ofrendas exóticas y maravillosas. El pueblo misterioso que construyó tales fortificaciones fue conocido como los *Mountbuilders*. En la concepción racista y antiindia de la época, se pensó que aquellos constructores no habían podido ser indios de piel oscura, sino de alguna raza blanca, desaparecida hacía mucho tiempo.

La idea de que un pueblo blanco había estado en América mucho antes que Colón debilitó así la leyenda tardía, y en gran parte espúria, de Madoc, el capitán galés que supuestamente habría viajado hacia el Oeste, en dirección al Nuevo Mundo. Por mucho tiempo se creyó, y algunos lo siguen creyendo, que entre las tribus de las llanuras había habido indios «blancos», como los mandanos, descendientes de los inmigrantes galeses de Madoc.

Esas ideas influyeron seguramente en Joseph Smith, Jr. (1805-1844), el fundador de la religión mormona. De joven, habría sido visitado en el norte del estado de Nueva York por un ángel –así lo proclamaba–, que le mostró unas planchas de oro escritas con caracteres que más tarde se llamaron «egipcios reformados», y que le facilitó unas lentes mágicas que le permitieron leer y traducir aquel texto. Él dictó luego el texto de memoria, el cual fue conocido como el *Libro de Mormón*.

El *Libro de Mormón* contiene un relato de dos migraciones transatlánticas desde Tierra Santa al Nuevo Mundo. Los primeros en llegar habrían sido los yareditas (que las autoridades mormonas tienen ahora por olmecas del antiguo México). La segunda migración estaba formada por un tal Lehi, su familia y sus amigos. A la muerte de Lehi, ya en el Nuevo Continente, la jefatura pasó a su hijo menor Nefi, cuyo pueblo fue conocido como de los nefitas. Los nefitas fueron constructores de ciudades y templos, y habían llevado consigo trigo, ganado vacuno, caballos y otros productos del Viejo Mundo. Pero los hermanos mayores de Nefi estaban resentidos por habérseles privado de su herencia, por lo que Dios los castigó oscureciendo su piel; ellos y sus descendientes, conocidos como lamanitas, fueron los antepasados de los indios americanos que hoy podemos ver. El relato del *Libro de Mormón* termina con la aniquilación total de nefitas y lamanitas.

Cuando Joseph Smith oyó hablar por primera vez de los grandes descubrimientos de Stephens y Catherwood entre las ruinosas ciudades mayas de México y de Centroamérica, declaró inmediatamente que debían de ser «nefitas», es decir, construcciones de hombres blancos y no de indios de piel cobriza, cuya general degradación les hacía incapaces de tales logros culturales.

Smith no fue el único que se inspiró en la leyenda de las diez tribus perdidas. Edward King, vizconde de Kingsborough (nacido en 1795), murió preso y en bancarrota, arruinado por los enormes gastos que le había originado la publicación de todos los manuscritos conocidos anteriores a la conquista de México, en un vano esfuerzo por demostrar que los pueblos civilizados del país eran descendientes de aquellos hebreos peripatéticos. Pese a lo cual, su empresa quijotesca hizo posible la primera difusión completa y erudita de algunos de los manuscritos más importantes que poseemos, como el códice maya de Dresde.

Se han propuesto y defendido teorías en verdad disparatadas sobre los nativos americanos y sus culturas, entre las que se incluyen las de continentes hundidos, como la Atlántida y Mu, y hasta visitantes del espacio exterior, como las que aparecen en los libros de Erich von Däniken. Todo ello refleja la general repugnancia europea y euroamericana a admitir que los indios americanos llevaron a cabo sus grandiosas construcciones.

Pese a lo cual, y en contraste con todo lo expuesto, hay que admitir que algunos eruditos recientes contemplan con seriedad la posible transmisión de ciertos rasgos culturales desde Asia a través del océano Pacífico. En particular habría que referirse, en este sentido, a ciertos detalles del sistema de calendario centroamericano que prueban una difusión al otro lado del Pacífico; probablemente no es casual, por ejemplo, que el calendario maya de eclipses que aparece en el códice de Dresde se funde exactamente en los mismos principios

Arriba. La existencia de centros mayas en México y Guatemala obtuvo el reconocimiento público en Norteamérica y en Europa a mediados del siglo XIX, gracias al interés y al talento de dos hombres notables: el ciudadano estadounidense John Lloyd Stephens (1805-1852) y el inglés Frederick Catherwood (1799-1854). Juntos exploraron los asentamientos mayas –muchos de ellos desconocidos hasta entonces– en dos campañas laboriosas (1839-1840 y 1841-1842). Stephens publicó unos relatos llenos de vida de sus experiencias y Catherwood los ilustró con dibujos y litografías tan exactos como evocadores. En esta litografía de un templo de Tulum se le puede ver a la derecha de la entrada.

Derecha. Thomas Jefferson (1743-1826), escritor, estadista, terrateniente y arqueólogo precoz. Su excavación de un montículo indio fue un anticipo de arqueología científica: la excavación pretendía confirmar unas hipótesis, ofrecía la estratificación del montículo y la consignaba en forma meticulosa.

que con anterioridad se habían desarrollado con la dinastía china de los Han.

Cómo y cuándo se realizó esa difusión desde el este o el sureste asiático es algo que ignoramos. Algunos de los detalles que sugieren un origen asiático podrían haber llegado hasta Alaska vía Siberia. Resulta altamente improbable que aquellos cazadores primitivos no llevasen consigo ningún bagaje intelectual: ciertos rasgos de las religiones zoomórficas y chamánicas del Nuevo Mundo podrían formar parte de un sustrato asiático muy antiguo. Algunos trazos culturales, sin embargo, no pueden tener esa antigüedad; un buen ejemplo de ello es el que aduce Paul Tolstoy, demostrando de manera fehaciente que la compleja tecnología empleada para producir papel de corteza en los trópicos del Nuevo Mundo (los libros mayas en papel-corteza, por citar un caso) debió de tener su origen en el sureste asiático y en Indonesia, y más concretamente en las Célebes y las Molucas. Tales teorías difusionistas pueden resultar muy respetables cuando las formulan eruditos prestigiosos; pero, por desgracia, no eliminan los aspectos fantásticos.

La era de la arqueología

El polifacético Thomas Jefferson inició la arqueología americana. Algún tiempo antes de 1782, y con anterioridad a su elección como presidente de Estados Unidos, Jefferson dirigió las excavaciones de un montículo en su finca de Virginia, tomando nota atenta de sus observaciones. En el informe que publicó en 1784 indicaba que en el montículo se podían advertir cuatro estratos superpuestos, cada uno con múltiples enterramientos, y sacaba unas conclusiones bien razonadas sobre su datación a partir, precisamente, de las prácticas de enterramiento de cada grupo indio. (Nunca supuso Jefferson que aquellas fortificaciones hubieran sido construidas por otros que los indios nativos.)

Por desgracia, habría que pasar otro siglo antes de que se volviese a practicar una excavación estratificada en cualquier otra parte del mundo. Pero el siglo XIX fue la época de las exploraciones arqueológicas en gran escala, y en ese período se descubrió la mayor parte de las civilizaciones del Nuevo Mundo, se trazaron los mapas de sus ruinas y se analizaron las tradiciones relativas a las mismas. Con pocas excepciones (como la de Caleb Atwater, que con su publicación de 1820 fue el primero en tratar en forma adecuada las fortificaciones de Ohio, aunque creyéndolas producto de los hindúes que habían emigrado a través de México), aquellas civilizaciones antiguas fueron tenidas por logros de los indios americanos.

Aunque Antonio del Río había explorado el asentamiento maya por antonomasia de Palenque, a principios del siglo XIX, fueron los descubrimientos monumentales del abogado norteamericano John L. Stephens y del topógrafo inglés Frederick Catherwood, publicados en 1841 y 1844, los que inflamaron la imaginación pública con la fastuosa magnificencia de la primitiva civilización maya en las selvas de México y de Centroamérica. En sus libros establecieron un modelo de documentación escrita y gráfica que hasta ahora apenas ha sido superado.

Entre los primeros exploradores de la prehistoria del Nuevo Mundo hay que citar a Ephraim Squier y a George Davis por lo que se refiere a los monumentos de Hopewell y del Mississippi en el valle homónimo (con informes publicados en 1848); a William H. Holmes, de la Smithsonian Institution, que excavó ciudades antiguas de México y Centroamérica; y al propio Squier que, junto con Johann Tschudi y otros, estudió las ruinas de Perú y Bolivia. Alejandro von Humboldt ha sido elogiado por sus investigaciones y viajes en Latinoamérica; pero su contribución al desarrollo de la arqueología del Nuevo Mundo fue relativamente modesta.

El siglo XIX vio también el nacimiento de las grandes instituciones americanas dedicadas a la antropología y la arqueología, como el Peabody Museum of Harvard, el Bureau of American Ethnology y la University of California. Pero a lo largo de todo el siglo, la arqueología norteamericana y del Nuevo Mundo en general siguió siendo una arqueología ajena a las técnicas de estratos, por lo que aportó escasos conocimientos a la secuencia de las culturas o la cronología de las mismas. Mas no debería infravalorarse la enorme contribución de esa época. Un ejemplo elocuente serían las exploraciones y la documentación fotográfica que hicieron de las ciudades mayas y de sus monumentos el austríaco Teobert Maler (para el Peabody Museum) y el inglés Alfred P. Maudslay; sus magníficas publicaciones siguen siendo la base de los estudios epigráficos mayas.

El paso siguiente consistió en lo que Gordon Willey y Jeremy Sabloff han llamado la «revolución estratigráfica». El empleo de la estratigrafía (es decir, el establecimiento de las capas de deposición en un asentamiento) como método táctico de la arqueología tiene su origen en los estudios geológicos del escocés Charles Lyell, y fue perfeccionado con los trabajos y publicaciones del general Pitt-Rivers en Inglaterra. Su llegada al Nuevo Mundo fue sorprendentemente tardía. Sólo en una publicación de 1903 el arqueólogo alemán Max Uhle (que luego sería conocido como «el padre de la arqueología peruana») dio a conocer sus excavaciones estratigráficas de un montículo separado en la zona de la bahía de San Francisco, concretamente en Emeryville.

En Centroamérica la primera excavación con esa técnica se llevó a cabo en 1911, cuando el mexicano Manuel Gamio, bajo la dirección del gran antropólogo Franz Boas, excavó un hoyo estratigráfico en Atzcapotzalco, cerca de Ciudad de México, y reveló una secuencia arqueológica desde su formación (entonces llamada «arcaica») hasta Teotihuacán (cultura azteca). Por lo que hace a Norteamérica, el adelantado fue Nels C. Nelson con sus excavaciones estratigráficas de 1913 y 1915 en las ruinas de Pueblo, en la cuenca de Galisteo, de Nuevo México, que estuvieron ciertamente influidas por los ejemplos de Uhle y de otros europeos en las técnicas más básicas de la arqueología.

La primera mitad del siglo XX fue la edad de oro de la arqueología científica, a menudo a una escala enorme, en Canadá, Estados Unidos y Latinoamérica. La pauta la marcaron las organizaciones para la investigación con sus enormes recursos, como la Carnegie Institution de Washington, adelantada en el campo de la investigación maya; o la Universidad de California, que se centró en Perú; o la Universidad de Harvard, que se especializó en el suroeste americano. Se desarrollaron las cronologías culturales correlativas para cada rincón del Nuevo Mundo, desde el Ártico a la Tierra del Fuego, y se clasificaron las culturas por zonas y niveles de desarrollo. Fue también la época que vio el florecimiento de instituciones locales, fuera de EE.UU., como el Instituto Nacional de Antropología e Historia de México, que impulsaron en gran medida los conocimientos acerca de las poblaciones nativas del Nuevo Mundo.

La revolución moderna en arqueología

¿Qué edad tenía todo esto? Había que establecer una cronología *relativa* –la cultura A es más antigua que la cultura B, y ésta más que la C–, pero ¿qué significa eso en términos de años de calendario? En 1940, geólogos y arqueólogos habían establecido como dato cierto que los indios americanos estaban en el hemisferio occidental desde hacía al menos 11 000 años; habían llegado a esta conclusión mediante el empleo de métodos geológicos de datación, como el análisis de la varvas. En el suroeste americano, el astrónomo A. E. Douglas había descubierto el método dendrocronológico para fechar la edad de las vigas de las antiguas viviendas de los indios pueblo, lo que le permitió fijar con absoluta precisión el tiempo de las ruinas y culturas prehistóricas de la región. Y en la zona de los mayas la correlación entre su calendario y el calendario cristiano, agudamente descubierta por el editor de periódicos T. Goodman en el siglo XIX, proporcionó una cronología absoluta para el período de 600 años que duró la civilización maya clásica y sus numerosos monumentos de piedra.

Pero la verdadera revolución en la arqueología del Nuevo Mundo llegó a finales de la década de 1940, cuando el químico de la Universidad de Chicago, Willard F. Libby, perfeccionó la técnica del carbono 14 o radiocarbono para fechar materiales orgánicos antiguos, como el carbón de hogares prehistóricos. Antes de ese descubrimiento, que realmente hizo época, pocos eran los arqueólogos dispuestos a otorgar una gran antigüedad a la mayor parte de las culturas del Nuevo Mundo, y publicaban unas cronologías de casi todas las áreas culturales al margen por completo de toda demostración. El método del radiocarbono incrementó en general la edad de la mayoría de las culturas fuera del suroeste americano y del área maya, aunque en algunos casos –como el de la subsecuencia de los cesteros del período prepueblo en el suroeste– las cronologías experimentaron una revisión drástica hacia arriba en la escala del tiempo. El análisis del radiocarbono representó algo más que un cambio en las ideas acerca de la datación; supuso también una revisión tajante de los conceptos de proceso cultural, como en el caso de la civilización olmeca, con una antigüedad mucho mayor de la que previamente se le había otorgado.

Una segunda revolución es la que provocaron los avances en las técnicas de los análisis físicos y químicos de artefactos, que han permitido el descubrimiento de antiguas redes comerciales y de métodos de aprovisionamiento, desde cerámica a piedras y metales.

Y, finalmente, en los últimos años se ha formado una vigorosa corriente intelectual, derivada, en parte, de la biología y la ecología –el análisis de cómo los grupos humanos antiguos se adaptaron culturalmente a los cambios de entorno– y, en parte, de la antropología social, determinando las subestructuras y procesos de las antiguas sociedades indias de América a partir de sus restos arqueológicos. Éstos son dos aspectos de la tan celebrada «nueva arqueología». Lo que tiene de «nueva» y cuál es su importancia para entender la prehistoria del Nuevo Mundo es algo que tendrá que juzgar la historia.

PARTE SEGUNDA

LOS PRIMEROS AMERICANOS

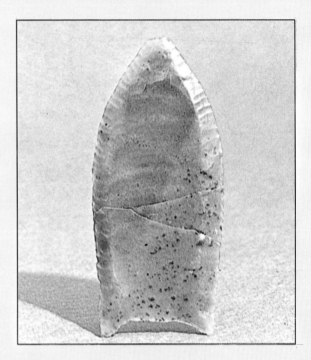

EL ASENTAMIENTO ORIGINARIO

La evolución biológica de nuestra especie se dio en buena medida dentro del contexto del Pleistoceno o Edad de los Hielos; una era geológica que empezó hace casi 2,5 millones de años. No hay la menor duda de que esa evolución desde nuestros antepasados los primates hasta las formas modernas de humanidad ocurrieron en el Viejo Mundo, no en el Nuevo, y que las primeras migraciones humanas hacia este último se dieron ya muy a finales del Pleistoceno. El argumento más elocuente en favor de tal opinión es que jamás se han encontrado en el hemisferio occidental formas arcaicas del género *Homo*, ni siquiera las relativamente tardías de Neanderthal. Todos los esqueletos de indios americanos, encontrados en depósitos antiguos, son morfológicamente modernos.

Dentro de la Edad de los Hielos hubo cierto número de largos períodos sucesivos de intensas glaciaciones y descensos de temperatura a escala mundial. Tales episo-

dios estuvieron separados por períodos interglaciales, durante los cuales las temperaturas volvieron a ser las de hoy. La última de las glaciaciones, llamada Wisconsin en Norteamérica, fue la más dura de todas y duró aproximadamente desde el año 80 000 al 7000 a. C., cuando los glaciares del mundo iniciaron su retirada final.

En el período más crudo de la Wisconsin, enormes masas de hielo cubrieron Norteamérica y el extremo septentrional de Eurasia, mientras que una espesa banquisa cubría el océano entre los dos grandes glaciares. Se calcula que, en torno al 30% de la superficie terrestre estuvo cubierta por la carga de hielo de los glaciares Wisconsin y por sus correlativos glaciares de Würm en Eurasia. Tanta fue el agua que se fundió de esa cubierta de hielo, que el nivel del mar descendió al menos 85 m, dejando al descubierto buena parte de lo que ahora es plataforma continental y, lo que es mucho más importante, sacando a la luz un puente de tierra entre Siberia

retirada de la glaciacion Wisconsin

——————— 18 000-16 000 a. C.

- - - - - - 10 000 a. C.

·············· 6 000 a. C.

⟶ posible ruta libre de hielos hacia el sur tomada por los paleoindios hacia 10 000 a. C.

subrayada la línea costera para reflejar los niveles marítimos inferiores durante la glaciación.

Extensión de la glaciación Wisconsin
Amplias áreas del hemisferio septentrional estuvieron cubiertas de masivas capas de hielo a finales del Pleistoceno, cuando los primeros humanos entraron en el Nuevo Mundo. Fue tanta el agua que se condensó en hielo, que el nivel del mar descendió drásticamente, dejando al descubierto una amplia franja de tierra sin hielos entre Siberia y Alaska. Según algunos arqueólogos, los primeros cazadores paleo-indios estuvieron confinados en la parte alaskiana de Beringia hasta que un corredor libre de hielos les permitió salir hacia el sur aproximadamente 10 000 años a. de C., dando como resultado un exceso de la actividad venatoria y la extinción de la caza por obra de las gentes de la cultura Clovis. Otros piensan que no hay pruebas definitivas sobre la existencia de un corredor en esa época y que los antepasados de los indios americanos ya habían alcanzado latitudes más bajas *antes* de que se fundieran las capas de hielo de la Cordillera y Laurenciana hacia 18 000 a. de C.

Arriba. El estrecho de Bering, visto desde la isla Pequeña Diomedes (EE.UU.). En el centro aparece el Gran Diomedes (URSS), mientras que al fondo se encuentra la costa de Siberia (cabo Este o Mys Dezhneva). Todo esto fue tierra seca durante el Pleistoceno tardío, permitiendo un fácil acceso al Nuevo Mundo a las bandas de cazadores y recolectores; incluso en su estado presente el estrecho nunca ha representado una barrera a los movimientos de gentes y mercancías. De hecho, hasta que el gobierno soviético puso fin a la práctica, los esquimales cruzaban regularmente el estrecho de Bering en ambas direcciones.

y Alaska. La propia Norteamérica estaba cubierta con una capa de hielo de hasta 3 km de espesor, hasta la confluencia, al Sur, de los ríos Ohio y Mississippi, mientras que en las elevaciones superiores de México y de la cordillera de los Andes los glaciares eran aún mayores.

Es evidente que en la mayor parte de la Wisconsin el Nuevo Mundo estuvo despoblado. Cuando los primeros inmigrantes consiguieron penetrar en la parte no helada del continente, debieron de encontrar un entorno muy distinto del actual. Por ejemplo, al sur de la línea de hielos estaba la tundra cruzando lo que ahora son las Grandes Llanuras, el Medio Oeste, Pennsylvania y Nueva Jersey. Más al Sur se extendía una ancha franja de bosque boreal, que cubría buena parte del centro de Estados Unidos. Con otras palabras: el estado de Virginia se asemejaba entonces mucho a la parte sur del Labrador actual. Probablemente las praderas cubrían muchas tierras bajas del oeste de Estados Unidos y de México.

Los primeros inmigrantes debieron hallar en estas tierras nuevas un paraíso para los cazadores. Grandes manadas de enormes mamíferos herbívoros vagaban por el paisaje a finales del Pleistoceno; manadas que en América del Norte estaban formadas por caballos, mamuts, mastodontes, bisontes gigantes y camélidos. Además de los rumiantes había animales formidables, como una especie de lobo enorme ahora extinguida y el gigantesco perezoso. Aquella fauna notable iba a desaparecer con la llegada de los humanos y la retirada de los glaciares.

¿Cuándo llegó el hombre a Norteamérica?

La fecha exacta de la llegada del *Homo sapiens* al hemisferio occidental sigue siendo uno de los problemas más espinosos de la arqueología; apenas existe acuerdo alguno entre los especialistas acerca del cuándo y del cómo de tal acontecimiento. El acuerdo relativo al *dónde* presenta menores dificultades. La mayor parte de Alaska estaba libre de hielos junto con el valle de Yukon, como lo estaba en buena medida Siberia oriental. Durante la glaciación Wisconsin, ambas zonas estu-

vieron enlazadas por un enorme puente de tierra, desde que el descenso de nivel marino a escala mundial dejase al descubierto una plataforma de 1600 km de anchura (cubierta ahora por los mares de los Chukchi y de Bering y por el estrecho de Bering). Grupos humanos pudieron haber cruzado a pie enjuto desde Siberia a Alaska, a través de lo que sería una lengua de tierra libre de hielos y cubierta de tundra. Aún hoy el estrecho de Bering representa una comunicación más que una barrera entre los dos hemisferios, especialmente para un pueblo como el esquimal que dispone de botes. No hay ninguna razón convincente por la que los primeros emigrantes asiáticos no pudieran viajar por mar, ya que las pruebas del radiocarbono demuestran que los antepasados de los modernos aborígenes llegaron hasta Australia, que nunca estuvo unida a ningún continente durante la Era de los Hielos, al menos desde hace 20 000 años; lo que obliga a admitir que poseyeron embarcaciones.

A propósito de los primeros pobladores de las Américas, los arqueólogos se dividen en dos campos. De un lado están los que, apoyándose en los datos del radiocarbono, abogan por asentamientos y culturas de piedra tosca, que se remontarían a una antigüedad de hace 20 000 años y más. Del otro lado, se hallan quienes piensan que los argumentos en favor de una ocupación del Nuevo Mundo anterior a los 10 000 años a. C. son muy débiles por distintas razones. C. Vance Jr. y Paul C. Martin, por ejemplo, argumentan que la primera cultura paleoindia plenamente aceptada, la cultura Clovis, aparece poco después de esa fecha en el oeste de Estados Unidos y que sus orígenes están en Alaska. Y formulan la hipótesis de que los primeros indios americanos pudieron haber inmigrado desde el Norte a través de un corredor libre de hielos, que apareció por aquellas fechas entre la capa de hielos occidental de la Cordillera, y la oriental o Laurentina. El pueblo clovis empleaba puntas lanzaderas, de dos caras labradas y de notable eficacia, innovación ésta que, según Martin, contribuyó a la extinción de los grandes animales del Pleistoceno (la megafauna) por obra de la «enorme matanza» humana.

Los defensores de unas ocupaciones anteriores a la del pueblo clovis destacan tres puntos débiles en dicha hipótesis. Primero, la escasa fuerza del argumento en pro de tal corredor libre de hielos por aquella época al este de las montañas Rocosas. Segundo, la fauna pleistocénica pudo desaparecer por el cambio de clima más que por intervención humana. Tercero, las industrias más antiguas que se conocen en Alaska se caracterizaron por las micropuntas de tipo asiático, y no son anteriores a los asentamientos clovis más antiguos. Por lo cual arguyen que la industria clovis y otras similares nunca evolucionaron a partir de unos antecedentes alaskianos, sino que deben de ser un invento nativo norteamericano desarrollado a partir de una base cultural mucho más antigua y sencilla del Nuevo Mundo.

El profesor Irving Rouse ha propuesto un esquema del primitivo poblamiento humano de las Américas, que hemos adoptado aquí con unas modificaciones y que se basa en la tipología de los instrumentos de piedra. Por lo que hace al hemisferio occidental se han identificado tres «edades de la piedra»: lítico inferior, medio y superior.

Las primeras culturas de la Edad de la Piedra: el lítico inferior

Aunque se han hecho duras críticas, a menudo justificadas, a muchas de las propuestas que abogaban por una antigüedad del hombre en el Nuevo Mundo superior a los 10 000 años a. C., existen pruebas convincentes en favor de la llegada del hombre mucho antes de esa fecha. El período lítico inferior de Rouse se caracteriza por la manufactura de lascas irregulares, desbastadas sólo en las puntas. Pudo haber empezado hace más de 20 000 años. No deja de ser sorprendente que las mejores muestras del lítico inferior no provienen de Alaska, donde no existen, ni de Canadá ni de Estados Unidos, sino de Centroamérica y Sudamérica.

Hay que proceder con extrema cautela en el manejo de las supuestas reliquias de esa era antiquísima. Pese a lo cual, hay algunos asentamientos del lítico inferior, capaces de resistir las acusaciones de los escépticos. La cuenca de Old Crow, que forma parte del territorio septentrional de Yukon, en Canadá, se halla en el extremo oriental de Beringia, que en palabras del doctor William Irving era «el continente pleistocénico que comprendía los territorios más occidentales y no helados del norte de Norteamérica y de Siberia oriental». Quedaba al norte de los hielos que separaban dichas tierras del área más rica del Sur, la cual presumiblemente fue inalcanzable, al menos en los tiempos últimos de la glaciación Wisconsin. El conjunto de Old Crow consiste, según lo definieron sus descubridores, principalmente en huesos rotos y trabajados de mamíferos del Pleistoceno, más que en instrumentos de piedra. Las fechas de 29 100, 27 000 y 25 750 años, se han obtenido de un hueso con carne de caribú y de dos huesos trabajados de mamut procedentes de la cuenca; estos dos últimos trabajados, según parece, cuando el hueso todavía estaba fresco.

1Old Crow no presenta una verdadera estratigrafía, pero sí Meadowcroft Rockschelter, un asentamiento complejo a 48 km al suroeste de Pittsburgh, Pennsylvania, a orillas del Ohio. Meadowcroft está junto a un pequeño afluente del Ohio, en lo que fue una parte de la meseta Apalache no cubierta de hielos. Y presenta lo que sus excavadores, el doctor James Adovasio y sus colaboradores, califican atinadamente como «el mejor argumento para fechar la ocupación del hemisferio con anterioridad a la cultura Clovis». El estrato I, el más bajo en el refugio roquero, no contiene artefactos de piedra;

pero en una concentración de carbón (resultado sin duda de la actividad humana) y en un fragmento carbonizado de un material tallado a modo de corteza se han obtenido dos fechas, gracias al carbono 14, que superan los 17 000 años. Encima mismo está el sustrato inferior IIa con carbones de hogares en el tercio inferior del asentamiento, a los que se atribuye una antigüedad de 10 850-14 225 años (8900-12 275 a. C.). Los artefactos, todos de piedra, consisten en «cuchillos» de punta romboidal, hojas de una o dos caras trabajadas, grabadores y micrograbadores, objetos denticulados y raspadores menudos, así como una punta en forma de lanza bifacial. En los yacimientos del principio de Meadowcroft no ha habido restos de la fauna extinguida, lo cual ha proporcionado argumentos a la crítica; pero el asentamiento parece un excelente candidato a la clasificación en el lítico inferior.

Meadowcroft no es el único asentamiento que haya proporcionado datos sobre el lítico inferior en Angloamérica. La cueva de Wilson Butte, en el centro meridional de Idaho, ha proporcionado con el carbono 14 dos fechas de 14 500 y 15 000 años, con huesos y tres artefactos de piedra del tipo lítico inferior. Más convincentes resultan los datos de la cueva Levi, en Texas, excavada en 1959-1960 y en 1974 por el doctor Herbert Alexander.

También en lo que ahora es Latinoamérica se han descubierto restos muy tempranos de la cultura pre-Clovis. En el estado mexicano de Puebla, a unos 125 km al este-sureste de Ciudad de México, la doctora Cynthia Irwin-Williams localizó y excavó varios campamentos provisionales de cazadores primitivos, en el extremo del pantano creado por la presa de Valsequillo. Presentan dos ocupaciones perfectamente estratificadas, cada una con amplia gama de mamíferos extinguidos, que fueron conducidos allí como a un matadero local: mamuts, mastodontes, caballos, antílopes, lobos y otras especies menores. Rouse observa que el conjunto de artefactos sólo presenta fragmentos de objetos tallados sólo en los extremos; dos de ellos son puntas lanzaderas unifaciales. El inventario de objetos en su conjunto recuerda el de otros asentamientos del lítico inferior americano.

En Sudamérica propiamente dicha, las excavaciones del doctor Richard S. MacNeish en la cueva de Pikimachay, en la cuenca de Ayacucho, en el altiplano de Perú, han sacado a la luz unos datos desconcertantes, aunque aún controvertidos, sobre el lítico inferior. Del estrato más profundo, atribuido por MacNeish al período Paccaisasa, proceden algunas láminas anchas y retocadas y huesos de animales extinguidos, entre los que figuran perezosos y caballos o camellos. Las fechas obtenidas por el carbono 14 van de los 14 700 a los 20 000 años.

Monte Verde, en el centro de Chile meridional, es otro asentamiento sudamericano que probablemente pertenece al lítico inferior. Con fechas establecidas por el carbono 14 entre los 3500 y los 12 500 años, se trata de una aldea antiquísima (la más vieja de cuantas se han encontrado en el Nuevo Mundo). Se han descubierto hileras de casas de madera, otras estructuras asimismo de madera, instrumentos de madera y de piedra, restos de plantas y huesos de mastodontes. Constituye un asentamiento único.

Resumiendo: nadie sabe cuándo llegaron a las Américas los antepasados de los indios. Nuestros conocimientos actuales sugieren que pudo ocurrir hace más de 20 000 años. La lengua de tierra de Bering probablemente desempeñó un papel importante; pero si los primeros inmigrantes y exploradores asiáticos disponían de embarcaciones, bien pudieron haber colonizado la costa del Pacífico al sur de las capas de hielos de la Cordillera. Los orígenes

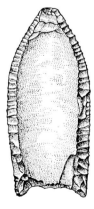

Punta Folsom

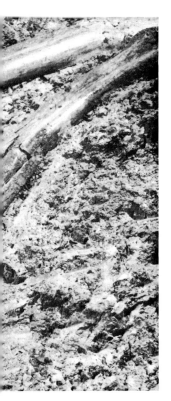

El mundo arqueológico seguía sin convencerse de la antigüedad del hombre en el Nuevo Mundo hasta el hallazgo de una punta acanalada (que aquí aparece) y otros artefactos asociados al esqueleto de un bisonte de larga cornamenta, ya extinguido. El hallazgo salió a la luz en 1926, en unas excavaciones cercanas a Folsom, Nuevo México.

de las culturas de la Edad de la Piedra del lítico medio, como las de Clovis y Folsom, bien establecidas, tienen sus raíces en el lítico inferior, todavía poco conocido.

Las tradiciones más importantes del lítico medio

Después del 10 000 a. C., al sur de la capa de hielos laurentina, las industrias del lítico inferior empezaron a ser sustituidas por otras del lítico medio, que se caracterizaban por las puntas lanzaderas de dos caras. El profesor Rouse cree que tales artefactos pudieron haber evolucionado a partir de las puntas unifaciales y más sencillas, como las que se han encontrado en las localidades de Ayacucho y Valsequillo; pero es probable que el proceso se desarrollase de manera independiente en otras regiones del Nuevo Mundo. A diferencia de lo que ocurre con el lítico inferior, la validez de las primeras fechas de los asentamientos del lítico medio es incuestionable.

Antes de 1926, todas las pretensiones de restos americanos antiguos, de huellas de los primitivos indios americanos que hubieran vivido a finales de la Edad de los Hielos y cazado animales ahora desaparecidos, eran pretensiones que se recibían con un escepticismo bien fundado. Pero en el verano de ese año, un grupo de científicos del Museo de Historia Natural de Denver hizo un descubrimiento notable cerca de Folsom, Nuevo México, en el que los instrumentos de piedra aparecían definitivamente asociados con los huesos de una especie de bisonte ya desaparecida (*Bison antiquus*): alojada entre las costillas de un animal apareció una punta fina de lanza, pulimentada por las dos caras y que había sido terminada arrancando una lámina de la base y dejando en cada una de las superficies una especie de acanaladura. La investigación acerca de los primeros americanos cobró así un nuevo prestigio; pero hasta la adopción del carbono 14 como sistema de datación no hubo verdadera posibilidad de fechar los asentamientos de la cultura Folsom.

Pronto resultó evidente que en el oeste de Estados Unidos había habido culturas de cazadores más antiguas que la de Folsom, asociadas con otro tipo de puntas arrojadizas llamado Clovis, que eran el prototipo de la cultura Folsom. Las puntas Clovis tienden a ser más anchas que las de Folsom y generalmente tienen más de una canaladura por cada cara. La parte final era la más larga, y dejaba un canal que sólo cubre un tercio o la mitad de la longitud total de la punta. La acanaladura, que carece de precedentes en la industria de la piedra del Nuevo Mundo, representaba un proceso tecnológico muy avanzado, y debió de tener alguna función. Se ha sugerido que así era más fácil y más segura. En favor de esta interpretación está el hecho de que los bordes del filo de la punta están generalmente hundidos a lo largo de la acanaladura, como para proteger de la abrasión las ataduras.

Clovis es una de las culturas paleoindias mejor datadas y de mayor difusión. Empezó poco después del 10 000 a. C. y se prolongó casi hasta 9200. Clovis fue la cultura de pequeñas bandas de cazadores y recolectores (aunque sabemos muy poco de la recolección), cuyo principal objetivo eran las grandes manadas de mamuts lanudos e imperiales que vagaban por las llanuras del Oeste antes de terminarse el Pleistoceno. La mayor parte de los asentamientos «clásicos» Clovis del Oeste eran estaciones de degüello y matanza. En el asentamiento de Lehner Ranch, del sur de Arizona, por ejemplo, Emil Haury sacó a la luz los restos de nueve mamuts, junto con huesos de caballos, *Bison antiquus* y tapires. Durante la cacería, los cazadores de Clovis perdieron 13 de sus puntas (una de cristal de roca) y 8 instrumentos de descuartizamiento entre las carcasas de sus víctimas. Según parece, los animales fueron atacados mientras abrevaban en un arroyo.

El «asentamiento típico» de la cultura Clovis es Blackwater Draw, cerca de Clovis, Nuevo México. Allí los restos Clovis aparecieron estratificados por debajo de los artefactos Folsom, que a su vez estaban cubiertos por materiales de finales de la cultura paleoindia llamado Plano. Durante el Pleistoceno esta región, que ahora es relativamente árida, estaba cubierta de lagos y pantanos. Blackwater Draw era por entonces un extenso lago rodeado de vegetación, que atraía a una amplia gama de animales, como camellos, caballos y bisontes, que eran empujados hacia las orillas pantanosas y cazados.

La cultura Clovis occidental tuvo un desarrollo similar, y probablemente coetáneo, al resto de Norteamérica, donde se han encontrado numerosos campamentos de afiliación Clovis en sus rasgos generales; probablemente las puntas Clovis y de formas parecidas son más comunes en el Este que en el Oeste. El asentamiento del período Clovis más al Nordeste es Debert, en el centro del Nueva Escocia, en Canadá, un campamento de cazadores y recolectores que estuvo ocupado cuando los hielos estaban a menos de 100 km por el Norte. Aunque no quedan restos de fauna, se cree que la población Debert cazaba caribúes o renos y otros animales de la tundra, en una región ahora densamente cubierta de bosques. El carbono 14 ha fijado la fecha de Debert hacia el 8600 a. C., mientras que para Bull Brook, un lugar parecido en Massachusetts, da el año 7000, lo cual sugiere que algunos asentamientos Clovis del Este son más recientes que otros del Oeste y con una cultura derivada de la de éstos. Aunque la mayor parte de los observadores piensa que fueron más o menos contemporáneos, y que pudieron mantenerse en una época en que la cultura Folsom ya había sucedido a la Clovis en las llanuras occidentales.

En efecto, la tradición de la punta acanalada Clovis se halla en una extensa zona del Nuevo Mundo, aunque la mayor parte de los hallazgos Clovis proceden de la superficie más que de asentamientos estratificados. Algunas puntas de forma parecida se han encontrado en Alaska (tal tradición quizá llegó allí por la vía del corredor de Mackenzie, cuando éste se abrió entre las capas de hielos de la Cordillera y de Laurentia), y puntas acanaladas se conocen en localizaciones dispersas de México, Guatemala y más al Sur, en Turrialba y la provincia de Guanacaste, en Costa Rica, así como en el lago Madden de Panamá.

A medida que descendemos de América del Norte hacia Sudamérica, la tradición de la punta acanalada se mezcla con la tradición de puntas de cola de pescado, puntas arrojadizas con esa forma y bases acanaladas.

Los cazadores Clovis de mamuts fueron los dueños indiscutibles del oeste de Estados Unidos desde Montana hasta la frontera de México a lo largo de un milenio. Fue entonces, hacia el año 9000, cuando las puntas Clovis dieron paso a las formas acanaladas, menores y más finas, del tipo Folsom. Ello coincidió con la casi simultánea extinción de los grandes elefantes y su sustitución por los bisontes menores (*Bison antiquus*) como pieza preferida de las bandas cazadoras. No es seguro que ambos acontecimientos estuvieran relacionados, pero sí resulta probable.

El asentamiento Folsom mejor estudiado es Lindenmeier, cerca de Fort Collins, Colorado. A finales de la época Wisconsin el asentamiento estuvo en las orillas pantanosas de un lago, con un campamento base y una especie de matadero en las proximidades; por el carbono 14 se fecha hacia el 8800 a. C. Los elefantes debieron de sobrevivir por algún tiempo, aunque en número reducido, pues sólo quedan algunos restos de mamuts. Por otra parte, existen pruebas abundantes de la matanza y descuartizamiento de numerosos bisontes.

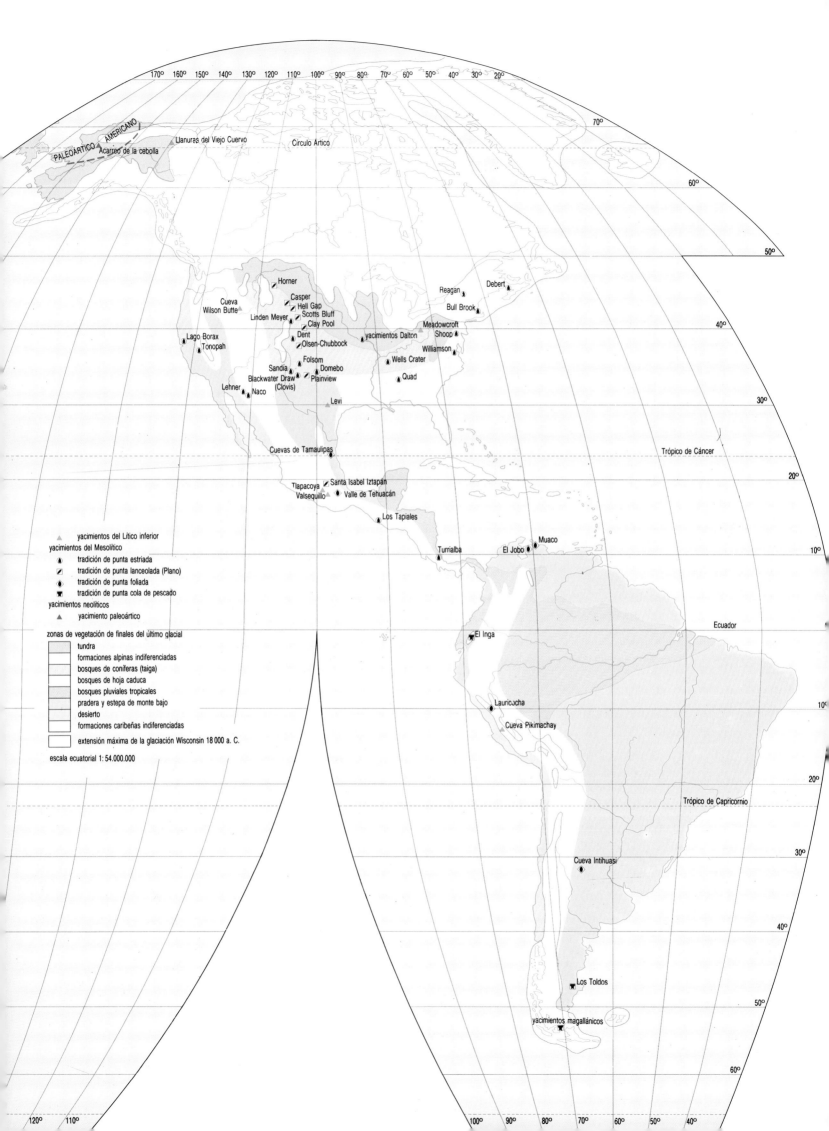

PALEOÁRTICO AMERICANO

Acarreo de la cebolla

Llanuras del Viejo Cuervo

Círculo Ártico

70°

60°

50°

Horner

Casper

Cueva
Wilson Butte

Hell Gap

Scotts Bluff

Linden Meyer

Clay Pool

Reagan

Debert

Bull Brook

Dent

Meadowcroft
Shoop

40°

Lago Borax

Olsen-Chubbock

yacimientos Dalton

Tonopah

Williamson

Folsom

Wells Crater

Sandia

Domebo

Blackwater Draw

Plainview

Quad

(Clovis)

Lehner

Naco

Levi

30°

Trópico de Cáncer

Cuevas de Tamaulipas

20°

Tlapacoya

Santa Isabel Iztapán

Valsequillo

Valle de Tehuacán

Los Tapiales

Muaco

10°

Turrialba

El Jobo

yacimientos del Lítico inferior

yacimientos del Mesolítico

tradición de punta estriada

El Inga

Ecuador

tradición de punta lanceolada (Plano)

tradición de punta foliada

tradición de punta cola de pescado

yacimientos neolíticos

yacimiento paleoártico

10°

Lauricocha

zonas de vegetación de finales del último glacial

tundra

Cueva Pikimachay

formaciones alpinas indiferenciadas

bosques de coníferas (taiga)

bosques de hoja caduca

bosques pluviales tropicales

pradera y estepa de monte bajo

desierto

formaciones caribeñas indiferenciadas

extensión máxima de la glaciación Wisconsin 18 000 a. C.

escala ecuatorial 1: 54.000.000

20°

Trópico de Capricornio

30°

Cueva Intihuasi

40°

50°

Los Toldos

yacimientos magallánicos

60°

Punta Clovis

Además de las usuales puntas de lanza arrojadizas, han aparecido varios tipos de raspadores usados en el curtido; raederas en forma de media luna utilizadas para enderezar o alisar dardos o flechas y para grabar y cortar instrumentos; hojas en forma de prisma y taladros. Aunque lo conservado es escaso, han sobrevivido algunos instrumentos de hueso, entre los que se cuentan leznas y agujas con ojo, indicio tal vez de la producción de cestos y de vestidos de cuero que se cortaban y cosían.

En la arqueología del oeste de Estados Unidos se plantea el problema de las llamadas puntas de cara lisa. Son parecidas a las no acanaladas de Folsom, anteriores a éstas en el Norte (es decir, en el campamento de Hell Gap, al este de Wyoming, que estuvo habitado mucho tiempo), pero posteriores a las Folsom del Sur, como son las de los asentamientos de Texas.

La tradición de la punta acanalada fue un fenómeno asociado a la caza de una gama extensa de animales, abundantes a finales del Pleistoceno. Cuando éstos se extinguieron, ya fuera por una «matanza excesiva», como sugiere Martin, o por el cambio de clima, la tradición desapareció repentinamente en buena medida en el 8000 a. C., cuando los hielos empezaron a retirarse. Y fue sustituida por otras tradiciones, especialmente la de punta en forma de lanza, de origen meridional.

Otras tradiciones de puntas en el lítico medio

Cuando los hielos fueron desapareciendo de América del Norte, las puntas de dos caras empezaron a extenderse y a diversificarse en las Grandes Llanuras, empleándose principalmente en la caza del bisonte. Cada tipo se denomina por el asentamiento en que los arqueólogos lo reconocieron por vez primera: cuenca del Agate, Midland, Scottsbluff, Hell Gap, Eden, Claypool y Milnesand. Esas distintas industrias han sido agrupadas bajo la designación común de Plano. Las puntas Plano están bellamente trabajadas, y muchas son casi verdaderas obras de arte, hechas en materiales finos, como el jaspe o el pedernal de color miel. Las incisiones de la lámina se hallan a lo largo del lomo central de la hoja, dando la impresión de que una sola lámina transversal se extiende a través de toda la hoja con un efecto de plumaje.

Algunos de los mataderos de animales mejor documentados de la América primitiva pertenecen a la tradición de punta lanceolada. En el asentamiento de Olsen-Chubbock, en el centro oriental de Colorado, fechado hacia el 6500, se encontraron en el cauce de un largo arroyo restos de casi 200 ejemplares del *Bison occidentalis* (una especie que empieza a ser sustituida por el moderno *Bison bison*). Provocando estampidas se los condujo por un declive hasta la hondonada en que fueron sacrificados y descuartizados. El excavador doctor Joe Ben Wheat ha calculado que la manada pudo proporcionar más de 22 700 kg de carne, además de los órganos internos comestibles y la grasa: lo suficiente para alimentar a una población de 150 personas durante 23 días. Entre las víctimas se contaban terneros casi recién nacidos, lo que sitúa la matanza a finales de mayo o primeros de junio.

La tradición de la punta lanceolada parece mantenerse hasta casi el 5000 a. C., cuando ya el Pleistoceno había desaparecido hacía tiempo. La fauna fósil se había extinguido por completo, y unas condiciones climáticas más secas y cálidas se habían impuesto en la Norteamérica arcaica, dando lugar a un estilo de vida diferente.

Las otras dos tradiciones líticas de la América paleoindia son de filiación americana y tienen unos orígenes independientes, con una base en el lítico inferior. Se trata de las tradiciones de puntas en forma de hoja y en forma de cola de pescado. Hay alguna razón para creer que la tradición de punta foliar cuenta con una antigüedad al menos igual que la de la cultura Clovis, y que quizá cuente incluso con raíces anteriores.

La tradición de punta en forma de hoja muy probablemente tuvo su origen en la parte septentrional de Sudamérica, habiéndose extendido luego por todo el continente, pues se encuentra en los refugios roqueros de Ayacucho, en el altiplano de Perú, excavados por Richard MacNeish. En Centroamérica es patente en las puntas lenticulares de Lerma, labradas a percusión, que se remontan a la primera ocupación del valle de Tehuacán, en el estado de Puebla, región que fue objeto de un proyecto arqueológico y ecológico que se prolongó largo tiempo, dirigido por MacNeish. En su fase conocida como Ajuereado –que según las pruebas del carbono 14 es anterior al 7000 a. C.–, los habitantes del valle (que nunca debieron ser más de tres familias nómadas de cuatro a ocho poblaciones cada una) cazaban una especie extinta de caballos y el antílope pronghorn de las montañas Rocosas, con lanzas guarnecidas con puntas Lerma. Estacionalmente emigraban a través de una serie de microentornos, que podrían haberles proporcionado una variedad de dieta animal y vegetal (incluyendo criaturas tan humildes como las liebres americanas, los geomises y las ratas).

En el mismo valle de México hay una prueba magnífica del encuentro de la tradición de la punta en forma de hoja (procedente del Norte) y la de punta lanceolada (llegada del Sur). El valle estuvo ocupado en tiempos por un gran lago, que persistió desde el Pleistoceno hasta que fue drenado y desecado por las autoridades coloniales españolas y por los gobiernos republicanos que la siguieron. En el último período del Pleistoceno, parece que el lago alcanzó su extensión máxima, y toda la cuenca contenía entonces las mejores reservas de caza para las bandas de indios americanos que la ocupaban.

Aunque se trataba de un fenómeno cultural predominantemente sudamericano, la tradición de las puntas en forma de hoja penetró en la Norteamérica propiamente dicha, y está documentado en asentamientos muy antiguos de la cueva Wilson Butte, en Idaho, aunque sus verdaderas raíces están en el subcontinente meridional.

Aquellos grupos humanos alcanzaron el extremo meridional del Nuevo Mundo antes del 9000 a. C., cosa que demostró de manera concluyente Junius Bird en sus últimos años. En 1937 excavó dos cuevas, la de Fell y la de Palliaike, cerca del estrecho de Magallanes. Por entonces no se había inventado aún la técnica del carbono 14, y la edad de la primera ocupación de las susodichas cuevas continuó sin saberse; pero las pruebas subsiguientes con carbones de dos hogares fijaron la fecha entre el 9370 y el 9082. Eso quiere decir que la primera cultura humana «en el extremo meridional de la Tierra» es al menos contemporánea de la cultura Clovis de América del Norte, y que todas las regiones del hemisferio no cubiertas de hielo estaban ocupadas para esa fecha.

El período del nivel I de la secuencia magallánica sacó a la luz 16 puntas enteras y fragmentarias de cola de pescado, talladas en basalto, horsteno y cuarcita, junto con los huesos de un caballo desaparecido (*Para hipparion saldasi*), la carcasa de un perezoso gigante (*Mylodon listai*) y un guanaco (el camélido salvaje del que descienden las llamas y las alpacas). Los vástagos de las puntas se asemejan a la cola de un pececillo, y a menudo están aligerados por acanaladuras mientras que los bordes de dichos vástagos han sido redondeados limándolos, técnicas ambas comunes con las puntas de Clovis. También estaban presentes las puntas en forma de hoja, las láminas de hueso, las leznas y los instrumentos de cortes irregulares. En el período II, inmediatamente superior, parece que se habían extinguido tanto los caballos como los perezosos, y sólo se encontraron puntas arrojadizas de hueso. La tradición de punta de cola de pescado se halla muy difundida en el extremo meridional de Sudamérica.

Las tradiciones de hojas en el lítico superior

El período lítico superior del profesor Rouse comprende industrias y complejos que tuvieron su origen en el Paleolítico superior asiático y que a finales de la era Wisconsin estuvieron confinados al norte de las capas de hielo de Laurentia y la cordillera, y muy especialmente al subcontinente beringiano de Siberia nororiental, la franja de tierra de Bering y Alaska. Atribuye dichas culturas a un período aparte del lítico superior en razón de la presencia de hojas anchas y/o microhojas, desbastadas únicamente en los extremos. Algunas son lascas retocadas por ambas caras; pero las más de las veces proceden de láminas anchas, al menos en América del Norte. Es bastante general, aunque no completa, la ausencia de puntas arrojadizas bifaciales. Jayson Smith denomina NAMANT (*Northeast Asian-Northwest American Microblade Tradition*) a esta tradición de la microhoja, común al nordeste asiático y al noroeste americano. Su reconocimiento es decisivo para la comprensión de los primitivos americanos, toda vez que los portadores de esta tradición llegaron al Nuevo Mundo en una fecha relativamente tardía (hace unos 14 000 años) y sólo se dispersaron al sur del corredor Mackenzie tras la recesión del último avance Wisconsin, hacia el 7000 a. C. De ahí que muchos estudiosos concluyan: primero, que esos portadores de la cultura NAMANT nada habrían tenido que ver con el origen de las tradiciones del lítico medio, como la de Clovis, que ya estaban establecidas en el hemisferio al tiempo de su llegada; segundo, que las tradiciones bifaciales del lítico medio debieron de surgir de manera independiente en Norteamérica y en Sudamérica al sur del glacial Wisconsin, desde una temprana y primitiva tradición del lítico inferior que se habría extendido desde Asia al Nuevo Mundo antes de que se unieran las dos capas de hielo norteamericanas y antes de la entrada de la cultura NAMANT.

Tres son las subtradiciones que podemos distinguir en la misma. Una es la de Diuktoid, así denominada por el yacimiento tipo del río Aldan, un afluente del río siberiano Lena. En la cueva de Diuktai salieron a la luz huesos de mamut y de buey almizclero junto con microhojas desbastadas por las dos caras. Se hallaron también algunas puntas en forma de hoja, pero resultan atípicas porque las armas arrojadizas de Diuktai eran características del lítico superior y estaban hechas con puntas de hueso y presentaban microhojas en las estrías de sus lados. Las fechas que da el radiocarbono son 11 120 y 10 140 años a. C.

La segunda subtradición proviene de las costas e interior de Asia; se extiende desde Japón por el norte hasta la península de Kamchatka, con numerosas microhojas. Las dataciones del carbono 14, entre el 12 340 y el 8410 a. C., hacen que las puntas trabajadas por las dos caras, que se han encontrado en los depósitos de esta subtradición, resulten demasiado tardías como para ser las antepasadas del lítico medio en el Nuevo Mundo.

La tercera subtradición es la paleoártica americana. Los arqueólogos han descubierto que las microhojas eran típicamente bloques tajados más que vástagos preparados aparte. No hay puntas arrojadizas trabajadas por las dos caras, sino sólo puntas de hueso en el típico estilo NAMANT con microhojas en las muescas a lo largo de los bordes. El asentamiento mejor conocido de esta subtradición es el de Onion Portage, junto al río

Kobuk, en el noroeste de Alaska, que desemboca en el mar de los Chukchi, no muy lejos al norte del estrecho de Bering. Lo descubrió Louis Giddings en sus últimos años, y en él se dan dos complejos microlíticos sucesivos, perfectamente estratificados: el primero, Akmak, se situaría entre los años 13 000 y 6650 a. C. (sólo el final de la fase está datado con el radiocarbono); el segundo, Kobuk, se fecha en 6250-6050 a. C. Esta estación, que evidencia sucesivas ocupaciones durante milenios, tuvo una importancia indiscutible para la pesca o para la caza de numerosos especímenes como el caribú.

El lítico superior es ciento por ciento asiático en su contenido y una ramificación clara de las tradiciones de hoja y de las economías venatoria y recolectora muy especializadas del continente eurasiático en el Paleolítico superior. Probablemente tuvo poco que ver con los orígenes o la evolución cultural de los indios americanos, y resulta más verosímil que fuese el antecedente de la vida de los esquimales (inuit), muy compleja y poco tardía, caracterizada por la pesca y la caza de focas, ballenas y caribúes. El lítico superior sería asimismo antecedente de la cultura de los aleutianos, emparentados con los anteriores, y con unos géneros de vida más adaptados al mar.

Panorámica retrospectiva: la ecología de la vida paleoindia

Nuestro conocimiento de los paleoindios del Nuevo Mundo presenta todavía numerosas lagunas. Aun así es altamente probable que los primeros seres humanos llegasen a Norteamérica, al sur de la capa de hielos de Wisconsin, antes del 10 000 a. C., con unos pertrechos muy simples. Sin embargo, las pruebas que abonan esta suposición no son enteramente satisfactorias. Son muchas las cosas que ignoramos (y que nunca podremos saber) acerca de Beringia, de donde debieron de llegar aquellos inmigrantes, simplemente porque muchas yacen ahora bajo los mares de los Chukchi y de Bering. Debido a la espesa cubierta de vegetación y a las dificultades para recorrer los yacimientos paleoindios de las tierras bajas tropicales de Centro y Sudamérica, nuestros conocimientos son muy escasos. Y, por último, la conservación de los asentamientos paleoindios es deficiente.

Este último punto es importante, puesto que la forma de obtener los alimentos vegetales y su elaboración condujo al estadio más antiguo del cultivo de determinadas plantas en Centroamérica y en la zona de los Andes, no mucho después de haber iniciado la retirada final de los hielos Wisconsin. A los primeros indios se les define a menudo como «cazadores de caza mayor»; pero es posible que dependieran aún más de las hierbas, semillas, frutos y bayas silvestres y de piezas cinegéticas pequeñas, que de la megafauna de elefantes, caballos, etc. Los datos que nos proporcionan asentamientos como el refugio roquero de Levi, en Texas, muestran que hasta los animales más pequeños y humildes entraban en la dieta.

La forma de vida paleoindia, tan similar en muchos aspectos a la de las gentes euroasiáticas del Paleolítico superior, sólo habría podido soportarla una población reducida que dispusiera de áreas muy extensas. El biólogo Edward Deevey ha calculado que a ese nivel de desarrollo cultural, el mantenimiento de una persona requería alrededor de 65 km². La población actual de México supera, por ejemplo, los 70 millones de habitantes, mientras que, según las estimaciones de Deevey, en los tiempos preagrícolas paleoindios nunca habría podido sobrepasar las 30 000 almas. Nada tiene, pues, de extraño que sean tan difíciles de encontrar esos restos paleoindios, y en especial los asentamientos de las gentes anteriores a la cultura Clovis.

PARTE TERCERA

NORTE AMÉRICA

EL PERÍODO ARCAICO

Los paleoindios de Norteamérica vivían en entornos muy diferentes de los habituales en los últimos milenios. Eran cazadores y forrajeros trashumantes. Muchos de los animales que constituían su caza se extinguieron al finalizar el Pleistoceno (hacia el 10 000 a. C.). Los hábitats que sostuvieron la flora y la fauna del Pleistoceno cambiaron cuando las capas de hielo se fundieron antes de que los nuevos hielos avanzasen hacia el Sur. Las especies que no se desplazaron hacia el norte con la retirada de los hielos murieron y fueron sustituidas por otras que se expandieron fuera de las áreas de refugio. El papel de los cazadores humanos en la extinción de las principales especies venatorias del Pleistoceno, como mastodontes, mamuts y los restos del bisonte de la Edad de los Hielos, no nos consta con certeza y sigue siendo el centro del debate entre los arqueólogos. Lo que sí es cierto es que las posteriores comunidades indias tuvieron que afrontar todo un mosaico de nuevos cambios ambientales. Después del 8000 a. C. los suelos de las regiones que acababan de deshelarse eran suelos jóvenes que evolucionaron a medida que hubieron de soportar una sucesión de especies vegetales y animales. Las especies forestales se extendieron a nuevos territorios con distinto ritmo, de acuerdo con los mecanismos de propagación de que dependían. Los climas cambiaron rápidamente, cuando los sistemas meteorológicos alteraron sus movimientos en torno a la retirada de las capas de hielo.

La visión general que ofrece el continente después del 8000 a. C. es la de una tensión por un reajuste inicial rápido a las condiciones ambientales, que fue retardándose gradualmente a medida que esas condiciones alcanzaban su estado actual. Para las bandas indias, la adaptación inicial debió de comportar una inseguridad considerable, y los restos arqueológicos reflejan una amplia serie de adaptaciones no especializadas. Cuando el entorno se hizo más estable, las comunidades indias se arriesgaron a unas adaptaciones más especializadas con vistas a unas actividades que hicieran más segura la

La geografía de Norteamérica va desde los valles desérticos, por debajo del nivel del mar, hasta algunas de las cimas más altas del mundo. La región, geológicamente cálida de Yellowstone está en la divisoria continental. El río Yellowstone aparece aquí (*abajo derecha*) cerca de su fuente en el extremo de las altiplanicies. Desde allí fluye hacia el Norte antes de girar hacia el Nordeste y juntarse con el Missouri.

El Cañón de Chelly corta la altiplanicie del nordeste de Arizona (*abajo izquierda*). Allí el Chinle Wash corre frente a las ruinas de White House. El cañón, que en tiempos fue la patria de numerosas y florecientes comunidades anasazis, ahora alberga algunas alquerías dispersas de navajos (véase pág. 74).

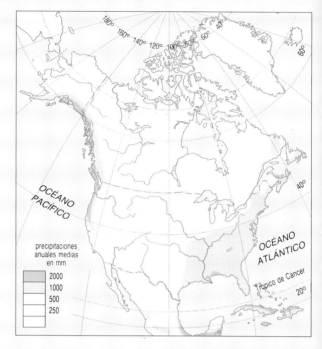

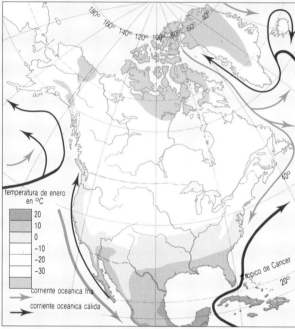

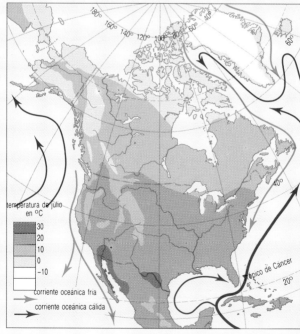

Clima y vegetación de Norteamérica

La topografía, los suelos y el clima se combinan para formar el mosaico de zonas ambientales que hoy se dan en Norteamérica. Este mapa muestra los hábitats de la moderna Norteamérica como debieron de ser sin las alteraciones introducidas primero por los indios prehistóricos y, de un modo más drástico, por los euroamericanos. Son el resultado de un paisaje muy diferente en la Edad de los Hielos, y a lo largo de más de 10 000 años. La formación y los límites de las zonas ambientales cambiaron durante ese tiempo, y en algunos casos de manera significativa. Las comunidades indias se adaptaron necesariamente a las condiciones que fueron cambiando de modo gradual con el tiempo, y los arqueólogos modernos se concentran en la exploración de los procesos que facilitaron la adaptación humana. Como en muchos casos, ni los entornos antiguos ni las adaptaciones culturales prehistóricas han sobrevivido en una historia documentada, sólo la arqueología brinda los medios para comprender la evolución cultural de nuestra especie desde la caza y el forrajeo hasta la agricultura sedentaria. Dado el aislamiento casi completo entre los pueblos del hemisferio occidental y del oriental durante ese largo período, las Américas ofrecen un laboratorio arqueológico independiente en el que explorar el nacimiento de la civilización. Las comparaciones con los desarrollos de Europa, Asia y África permiten a los arqueólogos descubrir tanto lo que es común a toda la humanidad como lo específico de las culturas de la América antigua.

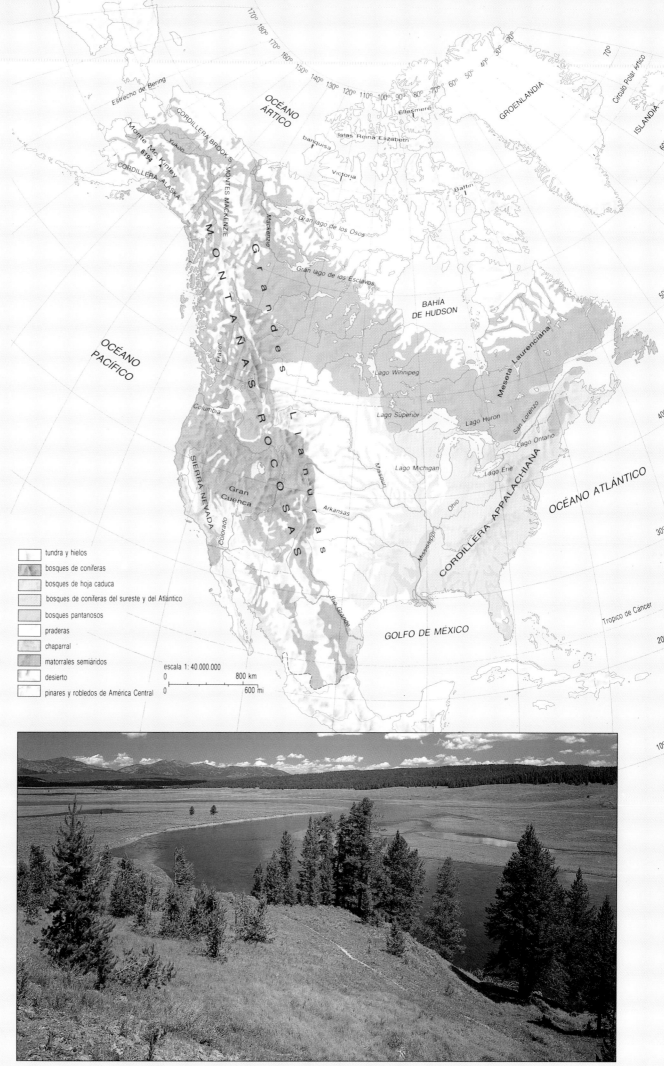

tundra y hielos

bosques de coníferas

bosques de hoja caduca

bosques de coníferas del sureste y del Atlántico

bosques pantanosos

praderas

chaparral

matorrales semiáridos

desierto

pinares y robledos de América Central

escala 1: 40.000.000

0   800 km

0   600 mi

subsistencia. Los movimientos de migración libre dieron paso a una trashumancia más restringida, en que las bandas se movían de acuerdo con unos hábitos regulares y dentro de unos territorios reducidos. Ese largo período, que los arqueólogos han calificado de arcaico, sigue al de los paleoindios especializados en la caza mayor, pero precede a la aparición de los cultivos en gran escala. Los indios, arcaicos por definición, supieron utilizar magníficamente una gama cada vez más amplia de especies vegetales y animales.

El arma principal de los cazadores arcaicos fue el *atlatl* o lanza arrojadiza. En su forma más simple, consistía en un bastón con un mango en un extremo y un garfio fuerte en el otro. La contera de la lanza se ajustaba al garfio y el cazador impulsaba el arma más con el movimiento que con la mano directamente. El atlatl alargaba en efecto el antebrazo en unos 50 centímetros, permitiendo el giro de la mano en la muñeca para darle un juego mayor. La velocidad adicional, derivada del alargamiento del brazo y del mayor movimiento de la muñeca, hacía más efectivos los lanzamientos del atlatl que los de lanzas mayores arrojadas a mano.

A finales del período arcaico de la piedra, se les añadió peso a los atlatl; lo cual no habría representado ninguna ventaja efectiva, a no ser que el material empleado por entonces fuese flexible. Suponiendo que tal ocurriera, los cazadores de finales del período arcaico descubrieron la ventaja de aumentar el potencial de sus armas con el empleo de flechas pesadas y flexibles, como los pescadores y golfistas modernos han descubierto las ventajas de cañas y mangos flexibles.

El final de la época arcaica varía notablemente de una región a otra. En algunas zonas los primeros cultivos vegetales se iniciaron ya a comienzos del III milenio, mientras que en otras regiones los sistemas arcaicos de caza y recolección se mantuvieron hasta después de la colonización europea. De ahí que la fecha del 700 a. C., que se da como terminación de este período, haya sido elegida de manera arbitraria, sabiendo que el tipo de ecosistema que lo caracterizó fue cambiando en el tiempo y el espacio, de conformidad con el entorno que lo sostenía.

Los problemas generales de adaptación que hubieron de afrontar los indios arcaicos fueron similares a los que hubo de afrontar la población de todo el mundo por esa época. Y, en líneas generales, también las soluciones fueron parecidas. Con la desaparición de la caza del Pleistoceno, la actividad venatoria se centró en los ciervos, los alces y los caribúes. Y a medida que se imponía la tendencia a la caza menor, los indios fueron sustituyendo la explotación relativamente amplia de especies mayores por una explotación intensiva de especies menores. Por lo que hace a la actividad colectora, intensificaron la explotación de nueces, peces y crustáceos.

La creciente densidad demográfica hizo imposible que la población buscase nuevos recursos trasladándose a regiones deshabitadas, ya que hasta las zonas marginales se fueron ocupando. En consecuencia, sus formas de movimiento se trocaron en migraciones restringidas dentro de unos territorios bien delimitados, movimientos que los llevaban a ocupar año tras año los mismos lugares según el ciclo de las estaciones. Las consecuencias ar-

Derecha. El monte McKinley, ahora conocido como suele suceder por su nombre indio de «Denali» se eleva a 6194 m en Alaska central. Durante miles de años esta parte del Ártico fue la patria de los indios na-denes. En los primeros siglos de la expansión india por las Américas, esta región fue tal vez su corredor principal. El proceso, sin embargo, no fue necesariamente una migración drástica. En la secuencia arqueológica que conocemos hubo tiempo suficiente para que unas comunidades pequeñas y poco numerosas se extendiesen y expandieran al máximo sin una migración concertada para largas distancias.

Derecha. La Danger Cave, Utah –asentamiento típico de la época arcaica y desértica– está actualmente a 34 m sobre el nivel del Gran Lago Salado. Los materiales empezaron a acumularse en la cueva hacia el 9000 a. C. y acabaron alcanzando una altura de 4 m. Al ser excavada la cueva, proporcionó miles de artefactos, muchos de ellos de madera, fibras, huesos, piel y otros materiales que habrían perecido en un entorno húmedo. Gracias a eso y a los hallazgos de otros yacimientos similares, los arqueólogos tienen una comprensión detallada de las acomodaciones de los indios arcaicos a un entorno desértico y duro.

queológicas de ese cambio incluyen la repetida ocupación de asentamientos cuidadosamente elegidos, y la acumulación de escombros y desechos en los mismos asentamientos. Las sencillas herramientas portátiles fueron sustituidas por aperos de mayor envergadura, y no faltan casos en que han aparecido pesadas instalaciones de piedra. Construyeron y usaron regularmente ciertas instalaciones pesadas para la molienda, y el problema del transporte lo solucionaron almacenando los aperos en los distintos emplazamientos que visitaban en el curso del año. El almacenamiento de alimentos aumentó a medida que se incrementaba la riqueza material.

Las primeras organizaciones sociales parecen haber sido igualitarias. La mayor movilidad, los grupos más numerosos y las habitaciones permanentes facilitaron la adquisición y trueque de materiales líticos exóticos.

Comparativamente, los indios arcaicos formaban grupos menores, tenían una movilidad reducida y contaban con organizaciones menos igualitarias. Una consecuencia probable de la mayor competencia entre las bandas y de lo reducido de sus desplazamientos fue la sustitución

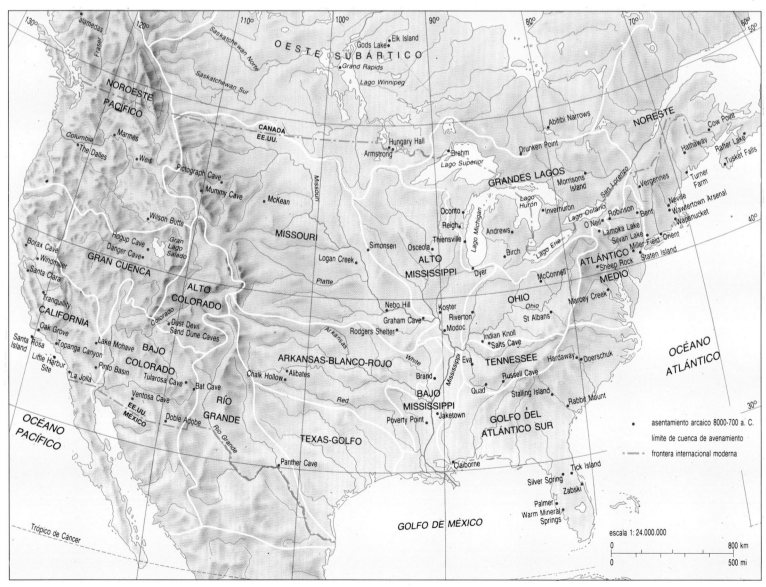

asentamiento arcaico 8000-700 a. C.

límite de cuenca de avenamiento

frontera internacional moderna

escala 1: 24.000.000

0   800 km

0   500 mi

Poverty Point

Tal vez el asentamiento arcaico más impresionante de Norteamérica sea el complejo de grandes taludes de Poverty Point, en Louisiana. El complejo principal lo constituye una serie de seis octógonos concéntricos. El exterior tiene un diámetro de casi 1300 m. Cada octógono está formado por una serie de caballones de tierra. Parte de ese complejo de octógonos sufrió más tarde la erosión de un río cercano, si es que alguna vez estuvo por completo terminado. Un ancho talud, al oeste del poblado y alejado del cauce del río, alcanza una altura de más de 20 m, con más de 200 de largo en su base. La longitud incluye una larga rampa que desciende hacia el complejo octogonal. Otro talud algo menor se alza hacia el Norte. Aunque resulta tentador buscar en el sur la primitiva inspiración mexicana del complejo, Poverty Point puede haber sido nada más y nada menos que la expresión final de unas tendencias del arcaico norteamericano que tuvieron un desarrollo muy largo.

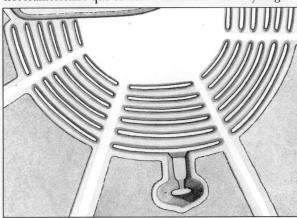

Entre los artefactos recuperados en Poverty Point hay miles de bolas de arcilla cocida, que probablemente se empleaban para calentar la piedra en lugar de guijarros, difíciles de encontrar en los suelos aluviales del valle del Mississippi. El calentamiento de la comida introduciendo bolas calientes evitaba exponer directamente al fuego unos recipientes frágiles o combustibles. En algunos casos, las masas de arcilla adoptan formas de pájaros o de hombres. La figurilla aquí reproducida (*debajo*) no alcanza los 5 cm de altura.

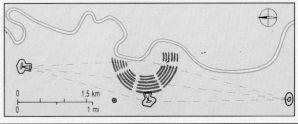

de los viejos modelos de intercambio extensivo de materiales toscos y exóticos por materiales del lugar. Los asentamientos arcaicos contienen a menudo herramientas de una calidad relativamente baja, pero hechas con los materiales que el lugar ofrecía. Los materiales mejores seguían en manos de las bandas afortunadas que los habían heredado dentro de sus territorios reducidos.

Al finalizar el período arcaico, muchas bandas indias manipulaban ya su entorno. Eso implicaba la quema de zonas de bosque para mejorar los pastos de los ciervos. También incluía el cultivo ocasional y tal vez la propagación fortuita de especies vegetales particularmente deseadas. Asimismo, a finales del período arcaico fueron apareciendo nuevos tipos de comercio y trueque. A primera vista parecen similares a los sistemas prearcaicos por los que pasaban los materiales líticos exóticos de una banda igualitaria a otra. Sin embargo, los nuevos sistemas parecen haber sido totalmente distintos en la forma, a juzgar por el uso que se dio a los materiales exóticos cuando alcanzaron su destino arqueológico. Se han encontrado muchos objetos exóticos asociados con enterramientos; al emplearlos en determinados contextos sugieren que se utilizaron para marcar las diferencias sociales en unas sociedades cada vez más competitivas. Por ejemplo, el exótico cuarzo de Ramah se extendió por el sur a través de los asentamientos de las Provincias Marítimas y del Maine, acabando por convertirse en objetos preciados que, en ocasiones, adornaban las sepulturas. Por el contrario, las piezas exóticas del período paleoindio acabaron siendo objetos inútiles y rotos que han aparecido entre los desechos de los campamentos. Los modelos del arcaico tardío establecieron la plataforma para los intercambios de larga distancia y para el ordenamiento social que florecerían en los mil años siguientes al 700 a. C.

Al menos en las zonas interiores del oeste del continente los cambios climáticos hacia unas temperaturas más cálidas y secas alcanzaron después del Pleistoceno niveles superiores a los actuales. Los arqueólogos de la Gran Cuenca han hecho mayor uso de las fluctuaciones de temperatura a largo plazo que los arqueólogos de la mayor parte de las regiones de Norteamérica. El anatermal, caracterizado por las condiciones de frío y humedad, se supone que prevaleció durante el período del 7000-5000 a. C. El altitermal máximo (5000-2500) está documentado en muchos asentamientos, y las fechas en torno al 4400 parecen haber señalado su cima más alta. El meditermal (posterior al 2500 a. C.) presenció un cambio brusco hacia las condiciones actuales. Este aparente endurecimiento climático presionó fuertemente la capacidad de adaptación de las poblaciones arcaicas. Pero la subsiguiente mejoría del clima más templado y seco hacia las condiciones actuales las capacitó para pasar de la recolección de frutos a su producción.

ÁREAS CULTURALES

Tradicionalmente, los arqueólogos han dividido las numerosas culturas indias de América del Norte en áreas culturales delimitadas por la geografía. Ese recurso tiene la ventaja de agrupar a centenares de culturas locales en un pequeño número de unidades mucho más manejables. Pero presenta algunas desventajas, que conviene tener en cuenta si no queremos abusar de las áreas culturales. Primera, las fronteras rígidas de los grupos culturales son la mayor parte de las veces una ficción antropológica. A menudo las fronteras estaban separadas por zonas de amortiguamiento más que por fronteras territoriales al estilo europeo. Segunda, la mera definición de un área cultural supone que ya en tiempos hubo un tipo de cultura ideal en su núcleo, que intentaron realizar de algún modo unas culturas más marginales. Pero también esta es una idea falsa, puesto que todas las culturas intentan acomodarse lo mejor que pueden a las condiciones locales, y la agrupación que de las mismas hacemos no pasa de ser un recurso para facilitar su generalización. Tercera, y como consecuencia de los dos problemas señalados, las áreas culturales pueden encubrir a menudo variaciones en pequeña escala que no dejan de ser importantes. Aquí las utilizamos en el bien entendido de que sólo están al servicio de la generalización inicial.

Aunque inmenso y salteado e interrumpido por zonas vacías, el Ártico se considera un área cultural aparte. El Subártico se divide en áreas occidentales y orientales, división que separa a los na-denes de la población de habla algonquina. El área de Canadá meridional se ha distribuido a veces entre el Subártico oriental y los bosques del Este. Las Grandes Llanuras se han dividido en áreas del Norte y del Sur con la Pradera característica en medio, mientras que los bosques del Este también han dado paso a núcleos separados. El Suroeste siempre se ha tratado aparte, aunque su porción correspondiente a México a menudo ha sido silenciada. Parecida suerte ha corrido el nordeste de México, que no siempre se ha considerado como un área separada. Finalmente, el Lejano Oeste empezó por abarcar las regiones costeras y las situadas entre montañas; regiones que, a su vez, se dividieron en áreas de la costa noroccidental y de California, de un lado, y en la Altiplanicie y la Gran Cuenca, del otro. En cualquier caso, para las fronteras y los nombres locales hemos seguido los criterios expuestos en los volúmenes del *Handbook of North American Indians*. (Algunos de esos volúmenes están todavía en proyecto, por lo que las áreas correspondientes a los mismos se han establecido siguiendo fuentes más antiguas; los volúmenes aún sin publicar corresponden a la costa noroccidental, la Gran Cuenca, la Altiplanicie, las Llanuras y el Sureste.)

Se han hecho muchos intentos científicos para reducir el grupo de lenguas amerindias a un grupo pequeño de familias o *phyla*. Han sido tentativas que a primera vista han tenido éxito, en el sentido de que los resultados se han publicado y utilizado por otros eruditos. Pero unos

Lenguas indígenas de Norteamérica I
Aunque inmensa, la Norteamérica septentrional puede dividirse en cuatro grandes áreas culturales, dominadas por tres familias principales de lenguas. El Ártico es el dominio de los hablantes de lenguas esquimales-aleutianas. En el Subártico oriental prevalecen los hablantes de lenguas algonquino-ritwanas. Las culturas de la costa Noroeste hablan lenguas que pertenecen a las familias na-dene y otras menores, cuyas derivaciones antiguas todavía no están dilucidadas por completo.

Izquierda. La zona en torno a Juneau es típica de la abrupta costa del Noroeste. Los valles contienen a menudo glaciares de montaña más que ríos; son restos de la capa de hielo Cordillerana, que en tiempos cubrió toda la región.

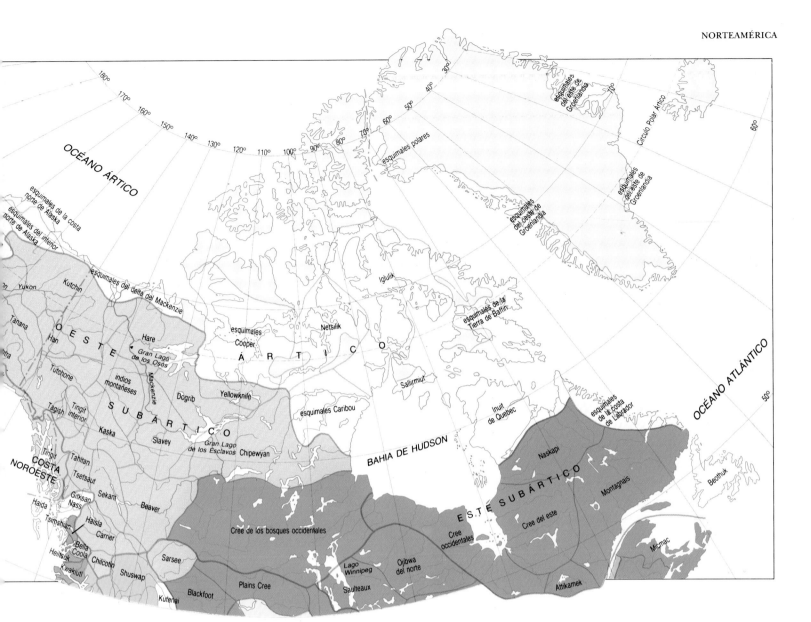

limite de área cultural

limite de territorio tribal

familias lingüísticas

esquimales aleutianos

na-denes

algonquianos-ritwanos

siouanos

salishanos

wakashanos

iroqueses

área de clasificación desconocida o compleja

escala 1: 27.000.000

0   800 km

0   600 mi

análisis más concienzudos de tales sistemas de clasificación han demostrado repetidas veces que esos esfuerzos adolecían de errores, falta de pruebas y exceso de optimismo. Por todo ello, aquí hemos adoptado la clasificación más conservadora de las de uso corriente. Según la misma, son 21 las familias y 32 las lenguas aisladas; es decir, las lenguas que son poco conocidas no es posible clasificarlas, o resultan tan desconcertantes que se resisten a cualquier clasificación. De las 21 familias lingüísticas, 3 grupos apenas se relacionan entre sí, y la futura investigación lingüística tendrá que fragmentarlos en un gran número de familias menos inclusivas. El grupo hoko puede formar 6 familias y 5 lenguas aisladas; el penutiano, 3 y 2, respectivamente; mientras que el penutiano de Oregón sólo abarcaría 4 lenguas aisladas. Aunque esta aproximación conservadora al lenguaje pueda comportar no menos de 30 familias y 43 lenguas aisladas, implica también un alto nivel de seguridad por lo que respecta a los constitutivos de tales familias. No hay duda de que la investigación futura conducirá a una combinación de familias que ahora figuran como separadas; pero no es probable que conlleve el desmantelamiento de esas unidades clasificatorias.

EL ÁRTICO

Los especialistas están de acuerdo en que las primeras bandas de cazadores entraron en el hemisferio occidental a través de lo que ahora es Alaska. Muchos de los movimientos primitivos debieron de realizarse a través de amplias zonas de la plataforma continental, que en tiempos sobresalían del nivel del mar a finales de la Edad de los Hielos, pero que ahora están sumergidas y resultan inaccesibles a los arqueólogos. Biológicamente, el hombre moderno (*Homo sapiens sapiens*) evolucionó como una población en el hemisferio occidental, pero entró en las Américas en forma de un goteo relativamente pequeño, sólo después de que esa evolución se completase hace unos 40 000 años. Por eso, las pruebas arqueológicas sobre los primeros habitantes americanos son necesariamente escasas, están muy dispersas y resultan difíciles de reconocer, cuando se las compara con el inmenso acervo de pruebas que documentan períodos mucho más tempranos en el hemisferio oriental.

La arqueología ártica se ha desarrollado en tres contextos nacionales, que desde Alaska, pasando por Canadá, llegan hasta Groenlandia. Entre unos contextos y otros, las tradiciones de los eruditos difieren. Pese a ello, los distintos criterios en materia de taxonomía e interpretaciones pueden compendiarse con el empleo de cinco etapas amplias, que definen de un modo aproximado las fechas del comienzo y el final, para dar cabida a los retrasos en el desarrollo de esa vasta región.

Etapa I

Empieza hacia el año 25 000 y termina en torno al 5000 a. C. Las que se suponen pruebas más antiguas de esta etapa llegan en forma de artefactos de hueso, encontrados en Old Crow, en el territorio de Yukon, y en algu-

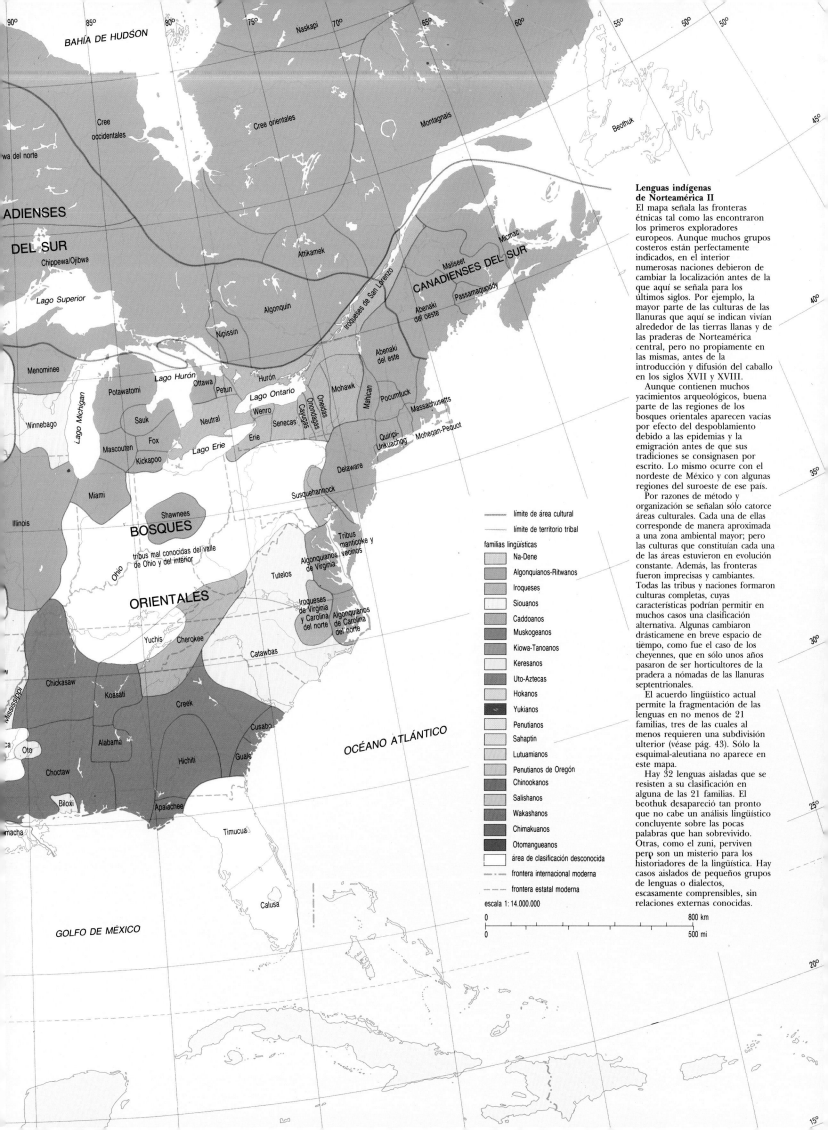

BAHÍA DE HUDSON

Cree
occidentales

Cree orientales

Naskapi

Montagnais

Beothuk

...wa del norte

ADIENSES

DEL SUR

Chippewa/Ojibwa

Lago Superior

Menominee

Lago Hurón

Potawatomi

Ottawa

Petun

Winnebago

Sauk

Neutral

Mascouten

Fox

Kickapoo

Miami

Illinois

BOSQUES

Shawnees

tribus mal conocidas del valle
de Ohio y del interior

Ohio

ORIENTALES

Mississippi

Yuchis

Chickasaw

Koasati

Alabama

Oto

Choctaw

Biloxi

...macha

Timucua

Calusa

GOLFO DE MÉXICO

Attikamek

Algonquin

Nipissin

Hurón

Lago Ontario

Mohawk

Oneidas
Onondagas
Cayugas

Wenro

Senecas

Lago Erie

Erie

Delaware

Susquehannock

Micmac

Maliseet

CANADIENSES DEL SUR

Passamaquoddy

Abenaki
del oeste

Abenaki
del este

Mahican

Pocumtuck

Massachusetts

Quiripi-
Unkuachog

Mohegan-Pequot

Iroqueses de San Lorenzo

Lago Michigan

Tribus
manticoke y
vecinos

Algonquianos
de Virginia

Tutelos

Iroqueses
de Virginia
y Carolina
del norte

Algonquianos
de Carolina
del norte

Cherokee

Catawbas

Creek

Cusabo

Hichiti

Gualé

Apalachee

OCÉANO ATLÁNTICO

**Lenguas indígenas
de Norteamérica II**

El mapa señala las fronteras
étnicas tal como las encontraron
los primeros exploradores
europeos. Aunque muchos grupos
costeros están perfectamente
indicados, en el interior
numerosas naciones debieron de
cambiar la localización antes de la
que aquí se señala para los
últimos siglos. Por ejemplo, la
mayor parte de las culturas de las
llanuras que aquí se indican vivían
alrededor de las tierras llanas y de
las praderas de Norteamérica
central, pero no propiamente en
las mismas, antes de la
introducción y difusión del caballo
en los siglos XVII y XVIII.

Aunque contienen muchos
yacimientos arqueológicos, buena
parte de las regiones de los
bosques orientales aparecen vacías
por efecto del despoblamiento
debido a las epidemias y la
emigración antes de que sus
tradiciones se consignasen por
escrito. Lo mismo ocurre con el
nordeste de México y con algunas
regiones del suroeste de ese país.

Por razones de método y
organización se señalan sólo catorce
áreas culturales. Cada una de ellas
corresponde de manera aproximada
a una zona ambiental mayor; pero
las culturas que constituían cada una
de las áreas estuvieron en evolución
constante. Además, las fronteras
fueron imprecisas y cambiantes.
Todas las tribus y naciones formaron
culturas completas, cuyas
características podrían permitir en
muchos casos una clasificación
alternativa. Algunas cambiaron
drásticamene en breve espacio de
tiempo, como fue el caso de los
cheyennes, que en sólo unos años
pasaron de ser horticultores de la
pradera a nómadas de las llanuras
septentrionales.

El acuerdo lingüístico actual
permite la fragmentación de las
lenguas en no menos de 21
familias, tres de las cuales al
menos requieren una subdivisión
ulterior (véase pág. 43). Sólo la
esquimal-aleutiana no aparece en
este mapa.

Hay 32 lenguas aisladas que se
resisten a su clasificación en
alguna de las 21 familias. El
beothuk desapareció tan pronto
que no cabe un análisis lingüístico
concluyente sobre las pocas
palabras que han sobrevivido.
Otras, como el zuni, perviven
pero son un misterio para los
historiadores de la lingüística. Hay
casos aislados de pequeños grupos
de lenguas o dialectos,
escasamente comprensibles, sin
relaciones externas conocidas.

límite de área cultural

límite de territorio tribal

familias lingüísticas

Na-Dene

Algonquianos-Ritwanos

Iroqueses

Siouanos

Caddoanos

Muskogeanos

Kiowa-Tanoanos

Keresanos

Uto-Aztecas

Hokanos

Yukianos

Penutianos

Sahaptin

Lutuamianos

Penutianos de Oregón

Chinookanos

Salishanos

Wakashanos

Chimakuanos

Otomangueanos

área de clasificación desconocida

frontera internacional moderna

frontera estatal moderna

escala 1: 14.000.000

0   800 km

0   500 mi

nos asentamientos cercanos y relacionados con los mismos. Bien pueden señalar el advenimiento de la prehistoria humana en las Américas. Algunos especialistas admiten fechas anteriores para algunos restos hallados en otros puntos del hemisferio, y otros rechazan cualquier pretensión de establecer fechas muy anteriores a los 14 000 años. La prueba indiscutible más antigua en el Ártico la proporcionan algunos yacimientos de instrumentos de piedra, que se fechan entre el 9000 y el 6000 y que generalmente se consideran como la tradición paleoártica americana. Esas colecciones contienen huesos de frutas, hojas y microhojas, y se asocian con especies de fauna moderna, algunos especímenes de bisonte y tal vez también caballos y alces.

La tradición afín Anangula –así llamada por el asentamiento típico de su isla aleutiana– pudo haberse ya acomodado a los recursos marinos. Mientras la mayor parte de los asentamientos americanos paleoárticos contienen instrumentos de dos caras, la colección de Anangula está formada preferentemente por herramientas unifaciales, como lo está la muy similar del sitio de Gallagher Flint.

En todos los asentamientos de los últimos milenios de la etapa I los materiales son similares a las pruebas del interior de Siberia. Esa semejanza ha inducido a algunos arqueólogos a relacionar todos los materiales primitivos de ambos lados del estrecho de Bering como pertenecientes a una común tradición «beringiana».

Etapa II

Aunque en el Ártico la caza y la actividad forrajera nunca pudieron sustituirse por una producción de alimentos más avanzada, las variedades regionales de los recursos disponibles introdujeron unas diferencias tempranas en los aperos. La etapa II se inició hacia el 5000, y ya para el año 4000 los datos que nos han llegado tanto de Anangula como de Ocean Bay indican que los cazadores costeños se habían adaptado a los recursos marinos de que carecían los cazadores del interior. Las pruebas procedentes de Onion Portage y de otros asentamientos coetáneos del interior sugieren una adaptación variable a los recursos del interior, pero sin la consistencia suficiente como para justificar su identificación como una tradición arcaica septentrional. Algunos arqueólogos interpretan esta tradición como de origen meridional en los primeros desarrollos paleoindios, mientras que otros la entienden como una evolución local de la etapa anterior. Bien pudiera ser que el pueblo responsable de la tradición arcaica septentrional fuera el tronco ancestral de los pueblos históricos de lengua athapaskana en el oeste de Norteamérica; pero es una hipótesis que hasta ahora cuenta con escaso respaldo.

Etapa III

El paso de la etapa II a la III se dio entre el 2500 y el 1900 a. C. Los primeros cambios se operaron en el norte de Alaska y en las islas Aleutianas. Con la llegada de este período, la prehistoria ártica se convierte en un fenómeno esquimal más que amerindio. Las modernas lenguas esquimales presentan relaciones distantes pero claras con el aleutiano; su separación debió de iniciarse al menos a comienzos de la etapa III, porque desde esa época la tradición aleutiana se desarrolla como una tradición arqueológica separada ya de los estadios posteriores de la arqueología ártica.

En el norte de Alaska, la etapa III se caracteriza por la presencia de una colección de instrumentos típicos, conocida como tradición ártica de objetos pequeños. Esa primitiva tradición esquimal se desarrolló y difundió rápidamente a través de la zona ártica marina desde

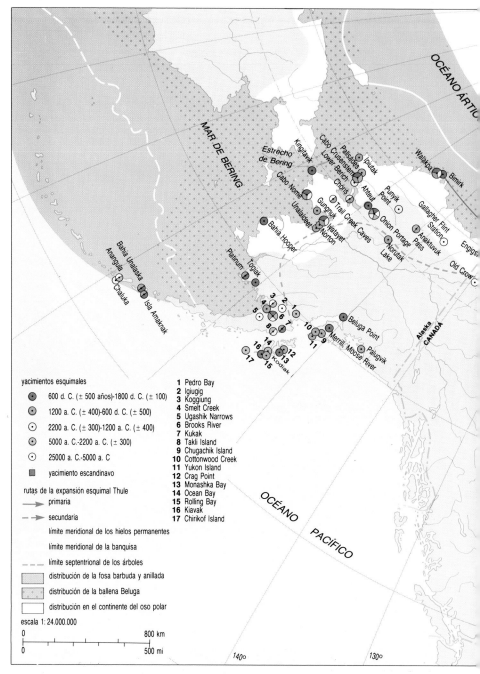

yacimientos esquimales

- 600 d. C. (± 500 años)-1800 d. C. (± 100)
- 1200 a. C. (± 400)-600 d. C. (± 500)
- 2200 a. C. (± 300)-1200 a. C. (± 400)
- 5000 a. C.-2200 a. C. (± 300)
- 25000 a. C.-5000 a. C
- yacimiento escandinavo

rutas de la expansión esquimal Thule
→ primaria
⇢ secundaria
límite meridional de los hielos permanentes
límite meridional de la banquisa
límite septentrional de los árboles
distribución de la fosa barbuda y anillada
distribución de la ballena Beluga
distribución en el continente del oso polar

escala 1: 24.000.000
0 ———— 800 km
0 ———— 500 mi

1	Pedro Bay
2	Igiugig
3	Koggiung
4	Smelt Creek
5	Ugashik Narrows
6	Brooks River
7	Kukak
8	Takli Island
9	Chugachik Island
10	Cottonwood Creek
11	Yukon Island
12	Crag Point
13	Monashka Bay
14	Ocean Bay
15	Rolling Bay
16	Kiavak
17	Chirikof Island

la península de Alaska hasta Groenlandia. Los aleutianos no participaron en ese desarrollo, que muy bien pudo haberse dado en Siberia oriental antes de extenderse hacia el Este a través del Ártico americano. En la tradición faltaban por lo general las lámparas de aceite, que serían características de las culturas esquimales históricas, por lo que aquellos primitivos esquimales necesariamente debieron de seguir dependiendo de la madera para alumbrarse y calentarse. Explotaban una gama equilibrada de caza marina y terrestre, y en algunas regiones vivían en sólidas casas semisubterráneas.

La tradición ártica de objetos pequeños estuvo sujeta a diversificaciones a medida que se extendía hacia el Este. Los yacimientos que contienen elementos de la cultura «Independence I» en Canadá y Groenlandia ofrecen contrastes significativos con los catalogados como pre-Dorset (Canadá) o Sarqaq (Groenlandia). Hubo desarrollos *in situ* hacia 1900 a. C., y la adaptación se prolongó en varios lugares hasta el 800 a. C.

Etapa IV

Los comienzos de la etapa IV están marcados por la desaparición progresiva de la tradición ártica de instru-

Arqueología del Ártico
Los esquimales y aleutianos se adaptaron a los duros entornos del Ártico. A lo largo de la prehistoria vivieron en general más allá de la línea de bosques, en una zona marítima pelada, entre los hielos permanentes y el límite meridional de los témpanos flotantes. Sus dominios los compartían en tierra los osos polares. Focas, ballenas belugas y otras especies de mamíferos marinos que vivían frente a la costa les proporcionaban las proteínas indispensables y aceite para calefacción y luz. Las cronologías prehistóricas del

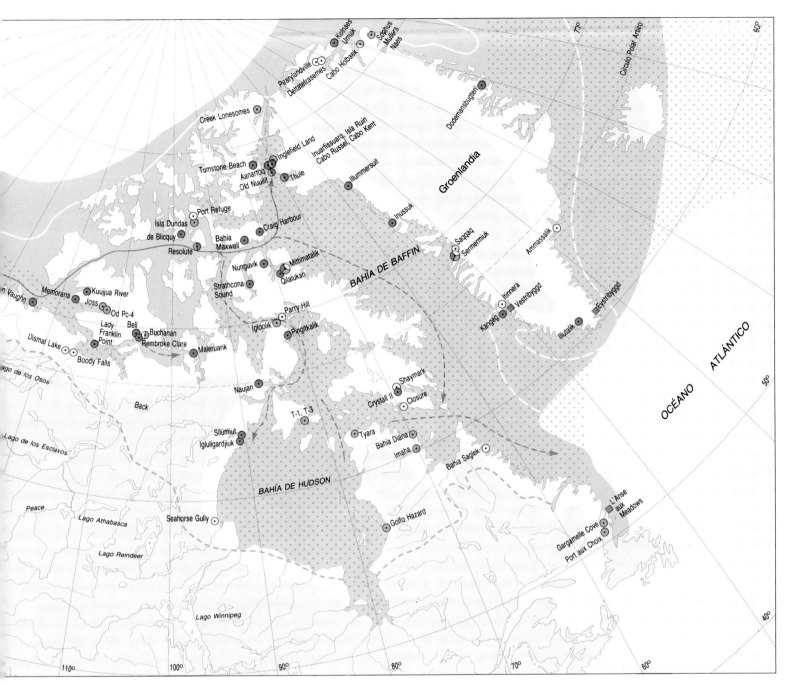

Ártico alcanzan su antigüedad y complejidad mayores en el Oeste. Los aleutianos se separaron pronto de sus parientes esquimales y adoptaron una tradición marítima especializada en sus islas frente al suroeste de Alaska. Las costas del oeste y norte de Alaska fueron la plataforma de posteriores desarrollos esquimales. La prehistoria del Ártico canadiense y groenlandés estuvo dominada primero por una expansión hacia el Este de los esquimales dorset, y más tarde por otra similar de los esquimales thules, que desplazaron por completo a sus predecesores.

mentos pequeños, a medida que la adaptación de los esquimales variaba cada vez más hacia la explotación de los recursos marinos, y en especial la caza de los mamíferos. El cambio se inició posiblemente hacia 1600 a. C. en el norte de Alaska, donde la etapa IV comportó una sucesión de fases: Choris, Norton e Ipiutak. Un curioso desarrollo, conocido como cultura de «la pesca antigua de ballenas» (Old Whaling) aparece bruscamente, para desaparecer cien años después en cabo Krusenstern durante ese período. La diversidad fue menor al sur del estrecho de Bering, donde la etapa se define únicamente por la cultura Norton. Los habitantes de las Aleutianas continuaron el desarrollo por su cuenta.

Aunque en la región de la isla de Kodiak la continuidad es parecida, se conoce lo bastante de esta etapa como para definirla como tradición Kachemak. Algunos arqueólogos ven durante ese período en Groenlandia un desarrollo «Independence II» al margen de la primitiva cultura Independence I. Sin embargo, en el Ártico oriental está más generalizada la aparición de la cultura Dorset a partir de la pre Dorset, tanto en Canadá como en Groenlandia. Arpones, localizaciones de asentamientos costeros y huesos de desecho apuntan a

una dependencia Dorset de los mamíferos marinos, y en especial de focas y morsas. En algunos asentamientos Dorset se han encontrado arcos y flechas, así como pequeñas lámparas de piedra; pero de esta cultura está ausente la tosca alfarería que se da en la Norton de Alaska.

Algunas de las marcas diferenciadoras de la cultura histórica de los esquimales, como los cuchillos de nieve para la construcción de los iglúes, los zapatones de hielo y los pequeños patines, hicieron su primera aparición en Dorset. Curiosamente, sin embargo, los perros, los arcos y flechas y las barrenas escasean en los inventarios de muchos asentamientos de finales de la Dorset. Los cambios ocurridos, como la adopción de las lámparas de piedra y la explotación de los mamíferos marinos que proporcionaban la grasa, crecen en importancia. Son cambios que pueden indicar una desviación de la caza terrestre y marítima para centrarse en una economía que dependía sólo del mar. Ciertos fragmentos hallados en los asentamientos Dorset permiten suponer que sus kayacs, tan importantes para la caza marina, eran técnicamente tan avanzados como otras embarcaciones posteriores.

Etapa V

La etapa V empieza hacia el año 100 d. C. en la región del estrecho de Bering, como Cultura Antigua del mar de Bering, surgida de un tronco similar a la Norton. Luego dio origen a la cultura Birnirk en el norte de Alaska, hacia el 900 d. C. En ese marco cultural y físico, la cultura Birnirk evolucionó hacia la denominada cultura Thule. Esta cultura esquimal fue adoptada por las otras comunidades esquimales de Alaska, pero su efecto más decisivo en el Ártico fue su rápida difusión hacia el Este. Los esquimales thules absorbieron a los dorset en lo que probablemente fue un proceso complejo que comportó, de hecho, algunos desplazamientos de los dorset por los thules, así como la inculturación de las comunidades dorset restantes. Al tiempo del primer contacto histórico, el habla esquimal estaba formada por dialectos de una única lengua que se extendía desde Groenlandia hasta el norte de Alaska, habiendo sustituido en su totalidad a la(s) lengua(s) dorset primitiva(s).

La expansión thule se vio favorecida por una supremacía técnica, que incluía el empleo de grandes umiacs y flotillas de kayacs, el arco y las flechas, los trineos de perros, arpones perfeccionados, lámparas de grasa de ballena, iglúes de nieve y docenas de artilugios especializados. Las favorables condiciones climáticas, que empujaron a los noruegos hacia el Oeste, permitieron a los esquimales thule y a las ballenas que cazaban desplazarse hacia el Este, donde las dos culturas compitieron de hecho por los recursos de Groenlandia. La expandida cultura thule y sus análogas de Alaska, un poco más diversificadas, persistieron hasta los tiempos históricos, como la serie compleja y rica de culturas que suelen denominarse esquimales de un modo genérico.

LOS BOSQUES ORIENTALES: CONSTRUCTORES DE TÚMULOS (700 a. C.-400 d. C.)

A finales de la época arcaica, en numerosos puntos de Norteamérica las culturas indias pasaron de la intensa actividad forrajera o recolectora al cultivo de algunas plantas indígenas. Tales plantas no tuvieron en modo alguno la importancia que los verdaderos cultivos domésticos revisten para el agricultor, y su manipulación probablemente no se pareció demasiado a los cultivos modernos. Pese a lo cual, cada vez fue mayor la importancia de los girasoles, patas de ganso (yuyos), tréboles, corregüelas de caminos, majuelos, saúcos de pantano, calabazas, cohombros y, algunas especies primitivas de maíz, mientras que al comienzo de la horticultura se siguieron practicando la caza y recolección intensivas. El modelo resultante de subsistencia lo han calificado algunos arqueólogos como el «tipo de ecosistema de cultivo».

Las semillas fueron importantes, pero en ese tiempo no se cultivaban todas las plantas por sus semillas. Los girasoles incluían al menos una especie cultivada por sus tubérculos, especie que más tarde se designó de manera inapropiada como «alcachofa de Jerusalén» o aguaturma. Las cucurbitáceas tropicales (calabazas y cohombros) llegaron a Norteamérica a través de México, y se utilizaron tanto por su pulpa como por sus semillas. Su introducción se sitúa hacia el 2500 a. C. y se prolonga al menos hasta el 400 d. C. en algunos lugares en que los indios ejercían un control sobre la propagación y producción de esas plantas mucho mayor de lo que hubieran podido imaginar los antiguos recolectores, aunque inferior al que lleva a término un verdadero hortelano. El escaso rendimiento de los primeros cultivos en com-

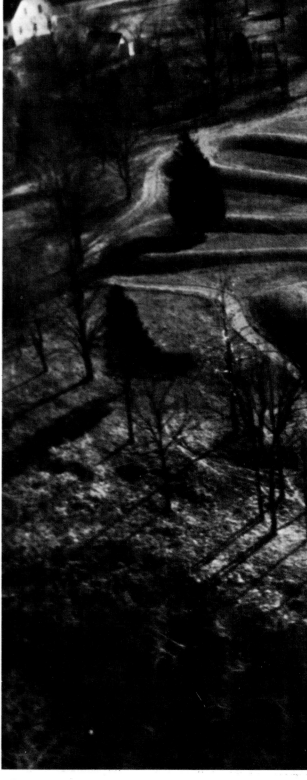

El Serpent Mound de Ohio discurre a lo largo de una cima prominente, y a lo lejos su cola parece una serpiente que se desenrosca. Su longitud sin desenrollar es aproximadamente de 400 m (*véase debajo*). La cabeza de la serpiente, que aparece en primer plano en esta vieja vista tomada desde el Sur, es difícil de interpretar. El montículo en anillo oval parece estrecharse en la boca de la serpiente. Sólo nos es posible conjeturar la inspiración específica de este talud único. La imaginería de pájaros y serpientes dominó durante 2000 años la prehistoria de los bosques orientales. La falta de pistas arqueológicas dentro del montículo hace muy difícil la datación y la atribución del mismo. Serpent Mound podría pertenecer a las culturas Adena u Hopewell; cerca hay montículos conocidos que se enmarcan de la cultura Adena, pero la escala y complejidad del monumento parecen encajar mejor con la cultura Hopewell, en el sentir de muchos arqueólogos. Los visitantes modernos pueden ver la serpiente desde una torre al este de la casa (ahora derruida) que aparece cerca de la cola enroscada. El yacimiento se salvó de la destrucción en una muestra temprana de conservación arqueológica, y ahora pertenece al estado de Ohio, que lo protege.

paración con las cosechas regulares que vendrían después, sugiere que sirvieron principalmente para remediar los períodos de penuria en la caza y forrajeo de frutos silvestres. No llegaron a ser los alimentos básicos, pero había la posibilidad de almacenarlos, y representaron una diferencia fundamental frente a las poblaciones amenazadas por la inanición, que se presentaba raras veces, pero con efectos letales. Esa amenaza podría haberse agudizado con la reducción gradual de las comunidades indias a unos territorios pequeños y bien delimitados, en los cuales los impredecibles fracasos de las cosechas naturales sólo podían remediarse con una producción deliberadamente mayor y un almacenamiento cuidadoso.

La cultura Adena

El nuevo tipo de ecosistema de cultivos fue la base sobre la que se levantaron los fenómenos culturales conocidos como Adena y, más tarde, como Hopewell. La cultura Adena se desarrolló en el valle del río Ohio hacia el 700 a. C., y tal vez incluso ya hacia el 1100 a. C. Los tardíos desarrollos de la era arcaica, como los complejos de Glacial Kame y Red Ocher, parece que influyeron en el desarrollo de Adena, en la que podemos ver los temas arcaicos de un cultivo rudimentario, y la renovación de los trueques a larga distancia del origen de las mercancías. Se conocen más de 200 asentamientos adena, que tuvo su área central en el sur de Ohio y en las regiones adyacentes de Virginia occidental, Pennsylvania, Kentucky e Indiana. Los taludes son típicos de los asentamientos adena en Ohio. Se levantaban caballones de tierra dispuestos en grandes círculos, cuadrados y pentágonos, mientras que en ocasiones seguían los ángulos irregulares de unas elevaciones naturales. Muchos alcanzan los 100 m de diámetro; pero al parecer hemos de entenderlos como recintos sagrados más que como verdaderas obras de defensa. A veces la remoción de tierras del interior de la obra como posible material de construcción dejó en el interior una zanja, que a los ojos de los europeos que descubrieron aquellas realizaciones 2000 años después, apareció como un foso interior.

El pueblo adena también construyó túmulos, el mayor de los cuales es probablemente el que se encuentra en Miamisburg, Ohio. Los enterramientos bajo tales monumentos se hacían unas veces en cuencos de arcilla individuales, otras veces en grandes tumbas de madera capaces de contener hasta tres cuerpos. Los cadáveres hallados en tumbas más sencillas a menudo habían sido incinerados. Las tumbas más suntuosas contienen pruebas de que el difunto había sido embadurnado con almagre o grafito, y a menudo se encuentran objetos de valor en los enterramientos más lujosos. Algunos montículos menores, construidos dentro o fuera de los grandes taludes, parecen deberse a una operación en honor de un determinado individuo. Otros, sobre todo cuando se trata de tumbas de madera, parece que se mantuvieron abiertos durante largos períodos, de modo que de cuando en cuando se les podían incorporar nuevos cadáveres. Al final, las tumbas acababan por cerrarse y hundirse bajo el peso de los montículos de tierra. En ocasiones, parece que los montículos se levantaron sobre los restos de estructuras quemadas, y todavía pueden rastrearse en el subsuelo los postes de sustento.

Las mujeres adena trabajaban en la alfarería, que a veces aparece entre los objetos domésticos de finales del período arcaico, aunque sin alcanzar una particular perfección ni desempeñar un papel importante en las ceremonias fúnebres. Los utensilios de las tumbas adena incluían collares en forma de sartas, lápidas esculpidas y pipas tubulares. Todos están hechos con una típica pizarra de rayas o con alguna otra piedra de grano fino que puede adquirir un gran brillo. Las tablillas llevan grabados dibujos curvilíneos o de carácter zoomorfo abstracto, que por lo general representan un ave de presa. Pueden haber servido para aplicar los dibujos a la fábrica o tal vez para fijar los trazos en la piel ya fuera de manera provisional o como preparación al tatuaje.

Las pipas tubulares constituyen un artefacto importante porque revelan la presencia del tabaco indígena antes de que aparecieran las diminutas semillas de esa planta como prueba botánica directa. Todo parece indicar que la costumbre de fumar se extendió desde Sudamérica, y la presencia de pipas tubulares indica que la planta del tabaco, el complejo equipamiento para fumar y todo su ritual estaban ya presentes en la sociedad adena.

El tabaco fuerte que fumaban los indios americanos en el siglo XVI era mucho más duro que las especies con que los europeos lo sustituyeron después del 1600. Una vez plantado, el tabaco se reproduce por sí solo y muy bien podría haber formado parte del complejo herbolario cuidado y utilizado por los indios adena. La vigorosa planta podía producir efectos casi narcotizantes, y sin duda sirvió a viejos propósitos chamánicos, así como ciertos objetivos sociales y políticos, como los que conocemos perfectamente en el período histórico.

Los artesanos adena importaron cobre del norte de Michigan para labrar brazaletes, abalorios, anillos, collares y hachas. Esos y otros objetos de lujo se depositaban a menudo en las tumbas como signos de la categoría de la persona, lo cual demuestra que la sociedad adena estaba ya en los comienzos estratificada en clases diferentes. Es probable que aquella sociedad estuviera todavía firmemente anclada en los principios de la realeza; pero la práctica del comercio a larga distancia y el desigual trato que recibían los difuntos sugieren que los jefes de los clanes eran personas de alta categoría y los encargados del intercambio entre los grupos familiares.

Los artesanos Hopewell

Los artesanos de la cultura Hopewell asumieron todos los rasgos de la Adena y los elaboraron, dándoles nuevos niveles en volumen y complejidad. Buena parte de las excavaciones de los asentamientos hopewell se llevó a cabo durante el siglo XIX, cuando aún no estaban plenamente desarrolladas las posibilidades técnicas modernas ni tampoco los modelos de excavación. La consecuencia es que contamos con pocos asentamientos hopewell bien datados. Muchos de esos yacimientos han sido destruidos por depredadores o agricultores, y muchos de los artefactos han desaparecido. A menudo se excavaron los montículos, mientras que se ignoraban los asentamientos de la población.

Sí sabemos que sus túmulos a menudo fueron construidos en dos etapas, lo que no los diferencia de los túmulos adena. Se construyeron tumbas de troncos y después se cubrieron con montículos de tierra. Un montículo característico de la cultura Hopewell podía tener 12 m de altura y 30 entre los dos extremos de la base. Alrededor de los montículos se levantaron a menudo recintos de defensa, mucho más elaborados que cuanto lograron jamás los arquitectos adena. Los taludes circulares, rectangulares, cuadrados y octogonales pueden superar los 500 m de diámetro o de longitud. A veces hay dos o más unidos por calzadas. En ocasiones, los túmulos aparecen diseminados alrededor de una zona de grandes taludes, como ocurre en Mound City, Ohio. En otros casos parece que los inmensos complejos de fortificación fueron construidos sin ninguna otra finalidad, como en Newark, Ohio. La gran Serpent Mound, en Ohio, parece haber funcionado como una efigie sagrada más que como un lugar de enterramiento.

Los contenidos de los montículos hopewell de Ohio sobrepasaban todo lo visto en los túmulos adena. Se batió el cobre autóctono para forjar pendientes, aplicaciones, narices artificiales (probablemente para el difunto), collares, cuentas, colgantes y hasta pipas de cazoleta. Finas láminas de cobre se realzaban con diseños, y otras más pesadas se empleaban como petos. Las piezas pesadas se convertían en hachas, azuelas y leznas. Un exquisito tocado de cobre imita un par de cuernas de ciervo. El hierro meteórico y las pepitas de oro y de plata se utilizaban también para hacer hojuelas, que a su vez se empleaban para el revestimiento de pendientes, azuelas y otros objetos de materiales menos impresionantes.

La mica se importaba de los Montes Apalaches y se utilizaba para la producción de aplicaciones, similares en la forma a las de cobre. Serpientes, manos humanas, cabezas, esvásticas y garras de ave fueron formas populares. Se importaban la concha y otros caparazones, las quijadas y dientes de los caimanes, tiburones y barracudas.

Los instrumentos de piedra astillada se manufacturaban con una gran variedad, que iba desde los pedernales exóticos a la calcedonia y la obsidiana. De prototipos vulgares, los artesanos hopewell realizaron bellos instrumentos que probablemente sólo servían para impresionar. En un proceso similar de elevación, los artesanos hopewell crearon, a partir de la alfarería corriente, una serie de tipos de cerámica delicada que sólo se empleaba como ofrenda funeraria. Algunas llevan unas zonas de decoración, dispuestas como paneles alrededor del vaso. Los ceramistas hopewell hicieron también figurillas humanas, exquisitas, ciertamente, pero distintas de las encontradas en México o en el suroeste.

La talla de la piedra adoptó diversas formas, la más notable de las cuales puede ser la pipa tipo hopewell, que reproduce la figura de un animal, sentado sobre una tabla arqueada. La cazoleta la forma la cabeza o el

Las culturas Adena-Hopewell y otras similares
El culto adena tiene su centro en Ohio; pero su influencia puede encontrarse en yacimientos tan distantes como Vermont, Nueva York oriental, Nueva Jersey y Maryland. Antes se pensaba que esos asentamientos remotos habían sido el resultado de una migración de colonos adenas fuera de Ohio. Hoy parece más probable que dichos yacimientos fueran construidos por una población local, que había entrado en la red comercial de las adenas, recibiendo su influencia. Es posible que los productos terminados de esa cultura llegasen a esas áreas alejadas como trueque por sus materias primas.
La cultura Adena alcanzó su máximo esplendor en Ohio hacia el 1000 a. C., entrando ya en decadencia para el 400 d. C. En Virginia occidental pudo subsistir hasta el 700 d. C., pero en Ohio meridional había sido suplantada por la cultura Hopewell novecientos años antes. Puede ser también que la inspiración Hopewell llegase a Ohio desde Illinois; pero de lo que no cabe duda alguna es que Ohio fue el centro de ese amplio fenómeno que se ha llamado la esfera de interacción Hopewell.

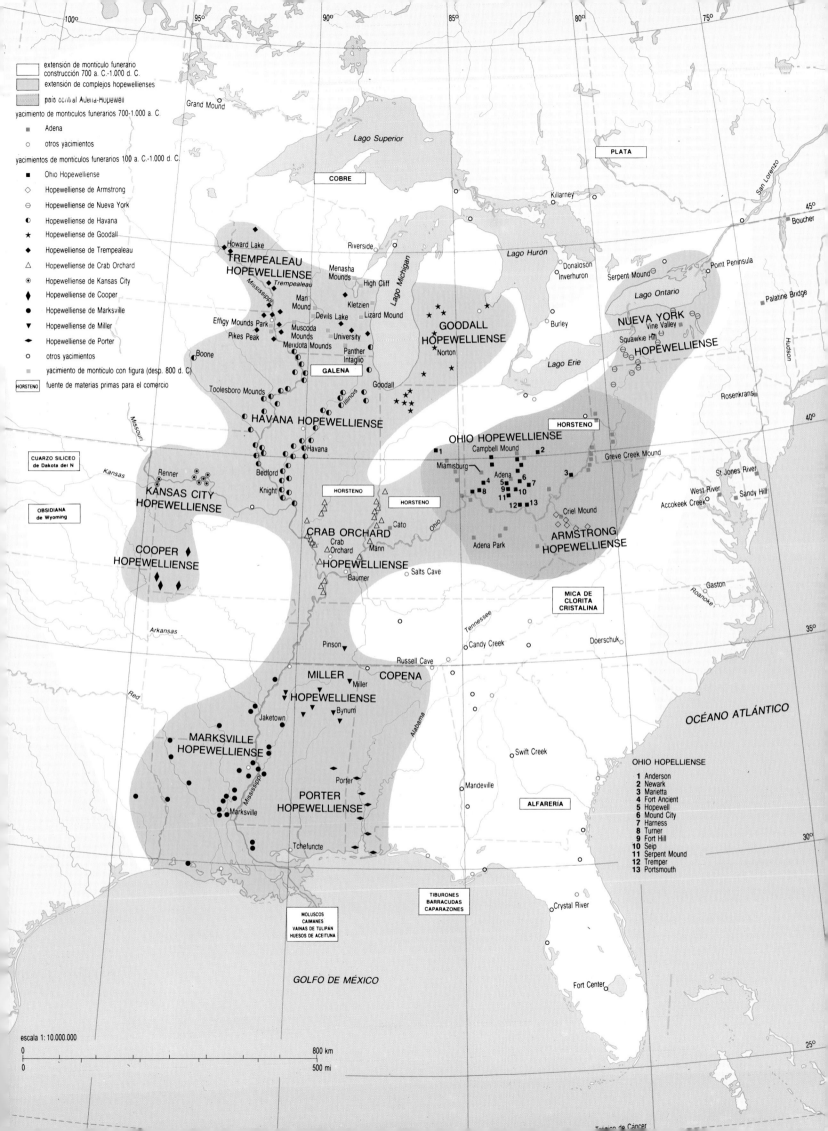

extensión de montículo funerario
construcción 700 a. C.-1.000 d. C.

extensión de complejos hopewellienses

país central Adena-Hopewell

yacimiento de montículos funerarios 700-1.000 a. C.

■ Adena

○ otros yacimientos

yacimientos de montículos funerarios 100 a. C.-1.000 d. C.

■ Ohio Hopewelliense
◇ Hopewelliense de Armstrong
⊖ Hopewelliense de Nueva York
◐ Hopewelliense de Havana
★ Hopewelliense de Goodall
◆ Hopewelliense de Trempealeau
△ Hopewelliense de Crab Orchard
⊙ Hopewelliense de Kansas City
◆ Hopewelliense de Cooper
● Hopewelliense de Marksville
▼ Hopewelliense de Miller
◆ Hopewelliense de Porter
○ otros yacimientos
■ yacimiento de montículo con figura (desp. 800 d. C.)

HORSTENO fuente de materias primas para el comercio

PLATA

COBRE

Lago Superior

Grand Mound

Killarney

Point Peninsula

Boucher

San Lorenzo

Lago Huron

Donaldson
Inverhuron

Serpent Mound

Palatine Bridge

Lago Ontario

Riverside

Lago Michigan

Howard Lake

TREMPEALEAU
HOPEWELLIENSE

Trempealeau

Menasha
Mounds

High Cliff

NUEVA YORK

Vine Valley

HOPEWELLIENSE

Squawkie Hill

Man
Mound

Kletzien

Devils Lake

Lizard Mound

GOODALL
HOPEWELLIENSE

Burley

Lago Erie

Rosenkrans

Effigy Mounds Park
Pikes Peak

Muscoda
Mounds

University

Panther
Intaglio

Norton

Meridota Mounds

Boone

GALENA

Toolesboro Mounds

Goodall

HORSTENO

HAVANA HOPEWELLIENSE

Illinois

OHIO HOPEWELLIENSE

Campbell Mound

Greve Creek Mound

St. Jones River

1

2

Miamisburg

Adena

3

West River

Sandy Hill

Accokeek Creek

Havana

CUARZO SILICEO
de Dakota del N

Kansas

Renner

KANSAS CITY
HOPEWELLIENSE

Bedford

4
5 6 7
8 9
11 10
12 13

Criel Mound

Missouri

Knight

ARMSTRONG
HOPEWELLIENSE

OBSIDIANA
de Wyoming

HORSTENO

HORSTENO

Cato

Ohio

COOPER
HOPEWELLIENSE

CRAB ORCHARD

Crab
Orchard

Mann

Adena Park

Gaston

Arkansas

HOPEWELLIENSE

Baumer

Salts Cave

MICA DE
CLORITA
CRISTALINA

Roanoke

Tennessee

Doerschuk

Red

Pinson

Russell Cave

Candy Creek

MILLER   COPENA

Miller

HOPEWELLIENSE

OCÉANO ATLÁNTICO

Jaketown

Bynum

Alabama

MARKSVILLE
HOPEWELLIENSE

Swift Creek

OHIO HOPELLIENSE

Porter

1 Anderson
2 Newark
3 Marietta
4 Fort Ancient
5 Hopewell
6 Mound City
7 Harness
8 Turner
9 Fort Hill
10 Seip
11 Serpent Mound
12 Tremper
13 Portsmouth

Marksville

PORTER
HOPEWELLIENSE

Mandeville

ALFARERIA

Mississippi

Tchefuncte

TIBURONES
BARRACUDAS
CAPARAZONES

Crystal River

MOLUSCOS
CAIMANES
VAINAS DE TULIPÁN
HUESOS DE ACEITUNA

GOLFO DE MÉXICO

Fort Center

escala 1: 10.000.000

0   800 km

0   500 mi

Trópico de Cáncer

lomo del animal y el humo salía por un agujero abierto en el extremo de la tabla rectangular. En dichas pipas figuran cabezas humanas, ranas, sapos, aves acuáticas, lechuzas, halcones, cuervos, osos y otras figuras de animales. Sólo dos artefactos –un pulgar gigantesco de 18 cm de largo y un escarabajo monstruoso– están hechos con un tipo de carbón de especial densidad. Otros objetos están hechos de la piedra roja que las pipas.

Para apoyar la adquisición de tan variados y exquisitos artefactos los hopewell crearon una red comercial de dimensiones casi continentales. La obsidiana y los colmillos de oso pardo se importaban de Yellowstone Park, en Wyoming. La catlinita llegaba de Minnesota y la calcedonia, de Dakota del Norte. La mica, el cristal de cuarzo y la clorita procedían de los Apalaches; la galena, de Illinois y el cobre, del alto Michigan. Las conchas, los caparazones de tortuga, los dientes de tiburón y las quijadas de barracuda procedían de la costa del golfo de México. Las pepitas de plata se importaban de Ontario.

Como un reflejo de la demanda de materias primas por los hopewell de Ohio, las comunidades indias que se las proveían adoptaron sus adornos y probablemente también sus prácticas de culto. Las variantes hopewellienses se insertaron en las culturas locales y florecieron mientras se mantuvo la red comercial. Además de esos centros, otras culturas adoptaron la idea básica de la construcción de túmulos, hasta el punto de que decenas de miles de tales ejemplares salpican el paisaje desde las llanuras orientales hasta la mayor parte de los bosques del Este. Los desarrollos hopewellienses se dieron en 13 áreas específicas. No está claro qué proporcionaban a cambio, si es que daban algo, los diversos centros hopewellienses a los hopewell de Ohio por los productos terminados, y por la información ritual que con el comercio recibían.

Un consumo notable es el tema continuo en los asentamientos de la cultura Hopewell. El sistema comercial se mantuvo algún tiempo por el constante consumo de objetos de lujo en los programas funerarios. La mayor parte de la obsidiana de Yellowstone encontrada en Ohio ha aparecido en una tumba particular; el individuo que había adquirido ese gran cúmulo de materias primas se las llevó consigo al morir. Un pequeño porcentaje de obsidiana ha aparecido en forma de productos terminados en algunos asentamientos coetáneos de Ohio. Así las necesidades funerarias crearon una demanda continua de mercancías que entraban en el sistema mercantil de Hopewell; demanda que no habría podido ser satisfecha, si tales objetos se hubieran amontonado como riquezas y hubieran pasado a los herederos.

La cultura Hopewell estaba ya en decadencia hacia el 400 d. C. Aunque puede haberse mantenido por algún tiempo en algunos núcleos locales, la red comercial es evidente que se estaba rompiendo, aunque aún no conozcamos a ciencia cierta los motivos de tal derrumbamiento. Tal vez estaban entrando desde México nuevas especies de plantas de cultivo, y el ecosistema que sustentaba a las comunidades hopewell sufrió la presión de otro ecosistema más adecuado. La lucha por las fértiles hondonadas de los ríos, que permitían el nuevo sistema de horticultura intensiva, bien pudo hacer incompatible el mantenimiento de la envejecida red comercial de los hopewell. Otra posibilidad sería que los sutiles cambios climáticos, tal vez hacia unas condiciones más secas, repercutió por doquier en una menor producción y debilitó su capacidad para sostener el sistema comercial y los programas funerarios que de él dependían.

Mientras se hundían en el Centro, las tradiciones de construcción de túmulos experimentaban en Wisconsin y en los territorios adyacentes de Iowa y Minnesota un de-

Ofrendas funerarias de Hopewell

El centro de la cultura Hopewell estuvo en el valle del río Scioto, en el sur de Ohio, donde entre el 100 a. C. y el 600 d. C. se construyeron túmulos monumentales y otras obras de fortificación. Los taludes geométricos eran recintos rituales, y muchos de los de mayores dimensiones contenían largas hileras de túmulos funerarios. Los artefactos, a menudo de gran belleza, por los que son famosos los artesanos de Hopewell, están concebidos como ofrendas funerarias.

Por desgracia, muchos túmulos fueron saqueados a causa precisamente de tales objetos, antes de que apareciesen las modernas técnicas arqueológicas y los criterios éticos al respecto. De ahí que sean pocos los artefactos adecuadamente documentados o fechados. El mapa de la página 51 señala la localización de los principales asentamientos Hopewell, así como las fuentes de materias primas que estuvieron conectadas con los mismos a través de la amplia red comercial hopewelliana. A veces los productos terminados están cerca de las fuentes de aprovisionamiento de materias primas, lo cual sugiere que Hopewell no fue tanto una cultura particular cuanto un sistema internacional, que mantuvo vinculados entre sí a grupos social y lingüísticamente distintos.

Abajo, izquierda. Este diseño en una plancha de mica es una mano procedente del montículo 25 del asentamiento típico de Hopewell, en Ross County, Ohio. Con 29 cm de largo, supera el tamaño natural.

Abajo. La pantera de esteatita es una pipa del yacimiento de Mann, Indiana. La pipa, cuya longitud es de 16 cm, fue encontrada en 1916, pero le faltaba la pata delantera derecha, que fue hallada en una reexcavación cuidadosa que se hizo veinte años más tarde. La figura estilizada no es típica de Ohio Hopewell, mientras que sí se relaciona con la cultura coetánea de Allison/Copena. En este caso, y a diferencia del uso habitual, la figura da la espalda al fumador, y el humo salía a través de la pequeña plataforma que forman las patas traseras y horadadas del animal.

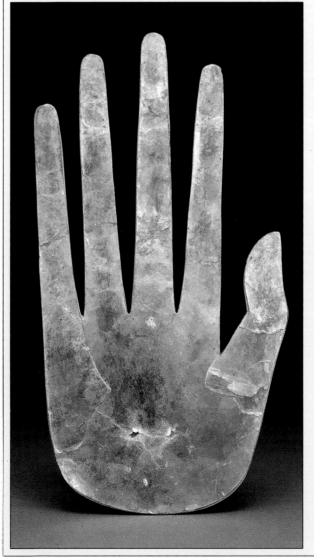

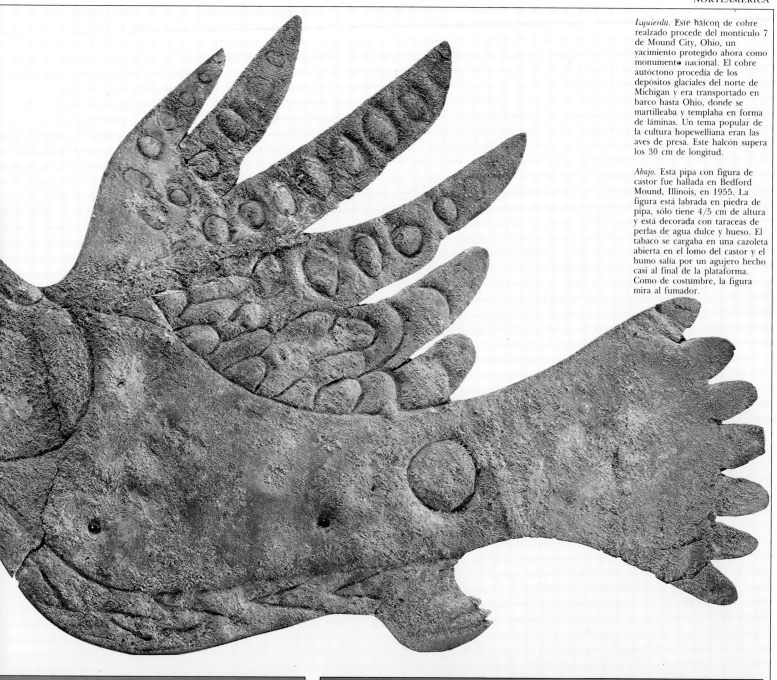

Izquierda. Este halcón de cobre realzado procede del montículo 7 de Mound City, Ohio, un yacimiento protegido ahora como monumento nacional. El cobre autóctono procedía de los depósitos glaciales del norte de Michigan y era transportado en barco hasta Ohio, donde se martilleaba y templaba en forma de láminas. Un tema popular de la cultura hopewelliana eran las aves de presa. Este halcón supera los 30 cm de longitud.

Abajo. Esta pipa con figura de castor fue hallada en Bedford Mound, Illinois, en 1955. La figura está labrada en piedra de pipa, sólo tiene 4/5 cm de altura y está decorada con taraceas de perlas de agua dulce y hueso. El tabaco se cargaba en una cazoleta abierta en el lomo del castor y el humo salía por un agujero hecho casi al final de la plataforma. Como de costumbre, la figura mira al fumador.

100° **95°** **90°** **85°** **80°** **75°** **70°**

Blackduck

Lago Superior

45°

Kathio

ONEOTA

Mississippi

Aztalan

Lago Hurón

límite septentrional de 120 días sin heladas

Roebuck

Lago Ontario

Owasco
Kelso   Garoga

Middleport   Oakfield   Oak Hill

Uren   Chance   Guida Farm

Riviere au Vase

Lago Erie

Minisink
Clasons
Point

Missouri

Huber

Fisher

Moccasin Bluff

Sebonac

Bowmans Brook

Clemsons Island

40°

Kansas

Old Fort   Utz

Dickson

FUERTE ANTIGUO

OCÉANO ATLÁNTICO

Cahokia

Angel

Ohio

Towosahgy   Kings
Mounds

Roanoke

Arkansas

35°

Spiro

Tennessee

MISSISSIPPI MEDIO

Hiwassee Island

Town Creek

Knapp Mounds   Chucalissa   Shiloh

límite septentrional de 120 días sin heladas

MISSISSIPPIENSE CADDOANO

Florence

Santee

Owl Creek

Etowah   Scotts Lake

Red

MISSISSIPPIENSE DEL SUR
DE LOS APALACHES

Winterville

Rock Eagle

Alabama

Moundville

Ocmulgee

Lamar

Mississippi

Grand Village
Emerald Mound

Kolomoki

MISSISSIPPIENSE
PLAQUEMINE

30°

Fort Walton

Lake Jackson

**Las culturas del Mississippi
y otras afines**
El centro primordial de la cultura
del Mississippi fue el curso medio
del río. A través del sureste se
desarrollaron algunas variantes
regionales. Una variante regional,
conocida como Oneota, floreció
en la pradera al noroeste del
Mississippi central, y la cultura
Fort Ancient, derivada de la
Hopewell mantuvo a los
mississippienses en la bahía del
Nordeste. Las que parecen haber
sido colonias del Mississippi
medio pueden darse en estas regiones
alejadas. Así, por ejemplo,
Aztalan, Wisconsin, cae dentro de
la esfera de la cultura Oneota.
Igualmente Ocmulgee, a veces
llamado Macon Plateau, es un
asentamiento del Mississippi
medio en el territorio meridional
del mississippiense apalachiense.

Mount Royal

Turtle Mound

yacimientos de montículo templo 800-1500 d. C.

Safety Harbor

Weeden Island   Madira Bickel
Mound

Englewood

GOLFO DE MÉXICO

■ Mississippi Medio

◑ mississippiense del sur de los Apalaches

★ mississippienses plaquemines

▲ mississippienses caddoanos

◉ fuerte antiguo

◆ Oneotas

○ otros yacimientos 800-1500 d. C.

‒ ‒ «barrio vacante» 1450 d. C.

25°

Key Marco

escala 1: 10.000.000

0   800 km

0   500 mi

Trópico de Cáncer

sarrollo que todavía iba a mantenerse algunos siglos más. La construcción de túmulos dio paso a asentamientos cuyo trazado afecta forma de figura: panteras, osos, seres humanos y pájaros. De este último tipo hay túmulos en torno a Madison, Wisconsin, y tienen envergaduras gigantescas: uno alcanza los 190 m. El Man Mound representaba una figura humana de 65 m de la cabeza a los pies (antes de que se le cortaran los pies al construir una carretera). Una figura de pantera es en realidad un túmulo en negativo: una escultura excavada en lo que ahora es un jardín residencial. Los asentamientos de túmulo en efigie contienen enterramientos secundarios sin orden alguno y con escasos objetos funerarios. De no ser por las formas de los propios túmulos, el fenómeno no habría constituido más que un desarrollo secundario al margen de la influencia hopewelliense.

En la región central de Ohio, los sucesores de los hopewell aplicaron su pericia en erigir taludes a la construcción de fortificaciones terreras. La cultura resultante de Fort Ancient fue coetánea de los logros mississippienses, que siguieron a los de Hopewell como

Derecha. Este felino arrodillado, que apenas mide 15 cm de altura, es menor de lo que puede parecer. Se trata de uno de los muchos y extraños artefactos de madera que se han conservado en el yacimiento húmedo de Key Marco en Collier County, Florida. Pertenece a la cultura Calusa, de finales de la prehistoria, que llegó más allá de los límites de la expansión mississippiense poco antes del descubrimiento de América por los europeos.

Moundville

Moundville, Alabama, es un asentamiento del Mississippi medio. Aunque menor que Cahokia, algunos de los objetos artísticos más delicados del Mississippi proceden de este asentamiento. Cubre una extensión de 120 hectáreas y contiene 20 plataformas de templos. El montículo mayor tiene 112 000 m^3 de tierra. Tres estanques dentro del área del yacimiento se empleaban según parece como viveros de peces, que constituían parte de la dieta de una población estimada de 3000 personas. Al parecer, la construcción del asentamiento empezó hacia el 1200 d. C., fecha tardía si se compara con el asentamiento más importante de Cahokia. Sin embargo, Moundville continuó floreciendo después del 1300, cuando ya Cahokia empezaba a declinar.

el paso intermedio y de gran alcance en la prehistoria de los bosques orientales.

LOS BOSQUES ORIENTALES: LOS CONSTRUCTORES DE TÚMULOS-TEMPLOS (800-1500 d. C.)

En el desarrollo de las grandes tradiciones en los bosques orientales se advierte un hiato de 400 años, y en concreto entre el 400 y el 800 d. C. Las tradiciones locales continuaron desarrollándose, y algunas florecieron notablemente en ese período. Entre ellas habría que contar la tradición de Point Peninsula, en Nueva York; la de Weeden Island, en Florida; la tradición del golfo de Louisiana y la de los túmulos en efigie de Wisconsin. Sin embargo, ya estaba extinguido el sistema de comercio interregional de Hopewell, que había mantenido unidos a muchos de aquellos centros y hasta los había conducido a participar en las actividades culturales de Hopewell. Hacia el 800 d. C. se impuso un nuevo

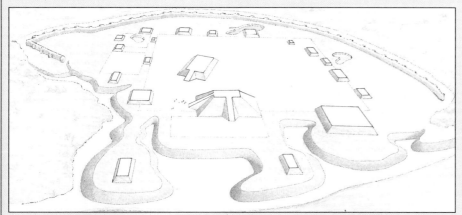

Arriba. Vista meridional de una reconstrucción de Moundville, Alabama, en que aparecen las construcciones principales y la empalizada de esta ciudad del Mississippi medio. Las hoyas que proporcionaron el material para la construcción del montículo parece que se usaron como estanques artificiales para el mantenimiento de los peces.

Izquierda. El motivo de la mano con ojo es uno de los múltiples simbolismos del culto meridional. Es el detalle de una paleta de piedra hallada en Moundville (véase pag. 58). El significado de este símbolo y de otros que aparecen en el culto meridional continúan debatiéndolo los arqueólogos.

Cahokia

El asentamiento de Cahokia se halla en East St. Louis, Illinois. Es la mayor ciudad prehistórica al norte de México. Fue fundada hacia el 600 d. C. y contiene más de 100 montículos en un área aproximada de 13 km². En su época más esplendorosa, entre 1050 y 1250, vivían allí unas 10 000 personas. En el centro de Cahokia hay un inmenso túmulo de piedra, de 316 m de largo por 241 de ancho en su base, elevándose hasta una altura de más de 30 m, y se conoce como Monks Mound (Túmulo de los Monjes). Contiene más de 600 000 m³ de tierra, y fue construido en etapas por los indios del Mississippi medio, acarreando cestos de 18 kg de peso.

El centro de la ciudad lo forman el Monks Mound y otros 16 montículos, rodeados en tres de sus lados por una empalizada. El cuarto lado lo forma el arroyo Cahokia. La mayoría de los montículos queda fuera del núcleo rodeado por la empalizada. Un pequeño túmulo en otro punto de la ciudad contenía los enterramientos de los personajes de mayor alcurnia. Alrededor del mismo había depósitos de puntas de flechas, piedras pulimentadas, mica, seis criados varones sacrificados y, aparte, una sepultura común con los restos de 53 mujeres.

Cahokia empezó a decaer después de 1250; pero sus colonias de Angel, Aztalan y otros asentamientos continuaron florecientes cuando ya el centro originario de la cultura del Mississippi medio había desaparecido. Al final Cahokia fue el centro del colapso demográfico que precedió al contacto con los europeos.

Vista lateral de la ciudad prehistórica de Cahokia (*derecha*), tomada desde el Oeste. Es aproximadamente la misma perspectiva que podría obtenerse con un telescopio desde lo alto del arco moderno de St. Louis, Missouri. La empalizada –cuya posición confirman las excavaciones– abarcaba alrededor de 120 hectáreas y 17 estructuras mayores hacia el 1200 d. C. La población interior y la de los núcleos cercanos a la empalizada probablemente superaba los 10 000 habitantes. La ciudad (*arriba derecha*) contenía más de 100 montículos; el mayor era el Montículo de los Monjes, que todavía se alza a más de 30 m de altura. Su base supera la de la Gran Pirámide de Egipto y se aproxima a las dimensiones de la inmensa pirámide mexicana de Cholula, Puebla.

El frasco en figura de una madre que amamanta a su hijo (*arriba*) procede de la zona de Cahokia y se atribuye a un artesano del Mississippi medio. El frasco mide 15 cm de altura.

Cahokia fue el centro de al menos 50 comunidades, sitas en la fértil región meridional del valle del Mississippi. A lo largo de dicho río y de sus afluentes hubo otros centros, así como avanzadillas coloniales. Seguimos sin saber a ciencia cierta las bases políticas y económicas de aquel aparente imperio.

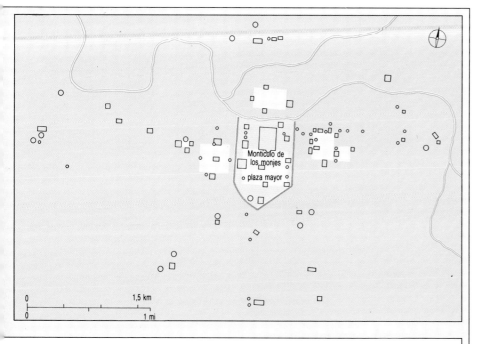

Monticulo de
los monjes

plaza mayor

desarrollo cultural de gran relevancia en las tierras de los bosques orientales, extendiéndose mediante una serie de nuevos mecanismos. Esa nueva tradición se conoce generalmente como cultura del Mississippi.

Dicha cultura se asentaba en la introducción de nuevas especies de maíz llegadas de México. Los primeros tipos de verdadera planta doméstica debieron de limitarse a las regiones de los bosques orientales, que experimentaron unas estaciones de cultivo de 200 días o más y comportaban unas variedades de maíz de 12 a 14 hileras. Las nuevas especies parece que incluían algunas que podían adaptarse a períodos de crecimiento de 120 días sin heladas. Entre éstas se contaba una variedad de maíz duro de 8 hileras. Además, al menos para el año 1000 d. C., los frijoles mexicanos se sumaron al inventario de las plantas domésticas. Esa introducción proporcionó un importante incremento de proteínas, liberando a las poblaciones de las trabas que la densidad demográfica imponía al no disponer más que de las proteínas de la caza. La carne siguió siendo una parte necesaria de la dieta, pero no la fuente indispensable de energía que había sido hasta entonces. Con los frijoles entraban en juego «las tres hermanas», el trío del maíz, las habichuelas y los zumos, que constituyeron el sistema dominante de la horticultura doméstica a finales del período prehistórico. Los frijoles y el maíz se complementaban muy bien. El maíz carece de dos aminoácidos indispensables, pero en combinación con las judías, ricas en ambos, proporciona las proteínas suficientes a los miembros de una población humana, con exclusión de los que necesitan sobrealimentarse.

Las poblaciones de la época de Hopewell podrían haber alcanzado densidades máximas de 40 personas por cada 100 km^2, de acuerdo con las investigaciones realizadas en Illinois. Pues bien; el ecosistema que soportó la expansión del Mississippi permitía de hecho densidades cinco veces superiores. Además, el ecosistema mississippiense se centraba en las tierras bajas, ricas y fértiles, de los grandes ríos del interior de Norteamérica, unas tierras magníficas con un rendimiento relativamente escaso. Las densidades demográficas que el nuevo ecosistema hizo posibles, al sumarse a la escasez de terreno deseable, condujeron a una expansión agresiva del nuevo sistema a expensas del antiguo. Mientras la expansión de Hopewell parece haber sido de tipo ideológico, que se servía del sistema comercial como conducto, la expansión del Mississippi produce a menudo la impresión de haber comportado la conquista y colonización de terrenos de primera calidad por parte de unas sociedades con claras ventajas de adaptación superiores a las de los primeros residentes.

En otro campo de la tecnología, el arco y la flecha aparecieron probablemente durante el período que va del 400 al 800 d. C. El atlatl (lanza arrojadiza), que desde los tiempos paleoindios había sido la principal arma de caza, no fue sustituido de inmediato. Pero el arco y las flechas llegaron a convertirse en el arma dominante a finales de la prehistoria en los bosques orientales, y el atlatl desapareció al acabar la prehistoria. Una segunda mejora tecnológica fue la azada, indicio de que el nuevo ecosistema de horticultura hacía hincapié en los cultivos domésticos mucho más de cuanto lo había hecho el ecosistema de cultivo antiguo.

Los asentamientos del Mississippi eran mayores de cuantos se habían visto hasta entonces. Merecen el título de verdaderas ciudades, en ocasiones ciudades preindustriales, que a menudo contenían montículos-templo y otros rasgos urbanos de influencia mexicana. Una horticultura intensiva junto a los ríos sostenía

El culto meridional

El trabajo de las conchas fue un recurso importante de las gentes del Mississippi. Conchas enteras o discos de las mismas fueron grabados con dibujos característicos. Una serie de motivos muy específicos aparece sobre concha incisa con distintas variantes en los asentamientos del Mississippi meridional. Ese conjunto de motivos, que resultan extraños en el Mississippi medio, se conoce como culto meridional. Motivos comunes son un sol entre nubes, una cruz compleja, un ojo humano en la palma de una mano abierta, una flecha con lóbulos añadidos, el ojo ahorquillado, el ojo lloroso y numerosos dibujos abstractos. Aunque comunes a la talla de conchas, esos motivos se dan también en madera, piedra tallada, piedra desbastada, textiles pintados y láminas realzadas en cobre autóctono. El culto meridional muestra alguna influencia mexicana, pero refleja asimismo una herencia de Hopewell y otros elementos de los bosques orientales. Objetols con motivos del culto meridional aparecen con más frecuencia en grandes asentamientos y están relacionados con las ceremonias que se realizaban en los grandes montículos templos de tierra y alrededor de los mismos. El culto no acabó de perfeccionarse por completo hasta después del año 1000, y persistió hasta la llegada del español De Soto. Sin embargo, los mississipienses del sureste fueron los primeros indios que sufrieron las epidemias europeas, y mucho de lo que hubiéramos podido conocer del culto meridional desapareció con sus practicantes antes de que pudiera ser recogido por los historiadores. Una excepción notable es el caso del asentamiento Natchez. Exploradores franceses visitaron Grand Village y Emerald Mound mientras que los mississipienses del asentamiento de Plaquemine seguían funcionando, y las descripciones que dejaron las han utilizado a menudo los arqueólogos para explicar sus descubrimientos.

El culto meridional fue el más fuerte desde el área caddoense hacia el Este hasta el sur de Georgia, pero elementos del mismo pueden encontrarse más al Norte.

Los dientes descubiertos sugieren que la imagen de concha (*extremo inferior izquierdo*) representa una cabeza de trofeo.

El ojo ahorquillado es un motivo frecuente en el culto meridional, y con otros dibujos incisos podría representar una decoración facial tatuada o pintada. El estilo de peinado con moño en lo alto de la cabeza es más antigua y se remonta al menos a los tiempos de Hopewell. La obra sólo mide 6 cm de altura.

El disco de concha (*abajo izquierda*) tiene dos agujeros cerca del borde superior, lo que probablemente permitía llevarlo colgado como un collar. Lleva un perfil masculino, con dibujos que podrían representar pintura o tatuaje.

El perfil de cobre repujado (*abajo*) procede de Craig Mound,

en el yacimiento de Spiro, Oklahoma. La pieza tiene 24 cm de altura y presenta elementos típicos del culto meridional, el más notable de los cuales es el símbolo ahorquillado alrededor del ojo.

Derecha. Esta paleta en piedra grabada mide 30 cm de diámetro y contiene varios motivos del culto meridional. Dos serpientes de cascabel con cuernos, doblemente anudadas, enmarcan el símbolo de una mano con ojo. La pieza procede del yacimiento de Moundville, en Alabama.

Arriba, derecha. La muerte es un tema familiar en el culto meridional. Este vaso en forma de cabeza, con una altura aproximada de 16 cm, fue hallado cerca de Paducah, Kentucky. Representa una cabeza trofeo; tiene los ojos cerrados y los labios recogidos mostrando los dientes. Las múltiples perforaciones en las orejas y en el saliente central sobre el nacimiento del pelo son comunes a los vasos de este estilo, aunque se desconoce su finalidad.

Derecha. Fragmento de una concha incisa, que representa a un hombre remando en un tronco vaciado y con objetos de culto.

aquellos centros, especialmente en los fértiles valles aluviales de los ríos Mississippi, Ohio, Tennessee, Arkansas y Red, así como los de sus afluentes principales.

La sociedad y la economía mississippienses

Las ciudades de esta cultura incluyen como rasgo típico de uno a veinte montículos-templo de cimas allanadas, que servían como plataforma para templos y otras construcciones públicas. En algunos casos, eran residencias de la clase dirigente. Los asentamientos estaban rodeados de una estacada, con viviendas dentro y fuera de las vallas.

La horticultura en los campos adyacentes era intensiva. En algunos casos, los campos de maíz daban dos cosechas al año. El maíz se recogía cuando todavía estaba verde y tierno, para su consumo inmediato. Otros campos producían una sola cosecha anual, permitiendo que el maíz madurase y se secara, para su almacenamiento. Los frijoles se plantaban en los maizales y los viñedos, sirviéndoles las cañas del maíz como rodrigones, mientras que las plantas para zumos, las calabazas, los girasoles y otras plantas domésticas se sembraban o cuidaban en los ribazos de los campos de cultivo. La horticultura intensiva de este tipo fue posible porque las gramíneas de raíces profundas no podían prosperar en las tierras bajas frecuentemente irrigadas. Los bastones para excavar y las azadas bastaban para el cultivo de grandes campos. Cosa que no sucedía en los altiplanos de los alrededores, en que el terreno se mantuvo en gran parte sin cultivar hasta que los europeos introdujeron el arado y los animales de tiro, necesarios para explotarlo.

A diferencia de lo que ocurría en México y en el suroeste, los agricultores del Mississippi no utilizaban el agua, ni en forma de riego ni de inundación de los campos. Y en vez de expandirse hacia las zonas en que habría sido necesario el control del agua, los cultivadores mississippienses rivalizaron por adueñarse de las mejores tierras aluviales. Hay pruebas evidentes de guerras en un área que a los agricultores modernos podría parecerles rica en tierras de cultivo. La apremiante necesidad de tierras llevó a las gentes del Mississippi a luchar por los campos mejores, incluso en zonas en que podían darse alternativas de producción ligeramente inferior o con unos riesgos ligeramente mayores.

Todo parece indicar que las sociedades mississippienses eran jerarquizadas, con unos oficios permanentes. Los cargos de los jefes eran probablemente vitalicios y en cierto modo hereditarios. Las sociedades menores eran políticamente satélites de las de mayor envergadura, y las comunidades que ejercían el dominio político central presentan unas construcciones públicas que sorprenden por su número y complejidad. En Cahokia y en Moundville parece que las viviendas de los jefes alcanzaron tal complejidad, que algunos especialistas creen ver en ellas los orígenes de una organización estatal. Es probable que hubiese dos o más niveles en la jerarquía de cargos políticos de tales centros; pero la organización estatal continúa siendo una hipótesis abierta a futuras investigaciones.

Entre los artefactos portátiles de la cultura del Mississippi, se encuentran hachas de piedra pulimentada, cuencos y pipas. En el caso de las hachas, las piezas incluyen a menudo el mango y el corte tallados en una sola pieza de una piedra muy compacta. La alfarería continúa las técnicas de la decoración plástica de los períodos precedentes, aunque fueron apareciendo nuevas ideas en forma de vasos con cabezas-trofeo, jofainas de cuello largo para el agua, tazas de base redonda y otros diseños que sugieren influencias mexicanas. En los

Emerald
Mound

Emerald Mound

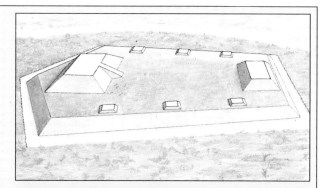

Emerald Mound fue el centro de uno de los principales poblados de los natchez históricos, portadores de la variante Plaquemine en la cultura del Mississippi, con otras naciones del valle inferior del río. El asentamiento queda cerca de la moderna ciudad de Natchez, Mississippi, y representaba el extremo meridional de la influencia natchez; originariamente una pista india enlazaba esta zona con la de Nashville, Tennessee.

Exploradores franceses llegados de Louisiana visitaron Natchez antes de su destrucción por las epidemias y la guerra. Sus memorias describen una cultura del Mississippi en funcionamiento, y a veces se han utilizado como modelo de interpretación de las culturas prehistóricas, a las que se deben los restos que han quedado en el Mississippi y en otros puntos de los bosques orientales.

Los natchez fueron gobernados por un jefe conocido como el Gran Sol. En aquel caudillaje matrilineal la jefatura pasaba a un hijo de la hermana del gobernante, y toda la sociedad se dividía en cuatro clases bien delimitadas. Sólo en las clases superiores existía cierta movilidad social de acuerdo con unas reglas severas. En el siglo XVI hubo al menos nueve ciudades natchez, cada una de las cuales tenía edificios públicos, como los que aún pueden verse en Emerald Mound.

Arriba, derecha. Emerald Mound es una colina natural que fue aplanada y modificada hasta unas dimensiones totales de 133 por 235 m. La plataforma resultante sirvió de base a dos pirámides truncadas, la mayor de las cuales tiene casi 10 m de altura y se alza aproximadamente 20 m sobre el terreno circundante. Con la pirámide menor, sita en el otro extremo de la plataforma, y otras estructuras menores en los lados, el conjunto formaba una gran plaza en la que se celebraban juegos y ceremonias públicas.

Derecha. Esta pipa de piedra tiene 17 cm de longitud, procede de Emerald Mound y representa a un prisionero arrodillado.

asentamientos de finales del Mississippi aparecen ocasionalmente vasos pintados, raros en los bosques orientales. Muchos presentan dos colores, y algunos requerían el empleo de una pintura negativa, en la que se aplicaba una capa de cera encima del primer color y antes de que el vaso recibiera la capa del segundo color. El dibujo final era el del primer color, que aparecía en los puntos en que se había aplicado la capa de cera.

Los asentamientos del Mississippi medio y del Oneota fueron construidos, según parece, por los antepasados de los indios de habla siouana, algunos de los cuales perviven en la región. Curiosamente, pudo haber existido una «región vacante» en el centro mismo del Mississippi medio hacia el 1450 d. C.; fecha demasiado temprana como para poder atribuir ese vacío a las enfermedades introducidas por los europeos. Más bien hay que pensar en un colapso demográfico o, al menos, en una grave disminución, debido a factores indígenas. Las nuevas pruebas sugieren que en la mayor parte de las ciudades preindustriales del Nuevo Mundo la población vivía hacinada. Eso las convierte en centros urbanos de gran atractivo social, pero fundamentalmente insalubres. La tuberculosis era una enfermedad autóctona, cuya persistencia se debía a las condiciones de viviendas superpobladas y estables. Hubo otras enfermedades relacionadas con el amontonamiento y con la ausencia de sistemas eficaces para la eliminación de desechos, lo que provocaba los parásitos intestinales endémicos. Ahora se comprende que las ciudades preindustriales muy bien pudieron depender de una corriente continua de inmigrantes, y que sin ellos el crecimiento natural no habría podido superar la mortalidad creciente. De ser así, el colapso de las ciudades del Mississippi medio, en el centro mismo de la región, podría considerarse como el resultado natural del agotamiento de

las reservas del potencial inmigrante en las tierras del interior.

LOS BOSQUES ORIENTALES: LOS IROQUESES DEL NORTE

Las bandas, tribus y naciones indias, situadas en la periferia del florecimiento de la cultura del Mississippi, continuaron en muchos casos practicando unos modelos de subsistencia mixta, que comportaban la caza, la recolección, la pesca y los cultivos. El ecosistema de cultivos más antiguo y simple siguió practicándose sin duda alguna en los siglos posteriores al 800 d. C. Sin embargo, casi todas las comunidades que practicaban algún cultivo fueron adoptando gradualmente los tipos más duros de maíz y frijoles, que podían cultivarse en el Norte hasta un límite de 120 días sin heladas. Más allá de ese límite, los cultivos eran raros, incluso los de índole rudimentaria. El viejo modelo de cultivo, que comportaba los frutos para zumo, las calabazas y una extensa serie de plantas locales como los pies de ganso y el girasol, fue sustituido en su totalidad a lo largo de los últimos siglos de la prehistoria por la horticultura del maíz, los frijoles y los zumos.

Fuera, sin embargo, de los límites de la expansión mississippiense, el nuevo ecosistema de horticultura no conllevó un cultivo intensivo en llanuras aluviales de inundación. En su lugar emergió un modelo extensivo de cultivo en las tierras altas. Los agricultores del Nordeste, por ejemplo, practicaban unos cultivos alternantes, empleando el sistema de rozas o practicando una agricultura de despilfarro. Se sembraba una cosecha de maíz al año, intercalada con las de frijoles y plantas para zumo. Los viejos campos se abandonaban al agotarse o quedar infectados por alguna plaga, y se abrían nuevos campos en el

Derecha. Los poblados iroqueses de finales de la prehistoria tenían una empalizada típica. Aquí vemos el poblado histórico mohawk de Caughnawaga, ocupado hacia el 1690. Pero las epidemias de la época motivaron la reducción del poblado, con las casas largas ya más cortas con tres chimeneas cada una según el modelo habitual. Este asentamiento es un raro ejemplar de poblado iroqués que se ha conservado completo y que puede ser visitado con facilidad. Pese a su posición periférica respecto de la expansión del Mississippi, los iroqueses estuvieron en el centro de los conflictos colonialistas entre las potencias europeas.

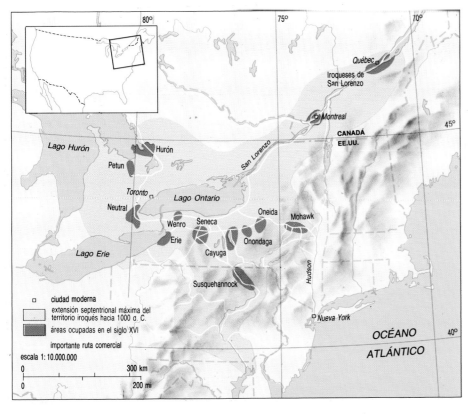

su ecosistema mediante documentos históricos. Los iroqueses, por otra parte, están bien documentados por lo que se refiere a los decenios anteriores a los cambios drásticos que experimentó su ecosistema en el altiplano, por lo cual nos proporcionan un ejemplo útil.

Los iroqueses

Hacia el año 1000 d. C. los iroqueses adoptaron un sistema de horticultura en las tierras altas, pues se basaba en las mejoras de las tres hermanas (maíz, frijoles y zumos). En cambio, la mayor dependencia de los cultivos pronto desató unas tendencias hacia la nucleación demográfica en tres niveles. Primero, las unidades familiares empezaron a juntarse y a ocupar viviendas multifamiliares. Es casi seguro que las mujeres eran los cultivadores tradicionales y que la nueva importancia de la horticultura reforzó a la vez su papel en el mantenimiento de la casa y en los asuntos domésticos. Las nuevas casas plurifamiliares probablemente fueron habitadas por familias emparentadas a través de las mujeres.

El segundo nivel en que progresó la nucleación fue el aldeano. Las viviendas plurifamiliares empezaron a construirse junto a otras del mismo tipo en los poblados que iban creciendo. En la medida en que los arqueólogos pueden estar seguros de estas cosas, es probable que cada casa llegase a albergar un segmento del clan (un linaje) y que los poblados desarrollasen concejos de cabezas de linaje para la solución de los asuntos locales.

En un tercer nivel, los poblados iroqueses del Norte empezaron a reunirse en unos reasentamientos regulares. Al llegar los primeros europeos, encontraron que de una serie de pequeñas comunidades muy dispersas se habían formado mediante contratos 13 áreas tribales. Las 12 naciones iroquesas del Norte, resultado de ese proceso de tribalización, fueron las de St. Lawrence Iroquois, Mohawk, Oneida, Onondaga, Cayuga, Seneca, Susquehannock, Wenro, Erie, Neutral, Petun y Huron.

La rivalidad, característica de la expansión de la cultura del Mississippi, se extendió también a los iroqueses. Muchos poblados iroqueses del último período estaban rodeados de empalizadas, y el estado de guerra podría haber favorecido la tendencia de las familias a reunirse en poblados y a los poblados en tribus distintas.

Pese a la rivalidad, una red de rutas comerciales enlazaba los poblados iroqueses y los grupos de aldeas tribales. Aquellas rutas incluían tanto los desplazamientos en canoa como los senderos de las tierras altas. Cuando en el siglo XVI las mercancías europeas atracaban en determinados puntos de la costa, se distribuían tierra adentro a través de aquellas rutas trazadas desde mucho tiempo atrás. El comercio de pieles que surgió de aquellos primeros contactos metió a los iroqueses en el sistema económico mundial y creó una nueva dinámica en los intercambios, rivalidades y guerras que iba a influir profundamente en la historia colonial del nordeste.

La liga de los iroqueses fue inicialmente una tregua formal entre las poblaciones iroquesas propiamente dichas: los mohawks, los oneidas, los onondagas, los cayugas y los senecas. Es posible que la liga se formase como un medio para controlar el agravamiento de la violencia intertribal, y tal vez en beneficio de esas cinco naciones iroquesas frente a los iroqueses del Norte y los vecinos no iroqueses en la continua sucesión de guerras. Pero no está claro si la liga se estableció antes o después de los primeros contactos con los europeos, y es posible que tales contactos no desempeñasen papel alguno o al menos no un papel determinante. Más tarde, sin em-

---

Arriba: **Los iroqueses septentrionales**
Los antepasados de las naciones que serían conocidas como los iroqueses del Norte, llegaron probablemente al Nordeste entre el 1700 y el 700 a. C. Argumentos lingüísticos indican que por esa época se separaron de sus parientes cherokees y que rompieron con sus vecinos de habla algonquiana. Las pruebas arqueológicas apuntan en general a una continuidad después de ese período; pero hacia el 1000 d. C. se había expandido por la región que hemos señalado en el mapa. Hacia 1600 una horticultura avanzada había hecho posible la reducción a unos territorios nacionales pequeños, habida cuenta de los conflictos.

bosque cada pocos años. Los poblados se trasladaban a las cercanías de los nuevos campos de cultivo, con una periodicidad de casi 20 años. La caza, y especialmente la del ciervo, complementaba las cosechas. Las grandes ciudades estables de la horticultura más intensiva del Mississippi nunca fueron posibles en el ámbito de aquella adaptación a las tierras altas, no obstante lo cual ésta prosperó hasta la llegada de los colonizadores europeos.

Los asentamientos de la cultura Oneota, al noroeste del Mississippi medio, son un buen ejemplo del ecosistema en las tierras altas de esa región, como lo son los asentamientos de los iroqueses septentrionales en el nordeste. Una de las diferencias principales entre ambos es que la cultura Onoeta quedó tan alterada por las influencias europeas al tiempo que los exploradores

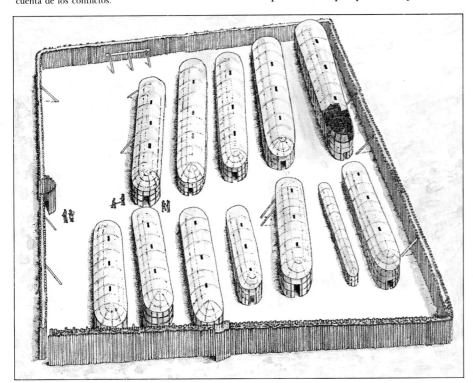

bargo, la liga sirvió de vehículo para la formación de la confederación iroquesa, una alianza política que se hizo posible y hasta necesaria por el comercio europeo y la rivalidad entre las potencias europeas que actuaban en América del Norte. Pero en ningún momento ni la liga ni la confederación formaron una verdadera organización política de jefes y ni siquiera una organización estatal. Es probable que ninguno de los poblados hortelanos de las tierras altas, que florecieron en la periferia de la cultura del Mississippi, se moviera más allá de unas organizaciones basadas en el parentesco y en el ordenamiento tribal. Los puestos hereditarios sólo evolucionaron en el sentido de que los jefes eran elegidos entre los linajes de mayor rango. La organización política de los poblados y los lazos entre ellos continuaron siendo consensuales, a pesar de las apariencias formales.

El caso iroqués ilustra hasta qué punto se avanzó más allá de los límites de los caudillajes y cuasi Estados que constituían el núcleo del fenómeno mississippiense. Su ecosistema de las tierras altas y su organización tribal fueron suficientes frente al potencial hortiagrícola de sus regiones, un tanto inferior. Pero el caso iroqués ilustra también sobre cómo ese sistema de adaptación resultaba insuficiente para afrontar la competencia de los agricultores llegados de Europa. Los colonizadores europeos practicaban los tres componentes de una verdadera agricultura: la horticultura, la labranza y la silvicultura. Los animales eurasiáticos de tiro, sin competencia posible en todo el continente americano, permitían a sus propietarios la producción y el acarreo de fertilizantes y el arado de las tierras en proporciones que no estaban al alcance de los cultivadores que sólo disponían de azadas y bastones para excavar. Esas ventajas permitieron a los europeos practicar un cultivo intensivo en el Nordeste, donde los agricultores indios se habían visto forzados a adoptar las técnicas del cultivo extensivo. Los europeos cercaron sus campos y vivían en asentamientos estables, mientras que los indios ocupaban asentamientos semipermanentes y dependían de la alternancia de los cultivos. Con tales ventajas, y respaldados asimismo por las organizaciones de nación y Estado con base territorial, los europeos alcanzaron una capa-

cidad de adaptación que habría resultado irresistible, aunque las epidemias europeas no hubiesen facilitado el camino de la colonización. Y por si fuera poco, las infecciones eurasiáticas de la viruela y otras epidemias redujeron la población india americana hasta extremos tales que en ocasiones alcanzó el 95% de la misma, despejando el terreno de competidores, a veces cuando los colonizadores europeos apenas acababan de llegar.

LAS GRANDES LLANURAS
250 a. C.-1500 d. C.

El centro del subcontinente norteamericano lo ocupan

Izquierda. Antes de la introducción del caballo, los nómadas de las Grandes Llanuras cazaban a pie. La explotación de las manadas de bisontes americanos exigía ingenio al carecer de máquinas y de armas poderosas. Los despeñaderos para aquellos animales, como el de la foto, eran muy utilizados. Largas líneas convergentes de montones de piedras y de cazadores empujaban a las manadas de bóvidos hacia una hondonada en que la presión de la estampida aseguraba la muerte y captura de algunos animales. El análisis de las técnicas de descuartizamiento indica que buena parte de la carne se desaprovechaba.

Arriba. La llegada del nomadismo montado a las Grandes Llanuras cambió por completo las culturas indias de la región. Los antiguos horticultores abrazaron el nomadismo a caballo, y la fusión cultural y lingüística de las praderas y de las llanuras alcanzó una complejidad nueva. Curiosamente, esta variación recentísima en el tema de las culturas indias americanas ha venido a simbolizar el conjunto de las mismas en las mentes de muchos. En realidad el fenómeno fue efímero: se prolongó algo más de un siglo, y en muchas zonas aún menos.

las praderas septentrionales de clima templado. Los mamíferos tienden allí a pastar y hacer sus madrigueras. Esas regiones fueron en tiempos la patria del bisonte y del antílope, de varias especies de ciervos (como las denominadas «mulo» y «cola blanca»), alces y osos negros y pardos. En el Oeste, las praderas son más altas y secas, con una vegetación en que prevalecen las especies de hierba caduca. Las diferencias climáticas entre las zonas norte y sur de las llanuras de hierba caduca han inducido a los investigadores a tener en cuenta esas variaciones y a delimitar las áreas culturales. La parte oriental de las praderas, baja y húmeda, está dominada por especies de hierbas gigantescas, y se la conoce como la pradera para diferenciarla de las llanuras occidentales más

secas. Una «península» de la pradera se extiende hacia el Este cruzando la parte meridional de Wisconsin y la mayor parte de Illinois, hasta el nordeste de Indiana.

Las Grandes Llanuras albergaban plantas que producían gran variedad de semillas, frutos y tubérculos para los recolectores arcaicos. Algunos de tales productos figuraban entre los cultivos potenciales que cuidaron los cultivadores primitivos en los bosques del Este. Pero las Grandes Llanuras quedaron tan al margen de la agricultura, que los sistemas de cultivo hubieron de desarrollarse en otros lugares antes de que las comunidades expertas ya en horticultura los aplicasen a los valles fluviales de la pradera. En consecuencia, la prehistoria postarcaica de las Grandes Llanuras comportó la difusión de los cultivos orientales, o

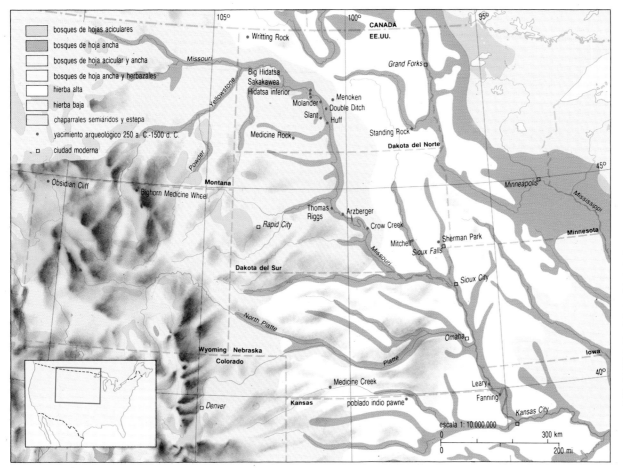

Agricultores y cazadores de las Grandes Llanuras

El valle del Missouri fue un foco importante del fenómeno de los poblados de las llanuras. Los yacimientos de la tradición inicial del Missouri medio son más de 35, y están diseminados en su mayor parte a lo largo del valle en Dakota del Sur. Yacimientos de la que se ha llamado extensión del Missouri medio se encuentran en el curso del río que corresponde a Dakota del Norte. Los poblados eran apiñamientos compactos de casas rectangulares y alargadas plurifamiliares. A finales de la prehistoria, la sequía y los movimientos resultantes de población motivaron la reducción de los poblados de la terminal del Missouri medio a un tramo menor del valle del río, en el que la historia acabó conociéndolos como hidatsas y mandanes. Los asentamientos aldeanos del Missouri central incluyen Arzberger, Huff, Thomas Riggs, Crow Creek, Medicine Creek, Big Hidatsa, Sakakawea, Lower Hidatsa, Molander, Menoken, Double Ditch y Slant.

Las etapas de los poblados de las llanuras centrales incluyen los de Upper Republican, Nebraska, Smoky Hill y Pomona en Kansas y Nebraska. Datan del 1000-1400 d. C., y en su conjunto son conocidos como la tradición de las Llanuras Centrales.

al menos de las influencias orientales, por el Oeste de la región. En algunos casos parece que también avanzaron hacia las Llanuras grupos de población cuyos orígenes estaban en el suroeste.

Aunque la imagen popular del indio norteamericano sea la del guerrero de las Llanuras a lomos de un caballo, esa imagen es de origen reciente. El caballo autóctono americano desapareció con otras especies del Pleistoceno hace 10 000 años, y los indios americanos no tuvieron acceso al caballo hasta que los españoles volvieron a introducirlo en el continente en el siglo XVI. Y el caballo hizo más accesibles las manadas de grandes bisontes de lo que lo habían sido para los nómadas a pie, al tiempo que la nueva estrategia de adaptación arrancaba de sus poblados a muchos hortelanos que volvieron a abrazar la forma de vida del cazador nómada. Así como en Eurasia el pastoreo no fue posible hasta después que los agricultores hubieron domesticado los animales de manada, tampoco las culturas indias de las Llanuras con nómadas a caballo fueron posibles hasta después de que los españoles introdujeran el animal.

Los cazadores-recolectores arcaicos de las Grandes Llanuras no fueron muy numerosos. Su densidad demográfica fue baja y los cultivadores orientales que avanzaban hacia el Oeste por los valles de los afluentes del Mississippi encontraron poca resistencia. La primera oleada de agricultores orientales que penetraron en la pradera lo hizo durante el período entre el 250 y el 950 d. C. Se trataba de grupos inspirados al menos, y tal vez descendientes, de las culturas hopewellienses. El grupo hopewelliense de Kansas City se estableció cerca de la ciudad moderna, y hay pruebas en esos asentamientos de que el maíz era uno de los productos cultivados en la pradera que entraba en la red comercial de Hopewell. El grupo Cooper, al sur del anterior, es menos conocido, pero parece haber sido similar a la variante de Kansas City. Las comunidades hopewellienses de la pradera vivían en asentamientos de 3-4 hec-

táreas; la cerámica procedente de tales asentamientos revela influencias de Hopewell. Productos acabados en cobre, obsidiana y piedra autóctonos indican que formaban parte del comercio Hopewell, aunque sigue sin aclarar la contribución de aquellas comunidades de la pradera a dicho sistema. Las materias primas más buscadas después en las Grandes Llanuras por los hopewell de Ohio incluían la obsidiana de Yellowstone Park y la calcedonia procedente del oeste de Dakota del Norte. Es posible que la ruta de esos materiales fuese el río Missouri, y que su comercio estuviese controlado por los hopewellienses de Kansas City.

Otros complejos de esta cultura, más al Oeste, tenían inventarios más simples. Muchos han sido identificados en Kansas y en Nebraska, y trabajos recientes han demostrado que sus gentes habían penetrado al oeste y al este de Colorado. Las pruebas sobre su presencia en las llanuras meridionales son escasas. Aunque a veces se halla alfarería de los bosques, la impresión es que se trataba de unas formas de vida que prolongaban la cultura arcaica. De modo parecido, en las llanuras del noroeste los cazadores y recolectores arcaicos siguieron practicando sus actividades, especialmente la caza del bisonte común, durante el período de Plains Woodland y aun después.

La construcción de túmulos se dio en las Dakotas orientales y en Manitoba meridional, que representaban los límites noroccidentales de este fenómeno cultural. Algunos son taludes lineales; otros, montículos cónicos. A menudo se excavaban fosas y se cubrían de leños para contener los enterramientos bajo los montículos. Cierto sabor de las llanuras se sumó a esta tradición, en la zona del nordeste, con la inclusión de esqueletos o cráneos de bisonte en muchos túmulos. La construcción de montículos de enterramiento parece haberse extendido por esta región a través de Minnesota. Se trata de una tradición sucesora de Hopewell y similar a la tradición de los montículos en efigie de Wisconsin. Los portadores de la tradición constructora de montículos en el nordeste de las llanuras fueron probablemente los antepasados de los indios históricos dakotas, assiniboines y cheyennes.

A fines de este período, el arco y las flechas ya habían entrado en las llanuras. Su origen estuvo probablemente entre los cazadores athapascanes (na-denes) del oeste de Canadá, que a su vez habían recibido el arma innovadora de los esquimales. La adquisición del arco y las flechas también tuvo que ver con la expansión afortunada de los athapascanes septentrionales hacia el Sur a través de las llanuras occidentales, y que acabó llevándolos al suroeste.

El período de Plains Village

Es el período siguiente a Plains Woodland, y se prolongaría desde el 900 al 1850 d. C. Esta nueva ola de influencia y de colonias procedentes del Este tuvo sus orígenes en la cultura del Mississippi. Las nuevas comunidades de Plains Village eran en varios aspectos mucho más fuertes que las del período anterior. Primero, sus asentamientos son grandes y estables; a veces estaban fortificados con fosos secos y empalizadas, y habitualmente se equipaban con varias cuevas subterráneas para almacenes. Segundo, sus casas eran viviendas plurifamiliares, mayores, más sólidas y más estables que las vistas hasta entonces en las llanuras. Tercero, disponían de un inventario de instrumentos mayor y más complejo, en el que figuraban una cerámica mucho más variada, azadas y otros aperos hechos con una gran variedad de materiales.

El sistema de horticultura, presente sin género de duda en los asentamientos de Plains Village, implicaba el empleo de especies evolucionadas de maíz y frijoles junto con otros cultivos domésticos. La agricultura se restringía a las tierras bajas y aluviales de los grandes ríos, y en ese sentido el sistema copiaba las técnicas intensivas de la horticultura del Mississippi medio. En otros aspectos la adaptación de Plains Village se asemejaba más a los sistemas alternantes de horticultura en las tierras altas, que se encuentran en otros lugares de las regiones marginales a la expansión mississippiense. Es probable que las comunidades de Plains Village no alcanzasen nunca un *status* de caudillaje, y menos aún la organización cuasi estatal de algunos centros del Mississippi.

Sus casas eran construcciones cuadradas o rectangulares de estructura sólida, dispersas en pequeños grupos sin fortificar a lo largo de los roquedales sobre los ríos. La sequía parece haber obligado a dejar muchos poblados en el siglo XIII, especialmente los que se encontraban más al Oeste en las llanuras altas y secas. Las poblaciones aldeanas de las llanuras centrales se replegaron aguas abajo en un proceso de consolidación que condujo a la llamada tradición Coalescent. Ésta se difundió a su vez por el Missouri, adoptando innovaciones como la vivienda circular de tierra sobre cuatro postes durante el período 1450-1680. Los pawnees quedaron como uno de los descendientes históricos de la tradición Coalescent, mientras que sus parientes cercanos, los arikaras, se unían a los mandanes y los hidatsas en la zona del Missouri central.

A finales de la prehistoria, muchas comunidades hortelanas abandonaron su forma de vida sedentaria para convertirse en nómadas a caballo. El mapa cultural de las Grandes Llanuras cambió entonces de forma rápida y drástica. Algunas comunidades oneotas se convirtieron en tribus que hablaban siouan y son conocidas históricamente como los otos, missouris e iowas. Lo mismo ocurrió con la rama wichita de los caddoanos del Mississippi, y con la rama crow de los hidatsas. Comunidades pawnees, quapaws, kansas, osages, poncas y omahas abandonaron los bordes de los bosques orientales para dedicarse, al menos durante algún tiempo, a la caza del bisonte a lomos de caballo. En el Norte, varios grupos dakotas, en compañía de otros assiniboines y cheyennes, dejaron sus comunidades sedentarias para trasladarse a unos poblados portátiles típicos de las llanuras. Los arapahos, pies negros, nezpercés, comanches y algunos shoshones y apaches cambiaron el modelo arcaico de caza y recolección a pie por el nomadismo a caballo, más interesante y productivo. Los kiowas, cuyos antepasados probablemente habían sido cazadores-recolectores al estilo arcaico, a lo largo y lo ancho de las llanuras, se juntaron a los otros jinetes. Al final, los mandanes, hidatsas y arikaras quedaron como supervivientes raros de la forma de vida horticultora de las postrimerías de la prehistoria, continuando en sus poblados estables y comprando la carne de bisonte que los nuevos nómadas a caballo distribuían en las llanuras circundantes.

Los asentamientos arqueológicos atribuibles a los nómadas de las llanuras sólo son visibles en forma de anillos tipi. Unas excepciones notables son las llamadas «ruedas médicas», dispersas desde Wyoming a Alberta. La mayor está formada por un círculo de cantos rodados con 28 radios y un montón de piedras en su centro; se encuentra en las Bighorn Mountains de Wyoming.

Esas estructuras pueden relacionarse de algún modo con los recintos históricos de la danza del sol, estructuras rituales abiertas utilizadas en muchas culturas históricas de los indios de las llanuras. La danza solar se practicaba

Abajo. Los símbolos solares aparecen por toda Norteamérica; pero prevalecen en los asentamientos tardíos, en que por lo general las artes decorativas están más desarrolladas y las probabilidades de conservación son buenas. Sobreviven, sin embargo, algunos ejemplares antiguos como petroglifos (dibujos grabados) o pictografías (dibujos pintados) en los salientes de las rocas. Un tambor manual de las llanuras lleva el símbolo de una cruz similar al ya visto en una cabeza de trofeo.

Las ruedas amuletos de las llanuras altas (*abajo*) eran, según parece, símbolos solares gigantes, así como recintos en los que podían celebrarse ceremonias dirigidas al Sol. El radio principal en esas grandes ruedas está a menudo orientado hacia el punto por el que sale el sol en el solsticio de verano. Las estancias rituales del período histórico (*abajo derecha*) perpetúan la misma estructura circular, a menudo con entradas hacia el Sol naciente.

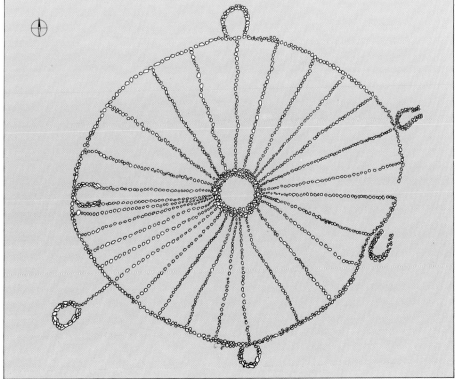

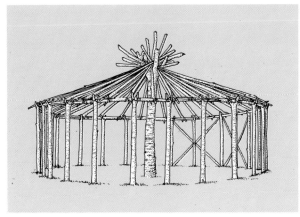

en torno al solsticio de verano, y en las «ruedas médicas» se han encontrado alineamientos con el punto del horizonte por el que ese día salía el sol.

Izquierda. La región del Desierto Occidental conocida como Bryce Canyon presenta los asombrosos Pink Cliffs junto con paisajes más comunes en la Gran Cuenca. Enebrales, pinares de piñón y en ocasiones el pino amarillo disputan las laderas a la maleza desértica. Sauces, abedules, arces y álamos crecen en los cañones fríos y húmedos. La nieve se amontona en grandes cantidades durante el invierno, y los indios prehistóricos hubieron de refugiarse en viviendas sólidas contra los fríos invernales.

Abajo: **El Desierto Occidental** La Gran Cuenca comprende Nevada, Utah y parte de Oregón y de California. Desde las montañas los ríos fluyen hacia el interior, pero la evaporación y las filtraciones acaban con ellos, sin que ninguno alcance el mar. Las variaciones de altitud son el determinante principal de la vida vegetal y animal. Los indios prehistóricos obtuvieron el mayor éxito con sus desplazamientos arriba y abajo siguiendo los ciclos de los días y de las estaciones.

EL DESIERTO DEL OESTE
1000 a. C.-1800 d. C.

El desierto del Oeste se divide en dos subregiones: la Gran Cuenca y la Altiplanicie. Los ríos de la Gran Cuenca fluyen hacia el interior desde el arco de montañas que marcan su límite hacia lagos salobres en que el agua se estanca y evapora. El mayor de todos es el Gran Lago Salado de Utah. Ningún río drena la Gran Cuenca, y la escasa lluvia que cae forma numerosas lagunas superficiales y arroyos, secos la mayor parte del año. Antes de la llegada de los modernos métodos de regadío y trasvase, los recursos alimentarios de la Gran Cuenca sólo podían sostener a una población escasa, que llevaba una vida basada en la caza y la recolección.

Una excepción a esa dura parsimonia de recursos la constituye el desarrollo de la cultura de Fremont, en Utah. Esa tradición se estableció como un retoño de los anasazis, tal vez ya en el 400 d. C. Pero desapareció con la decadencia general de las tradiciones del suroeste hacia 1300, sin dejar unos descendientes modernos claramente identificables. (La tradición de Fremont es también tema de discusión en la sección que trata del suroeste.)

Por el otro lado, la Gran Cuenca se extiende hasta el sureste de Oregón, la parte más meridional de Idaho, la

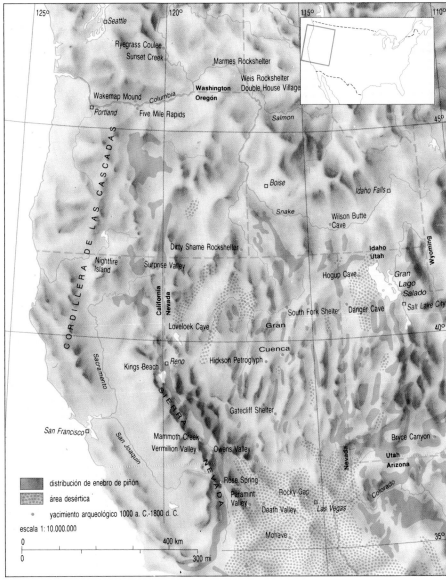

distribución de enebro de piñón

área desértica

· yacimiento arqueológico 1000 a. C.-1800 d. C.

escala 1: 10.000.000

franja oriental de California y el ángulo más meridional de Nevada. En esa vasta zona jamás surgió algo equivalente a la cultura Fremont durante el período prehistórico, y las culturas conservaron allí un estilo esencialmente arcaico hasta finales de la prehistoria.

La Altiplanicie se extiende entre montañas, al norte de la Gran Cuenca. Está drenada por dos grandes sistemas fluviales: el Columbia y el Fraser. La Altiplanicie ocupa la mayor parte de Idaho, el nordeste de Oregón, Washington oriental y se extiende hasta la Columbia Británica. La diferencia más notable entre los desarrollos de la Gran Cuenca y los de la Altiplanicie se debe a que las culturas de esta última tuvieron acceso a unos recursos fluviales mayores, de los que careció la Gran Cuenca.

La Gran Cuenca

Con la cuidadosa excavación de asentamientos como los de Danger Cave y Hogup Cave, han podido establecerse largas secuencias prehistóricas. Las cuevas secas no sólo han deparado pruebas duraderas, como puntas arrojadizas, piedras de molienda y objetos de hueso, sino también fragmentos de redes, cestería y otros objetos de fibra. Las dietas alimentarias han podido reconstruirse tanto a partir de las semillas como de otros contenidos de coprolitos humanos y mediante el análisis directo de los restos de fauna encontrados en los depósitos. En ellos están presentes muestras de bisontes, antílopes, ovejas y ciervos, aunque en escasa proporción si se las compara con los restos de pequeños roedores, liebres y conejos. Es evidente que aquí la tendencia arcaica hacia la maximización de la caza menor en grandes cantidades ha llegado más lejos que en la mayor parte de las regiones a finales de la prehistoria. En los primeros milenios se cazaron aves acuáticas y pájaros de ribera, pero ya no son habituales en los depósitos después del 1200 a. C., señal de que las tierras pantanosas continuaban secándose y de que las comunidades humanas se vieron aun más presionadas por aquel entorno duro.

Documentos del siglo XIX indican que los representantes de las culturas de la Gran Cuenca a menudo emigraban a los campos al borde de las corrientes, en los fondos de los valles, y a los pinares de piñón en las laderas de las montañas. Las piñas se recogían en la época de su caída y se almacenaban para su uso a lo largo del invierno. Las investigaciones realizadas en Nevada señalan que ese modelo de vida se remonta al menos al 2500 a. C.

La tradición Fremont desplazó a las bandas arcaicas en Utah durante 900 años. Algunos pudieron sobrevivir como cazadores-recolectores ecológicamente marginados entre los poblados fremont; pero la mayor parte fueron expulsados o absorbidos. La cultura Fremont se derrumbó en el curso de las sequías del siglo XIV, y Utah fue ocupado por los ancestrales shoshones, utes, paiutes y otros grupos lingüísticos que pertenecían a la rama númica de las lenguas uto-aztecas. Se expandieron hacia el Nordeste a partir de una zona central en el desierto del sureste de California y de Nevada meridional. Algunos continuaron moviéndose y, tras la introducción del caballo, difundieron una nueva práctica de nomadismo montado por las Grandes Llanuras.

La expansión númica es tal vez el problema más interesante con que se encuentran los arqueólogos en la Gran Cuenca. En términos ecológico-culturales, estaban por detrás de muchas de las comunidades a las que suplantaron. En un caso, desplazan a unos horticultores fremont, y en otro a los antepasados semisedentarios de los klamath. Es posible que la presión ambiental impusiera las adaptaciones más avanzadas y que crease nuevas condiciones más duras, a las que estaban bien adaptadas las gentes númicas

ancestrales. En este caso, las bandas númicas se habrían preadaptado en el desierto de California-Nevada para llenar el vacío que las comunidades fremont y otras dejaron al partir.

La Altiplanicie

El desarrollo cultural de la Altiplanicie a largo plazo se diferenció del de la Gran Cuenca, en buena medida por la presencia de una superior humedad y de unos sistemas fluviales mayores por los que podía llegar al mar. Los sistemas del Columbia y del Fraser, con su red de afluentes, proporcionaron las bases de desove para las migraciones de salmones que subían desde el Pacífico. El salmón y otras especies fluviales proporcionaron alimento a las culturas primitivas de la Altiplanicie, completando la dieta que se daba en la Gran Cuenca. En el primer milenio a. C., muchas bandas de la Altiplanicie se habían asentado en poblados semiestables de viviendas subterráneas, unas estructuras sólidas que no eran idóneas para las bandas más nómadas de la Gran Cuenca. Ese modelo de asentamientos sobrevivió hasta el período histórico.

La explotación del salmón puede que no estuviese tan desarrollada o que no fuese tan antigua en el Columbia como en el sistema fluvial del Fraser. Un precipicio escarpado del Columbia, a su paso por las Cascade Mountains, podría haber detenido a los salmones migratorios durante largos períodos, obligando a las comunidades primitivas de habla sahaptin a adoptar las técnicas forrajeras de la Gran Cuenca con más probabilidad que las del avenamiento del Fraser. Las gentes de habla salishan de la cuenca de ese río mantenían un género de vida muy dependiente del río y permanecían más bien cerradas a los contactos con sus parientes lingüísticos de aguas abajo, en la costa del Noroeste. El corrimiento de tierras de la cascada, hacia 1265 d. C., restableció las migraciones salmoneras hasta los afluentes del alto Columbia.

Los klamath-modoc históricos vivieron en una extensión de la Altiplanicie, que formaba una cuña entre California, la Gran Cuenca y las proximidades de la costa noroccidental. En tiempos históricos, su territorio se centró en torno al lago Klamath, Oregón. Vivían en típicos alojamientos subterráneos de grandes dimensiones, que abandonaban y desmantelaban en parte cada verano, hospedándose en refugios de ramas y monte bajo, mientras que las viviendas de tierras se aireaban y secaban. La arqueología ha descubierto ese modelo en los asentamientos de Surprise Valley, California, fechándolo en 4000-3000 a. C. Los restos hallados en la isla de Nightfire indican que las viviendas subterráneas estaban ya en uso al menos desde el 2100 a. C., y que continuaron habitándose en tiempos históricos.

LA PREHISTORIA DEL SUROESTE

En cuanto al Suroeste, los arqueólogos han establecido tres grandes tradiciones culturales en época prehistórica y otras dos de menor relevancia. En su máxima expansión, esas tradiciones se extendieron por la parte de Arizona, Nuevo México y Utah, ocupando también algunas zonas de Colorado, California y Nevada, en Estados Unidos, así como de Sonora y Chihuahua, en México. Las tradiciones principales se conocen por los nombres de Hohokam, Mogollón y Anasazi. Las otras dos son las tradiciones de Patayán y Fremont, consideradas marginales respecto de las tradiciones primarias del Suroeste.

Durante varias décadas se ha utilizado la datación por los anillos de los árboles (dendrocronología) para fechar asentamientos del Sureste con gran precisión, identifi-

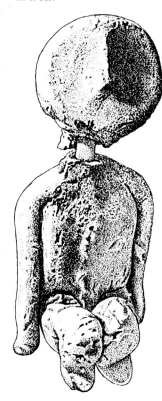

Abajo. Ni los orígenes ni el desenlace último de la cultura Fremont son claramente conocidos. No obstante lo cual, figurillas como la presente (10 cm de altura) indican bien a las claras los lazos que esta cultura transitoria y marginal tuvo con las tradiciones Anasazi y Hohokam, en el Sur.

Derecha: **El suroeste prehistórico**
Cinco tradiciones cubren la fase final de la prehistoria en el suroeste. Tres de ellas –Anasazi, Hohokam y Mogollón– se consideran las principales, mientras que las de Patayán y Fremont se estiman en general periféricas a los grandes desarrollos de la región. Las zonas geográficas de tales tradiciones parecen superponerse. En algunos casos esa superposición fue real, dándose a veces comunidades que participaban a la vez de dos tradiciones culturales muy diferentes. En otros casos, la superposición es más aparente que real, siendo consecuencia de la contracción de una de las tradiciones y la expansión subsiguiente de otra en el área abandonada por la primera. Un mapa arqueológico como este, que reduce a una sola lámina el producto de siglos, inevitablemente produce tales superposiciones.

El mapa muestra la extensión máxima de cada tradición. Es evidente que tales máximos no pudieron alcanzarlos a la vez. Menos evidente resulta tal vez que cada una de las tradiciones se expandió primero en una dirección y después en otra, de modo que es probable que en ningún momento alcanzase el máximo de extensión aquí señalado. Todas retrocedieron al tiempo en que llegaron los españoles.

Los asentamientos principales del suroeste aparecen en el trasfondo de las cinco tradiciones. En todos los casos están habitualmente abiertos al público o son yacimientos que, aunque cerrados, tienen tanta importancia en la literatura arqueológica que debían ser consignados.

Página siguiente. El Castillo de Montezuma no es realmente un castillo, ni nada tiene que ver con el emperador mexicano ejecutado por Cortés. Esta construcción sobre precipicio, de nombre tan evocador, se encuentra en el valle Verde de Arizona central, y es uno de los muchos yacimientos del suroeste abiertos al público. Lo construyeron los indios de la que se conoce como cultura Sinagua, así como otros yacimientos cercanos muy influidos por la cultura Anasazi. El posterior deterioro ambiental obligó a sus habitantes a abandonar el valle Verde.

cando a menudo hasta los años. Esa técnica ha sido muy útil para los asentamientos anasazis y para los mogollones. Ello se ha debido sobre todo a las condiciones secas del clima, que a la vez que hace muy sensibles los anillos del árbol a las condiciones climáticas generales de escasa entidad, permite su preservación en los yacimientos arqueológicos. La cronología de Hohokam ha tenido un desarrollo menos preciso, porque en muchos de sus asentamientos no se han conservado restos de manera adecuada. En esos casos los arqueólogos dependen de las técnicas de datación derivadas del radiocarbono, el arqueomagnetismo y la hidratación de la obsidiana.

Las tradiciones prehistóricas del Suroeste empiezan a surgir desde comienzos del período arcaico, hace más de 2000 años. La alfarería y la horticultura pueden aprovecharse gracias a las fuentes mexicanas, y la forma de vida sedentaria que implican tal vez empezó a emerger ya hacia el 300 a. C. Todas se expandieron dentro de unos límites concretos; pero la extensión máxima de una tradición no tiene por qué irrumpir en el ámbito de otra. Ocasionalmente se dieron áreas de coincidencia, en el sentido de que en una zona marginal a dos tradiciones coexistieron poblados pertenecientes a ambas. Con mayor frecuencia las áreas de coincidencia se produjeron cuando una tradición abandonaba la zona y otra ocupaba su lugar.

Hohokam

Problemas inherentes a las técnicas de datación han hecho difícil y controvertida la datación de los orígenes de Hohokam. Apenas hay acuerdo sobre acontecimientos anteriores al 600 d. C., aunque la cronología posterior a esa fecha es relativamente clara. Las excavaciones en Snaketown han inducido a algunos investigadores a concluir que la tradición se fundó hacia el 300 a. C. Otros critican esa fecha como demasiado temprana y proponen la fecha inicial del 300 y aun del 500 d. C.

La cultura Hohokam tuvo su centro en el desierto meridional de Arizona, que más tarde sería la patria de las tribus indias de Pima Alto y de Papago. En general se ha creído que esos grupos eran los descendientes vivos de la tradición hohokam. Es posible que irrumpiese en el Suroeste desde México, habiendo aportado una serie de rasgos mexicanos al suroeste prehistórico. Esa posibilidad la discuten cada vez más los arqueólogos que prefieren una interpretación más compleja, que comportaría una evolución *in situ*, el comercio y la interacción ritual con las culturas más meridionales.

Los agricultores hohokam empleaban el riego para obtener cosechas en el desierto. Era una técnica dos veces más costosa que la disposición de los campos en terrazas y cuatro veces más que la acotación del campo, pero bastante productiva para justificar el alto costo. Eran posibles las dos cosechas anuales: la primera en marzo/abril, cuando se fundían las nieves en las lejanas montañas; y la segunda en agosto, cuando caían las lluvias de montaña.

Los asentamientos hohokam se caracterizan a menudo por unos tipos de cerámica rojo sobreante. Los vasos presentan con frecuencia unos hombros anchos y unos centros de gravedad bajos, trazados al menos en parte para permitir un despliegue máximo de decoraciones pintadas. Otros artefactos típicos incluyen hachas de piedra de largo filo con acanaladuras profundas para su manejo, paladares de piedra, puntas arrojadizas con dentelladuras profundas, campanas de cobre y adornos de concha. Las piezas en forma de paladar pueden haberse cubierto con una fina capa de agua y servir como espejos o se usaban simplemente para moler los pigmentos. Las campanas de cobre se hicieron por el método de la cera perdida, y pueden constituir un argumento adicional de las constantes relaciones comerciales con México, su fuente más probable. Los adornos de concha se hacían por lo general con materiales importados del golfo de California y se les daba la forma de brazaletes y abalorios.

En los asentamientos hohokam posteriores al 600 d. C. destacan sus pistas de baile y sus montículos de plataforma baja, que constituyen un doble indicio de influencias mexicanas. Tanto Snaketown como Pueblo Grande tienen pistas de baile impresionantes. También se han encontrado en los asentamientos hohokam bolas de caucho, cuyo látex debía proceder asimismo de México. Habitualmente, los montículos en plataforma sólo tienen un metro de altura (rara vez superan los 3 m), son rectangulares, y alcanzan los 30 m de longitud. Tales estructuras se concentraban en las comunidades mayores, como Mesa Grande, y sugieren que eran las comunidades más numerosas las que controlaban los pequeños poblados circundantes así como la red de canales de riego al servicio de todos. Lo cual sugiere, que las comunidades hohokam estaban organizadas según formas de caudillaje y no como poblados independientes.

Las gentes que vivían en Valle Verde, Arizona central, en la franja norte del territorio hohokam, desarrollaron una cultura híbrida que reunía las tres tradiciones principales. Esa cultura, llamada Sinagua, floreció después del 1100 d. C. como consecuencia de la deposición de una capa de ceniza fértil, dejada por la erupción de un volcán local. La florescencia motivada por la erupción del Sunset Crater la recuerdan los asentamientos de Tuzigoot y de Montezuma Castle (este último en forma menos precisa). Según parece, la poblacion sinagua se encontró muy dispersa cuando se restablecieron las condiciones de vida normales, y la zona fue abandonada casi por completo después del 1300. Muchos grupos sinagua se dirigieron a los poblados hohokam, a los que se sumaron formando comunidades dobles. Esto podría explicar la cultura salado cuando aparece en territorios hohokam. El asentamiento de Casa Grande es un ejemplo de esa fusión cultural. Mientras que la población hohokam continuaba incinerando sus muertos y guardando sus cenizas en los tradicionales vasos rojos sobre ante, los inmigrantes de la cultura salado hacían sus vasos policromados en rojo, negro y blanco para el enterramiento de restos no incinerados.

Las viviendas tradicionales hohokam eran casas en fosos superficiales; casas construidas en realidad con zarzos y barro en depresiones someras excavadas en el duro suelo de caliche, que subyace en la mayor parte del desierto arenoso de la región. Después del 1300, y bajo la influencia de la cultura salado, los poblados ho-

hokam adoptaron la forma de recintos rectangulares de adobe. Los muros exteriores de esos poblados contienen unas estructuras de caliche-adobes (barro seco) levantadas por entero sobre el nivel del suelo. La construcción principal de Casa Grande se erigió con hileras sucesivas de adobes de barro, que forman en la base unos muros macizos y que van ahusándose en la parte superior. Ese edificio principal tiene cuatro pisos de altura en su parte céntrica, aunque la habitación central de la planta baja estaba cegada con adobes sólidos para darle mayor robustez. Los arqueólogos especulan con que los inmigrantes salado estaban acostumbrados a trabajar con mampostería, como la que aparece en Tuzigoot, y como la región de Hohokam carecía del material necesario en piedra, se explicaría la desconfianza de aquella gente al adoptar los adobes de Hohokam, recelo que se hace patente en la técnica de sus construcciones macizas, que sustituía así la solidez de la piedra.

El fracaso en las cosechas y las incursiones apaches provocaron un colapso del sistema político hohokam hacia 1450. Al tiempo de las primeras *entradas* de los españoles, habían abandonado los sistemas de regadío que los hohokam habían creado y mantenido. Sus descendientes buscaron refugio en pequeños poblados dispersos.

Mogollón

La fecha más antigua de la llamada tradición mogollona depende de la que se dé a las primeras muestras de su cerámica. Aunque todavía insegura, esa datación es menos controvertida que la de Hohokam. Muchos arqueólogos aceptan como fecha inicial alguna que se sitúa en el siglo III d. C. Más tarde, tras la primera aparición de un tipo de cerámica característica de color rojo sobre pardo, los asentamientos mogollones se expandieron por zonas secundarias. Esos asentamientos se caracterizaban por el gran número de casas de pequeñas dimensiones, lo que sugiere un cambio en los modelos de residencia. La datación de tales acontecimientos en el valle de Mimbres indica que ya estaban muy avanzados en la última parte del siglo IX d. C.

El estudio detallado del amplio asentamiento de Casas Grandes, en Chihuahua, indica que el asentamiento se encontraba dentro de la esfera de la tradición mogollona. Los arqueólogos creen que la construcción mayor se inició en torno al 1060, que empezó a declinar después de 1261 y que terminó en 1350. Además, la misma localización del asentamiento ha inducido a los investigadores a pensar que fue un conducto para la intervención de los *pochtecas* mexicanos (una clase de mercaderes de largas distancias, conocidos por haber sido la vanguardia de la expansión imperial azteca en el siglo XVI). Aunque la solución de la controversia es de capital importancia para entender el amplio abanico de tendencias en el Suroeste, habrá que seguir trabajando antes de que el cuadro de la región quede completo.

Antes del año 1000 d. C., las residencias de los mogollones eran habitualmente casas fosos. Después de esa fecha, se prefirieron cada vez más las estructuras de muchas habitaciones levantadas sobre el nivel del suelo. Esa tendencia se abrió paso primero en la parte septentrional del territorio mogollón, donde la influencia de los anasazis era fuerte. El cambio podría estar relacionado con la desaparición de la residencia orientada al varón y con la aparición de modelos residenciales orientados hacia la mujer, que conocieron las comunidades históricas pueblo. La evolución del ceremonial Kiva apoya esta interpretación. Los kivas eran una supervivencia de las antiguas casas excavadas, que servían como estancias ceremoniales para los parientes varones, que no convivían en los sistemas residen-

ciales de orientación femenina. Algunos se llaman grandes kivas por sus dimensiones, que a veces alcanzan los 10 m de diámetro; pero sólo hay uno en cada poblado, lo que sugiere que tales estancias funcionaban como centros de ceremonias para toda la comunidad, más que para un solo grupo de hombres del clan. Los kivas pequeños, según parece, acogían a los miembros varones de un clan particular.

Durante el mismo período se desarrolló una cerámica característica de color negro sobre blanco en Mimbres Valley. Es una cerámica que se define por sus diseños geométricos, así como por las formas estilizadas de hombres y animales. Los vasos se empleaban a menudo como ofrendas funerarias, y como tales eran ritualmente sacrificados rompiéndolos o agujereándolos. Los dibujos resultan atractivos a los ojos de los artistas modernos, y la demanda de ejemplares ha provocado saqueos y daños irreparables en muchos asentamientos de la cultura mimbres.

La tradición mogollona experimentó una decadencia que se inició hacia el 1100 d. C. Parece que se frenó un tanto hacia 1250, pero volvió a acelerarse a lo largo del siglo XIV. La tradición como tal se derrumbó, igual que ocurrió con las otras grandes tradiciones del Suroeste, cuando los cambios climáticos interrumpieron lo que siempre había sido un sistema precario de producción alimentaria. Las sequías, el fracaso en las cosechas y tal vez el merodeo de los apaches forzaron al resto de las comunidades mogollonas a encerrarse en unos pocos enclaves. Algunos de los supervivientes pueden haber tomado residencia con los restos de anasazis o de hohokam. El pueblo zuni parece formado, en parte al menos, por descendientes de la cultura mogollona.

Anasazi

Aunque muchos arqueólogos han aceptado la fecha del 3000 a. C. para la introducción del maíz en el Suroeste, los análisis más recientes señalan que una fecha hacia el 750 a. C. sería más apropiada. Los poblados de casas excavadas iniciaron su aparición hacia el 185 a. C. en el área de las Cuatro Esquinas, formada por Arizona, Nuevo México, Utah y Colorado. Por esa época los portadores de la tradición Anasazi no producían cerámica, con lo cual los períodos más tempranos de esa tradición se designan como los cesteros primeros, a los que siguen los cesteros modificados antes del 700 d. C. El primer período «pueblo» empieza en esa fecha, y los períodos subsiguientes de la tradición anasazi están bien delimitados con la datación que proporcionan los anillos de los troncos.

Las primeras casas excavadas de los anasazis eran superficiales y de estructuras sencillas, si se comparan con las posteriores. Cuando las nuevas casas se excavaron a mayor profundidad, lo que antes había sido un simple agujero para el humo se convirtió en la entrada a una vivienda excavada por entero. Las casas posteriores, con su mayor hondura, exigieron pozos de ventilación que permitieran una salida al humo a través del techo de la entrada. Unos muros algo inclinados regulaban el trazado de lo que fue convirtiéndose cada vez más en un estilo doméstico formal. Hasta el suelo de la casa llegó a exigir la localización precisa de un *sipapu*, un pequeño hueco que simbolizaba el agujero por el que la humanidad en sus orígenes había emergido del mundo inferior.

Los anasazis desarrollaron sus propios estilos de cerámicas después del 500 d. C., aunque con influencias notables de las tradiciones de Hohokam y Mogollón. Proliferaron los ejemplares típicos en negro sobre blanco. Algo más tarde, los anasazis iniciaban el cambio de las viviendas en casas excavadas a las casas construidas con piedras o adobes sobre el nivel del suelo. Respecto a los mogollones, las

La cerámica de Mimbres

Abajo, izquierda. Los primeros platos en blanco y negro de Mimbres aparecieron en el siglo VIII d. C. El estilo III, al que pertenece este ejemplar del yacimiento Mattoks, no se desarrolló hasta tres siglos después. El dibujo confunde deliberadamente tema y fondo al pintar un hombre y un pájaro.

Extremo inferior izquierdo. Todos los platos de Mimbres están pensados como ofrendas funerarias y fueron sacrificados con punciones en su base. Este representa a un hombre que hace girar a algo que podría ser un toro mugidor. Clasificado como un plato clásico del estilo III en negro sobre blanco, está hecho en un color rojizo.

La cultura de Mimbres es una rama de la gran tradición mogollona del suroeste. Tuvo su centro en el río Mimbres, en el suroeste de Nuevo México, y fue un capítulo relativamente pequeño y aislado en la prehistoria general del suroeste. El río Mimbres tiene un curso de unos 100 km antes de evaporarse y desaparecer en las playas ardientes cerca de la frontera mexicana.

La trayectoria de la cultura de Mimbres fue similar al de las otras, aunque desarrollándose en el tiempo más que en el espacio, y desapareciendo antes de que la historia y las *entradas* de los españoles alcanzasen la región. Lo específico de la cultura de Mimbres, a pesar de sus pequeñas dimensiones y de la ausencia de unos descendientes modernos bien determinados, es su cerámica, que después de siglos continúa deleitando la vista.

Abajo. La criatura pintada en este plato combina los rasgos de hombre, murciélago y ciervo, exponentes tal vez de unas transformaciones chamánicas. El plato del estilo III presenta los colores rojo y naranja sobre fondo blanco, y en consecuencia está clasificado como policromía de Mimbres.

Abajo. Dos ovejas montañesas altamente estilizadas ilustran el atractivo que los platos de Mimbres con sus tendencias abstractas ejercen sobre los conocedores del arte moderno. La demanda de tales piezas ha provocado el saqueo de muchos yacimientos. Este ejemplar del estilo III mide unos 24 cm de diámetro.

A pie de página. Plato del estilo III con la imagen de un murciélago, esta vez sin las complicaciones de atributos humanos o animales; el murciélago está adornado con una serie de dibujos geométricos típicos del suroeste. La pieza, que ha sido poco restaurada, parece que no tiene el agujero del sacrificio ritual.

Mesa Verde
y el Cañón de Chelly

Aunque Mesa Verde es un parque nacional, sito en Colorado, y el cañón de Chelly un monumento nacional en Arizona, uno y otro son marco de importantes asentamientos anasazis en la zona de la altiplanicie del suroeste conocida como las Cuatro Esquinas (Four Corners). En ambos casos, las corrientes han cortado a tajo la meseta creando precipicios escarpados que tienen salientes protectores. En el siglo XII y después, los albañiles anasazis concentraron los nuevos poblados en esas localizaciones protegidas, construyendo las viviendas sobre precipicios que han hecho famosa la región.

Amontonadas en forma de pequeños apartamentos cuadrados, las primeras estancias que se construyeron en esas viviendas de precipicio fueron almacenes. Un espacio abierto en la parte frontal presentaba un excavado y relleno típicos para formar un patio con kivas subterráneos. Eran lugares de encuentro a los miembros varones de unos clanes matrilineales, que por lo demás vivían dispersos por el poblado en las casas de sus mujeres.

Las viviendas sobre precipicios fueron en gran parte abandonadas a comienzos del siglo XIV. Después del abandono, la mayor parte del suroeste lo cedieron los horticultores a los nómadas navajos y apaches.

El acceso a Mesa Verde se hace en coche. El cañón de Chelly tiene una carretera de circunvalación sólo hasta el borde; el acceso a las viviendas sobre los precipicios se hace en excursiones guiadas.

En la doble página siguiente. Cliff Palace, visto durante el invierno desde el precipicio de encima, tiene más de 200 estancias y 23 kivas. Algunos de los kivas circulares, ahora sin techos, pueden advertirse en la foto. Cuando estaban techados, contribuían a formar el espacio abierto y horizontal de la fachada de las viviendas. Los techos de las estancias inferiores proporcionaban balcones a las estancias traseras más altas.

Abajo. Un primer plano muestra una mezcla de entradas trapezoidales y en ojo de cerradura con las pilastras de un kiva sin techo en primer término. Estancias interiores más antiguas, enterradas y oscurecidas por construcciones posteriores, se utilizaron como almacenes. Cliff Palace tuvo mayor número de kivas del que era habitual en proporción con las viviendas, y ello ha inducido a los arqueólogos a suponer que este poblado pudo servir como palacio central de todos los residentes de Mesa Verde.

A unos 150 km, en Arizona, se encuentran las ruinas de White House (*derecha*) escondidas en su propio nicho y todavía protegidas por los amenazadores precipicios del cañón de Chelly.

Abajo. El núcleo central del parque nacional de Mesa Verde se encuentra a 32 km al sur de la entrada de dicho parque. Carreteras de circunvalación permiten a los visitantes contemplar las ruinas desde los coronamientos de los cañones que cortan la mesa. Los visitantes empiezan habitualmente la excursión, acompañados de un guía, por Spruce Tree House, una importante casa sobre precipicio, cerca a las oficinas centrales del museo y del parque.

Sobre la cima allanada de la mesa todavía pueden advertirse terrazas de cultivo y lindes de campos. Los poblados Pithouse empezaron a surgir en esta parte del suroeste durante el siglo II a. C. Sobre la cima de la mesa había viviendas hacia el 700 d. C., pero 450 años más tarde habían sido trasladadas casi por entero a nichos espaciosos en las paredes del cañón.

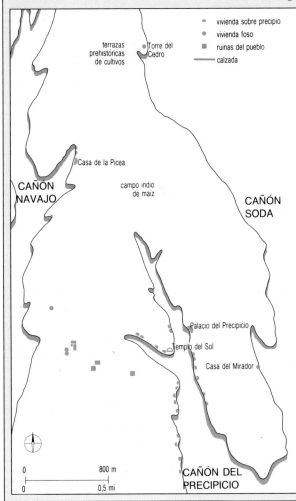

terrazas prehistóricas de cultivos

Torre del Cedro

• vivienda sobre precipio
• vivienda foso
■ ruinas del pueblo
— calzada

Casa de la Picea

CAÑÓN NAVAJO

campo indio de maiz

CAÑÓN SODA

Palacio del Precipicio

Templo del Sol

Casa del Mirador

0   800 m

0   0,5 mi

CAÑÓN DEL PRECIPICIO

casas excavadas se mantuvieron como kivas, que los varones del clan utilizaban para sus reuniones de tipo ritual o social. La tradición se expandió notablemente en ese período, surgiendo nuevos poblados cada vez más distantes del centro anasazi originario; esa expansión alcanzó sus máximas dimensiones hacia el 1100.

Las viviendas sobre el nivel del suelo aparecieron en Mesa Verde hacia el 700 d. C. Hasta el 950, la mayor parte de los poblados de Mesa Verde fueron complejos de viviendas compactas, colgados sobre precipicios. Para 1150, casi todos los poblados de dicha cultura ya se habían asentado dentro de tales precipicios, buscando una localización más segura. Los amplios refugios naturales de las rocas permitieron la construcción de complejos como Cliff Palace, con más de 200 habitaciones y con 23 kivas. Su acceso era difícil y estaba bien protegido. Sin embargo, el porcentaje relativamente alto de kivas, en relación con las habitaciones, sugiere que Cliff Palace sirvió como centro ceremonial de muchos poblados de Mesa Verde construidos sobre precipicios.

Los abandonos del Suroeste se han atribuido durante décadas a una sequía desastrosa que habría desolado la región desde 1276 a 1299. La aceptación de esa hipótesis está lejos de ser general; pero resulta evidente que la tradición anasazi y otras sufrieron una drástica reducción en torno al 1300. La reducción anasazi fue seguida de una invasión, sin que haya pruebas lo bastante concluyentes como para determinar que los invasores fueran los navajos y los apaches hasta casi el año 1500. Pero a las pocas décadas se les unieron los españoles, por lo que los poblados indios del Suroeste sucumbieron a la dominación indígena y foránea.

Fremont

La tradición Fremont fue una cultura periférica que se desarrolló en Utah a causa de la influencia de los anasazis. El fenómeno pudo iniciarse ya en 400 d. C.; pero todavía sigue siendo objeto de debate si se debió originariamente a la inmigración del pueblo anasazi hacia Utah o si, en realidad, fue un desarrollo local aunque bajo influencia anasazi. Los portadores de la cultura fremont podrían haber sido los antepasados utoaztecas de grupos modernos, como los shoshones. Ha habido incluso un investigador que ha sugerido que eran gentes que hablaban na-dene, que estaban relacionadas con los navajos/apaches y que la expansión de su familia lingüística llegó hasta el sur de Canadá. La mayor parte de los arqueólogos parece aceptar una evolución *in situ* de la cultura fremont, como consecuencia de unos orígenes arcaicos y de la influencia anasazi. Los asentamientos fremont fueron abandonándose desde el 950 d. C. Su cultura se había reducido para 1150, y fueron pocos los asentamientos que sobrevivieron al 1300, sin que se sepa cuál fue la suerte última del pueblo fremont.

Patayán

La tradición de Patayán, denominada a veces hakataya, se considera una periférica en la prehistoria del Suroeste. Parece haber nacido entre los indios de habla hokan (y específicamente yumán) de la región del río Colorado. Entre sus descendientes modernos se cuentan los yumanes de Arizona occidental y del sureste de California. La cerámica más antigua se fecha hacia el 500 d. C.; pero la tradición nunca llegó a crear los grandes poblados de las principales tradiciones del Suroeste. Se han determinado algunas variantes regionales, una de las cuales conduciría a la cultura Sinagua de Verde Valley, en Arizona central. Ya nos hemos referido a esta cultura a propósito de su florecimiento y fusión final con la tradición Hohokam.

Cañón Chaco

Aunque los arqueólogos no están todavía de acuerdo sobre la naturaleza específica del fenómeno «chaco», no hay duda de que existió. El sistema chaco, cualquiera sea su definición, se extiende de hecho sobre más de 53 000 km² de la cuenca del San Juan y de las altiplanicies circundantes. Extensas ciudades planificadas se concentran en el cañón Chaco (ahora protegido como un monumento nacional), pero hubo asentamientos importantes que quedaron fuera de ese marco, como lo demuestran algunas ruinas de aztecas y salmones. En esa red hay 125 ciudades cuyos planos se conocen y que están dotadas de edificios públicos; muchas están enlazadas por caminos prehistóricos, de los que se han identificado más de 400 km. Las ciudades más impresionantes del cañón Chaco son grandes centros en forma de D, como los de Pueblo Bonito y Chetro Ketl.

Los asentamientos chacos florecieron entre el 950 d. C. y el 1300. Fueron importantes en un amplio sistema comercial, incluso después de que cambiasen las fronteras de la tradición anasazi. En los siglos X y XI, el cañón Chaco quedaba en el extremo septentrional de dicho sistema, y pasó a ocupar el extremo meridional en el siglo XII. Algunos arqueólogos sostienen que el cañón Chaco fue a la vez un centro de culto y comercial de alimentos y de objetos de lujo, especialmente turquesas. Otros ven en la expansión del fenómeno chaco no tanto una expansión sistemática para producir más bienes, cuanto una expansión demográfica para dar alojamiento a una creciente población chaca. Los puntos de discrepancia se centran en si los asentamientos fuera de ese marco fueron antes ciudades independientes incorporadas al sistema o colonias establecidas por el mismo. En relación con ello está el debate sobre si la red viaria y el sistema comercial que la sostenía estaban destinados a redistribuir bienes de subsistencia o artículos de lujo. Es posible que todas esas explicaciones sean atinadas.

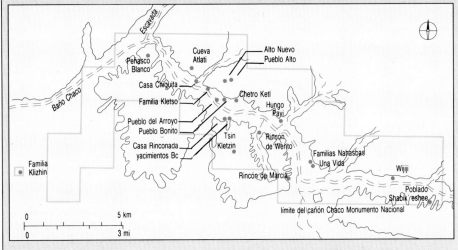

El cañón Chaco (arriba) se encuentra en un punto alejado del noroeste de Nuevo México, pero fue en tiempos un centro de cultura Anasazi y de intercambios a larga distancia. Extensos pueblos en forma de D se encuentran al norte de Chaco Wash, protegidos por las paredes abruptas del cañón. Caminos de peatones enlazaban los pueblos entre sí y con el mundo exterior. Las trochas tienen a menudo anchas escaleras, que habrían impedido el paso de animales de tiro o de vehículos de ruedas, de los que no dispusieron los indios americanos de la prehistoria. Pero los porteadores humanos salvaban fácilmente las escaleras empinadas, permitiendo a los ingenieros chacos la construcción de caminos casi perfectamente rectos hasta los asentamientos remotos y hacia los otros pueblos importantes del Suroeste.

Las ruinas de Chaco han conservado muchos vasos de cerámica en negro-sobre-blanco (derecha). Sus dibujos resultan extrañamente atractivos para el ojo moderno. Los originarios eran porosos y sin vidriar, y sus fuertes colores se aplicaban por degradación química al fuego. Todos los vasos están hechos a mano, sin ayuda del torno de alfarero.

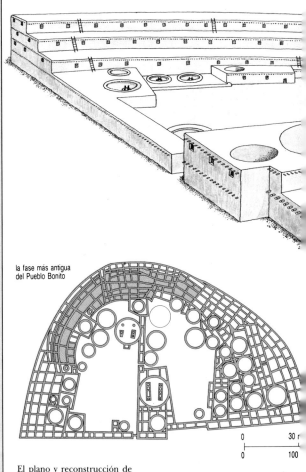

la fase más antigua del Pueblo Bonito

El plano y reconstrucción de Pueblo Bonito dan una idea del crecimiento y desarrollo de esta ciudad prehistórica. La entrada a la misma se hacía con escaleras de mano apoyadas en la muralla protectora. Las estancias interiores de la planta baja se utilizaban principalmente para almacenes. El plano en forma escalonada permitía a los residentes servirse de los techos de las estancias inferiores como balcones abiertos.

Pueblo Bonito (*abajo*), las ruinas más impresionantes de pueblos en forma de D en el cañón Chaco, aparece aquí visto desde arriba del precipicio. Son visibles detalles interiores del gran kiva, cerca del lado llano del poblado. Otros kivas, algunos casi tan grandes, pueden verse alineados junto a las residencias construidas alrededor de la muralla curva del pueblo.

Vigas de acero refuerzan ahora la muralla de atrás, que en tiempos tuvo cuatro pisos. El asentamiento ocupa más de una hectárea y en tiempos tuvo al menos 800 estancias (*centro*); su población fue probablemente superior a los 1200 habitantes. Fue la construcción de aposentos más grande de Norteamérica hasta que en el siglo XIX se levantó una

mayor en la ciudad de Nueva York. El cañón Chaco fue el centro de una red de caminos que lo comunicaban con numerosos pueblos lejanos. Los poblados estuvieron consecuentemente enlazados con el centro de un importante sistema prehistórico de comercio y trueque.

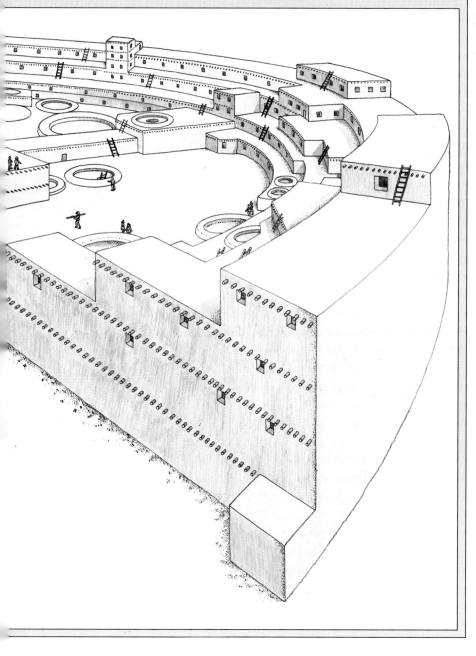

CALIFORNIA
500-1800 d. C.

El área cultural de California cae casi por dentro de los límites del estado actual. Aunque el área cultural no es particularmente extensa, contiene un elevadísimo número de variedades ambientales. Algunas de ellas se debieron a los cambios de latitud –más de 10 grados–, lo que representa más de 1100 km de Norte a Sur. Otras se debieron a los cambios de altitud, que van desde el nivel del mar a los 4400 m. Y otras, finalmente, fueron resultado de la topografía, que en algunas vertientes occidentales provoca copiosas precipitaciones, mientras protege de la humedad algunos valles más interiores. Así se dan bosques tupidos de secoyas, robledales, cuasi desiertos y extensiones de chaparros y monte bajo. Las acusadas variaciones ambientales de un lugar a otro han producido una multitud de microentornos en California, muchos de los cuales con abundantes recursos alimentarios naturales. Esas condiciones empujaron a los nativos a no adoptar los sistemas más rudimentarios de cultivo, a la vez que reforzaban la tendencia de las comunidades a concentrarse en territorios pequeños.

Como sigue ocurriendo hoy, California atrajo y hospedó a los inmigrantes de muchos puntos deprimidos. Allí se dio un número infrecuentemente alto de familias lingüísticas separadas. Los indios de distintas procedencias se adaptaron en pequeños grupos a un mosaico ambiental asimismo diferente. El resultado a finales de la prehistoria fue una serie compleja de unas 500 pequeñas organizaciones tribales con amplias diferencias en el habla, la subsistencia, la tecnología, la religión y la organización social. Pero todas ellas continuaron practicando un género de vida esencialmente arcaico hasta que los colonizadores europeos llegaron a la región.

Resulta irónico que el sistema de caza y forrajeo prosperase en aquella serie abundante de entornos, hasta el punto de que California tuvo una población aborigen relativamente densa. Es probable que el contraste con las densidades demográficas de otras regiones de Norteamérica no fuera tan grande como se creyó en tiempos pasados; pero desde luego no fue pequeño.

La complejidad de la prehistoria californiana ha dado lugar a prolijos debates entre los arqueólogos y también –y es otra alternativa– a una generalización que resulta incómoda. Razones de espacio nos fuerzan a nosotros a adoptar aquí esta última postura.

En los comienzos de la era arcaica, hacia el 2000 a. C., los indios de California van abandonando las adaptaciones demasiado difusas a la vez que se acercan a la explotación de los recursos específicos que abundan en cada lugar. En un punto, el recurso primordial pudieron ser las bellotas, en otro los mamíferos marinos, en un tercero la pesca. Esa especialización corrió paralela a las prácticas de cultivo rudimentario de los indios en otros lugares de la Norteamérica templada a finales del período arcaico. Hacia el 500 d. C., ese proceso particular había forjado alrededor de 500 pequeñas tribus especializadas.

Los modelos de una producción de alimentos deliberadamente excedentaria, así como los modelos de almacenamiento, comercio y redistribución estaban perfectamente desarrollados. Esos mecanismos les permitían amortiguar los efectos de las mermas previsibles de las cosechas y de los esporádicos e imprevisibles reveses en la producción de alimentos. Los excedentes alimentarios podían almacenarse para el propio uso o para el comercio con los grupos cercanos, haciendo así frente a la carestía imprevista.

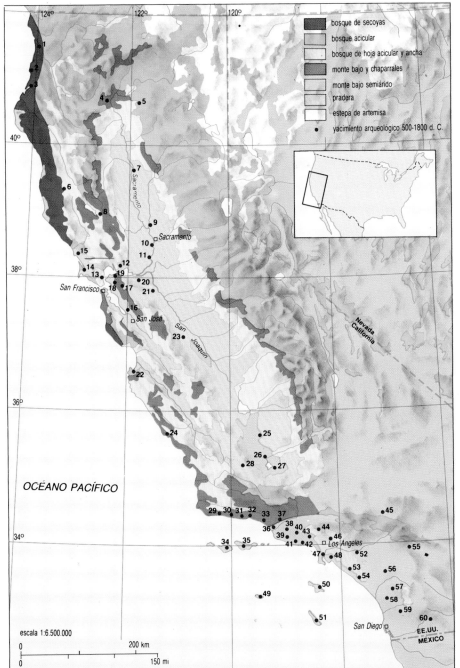

bosque de secoyas

bosque acicular

bosque de hoja acicular y ancha

monte bajo y chaparrales

monte bajo semiárido

pradera

estepa de artemisa

• yacimiento arqueológico 500-1800 d. C.

California
Se caracteriza por la gran variedad de su topografía y vegetación, y todo templado por las corrientes del océano Pacífico, que le confieren un clima mediterráneo. El entorno resultante ha sido durante milenios un foco de atracción para pequeñas comunidades humanas llegadas de los puntos más diversos. Y la consecuencia arqueológica ha sido una serie compleja de yacimientos prehistóricos.

1 Laguna Stone
2 Tsúrai, Punta de Patrick
3 Gunther Island
4 Reserva Whiskeytown, Reserva Trinity
5 Yacimiento Karlo, Cueva Tommy Tucker
6 Mendocino 500
7 Yacimiento Case, Yac. Bambauer, Yac. Fich
8 Isla Rattlesnake
9 Monticulo Miller, Mont. Howell's Point, Mont, Sandhill
10 Monticulo Mustang
11 Monticulos Cantrell, Johnson, Bennett, Mosher y Windmiller
12 Monte Goddard, Valle Wooden, Cappell Valley
13 Tiburón
14 Punta Reyes
15 Bahía Bodega
16 Colinas Coyote
17 Alamo, Danville
18 Ellis Landing, West Berkeley Mont., Emeryville Shellmound
19 Fernández, yacimientos Veale
20 Hotchkiss Mound, Orwood Mound H 2
21 Monticulos Ott
22 Monterrey
23 Menjoulet
24 Cala San Simeón
25 Kern
26 Colinas Elk
27 Colinas Buena Vista
28 Potrero Salisbury
29 Refugio Gaviota
30 Don Pueblos, El capitán

31 Cenagal Goleta
32 Montículo Burton
33 Punta Rincón
34 Isla Santa Rosa
35 Isla Santa Cruz
36 Shishilop, Punta Pitas
37 Soule Park, Mutah Flat
38 Conejo Rock Shelter, Ventura 70
39 Big Sycamore, Little Sycamore y Cañones del Ciervo
40 Century Ranch, Medea Village, Medea Creek
41 Zuma Creek, Arroyo Sequit, Cañón de la Lechuza
42 Cañón Malibu, Cala del Paraíso, Cañón Corral, Point Dume, Cañón Trancas
43 Cañón Topanga, Mulholland
44 Chatsworth, Encino, Big Tujunga
45 Las Flores Ranch
46 Yang-na
47 Cala Málaga
48 Cenagal Bixby
49 isla de San Nicolás
50 Isla de Santa Catalina
51 Isla San Clemente
52 Santiago Canyon, Black Star Canyon
53 Newport Bay, Gran Cañón
54 Isla de Goff, Cotton Point
55 Snow Creek
56 Temecula Creek, Vail Ranch
57 Pauma
58 Rancho San Luis Rey
59 San Vicente
60 Pine Valley, Dripping Springs

OCÉANO PACÍFICO

escala 1:6.500.000

200 km

150 mi

La moneda emergió como un mecanismo que daba mayor eficacia al sistema de intercambios. Como el dinero moderno, conservaba un valor con que adquirir alimentos u otros artículos en una fecha posterior.

Los equipos locales de producción estaban organizados para recoger bellotas, pescar o cazar conejos en grandes cantidades, y el alto grado de diferenciación ambiental hacía posible la redistribución de los excedentes alimentarios entre los grupos vecinos, aun teniendo en cuenta que los medios de transporte eran la canoa y los porteadores humanos. Tales modelos de redistribución alimentaria son imposibles en regiones en las que la ausencia de una diversidad ambiental significativa impide la producción excedentaria de alimentos para su distribución en áreas cercanas que carecen de aquéllas o los producen en cantidad insuficiente.

En otras regiones del mundo, en que la extrema diversidad ambiental permitía la aparición de tales modelos de superproducción y redistribución, el desarrollo comportó a menudo un control político regional. Tal fue el caso en el altiplano de Sudamérica, en que la diversidad ambiental debida, principalmente, a los cambios de altitud permitió una especialización local en la producción de alimentos. Y surgieron los caudillajes y verdaderas organizaciones estatales para controlar el comercio y la distribución, sin que la palabra «imperio» resulte excesiva para designar el estadio final en la evolución de semejante proceso. Curiosamente, nada parecido ocurrió en California. Tal vez la razón que lo explica haya que buscarla en la falta de una horticultura californiana, con la consiguiente ausencia de propiedad agraria o de sistemas de control del agua.

El liderazgo político en California estuvo habitualmente en manos de un personaje local importante. Semejantes individuos accedían a menudo a la categoría suprema gracias a la fuerza de su misma personalidad. En muchos casos organizaban y dirigían los equipos locales de producción. A menudo eran individuos ricos que conservaban la lealtad de su comunidad redistribuyendo la riqueza en una sociedad basada en el parentesco. Esa redistribución se efectuaba en forma de sobornos, de actos de beneficencia o de patrocinio de las fiestas y celebraciones religiosas. El comercio con las comunidades vecinas lo dirigían tales personajes, ninguno

Arriba. Los indios pomos de California son famosos por sus cestos, de gusto exquisito. Aunque durante siglos en el cercano suroeste se realizó una fina cerámica, los artesanos de la California aborigen prefirieron emplear su talento en la elaboración de una cestería en espiral. Los anillos concéntricos se cosían entre sí con fibras muy finas que los recubrían, y la superficie exterior se decoraba con plumas de colibríes, pitos reales, codornices y otras aves pequeñas. Se añadían capas de plumas, completando así el mosaico multicolor.

Abajo: **La costa noroeste**
En la costa noroeste la diversidad de la vegetación regional es menor que la existente en el área de California al sur de la misma. La región está herméticamente cerrada por altas montañas, que se alzan justamente al este de la línea costera. La mayor parte de los ríos son corrientes de montaña relativamente cortas; sólo dos, el Columbia y el Fraser, penetran en las montañas para desaguar la meseta interior.

Aunque la arqueología ha desautorizado la idea de que la costa del noroeste sólo fue habitada en los últimos milenios, lo cierto es que los viajes por tierra siguen siendo difíciles. La topografía favoreció los desplazamientos en embarcación y estimuló el desarrollo de enclaves culturales, lingüísticamente distintos en las calas a lo largo de la costa. Una vez establecidos, los indios de la costa noroccidental se movían entre una gran variedad de recursos naturales, produciendo un arte característico que todavía pervive.

de los cuales parece haber extendido nunca sus poderes políticos mas allá de su propia comunidad local. Cómo y por qué las culturas californianas desarrollaron fuertes densidades demográficas, provisiones estables y una gran riqueza, sin dar lugar a unas formas de organización política más complejas, constituye un tema que sigue suscitando el interés de los antropólogos.

La diversidad de las 500 culturas individualizadas de California ha producido una serie desconcertante de tipos de artefactos muy específicos. Las culturas de la costa, al carecer de semillas y bayas, dependían de los mejillones, mariscos y mamíferos marinos. En sus asentamientos se han encontrado cuentas, pendientes, anzuelos y amuletos de concha. Las culturas de tierra adentro que dependían de las semillas, y especialmente de las bellotas en algunas zonas, desarrollaron morteros, manos de almirez y piedras de molienda. La cerámica, de la que se disponía en el cercano Suroeste, fue ignorada en beneficio de la cestería, que a su vez se impuso en tantos estilos como culturas locales la produjeron. Tal vez los más famosos sean los finos cestos pomo, con sus decoraciones de colibríes, pitos reales y otros pájaros que adornan su superficie exterior. La pobla-

ción de los canaliños, cazadores de mamíferos marinos y antepasados de los históricos chumash, tallaban cuencos de piedra, tal vez para lámparas de aceite, y construían anchas canoas de tablones. Los chumash también son conocidos por sus pictografías de grandes dimensiones y notable colorido, muchas de las cuales se conservan todavía en los salientes de las rocas de la costa meridional de California. El arco y las flechas entraron en California antes del período final de su prehistoria, y cada cultura local parece haber dado su impronta a una serie de puntas arrojadizas. Son sólo algunos ejemplos que ilustran la complejidad de la específica arqueología local de California.

LA COSTA DEL NOROESTE
3000 a. C.-1800 d. C.

Comparada con California, la diversidad de la vegetación de la costa noroccidental es pequeña. Las cordilleras paralelas a la costa produjeron un bosque lluvioso y templado a lo largo de toda la franja costera que se prolonga desde Alaska hasta el límite septentrional de California. Las corrientes oceánicas y unas masas de aire relativamente cálidas mantienen mojada la tierra bajo una lluvia vaporosa que persiste desde el otoño a la primavera, estimulando la producción natural de frutos y la abundancia de arroyos crecidos. Los ríos principales, que son el Columbia y el Fraser, atraviesan las montañas desde sus fuentes en el interior y, como los ríos menores que brotan en las alturas, abundan en peces migratorios durante los meses de primavera y verano. Aunque la costa del Noroeste carecía de la compleja variedad ambiental de California, sí tuvo casi el mismo nivel de riqueza distribuido de manera uniforme por todo el área cultural. La consecuencia para las culturas aparecidas aquí en tiempos históricos fue un modelo de adaptación bien conocido por la densidad inesperada de sus poblamientos, lo elaborado de sus ritos y el énfasis que daban tanto a la riqueza material como al rango social.

Las culturas arcaicas entraron en la costa noroccidental al menos para el 7700 a. C. Es posible que antes de esa fecha la región estuviera muy fragmentada por los hielos glaciales o por otras condiciones hostiles como para atraer a la gente. También es posible que los asentamientos más antiguos hayan desaparecido a consecuencia del nivel del océano en el período posterior al Pleistoceno.

Después del 3000 a. C. todas las zonas de la costa del Noroeste empiezan a participar en un desarrollo general hacia modelos culturales aparecidos a finales de la prehistoria. La explotación de los moluscos marinos condujo a la acumulación gradual de grandes yacimientos de conchas. Aperos de hueso y pizarra, típicos de la costa noroccidental, empiezan a aparecer hacia el 3500 a. C. en asentamientos cercanos a Prince Rupert. Al tiempo de la era cristiana se han generalizado los adornos de piedra para los labios, las mazas también de piedra y las puntas de pizarra. Estas últimas fueron sustituidas más tarde por instrumentos complejos que hacían un uso más abundante del hueso y la concha.

Los modelos de subsistencia de los últimos 2000 años han hecho hincapié en la explotación de las migraciones de los peces, la caza de mamíferos marinos y la captura de mariscos, así como las actividades más tradicionales de la pesca, la cría de aves de corral y la caza de mamíferos terrestres. Los modelos de forrajeo intensivo permitieron la aparición de grandes asentamientos casi estables. Los cedros gigantescos de la región proporcionaban

distribución del cedro-cicuta y picea cicuta-Sitka

distribución de la cabra montesa

• yacimiento arqueológico 3000 a. C.-1800 d. C.

escala 1: 10.000.000

troncos rectos y fibrosos, que los indios aprendieron a hender en tablones sirviéndose únicamente de cuñas y calzas. Los tablones se convirtieron a su vez en el primer material de construcción para las casas de la costa noroccidental. También se desarrollaron las embarcaciones mediante el vaciado de troncos, y a finales de la prehistoria los artesanos locales construían grandes canoas de guerra con troncos ahuecados.

Para el 500 d. C. la importancia de la riqueza y la estratificación social estaban bien establecidas en la costa del Noroeste. Las riquezas naturales del entorno producían grandes excedentes de alimentos; pero el entorno era tan uniforme y tan amplia la gama de alimentos de que disponía casi cada comunidad local, que el comercio y la redistribución de los bienes de subsistencia nunca alcanzaron un gran desarrollo entre las diferentes comunidades. La excepción pudo constituirla la tendencia al intercambio de productos entre las poblaciones emparentadas aguas arriba y aguas abajo de los distintos sistemas fluviales; pero ni siquiera entre ellas tuvo el trueque la suficiente importancia como para dar paso al establecimiento de sistemas políticos de nivel superior.

La riqueza natural condujo no obstante a la producción de excedentes alimentarios y de bienes manufacturados. Se empleó el pelo de cabra montesa para tejer las mantas de fantasía chilkat. Conchas, cobre y huesos se emplearon para el adorno de pipas, cucharas y otros artefactos o para hacer exquisitos instrumentos rituales. Curiosamente, se fue abandonando poco a poco el trabajo en pizarras y otros tipos de piedra. A finales de la prehistoria empezó a aparecer el hierro en desechos llegados del Pacífico occidental. Los instrumentos cortantes que podían fabricarse con hierro espolearon el desarrollo de la talla decorativa de la madera, por la que mejor pueden conocerse las culturas de la costa noroccidental. Sus postes totémicos exquisitamente decorados, sus cajas grabadas, los postes de las casas, tablones, embarcaciones y máscaras, parece que son más bien un desarrollo posterior, en sustitución tal vez del menguante interés por la talla de la piedra.

A los objetos tallados en madera se sumaron los productos de cobre, cestería y textiles como exponentes de riqueza y categoría social. Se convirtieron en símbolo y moneda a la vez del rango y de la movilidad social. El producto último y definitivo fue la ceremonia potlatch, consistente en una ofrenda extravagante de regalos o hasta en la destrucción intencionada de los excedentes acumulados con el fin de mantener el rango social. Rimeros de mantas listas para la venta, cántaras de aceite refinado para alumbrar, láminas de cobre y hasta esclavos humanos fueron a veces destruidos ritualmente, cuando su donación no se consideraba una demostración lo bastante efectiva.

Muchos de los asentamientos que conocemos en la costa noroccidental son tardíos. Esto ocurre sobre todo en la zona meridional de la región. El asentamiento de Ozette, en la península Olympic, resulta particularmente espectacular; también impresionan los asentamientos cercanos al río Hoko. Pese a lo tardío de muchos asentamientos conocidos, la mezcla de familias lingüísticas aparentemente no relacionadas en la costa noroccidental sugiere largas tradiciones con un desarrollo separado. La lingüística y la arqueología irán clarificando gradualmente sus circunstancias particulares; pero al presente existe una brecha amplia entre secuencias arqueológicas incompletas y las grietas profundas que comportan los contrastes lingüísticos.

Izquierda. Los postes totémicos de la costa están tallados con una extensa gama de motivos. Algunos tenían carácter heráldico, y describían en una mezcla colorista de mito e historia los orígenes de la familia o del clan al que pertenecían. Algunos reflejan acontecimientos históricos importantes. Otros eran postes funerarios, erigidos para recordar la muerte. Los hay que no pasan de ser simples postes de la casa, convertidos luego en obras de arte por arquitectos que no se contentaban con la mera utilidad. Y estaban los postes potlatch, erigidos para conmemorar las «excentricidades» o gestos de generosidad desbordada y llamativa, por las que se hizo famosa la costa del noroeste. Unos pocos tuvieron objetivos más concretos, como el de poner en ridículo y humillar a algún sinvergüenza.

PARTE CUARTA
MESOAMÉRICA

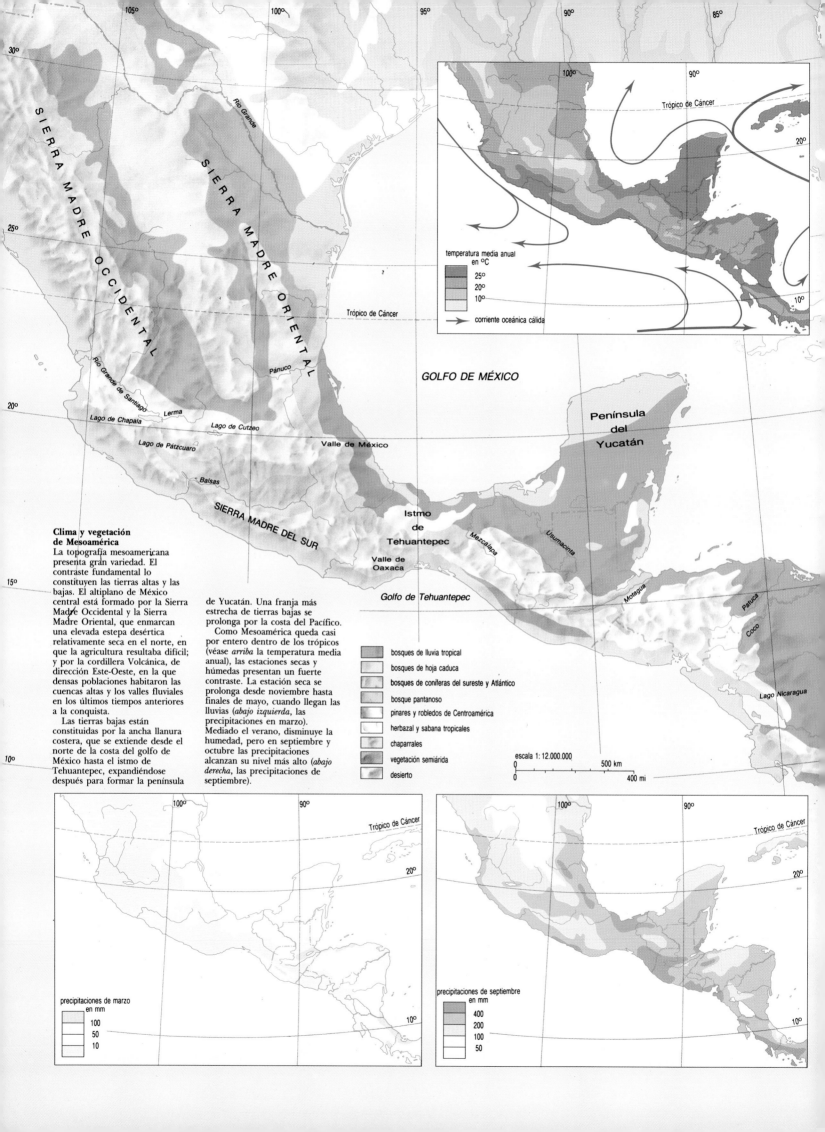

SIERRA MADRE OCCIDENTAL

SIERRA MADRE ORIENTAL

Río Grande

Río Grande de Santiago

Lago de Chapala   Lerma   Lago de Cutzeo

Lago de Pátzcuaro

Balsas

Pánuco

Valle de México

SIERRA MADRE DEL SUR

GOLFO DE MÉXICO

Península
del
Yucatán

Istmo
de
Tehuantepec

Mezcalapa   Usumacinta

Valle de
Oaxaca

Golfo de Tehuantepec

Motagua

Patuca

Coco

Lago Nicaragua

temperatura media anual
en °C

- 25°
- 20°
- 10°

→ corriente oceánica cálida

Clima y vegetación de Mesoamérica

La topografía mesoamericana presenta gran variedad. El contraste fundamental lo constituyen las tierras altas y las bajas. El altiplano de México central está formado por la Sierra Madre Occidental y la Sierra Madre Oriental, que enmarcan una elevada estepa desértica relativamente seca en el norte, en que la agricultura resultaba difícil; y por la cordillera Volcánica, de dirección Este-Oeste, en la que densas poblaciones habitaron las cuencas altas y los valles fluviales hasta en los últimos tiempos anteriores a la conquista.

Las tierras bajas están constituidas por la ancha llanura costera, que se extiende desde el norte de la costa del golfo de México hasta el istmo de Tehuantepec, expandiéndose después para formar la península

de Yucatán. Una franja más estrecha de tierras bajas se prolonga por la costa del Pacífico.

Como Mesoamérica queda casi por entero dentro de los trópicos (véase *arriba* la temperatura media anual), las estaciones secas y húmedas presentan un fuerte contraste. La estación seca se prolonga desde noviembre hasta finales de mayo, cuando llegan las lluvias (*abajo izquierda*, las precipitaciones en marzo). Mediado el verano, disminuye la humedad, pero en septiembre y octubre las precipitaciones alcanzan su nivel más alto (*abajo derecha*, las precipitaciones de septiembre).

- bosques de lluvia tropical
- bosques de hoja caduca
- bosques de coníferas del sureste y Atlántico
- bosque pantanoso
- pinares y robledos de Centroamérica
- herbazal y sabana tropicales
- chaparrales
- vegetación semiárida
- desierto

escala 1:12.000.000

0 ——— 500 km
0 ——— 400 mi

precipitaciones de marzo
en mm

- 100
- 50
- 10

precipitaciones de septiembre
en mm

- 400
- 200
- 100
- 50

LAS CULTURAS
Y EL MARCO NATURAL

Una de las áreas más pobladas de Mesoamérica antes de la conquista fue la región de los valles fluviales y de las cuencas internas y adyacentes a la Cordillera Volcánica, la masa montañosa que cruza México central. Unos suelos volcánicos fértiles y unas precipitaciones estacionales seguras hicieron posible una agricultura próspera, sobre la que se asentó el estado de Teotihuacán y el imperio de los aztecas. Xochicalco (*abajo*) queda al sur de la Cordillera, que aparece en el fondo. Floreció en el siglo VIII, cuando empezó a declinar su vecina del Norte, Teotihuacán. Bajo los mayas pudo haber sido un centro de poder, enlazando los territorios principales mayas con México central.

«Mesoamérica» es el término propuesto por el antropólogo Paul Kirchhoff para describir la parte de México y de la limítrofe América central que ya estaba civilizada al tiempo de su conquista por los españoles. ¿Qué queremos decir con «civilizada»? Pretendemos indicar ciertamente un nivel de complejidad sociopolítica que comporta cierto grado de urbanismo –los mesoamericanos vivían en ciudades y pueblos grandes, aunque allí hubiera siempre una amplia población rural– y un arte y una arquitectura públicos de dimensiones impresionantes. Kirchhoff trazó una lista de rasgos culturales, la totalidad de los cuales caracterizó según él la zona de Mesoamérica en contraste con otras extensas áreas culturales del Nuevo Mundo, como el Gran Suroeste, el área intermedia y el área andina. Entre esos rasgos se incluían pirámides y templos, la difusión de los sacrificios humanos, las penitencias rituales hasta el derramamiento de sangre, un complicadísimo calendario sagrado que se basaba en la combinación de un ciclo de 260 días con aproximadamente un año de 365 días, la escritura jeroglífica (exclusiva de Mesoamérica), un complejo panteón, un juego con pelotas de goma que se jugaba en un recinto especial y grandes mercados perfectamente organizados.

Como en otros puntos del hemisferio, esos rasgos de cultura refinada se mantuvieron sobre la base de una agricultura notablemente desarrollada y de una considerable antigüedad: los mesoamericanos han sido cultivadores de maíz, frijoles, frutas para zumo, chiles y otras variedades de plantas a lo largo de seis milenios antes de la llegada de los españoles. Los cultivos adoptaron diversas formas según los diferentes entornos de Mesoamérica; pero uno de los más desarrollados (y que Kirchhoff cita) es el de la agricultura *chinampa*, que antes se creía exclusiva de los aztecas, pero que ahora sabemos que se difundió entre los aborígenes latinoamericanos, incluyendo el área maya.

Existen muchas diferencias en el carácter general y en los detalles entre culturas ampliamente separadas en el tiempo y el espacio, como la azteca y la maya clásica; pero cada día aumentan las pruebas de una similitud básica que comparten todas las civilizaciones centroamericanas. La común posesión de un almanaque sagrado de 260 días, con sus 20 señales diarias y 13 coeficientes,

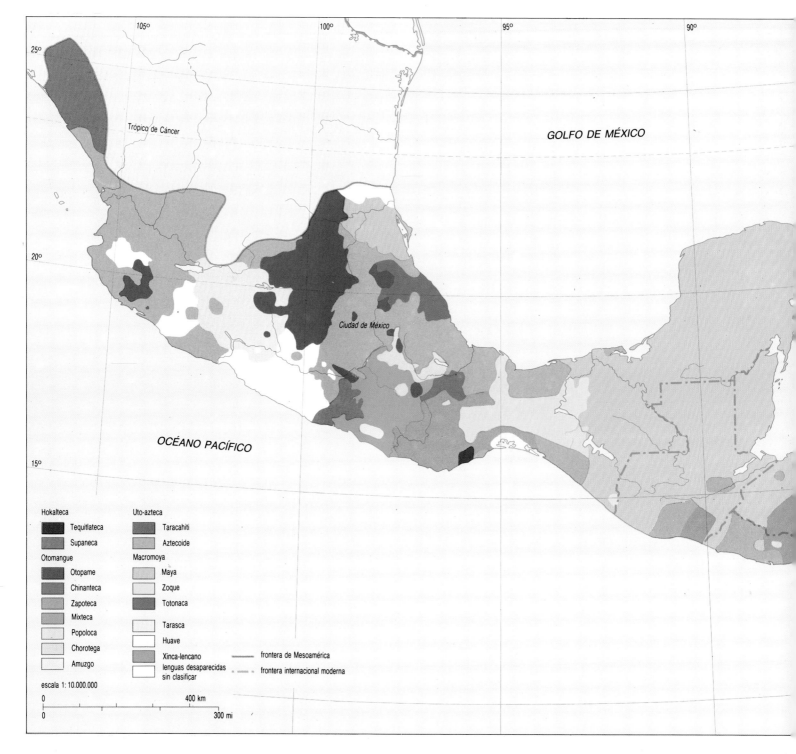

Map legend:

Hokalteca
- Tequitlateca
- Supaneca

Otomangue
- Otopame
- Chinanteca
- Zapoteca
- Mixteca
- Popoloca
- Chorotega
- Amuzgo

Uto-azteca
- Taracahiti
- Aztecoide

Macromoya
- Maya
- Zoque
- Totonaca

- Tarasca
- Huave
- Xinca-lencano
- lenguas desaparecidas sin clasificar

—— frontera de Mesoamérica
—·—· frontera internacional moderna

escala 1: 10.000.000

0 ———— 400 km
0 ———— 300 mi

Map labels: Trópico de Cáncer, GOLFO DE MÉXICO, Ciudad de México, OCÉANO PACÍFICO

sería una prueba de las influencias recíprocas entre esas culturas durante un tiempo muy largo, así como la demostración de cierto grado de unidad genética. Abundan, por ejemplo, los datos que demuestran la presencia de poblaciones del centro de México, como los teotihuacanos y los toltecas en las tierras bajas mayas, mientras que eruditos actuales han probado una fuerte presencia maya en muchas zonas de las tierras altas del México central. Hay relieves que representan delegaciones de teotihuacanos en Monte Albán, Oaxaca, mientras que en la gran ciudad de Teotihuacán hubo un barrio de mercaderes de Oaxaca.

Entre los mesoamericanistas actuales, existe un acuerdo general en que al menos una parte de esa unidad fundamental se debe a un origen cultural común en la primera gran cultura de Mesoamérica: los olmecas, que florecieron desde aproximadamente el 1200 al 400 a. C. y que fueron originarios de la costa del golfo, al

sur de Veracruz y de Tabasco. Los olmecas fueron los primeros en construir grandes pirámides-templos, en esculpir y transportar monumentos de piedra en gran escala y en desarrollar una religión y un arte que giraban en torno a un complejo de deidades. Fueron ellos la gran fuerza civilizadora y desempeñaron en Mesoamérica un papel similar al de los sumerios en Mesopotamia o al de los chinos en el Oriente asiático. Dondequiera llegaron ellos o su influencia (o herencia), surgió un núcleo importante en Mesoamérica.

El marco natural

Aunque Mesoamérica queda por completo dentro de los trópicos, abarca una enorme variedad ambiental. Las diferencias en la topografía y el clima, desde las llanuras y tierras bajas bien irrigadas y pobladas de selvas hasta las cimas montañosas cubiertas de hielo y con altitudes superiores a los 5.000 metros, han dado origen a

Lenguas indígenas de Mesoamérica

Más de 200 fueron las lenguas que se hablaron en tiempos en México y en América Central. Los análisis lingüísticos han agrupado a la mayoría de las mismas en 22 familias, 19 de las cuales pueden haber formado cuatro grandes troncos (*phyla*) o grupos de familias lingüísticas emparentadas por un origen común. Hay tres familias que no parecen tener relación con las otras: el tarasco (la lengua de un reino poderoso en el oeste de México; el huave, en la costa meridional del istmo de Tehuantepec; y el xinca-lencano de Guatemala y Honduras.

La familia de mayor extensión en Mesoamérica fue la aztecoidana, conocida desde el norte de México hasta Costa Rica. Su lengua más importante fue el nahuatl, verdadera *lingua franca* del Imperio azteca; el nahuatl más estrechamente emparentado era el que hablaban las gentes de Veracruz y los pipiles de Guatemala y Honduras.

La familia lingüística más coherente fue la maya, con una distribución casi sin interrupciones, siendo la huasteca la única excepción más allá de la costa del golfo de México, sin que se sepa por qué se separó del resto de las lenguas mayas.

Derecha. Templo del Jaguar en Tikal (véase pág. 116). La civilización maya de la península del Yucatán floreció en medio de una selva lluviosa y tropical.

una gran diversidad regional en los tipos de cultivos y en las épocas de las cosechas, así como en los productos naturales disponibles para su consumo local y para el comercio. El resultado ha sido que la Mesoamérica anterior a la conquista vivió una enorme simbiosis económica entre sus regiones y el temprano desarrollo de mercados y de redes comerciales. En el valle de Tehuacán, Puebla, hay incluso indicios de que esa simbiosis e interdependencia se remontan hasta la era precerámica.

Existe un contraste fundamental en el medio ambiente de Mesoamérica: las tierras altas y las bajas. Las altiplanicies mexicanas están configuradas por la Sierra Madre Occidental y la Sierra Madre Oriental descendiendo hacia el Norte; entre ellas se enmarca un extenso altiplano, fundamentalmente desértico. Ese desierto interior o pradera seca alberga plantas como el mesquite, el árbol de Josué y distintos tipos de cactos y pitas. Allí la agricultura era difícil, si no imposible, de modo que los habitantes del desierto, a los que los aztecas conocían como chichimecas, eran bárbaros, cazadores y recolectores nómadas. Vivían al norte de la frontera septentrional de Mesoamérica. La Sierra Madre Occidental está relativamente bien irrigada, por lo que permitía una extensión de los cultivos centroamericanos hasta muy al norte; por ese corredor la influencia mesoamericana y tal vez también el comercio llegaron hasta los asentamientos del suroeste, como el de Casas Grandes, en Chihuahua.

Las dos Sierras Madres, en una cordillera volcánica de dirección Este-Oeste, con docenas de volcanes, apagados y dormidos unos y activos otros. Esas altitudes imponentes, originariamente cubiertas de bosques de pinos y robles (y de flora alpina en las cimas más elevadas), constituyen el rasgo dominante de México central. Aunque hay algunos valles fluviales extensos, como el de Lerma, para la evolución de las culturas antiguas fueron mucho más importantes las cuencas interiores, que pueden encontrarse a través de ese paisaje de tierras altas. La más impresionante es la que forma el valle de México, con casi 8000 km², que en tiempos albergó un gran lago –el lago de la Luna– ahora casi olvidado por el drenaje que siguió a la conquista y por las dimensiones gigantes de la moderna ciudad de México. El pueblo que vivía en la cuenca dominó a menudo la cultura y la política centroamericanas, desde el primitivo Estado de la Teotihuacán clásica hasta el poderoso imperio azteca.

Otras cuencas al oeste también fueron de gran relevancia, especialmente la que rodea el lago de Pátzcuaro, sede del Estado tarasco y patria de su cultura.

Según se avanza desde la cordillera volcánica hacia el suroeste, se entra en tierras altas más antiguas, muy fragmentadas y que forman numerosos valles bastante aislados. Eso ocurre sobre todo en el valle de Oaxaca, al sureste de México, donde con anterioridad a la conquista española se desarrollaron culturas y lenguas de una gran variedad. El valle de Oaxaca constituye en realidad el punto de unión de tres valles fluviales, y fue el hogar de la civilización zapoteca de Monte Albán.

El istmo de Tehuantepec es una especie de constricción en la cintura de Mesoamérica. Con una altitud media en torno a los 250 m sobre el nivel del mar, proporciona una ruta cómoda entre las tierras bajas que bordean el golfo de México y las que miran al golfo de Tehuantepec. Y representa asimismo el lazo de unión entre el área maya y el resto de Mesoamérica occidental.

Las ásperas tierras altas de Chiapas y Guatemala son en parte de origen metamórfico y en parte de origen volcánico. Justa fama ha adquirido el gran número de volcanes del sur de Guatemala, de una belleza de tarjeta postal. A causa de la riqueza de los suelos volcánicos y de la fertilidad de las cuencas y valles de las tierras altas mayas, las densidades de población fueron allí, y siguen siendo aún, muy altas. En vez de los cultivos cambiantes, practicados por muchos mayas en las tierras bajas del norte, los cultivos de las tierras altas tienden a fijarse con períodos muy cortos de barbecho, de modo que la producción agrícola es alta.

Desde la frontera de Texas por el sur y sureste hasta el istmo de Tehuantepec, y luego por el Este hasta la base de la península de Yucatán, se extiende una llanura costera casi ininterrumpida en torno al golfo de México. Muchos de los ríos mayores (aunque no los más largos) de México fluyen a través de esa llanura; los suelos son ricos y de origen aluvial. Algunas de las principales civilizaciones prehispánicas se encontraban al sur del río Pánuco, y muy especialmente la precoz cultura olmeca en la parte septentrional del istmo de Tehuantepec.

Asomándose al golfo de México está «el gran pulgar verde» –como alguien la ha llamado– de la península de Yucatán, una vasta franja de piedra caliza que fue emergiendo gradualmente del mar a lo largo de millones de años. Más montañosa y húmeda en el Sur (como en el Petén de Guatemala septentrional) y más llana y seca en el Norte, esta fue la gran tierra baja en que surgió y cayó la civilización maya de la era clásica. La topografía de Yucatán es de tipo cárstico y calizo, de modo que mientras son escasos los ríos y corrientes de agua (los sistemas fluviales de Usumacinta y Belize son excepciones), abundan las cuevas y depresiones en las que se puede obtener agua. Las más conocidas con las profundas cavernas circulares, llamadas cenotes, del norte de Yucatán, que los mayas utilizaron durante largo tiempo como fuentes de agua potable y que, en ocasiones, fueron el destino final de las víctimas sacrificadas al dios de la lluvia.

Al encontrarse Mesoamérica al sur del trópico de cáncer, el régimen de precipitaciones anuales es de tipo tropical, y los usos agrícolas tuvieron que acomodarse a ese dato. Hay una estación muy seca (aunque menos que en el territorio olmeca), que se prolonga desde finales de noviembre a finales de mayo. Durante ese período llueve rara vez en las tierras bajas y casi nunca en las altas. Las lluvias llegan a fines de mayo o en los primeros días de junio, y en las tierras bajas los campesinos ya han tenido que preparar sus campos con la tala del bosque y la quema de malezas y han sembrado sus semillas (a no ser que hayan optado por los métodos de la chinampa, en cuyo caso los cultivos pueden ser asunto de un año). A fines de julio o comienzos de agosto hay una disminución de las precipitaciones –cuando cesa el espectáculo de los truenos del atardecer– para reanudarse con gran intensidad y alcanzar cantidades notables en septiembre, octubre y primeros de noviembre.

Algunas de las diferencias ambientales de Mesoamérica obedecen a las diferencias en las precipitaciones, y eso tuvo que ver sin duda con el hecho de que ciertas regiones fueran cuna de civilizaciones tempranas e influyentes, mientras que la importancia de otras fue marginal. El área olmeca del sur de Veracruz y las tierras bajas meridionales mayas reciben un alto porcentaje anual de lluvias, especialmente en septiembre; y esas regiones fueron otros tantos focos de una actividad cultural muy temprana. Guerrero (un estado del sur de México) es muy seco y sólo pudo haber interesado a poblaciones como la olmeca, cuando se hizo viable una agricultura de regadío y se conocieron las técnicas para incrementar las cosechas. Desde el punto de vista cultural, su importancia interna fue siempre marginal.

ERAS CULTURALES

El valle de Tehuacán

La mejor prueba en favor de los comienzos de la agricultura mesoamericana y de la transición de la caza y forrajeo a las aldeas sedentarias nos la proporciona el valle de Tehuacán. Es seco en extremo, lo que ha permitido la perfecta conservación de restos de plantas antiguas en cuevas y refugios rupestres. Hacia el 5000 a. C. aparece una forma primitiva de maíz doméstico, aunque ya se cultivaban otras plantas.

Si bien el valle de Tehuacán es en líneas generales un desierto, se divide en una serie de subáreas ecológicas, cada una de las cuales era explotada en las diferentes estaciones del año. Durante el período arcaico, cuando el valle sólo estuvo habitado por bandas y clanes más o menos numerosos, éstos pudieron moverse a través de sus pequeños entornos con migraciones de regulación estacional. La plantación de las primitivas cosechas domésticas probablemente se llevó a cabo en las hondonadas húmedas de los ríos, ya que en otros puntos la agricultura resultaba en gran parte imposible antes de que en el periodo formativo se adoptase el sistema de regadío.

El final del Pleistoceno en Mesoamérica alteró drásticamente las condiciones de sus habitantes, al menos en las tierras altas del centro y sur de México. Cuando los hielos retrocedieron a las latitudes más altas de Norteamérica, las temperaturas alcanzaron los valores actuales y hasta algo superiores. Buena parte de lo que hoy es la república de México se hizo más seca, y aparecieron desiertos donde antes hubo praderas exuberantes. Naturalmente que en las tierras bajas húmedas no sabemos lo que de hecho significaron tales cambios. Pero en gran parte de Mesoamérica desaparecieron las grandes manadas de animales de pasto, como mamuts, mastodontes, caballos y bisontes gigantes, quedando la fauna más humilde de ciervos, conejos y liebres como la presa exclusiva para las bandas de cazadores.

Convendría recordar que aquellos antiguos mesoamericanos dependían casi con certeza más de su habilidad como recolectores de frutos que de su destreza como cazadores. El paisaje mesoamericano siempre ha sido pródigo, tanto en las tierras altas como en las bajas, en alimentos silvestres, que hubieron de ser explotados a fondo. La cosecha de frutos mayores, granos más abundantes, cultivos de raíces más profundas, y los cambios mayores en general condujeron insensiblemente a una mejor selección de las plantas que podían ser objeto de cultivo doméstico.

Cabría plantearse la cuestión de cuál es la diferencia entre una especie doméstica y una silvestre. El gran botánico ruso N. I. Vavilov definió la domesticación de las plantas como una evolución dirigida por la mano del hombre. Las especies más productivas de grano doméstico, de las que depende en realidad la existencia misma de nuestro planeta, están por completo en manos de la humanidad, en el sentido de que ahora no pueden dispersar sus semillas sin la intervención humana. El maíz o trigo indio es un caso digno de subrayarse: la mazorca y sus granos están encerrados por completo en la espiga madura con sus cascabillos, que primero han de romperse para que los granos puedan ser los progenitores viables de una nueva generación. La mandioca o casava es otro ejemplo: en las bajas altitudes en que crece habitualmente, no produce semillas, sino que se propaga por esquejes.

El nuevo estadio en el que entraron las poblaciones mesoamericanas aproximadamente después del 7000 a. C., se conoce como agricultura arcaica o incipiente. Y se prolongó hasta la iniciación del período formativo, después del 2000 a. C., cuando la vida sedentaria se hizo norma y se establecieron los poblados por toda el área. Mientras que las pruebas arqueológicas más serias acerca de este estadio proceden de las tierras altas, habría que tener siempre presente que la preservación de materiales orgánicos es muy escasa en las tierras bajas tropicales, y que algunas de las interacciones más significativas entre hombre y vegetación podrían haberse dado allí, aunque sin dejar rastro alguno.

La secuencia de Tehuacán

La investigación de los orígenes de la agricultura en Mesoamérica es obra, principalmente, de una hombre: Richard S. MacNeish. Su primer trabajo en las cuevas y abrigos roqueros de Tamaulipas, México, se desarrolló más allá de la frontera septentrional de Mesoamérica; pero sirvió para demostrar que en los siglos entre la terminación de la Edad de los Hielos y los comienzos del período formativo, pequeñas bandas de indios empezaron a forzar la evolución de importantes plantas alimentarias, como maíz, frijoles, calabazas y guindillas. Se ha demostrado que la primera planta domesticada fue la calabaza vinatera, no como alimento sino como recipiente y sin duda como elemento flotante para la pesca.

Los orígenes del maíz (*Zea mays*) siguen siendo objeto de discusión. En otro tiempo, arqueólogos y botánicos pensaban que, gracias a la selección humana, había surgido de otra planta estrechamente relacionada, el *teosinte*, que crece silvestre como una mala hierba en los maizales del sur y del oeste de México y en Guatemala. Pero una escuela posterior de botánicos, capitaneada por Paul C. Mangelsdorf, decidió que el teosinte no era el padre del maíz sino un vástago, el resultado de una hibridación entre un primitivo maíz doméstico y otra planta perteneciente al género *Tripsacum*; que el progenitor del maíz podría haber sido un maíz silvestre ahora desaparecido, y que habría tenido la capacidad de dispersar sus semillas sin la intervención del hombre.

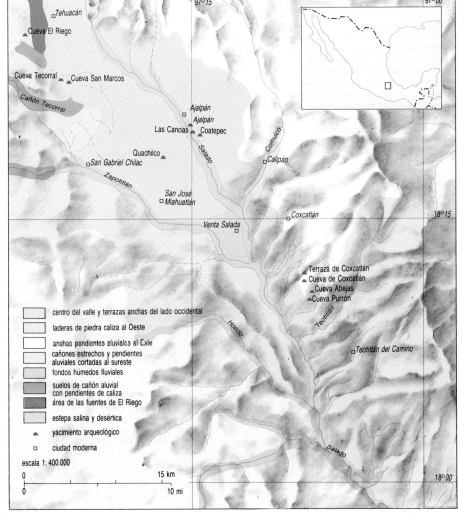

centro del valle y terrazas anchas del lado occidental

laderas de piedra caliza al Oeste

anchas pendientes aluviales al Este

cañones estrechos y pendientes aluviales cortadas al sureste

fondos húmedos fluviales

suelos de cañón aluvial con pendientes de caliza

área de las fuentes de El Riego

estepa salina y desértica

▲ yacimiento arqueológico

□ ciudad moderna

escala 1: 400.000

0   15 km

0   10 mi

En un intento por encontrar nuevas pruebas sobre este problema y por arrojar nueva luz sobre esa era anteriormente desconocida de la prehistoria mesoamericana –ahora llamada el estadio arcaico–, MacNeish empezó a explorar el valle de Tehuacán, en Puebla; una región árida con cuevas y refugios roqueros con huesos secos, y en las que podrían haber sobrevivido restos de alimentos perecederos. Quedó establecida una larga secuencia de ocupaciones estratificadas de tales cuevas, y elaborada una ecología humana de aquellas bandas primitivas. Durante la fase de El Riego (hacia 7000-5000 a. C.), campamentos y cuevas estuvieron ocupados por microbandas nómadas, que se movían estacionalmente a través de una serie de pequeños enclaves (en forma muy similar a como lo hizo la población norteamericana de la cultura del Desierto) recogiendo semillas y otras plantas alimentarias según iban madurando. Se trataba de plantas de aguacate, guindillas, amaranto en grano, nueces y algodón.

Aproximadamente hacia el 5000 a. C., durante la subsiguiente fase Coxcatlán, aparece un maíz doméstico –un tipo extremadamente primitivo y tal vez improductivo– en la secuencia de Tehuacán. Ignoramos dónde se llevó a cabo la domesticación inicial, si en el sur de México o en América Central. Junto a las mazorcas del maíz doméstico, se encontraron otras muestras pequeñitas de lo que al principio se pensó que era maíz silvestre y que sería el tan buscado antepasado de la gramínea. Pero algunos botánicos, como Walton Galinat, creen que se trata del teosinte; lo cual está en la línea de la opinión de los botánicos más recientes: ese maíz surgió como una mutación monstruosa del teosinte y tales mutaciones fueron seleccionadas por los indios centroamericanos. No es necesario decir que todavía no ha cesado la polvareda de esa controversia.

La dependencia cada vez mayor de los cultivos domésticos tuvo consecuencias bien definidas. Se empezaron a construir molinillos fijos (o metates) y piedras manuales para procesar tales alimentos, especialmente el maíz, con lo cual fue disminuyendo la dependencia de la caza. En la fase de Abejas (hacia 3400-2300 a. C.) se fabricaron platos muy finos de piedra y jarras sin cuello, que con sus formas preludiaban la cerámica que pronto se iba a manufacturar. La creciente habilidad para cosechar y almacenar frutos domésticos permitió a la población una forma de vida más sedentarizada, y en el fondo del valle se ha descubierto un poblado Abejas en casas circulares excavadas en el suelo. El nomadismo fue suplantado gradualmente por la vida sedentaria. La verdadera marca de ese tipo de vida es la cerámica, demasiado frágil como para ser transportada de un campamento a otro a lo largo del año. Y la primera cerámica aparece en la fase Purrón (hacia 2300-1500 a. C.), escasamente conocida, que representa la última ocupación arcaica del área de Tehuacán.

El período arcaico en otros lugares

Debido a que la secuencia arcaica de Tehuacán está documentada de manera tan abundante y completa, existe la propensión a creer que dicho valle fue, *de hecho*, el lugar en que primero se domesticaron el maíz y otros cultivos mesoamericanos. Pero es posible que hubieran sido domesticados en distintas épocas y en lugares diferentes: el maíz, por ejemplo, podría haber sido «domado» por el hombre en algún otro lugar de México central hasta Panamá. Y habría también que recordar que el papel de las tierras bajas en este proceso no está perfectamente documentado por los escasos restos de plantas que han quedado en los yacimientos.

Kent Flannery y sus compañeros de la Universidad de Michigan han descubierto en Oaxaca cuevas y asentamientos al ire libre pertenecientes al período arcaico. Encontraron restos de calabazas vinateras y cohombros junto con polen de lo que parece ser teosinte (este último asociado a niveles fechados hacia 7400-6700 a. C.).

Es posible que las tierras bajas de la costa, y especialmente la franja que bordea el golfo de México, la mandioca o casava desempeñara un papel equiparable al del maíz en las tierras altas. Es significativo que en el asentamiento del poblado precerámico de Santa Luisa, al norte de Veracruz, el arqueólogo Jeffrey Wilkerson no encontrase «metates» ni «manos», aunque la preparación de la mandioca no exija tales instrumentos. Recientemente, Richard MacNeish ha encontrado en Belize una mayor ocupación de la parte septentrional de ese territorio durante el período intermedio entre los paleoindios y los primeros pobladores del período formativo. Y aunque no hay restos de plantas en esos asentamientos arcaicos de Belize, sí se encuentra un número cada vez mayor de instrumentos de molienda, utilizados en la preparación de alimentos vegetales a medida que se avanza en la secuencia de la estratificación arqueológica. Ciertamente que aquellos mesoamericanos, que vivían en la franja litoral de las costas del Atlántico y del Pacífico, debieron de estar sujetos a una gran depen-

Restos de mazorcas, vainas y espiguillas, conservados en la cueva de San Marcos, en el valle de Tehuacán, permiten la reconstrucción del maíz silvestre. Las mazorcas conservaban los granos hasta su maduración, cuando se liberaban.

Izquierda. Cinco mil años están representados en la evolución del maíz, que va desde la minúscula mazorca silvestre hasta un ejemplar moderno de hacia el 1500 d. C. El maíz moderno es mucho mayor y más productivo que las especies silvestres; por otra parte, las propiedades botánicas apenas si han cambiado.

Centro izquierda. Cactos de órgano y chaparros espinosos vistos desde la cueva de Coxcatlán. La datación de restos orgánicos mediante el radiocarbono han demostrado una ocupación de más de 10 000 años en 28 niveles de los estratos excavados.

Abajo: **Los períodos arcaico y formativo**
Cualquier tentativa por relacionar los modelos de asentamiento primitivo con las condiciones ambientales favorables está expuesta al peligro que supone la naturaleza cambiante de los descubrimientos arqueológicos. Pese a lo cual, las pruebas de cultivo halladas en los asentamientos de Tamaulipas y Tehuacán demuestran la capacidad de adaptación de los primitivos pueblos mesoamericanos, cuando hacia el 7000 a. C. empezó a predominar un clima árido. La vida del poblado permanente, basada en los cultivos que emergieron más tarde en el formativo, tendió a florecer en las zonas más húmedas, como las costas del Pacífico y del golfo, las tierras bajas mayas y los valles fértiles del altiplano de Oaxaca y México.

dencia de la pesca, los mariscos y otros recursos de los océanos y de los estuarios.

El período arcaico: precursores del formativo

El desarrollo de la agricultura representó el cambio máximo en la vida de los indios del Nuevo Mundo antes de la conquista; ese cambio hizo posibles primero los poblados, después las concentraciones mayores y, finalmente, las ciudades y la civilización. En Mesoamérica ese proceso gemelo de domesticación y sedentarización se realizó a lo largo del período arcaico. La selección continuada de variedades de maíz, frijoles, frutos para zumo, cohombros y otras plantas, significa una mejora constante en la productividad y unos poblamientos en permanente expansión. En vísperas del período formativo, hacia el 2000 a. C., ya estaban establecidas todas las técnicas y condiciones de vida de ese período, con sus artículos y su enorme variedad de instrumentos de piedra para la preparación de los alimentos; la alfarería, algunas figurillas de barro, la cordelería, la cestería, el tratamiento especial de los difuntos y los poblados al aire libre. Los rasgos más complejos, como la fijación de unos estilos artísticos, unas religiones más complicadas, los templos y las pirámides-templos llegarían después.

LOS POBLADOS DEL PERÍODO FORMATIVO

Para una generación anterior de arqueólogos, los restos culturales más antiguos que se conocían en Mesoamérica consistían en simples fragmentos de platos y jarros y en algunas figurillas de mujeres desnudas, hechas a mano. Al no poder fijar de una manera precisa la datación de esos materiales, que para ellos eran característicos de las culturas de poblado que subyacen bajo las rui-

nas de las grandes ciudades clásicas de México y del área maya, los llamaron «arcaicos» o «preclásicos» como tributo a su antigüedad. Se sabía que los pueblos que los produjeron eran agricultores, y se afianzó la idea de que tal era «preclásica» del Nuevo Mundo era el equivalente al Neolítico del Viejo Mundo.

Hoy resulta cada vez más claro que esa época, que ahora se denomina generalmente el período formativo, fue mucho más variada y compleja de lo que sugiere ese simple cuadro. Sabemos, en efecto, que los sencillos poblados coexistieron con gobernantes y sacerdotes de algunas civilizaciones muy desarrolladas ya durante ese período. La técnica del radiocarbono nos ha permitido fijar las fechas del formativo, aunque habría que recordar que son fechas en los términos de años del radiocarbono; así, cuando el método del carbono 14 señala el 1200 a. C., en años del calendario para unos determinados restos, esa fecha hay que alargarla unos 300 años. Así, la civilización olmeca empieza hacia el 1500 a. C. en años efectivos, aunque en años del radiocarbono ello ocurriera hacia el 1200 a. C.

No es fácil encontrar en Mesoamérica yacimientos paleoindios y arcaicos (o precerámicos); en cambio, los yacimientos del formativo se hallan por doquier, aunque en el área maya se encuentren a menudo oscurecidos por construcciones posteriores del período clásico levantadas encima. Debió de darse una verdadera explosión demográfica de tipo malthusiano para producir tal abundancia de restos. Se había logrado una mejora notable en las variedades del maíz, gracias, principalmente, a la hibridación y a la introducción de genes del teosinte en tipos de maíz doméstico, dando como resultado mazorcas mucho mayores y, en consecuencia, unos rendimientos también mayores. Los poblados fijos dejaron de ser una excepción para trocarse en la norma ha-

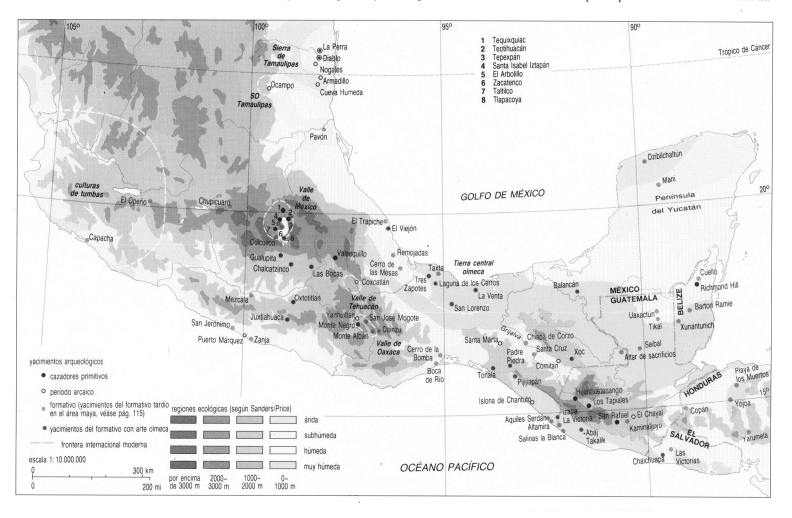

bitual. Por doquier se han encontrado en Mesoamérica caseríos, poblados y hasta pequeñas ciudades de cabañas con techos de paja. La manufactura cerámica es un fenómeno universal, como también lo son las figurillas de barro y los textiles de algodón tejido en telares.

La cuestión de cuándo se dio el paso del modelo arcaico al formativo sigue siendo objeto de controversia. Los arqueólogos que han trabajado principalmente en las tierras altas vuelven su vista al México central, y especialmente al valle de México, como la *fons et origo* del formativo; otros, en cambio, con mayor experiencia en las tierras bajas, se inclinan por las llanuras costeras, húmedas y cálidas, y muy en particular la costa pacífica de Chiapas y Guatemala. Últimamente un arqueólogo aboga por Belize septentrional; de momento su hipótesis sólo ha encontrado eco en algunos colegas.

Si se acepta que el primer formativo se prolonga –en términos del radiocarbono– desde el 2000 o el 1600 a. C. hasta casi el 900 a. C.; que el formativo medio se extiende del 900 al 300 a. C., y que el formativo último se continúa desde el 300 a. C. hasta el inicio del período clásico: los comienzos de la era cristiana en México central y el 290 d. C. en las tierras bajas de los mayas.

La costa del Pacífico

Gran parte de la costa pacífica de México es rocosa y escarpada, con escasas radas y bahías, como la de Acapulco; pero según se avanza hacia el sureste, y pasado el istmo de Tehuantepec, se extiende hasta formar una amplia llanura que, a través del estado de Chiapas, continúa hasta Guatemala. Esa llanura, extremadamente cálida aunque fértil, constituye una de las áreas arqueológicas más ricas del mundo, pues está salpicada de innumerables grupos de montículos de tierra, que a veces se hallan revestidos con guijarros de río. Olvidada durante largo tiempo por los arqueólogos, tal vez debido al calor sofocante, esa llanura fue sin embargo una cuna muy temprana de la vida totalmente sedentarizada en poblados, a la vez que un corredor por el que cruzaron gentes e ideas en el transcurso del período formativo y aun después. Durante la primera parte del formativo primero, hasta que surgieron los olmecas en la costa del golfo, es probable que la región meridional de Chiapas y la vecina Guatemala representasen la zona más innovadora de toda Mesoamérica.

Las cerámicas más antiguas de esta región (conocida como Xoconochco por los aztecas muy posteriores) eran muy complejas y perfeccionadas. La secuencia del formativo empieza con la cultura Barra, en la que predominan las jarras rojizas, sin cuello y de paredes muy finas, llamadas tecomates y decoradas con distintas técnicas. Como fecha de esa cultura se señala el 1600 a. C.; la habría seguido, hacia el 1500 a. C., la cultura llamada Ocós, que conocemos mejor. Los asentamientos ocós están tan bien emplazados que disfrutan a la vez de las ventajas del litoral y del interior; y así, sus gentes podían pescar, recoger mariscos, cazar tortugas en el sistema de lagunas y estuarios, y podían también plantar su maíz y otros cultivos en los fértiles suelos cercanos a la costa. La Victoria, un pequeño poblado de diez o doce casas asentadas sobre plataformas bajas de tierra, es un ejemplo de tales asentamientos; se encontraba muy cerca de un estuario de marea ahora desaparecido.

La cerámica ocós, formada en buena parte por tecomates y platos de fondo plano con paredes inclinadas hacia fuera, está decorada con una sorprendente variedad de técnicas, que incluyen el estampado en balancín (realizado con zigzags curvos que se aplicaban al barro húmedo mediante la punta doblada de una concha) y

una degradación iridiscente y rosácea; técnica que sólo se conoce en otros asentamientos de Ecuador, y que muchos creen que llegó desde allí a través del comercio marítimo. Las figurillas de Ocós presentan un rebuscamiento parecido y comprenden una extraordinaria galería de formas humanas y animales grotescas. Las que mejor se conocen son las del gran yacimiento ocós de Aquiles Serdán, en la costa de Chiapas y tal vez representan el estrato más antiguo del arte mesoamericano.

La cultura ocós deja una estela en otras varias culturas de poblado que, de forma un tanto extraña, presentan una cerámica y unas figurillas más simples. Cuadros, una cultura de la costa del golfo coetánea de los primeros olmecas, destaca sobre todo por el hallazgo de mazorcas fosilizadas, en que la materia orgánica ha sido sustituida con el paso del tiempo por carbonatos lixiviados de capas de conchas descompuestas. Mangelsdorf fue capaz de identificar dichas mazorcas como pertenecientes a la variedad primitiva de Nal-Tel, que todavía crece en Yucatán. La alfarería de Cuadros y la similar a la misma se encuentran dispersas por buena parte de la costa pacífica y por Guatemala, y hasta se han encontrado en el yacimiento de Las Victorias, al oeste de El Salvador; esa fuerza expansiva se debió ciertamente a la difusión de la cultura y quizá también de las gentes olmecas. Conchas sigue a Cuadros y continúa la tradición de las actividades en el litoral y en la agricultura hasta el formativo medio, presentando fuertes lazos de unión con la cultura de Las Charcas, en el altiplano de Guatemala, y con la costa del golfo de México.

El altiplano de Guatemala

La ciudad de Guatemala se asienta en un valle ancho y fértil, cerca de la divisoria continental, y está rodeada por colinas y montañas de origen volcánico. La parte occidental de la ciudad ha sido una de las zonas arqueológicas más ricas del país, pero ha sufrido daños notables con el aumento de las construcciones. Conocida como Kaminaljuyú, por el nombre de un guatemalteco verdadero adelantado de la arqueología, la zona presenta una larga secuencia cultural, que incluye un poblado del formativo medio, llamado Las Charcas. Se le conoce sobre todo por una serie de fosas-almacenes en forma de botella, excavadas en el suelo de toba volcánica; en ellas se encuentran algunas cerámicas delicadas en blanco y rojo sobre blanco, figurillas de barro y restos de alimentos, como mazorcas y huesos de aguacate. Poco es lo que sabemos de la complejidad cultural alcanzada por el pueblo de Las Charcas, pero hay ciertos indicios de que pudieron haber construido montículos de tierra como soporte de templos perecederos. Eso apenas puede sorprendernos, si pensamos que fueron coetáneos de la gran civilización olmeca, encarnada en el asentamiento de La Venta del formativo medio.

Las tierras bajas mayas

Ahora sabemos, gracias sobre todo a las investigaciones de MacNeish, que hubo algunos núcleos de población en las tierras bajas de los mayas antes de iniciarse el período formativo, de modo que no es ninguna sorpresa encontrar abundantes pruebas de poblaciones del formativo en la península de Petén-Yucatán. Sin embargo, la pretensión de Norman Hammond de que en la cultura Swasey del yacimiento de Cuello, en Belize septentrional, había descubierto una ocupación de las tierras bajas mayas del primer formativo, mucho más antigua que todas las demás de la costa del Pacífico y anterior a los olmecas de la costa del golfo, no ha dejado de suscitar controversias. No sólo es que el radiocarbono da fechas que se extienden a lo largo de un milenio –cosa inhabitual para una fase arqueológica–, sino que también la cerámica apunta hacia el formativo medio y aun al formativo tardío. Pese a lo cual, Swasey proyecta nueva luz sobre la dieta primitiva de los mayas en las tierras bajas, al haberse conservado allí restos de palomitas de maíz, ñame, cocoyam y, posiblemente también, mandioca.

Pisamos un terreno mucho más firme con la secuencia de Petén, que se inicia en la fase Xe del formativo medio, tal vez en torno al 800 a. C.; y va seguida por la fase Mamom, en que Petén y Yucatán presencian las primeras concentraciones de importantes núcleos de población y el asentamiento de poblados en cada rincón de terreno seco. Con su cerámica característica en naranja-rojo, que iba a ser típica de los mayas de las tierras bajas a lo largo del formativo, esta cultura probablemente vio surgir las plataformas de templos revestidas de argamasa, aunque resultan muy difíciles de descubrir por la cantidad de escombros que dejaron las construcciones de finales de los períodos formativo y clásico.

La cuenca del Grijalva en Chiapas

Antes de abrirse camino a través de una garganta imponente en su discurrir hacia la llanura costera del golfo, el río Grijalva de Chiapas fluye por una depresión cálida y relativamente seca que, a pesar de su aparente sequedad, fue cuna de muchos asentamientos antiguos a lo largo del período formativo. El yacimiento que mejor se ha excavado en la cuenca del Grijalva es Chiapa de Corzo, el cual presenta una larga serie de ocupaciones sucesivas que se extienden desde la conquista española hasta el período colonial. Desde el 1500 hasta aproximadamente el 800 a. C., la población del primer formativo de la zona trituraba su maíz con piedras de molienda, y produjo una alfarería consistente sobre todo en jarras globulares y sin cuello, llamadas tecomates, así como figurillas de barro hechas a mano. Todo el complejo alfarero está muy ligado a las fases Ocós y Conchas de la costa del Pacífico, y ponen el mismo interés en el estampado en balancín. Por esas fechas Chiapas central también está ligado culturalmente con los avanzados olmecas de la costa del golfo. Una figurilla de barro de Chiapa de Corzo es olmeca, y otro yacimiento aguas abajo, cubierto ahora por la presa de Malpaso, presentaba un conjunto ceramista estrechamente relacionado con la fase San Lorenzo de la civilización olmeca, aunque sin los monumentos de piedra que caracterizan esa cultura.

Oaxaca

Una teoría, ahora desacreditada, sobre el valle de Oaxaca, cuna de la civilización zapoteca, venía a decir que antes de Monte Albán I el valle habría estado cubierto por un gran lago, impidiendo cualquier asentamiento temprano. Y así, hasta que la proyectó la Universidad de Michigan, no se realizó ninguna búsqueda de asentamientos antiguos en las tierras del fondo del valle. Ahora ha quedado establecida una larga secuencia de ocupaciones del valle en el formativo, culminando en la construcción de la ciudadela cimera de Monte Albán, como fuerza dominante sobre una gran parte de Oaxaca central.

Durante la fase San José del primer formativo (1150-850 a. C.), que muestra claros signos de contacto con los olmecas de Veracruz, el yacimiento del poblado de San José Mogote, sito al noroeste de Monte Albán, estuvo formado por 80-100 casas de techos de paja y paredes de barro enjalbegadas. Las actividades domésticas incluían las faenas de hilar, tejer, coser y preparar la comida por parte de las mujeres, mientras que los hombres manufacturaban espejos en mineral de hierro y objetos de adorno de concha y mica. La base de la subsistencia del poblado eran los cultivos de maíz, guindillas y plantas para zumos, junto con la producción de aguacates probablemente introducidos desde las tierras bajas.

Algunos ejemplares de la alfarería de San José Mogote son de clara inspiración olmeca, con dibujos sacados del repertorio de la iconografía religiosa de los olmecas, incisos o grabados en la parte exterior de los platos. Está aún por determinar la naturaleza exacta de la influencia olmeca en el valle de Oaxaca; pero Flannery y sus compañeros no contemplan tanto la posibilidad de una presencia olmeca efectiva, cuando el modelo de una población tribal que vivía en poblados y emulaba el prestigio de la refinada cultura de Veracruz.

El valle de México

El gran lago (el Lago de la Luna), que en tiempos cubría buena parte del valle de México, a una con sus márgenes pantanosas y abundantes en carrizos, debió de representar una importante fuente de recursos para los aldeanos del formativo que vivían en sus proximidades,

Arriba. Paisaje de monte bajo en el altiplano del sur de México, entre los valles de Oaxaca y de Tehuacán. Fue este tipo de terreno el que hubo que poner en producción cuando la existencia nómada fue sustituida por el tipo de vida sedentaria.

proporcionándoles pesca y aves acuáticas en abundancia, y quizá también las algas, tan ricas en proteínas y que tan estimadas fueron por los aztecas posteriores. Esta situación y la fertilidad de los suelos del valle permitieron el establecimiento de poblaciones agrícolas bastante numerosas incluso en el formativo primero.

El mayor y más espectacular de los asentamientos surgidos en el valle fue Tlatilco (y que describimos en la sección dedicada a los olmecas, porque la presencia cultural de este pueblo fue allí fuerte). Entre sus habitantes muy bien pudieron vivir gentes olmecas llegadas del sur de Veracruz. Su posición cronológica ha sido objeto de largas controversias, porque la vieja generación de arqueólogos no podía concebir que una cultura tan compleja y avanzada pudiera haber precedido a los simples asentamientos aldeanos, a los que entonces se tenía por los primeros asentamientos agrícolas del valle.

Zacatenco y El Arbolillo, los yacimientos en cuestión, pertenecen de hecho en buena parte al período del formativo medio y son posteriores a Tlatilco. Fueron poblados de dimensiones modestas, sitos por encima de la ribera noroccidental del lago Texcoco, que representaba la reserva mayor de agua de las que formaban el gran lago. Conocidos gracias a las excavaciones efectuadas en las décadas de 1920 y 1930, sus ocupaciones más antiguas se caracterizan por una cerámica más sencilla que la de Tlatilco y por miles de figurillas femeninas, en parte desnudas y en parte vestidas, cuyo significado aún se discute. (¿Se trataba de un culto a la fertilidad?) Ingentes cantidades de basuras domésticas estaban esparcidas por las cabañas hechas de estacas y paja, sin que faltasen los huesos de los ciervos que cazaban en las colinas cercanas con lanzas provistas de puntas de obsidiana. Aquí no hay rastros de los olmecas. Después del 900 a. C., esa influencia desapareció, y el valle se convirtió en un remanso cultural que no volvería a recobrar su pasada importancia hasta el florecimiento de la civilización de Teotihuacán hacia los comienzos de la era cristiana.

Durante el formativo tardío, después del 400-300 a. C., hubo un breve período de esplendor en el extremo suroccidental del valle, con la construcción de una gran «pirámide» circular y revestida de piedra en el asentamiento de Cuicuilco; esa plataforma de templo, de 27 m de altura, que en tiempos estuvo coronada por una construcción cónica, podría haber sido el centro de culto al antiguo dios del fuego, por los incensarios de arcilla que se han encontrado *in situ* con la imagen de esa importante divinidad. Pero Cuicuilco estaba condenado a una vida corta, pues una violenta erupción del volcán Xictli lo cubrió de una espesa capa de lava y obligó a huir a los residentes de los alrededores del poblado o ciudad.

LA CIVILIZACIÓN OLMECA

La aparición de la civilización mesoamericana, y quizá también el primer paso hacia el Estado mesoamericano, tuvo lugar en las tierras bajas y pantanosas al sur de Veracruz y de la cercana Tabasco, en las playas del golfo de México. Aquí estuvo la cuna de la civilización olmeca, pues en esta zona están casi todos los yacimientos importantes y se encuentran virtualmente todos los monumentos de piedra que conocemos de esa cultura. Fundamentalmente, la región es una llanura costera, con algunas colinas bajas; el único relieve significativo lo constituye la cordillera Tuxtla, una formación volcánica activa de la que los olmecas obtenían el basalto para sus esculturas. Es una de las regiones más húmedas de Mesoamérica, que recibe la mayor parte de las precipitaciones desde finales de mayo a noviembre, aunque no hay ninguna estación marcadamente seca, ya que tampoco en el invierno faltan las lluvias y lloviznas frías que caen a intervalos frecuentes. El resultado es que a lo largo de todo el año pueden darse el maíz y otros cultivos.

Tal vez el factor más significativo en el paisaje olmeca sea la extensa inundación que llega con la estación de las lluvias, cuando el agua de los ríos cubre todas las tierras bajas; al retirarse las aguas dejan una capa de limo fértil a lo largo de las riberas de los ríos. Esas franjas constituyen el terreno más productivo de México, y fue esa situación –similar a la que producía el Nilo– la que, combinada con el rápido incremento de la población, dio origen a la compleja cultura olmeca.

Ignoramos el número exacto de yacimientos olmecas en la cuna de esa civilización; pero al parecer en su mayoría debieron de estar situados en colinas bajas o en mesetas cercanas a las riberas de los ríos y encima de las sabanas propensas a la inundación. Como toda la piedra tenía que ser importada y sólo se empleaba para monumentos y aperos de drenaje y molienda, no existe una arquitectura de piedra; las estructuras perecederas de estacas y paja se alzaban sobre montículos de rellenos de tierra y de arcillas de colores brillantes.

La cronología de la civilización olmeca fue tema de largas discusiones, al resistirse los especialistas de la cultura maya a creer que el extraño y complejísimo estilo artístico de los olmecas, con sus enormes monumentos de basalto y sus jades exquisitamente labrados, hubiera sido anterior al arte clásico maya. Pero las excavaciones hechas en las tres últimas décadas y una serie de precisiones debidas a los análisis del radiocarbono han demostrado de forma concluyente que el fenómeno olmeca, tanto dentro de su área central como más allá de sus confines, pertenece con toda seguridad al período formativo. De hecho, ahora podemos distinguir dos «horizontes»: uno que limitaba con la última parte del período formativo primero (1200-900 a. C.), seguido por otro del

Abajo. La civilización olmeca se reconoce por su peculiar estilo escultórico, que combina la simplicidad de línea con la forma vigorosa y maciza. El monumental efecto es evidente en producciones de todos los tamaños, desde la cabeza colosal de la página siguiente hasta este minúsculo busto de jade.

Cerro El Vig
(fuente de basalto para los monumentos de Tres Zapo

Nestepe

Tres Zapotes
probablemente el último asentamiento olmeca importante
tras la destrucción de La Venta

El país olmeca central
El país central de los olmecas carecía, curiosamente, de muchas materias primas que, por extraña paradoja, tenía en gran estima la minoría rectora de San Lorenzo. La obsidiana, que desempeñó en Mesoamérica un papel similar al del acero en la civilización occidental, sólo se encuentra en regiones volcánicas de México y Guatemala, alejadas del territorio central. La ganga de hierro fue otro de los materiales altamente estimados que fue preciso importar.

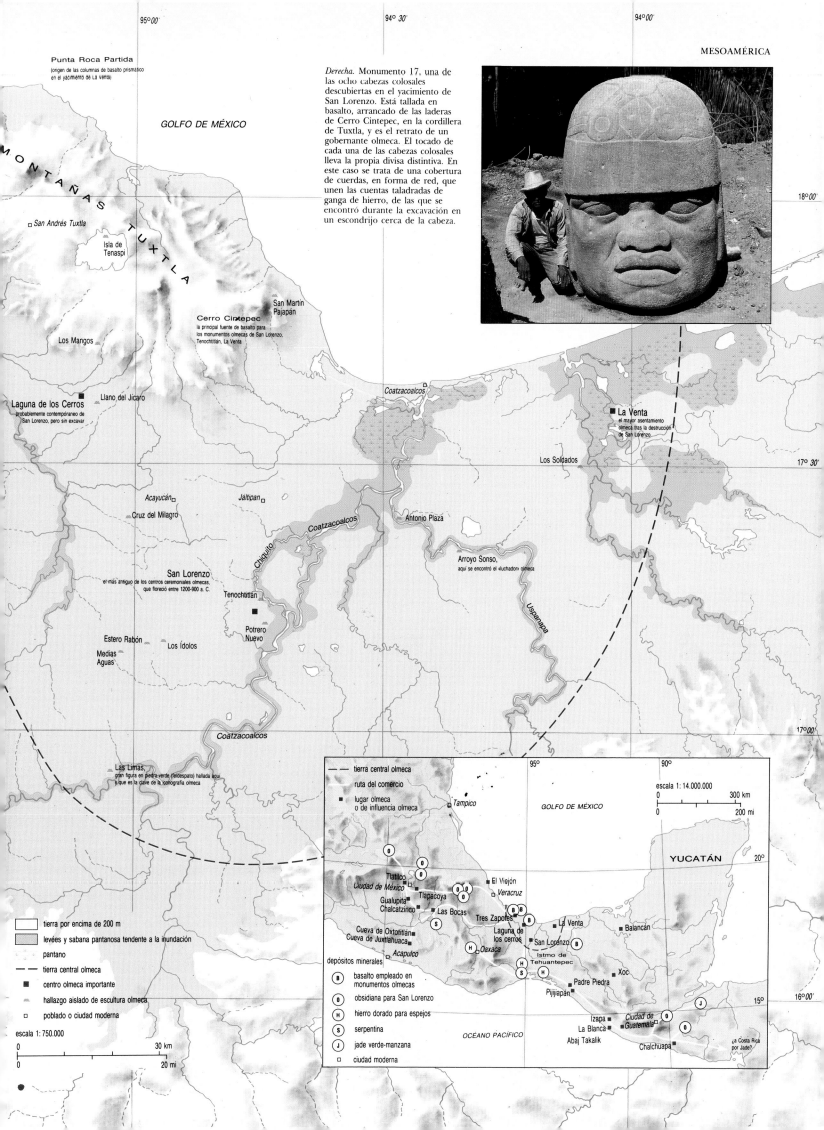

95°00' 94°30' 94°00'

18°00'

Punta Roca Partida
(origen de las columnas de basalto prismático
en el yacimiento de La Venta)

GOLFO DE MÉXICO

MONTAÑAS TUXTLA

□ *San Andrés Tuxtla*

Isla de
Tenaspi

San Martín
Pajapán

Cerro Cintepec
la principal fuente de basalto para
los monumentos olmecas de San Lorenzo,
Tenochtitlán, La Venta

Los Mangos

Coatzacoalcos

■ **La Venta**
el mayor asentamiento
olmeca tras la destrucción
de San Lorenzo

Laguna de los Cerros
probablemente contemporáneo de
San Lorenzo, pero sin excavar

Llano del Jícaro

Los Soldados

17°30'

Acayucán

Jáltipan □

Antonio Plaza

Cruz del Milagro

Coatzacoalcos

Chiquito

Arroyo Sonso,
aquí se encontró el «luchador» olmeca

San Lorenzo
el más antiguo de los centros ceremoniales olmecas,
que floreció entre 1200-900 a. C.

Uspanapa

Tenochtitlán ■

Potrero
Nuevo

Estero Rabón

Los Ídolos

Medias
Aguas

17°00'

Coatzacoalcos

Las Limas,
gran figura en piedra-verde (feldespato) hallada aquí
y que es la clave de la iconografía olmeca

Derecha. Monumento 17, una de las ocho cabezas colosales descubiertas en el yacimiento de San Lorenzo. Está tallada en basalto, arrancado de las laderas de Cerro Cintepec, en la cordillera de Tuxtla, y es el retrato de un gobernante olmeca. El tocado de cada una de las cabezas colosales lleva la propia divisa distintiva. En este caso se trata de una cobertura de cuerdas, en forma de red, que unen las cuentas taladradas de ganga de hierro, de las que se encontró durante la excavación en un escondrijo cerca de la cabeza.

☐ tierra por encima de 200 m

▨ levées y sabana pantanosa tendente a la inundación

pantano

– – – tierra central olmeca

■ centro olmeca importante

◣ hallazgo aislado de escultura olmeca

□ poblado o ciudad moderna

escala 1: 750.000

0 ——— 30 km

0 ——— 20 mi

— — — tierra central olmeca

— ruta del comercio

■ lugar olmeca
o de influencia olmeca

Tampico

GOLFO DE MÉXICO

escala 1: 14.000.000

0 ——— 300 km

0 ——— 200 mi

YUCATÁN

20°

Ⓞ

Ⓞ
Ⓞ

Tlatilco
Ciudad de México

Tlapacoya

El Viejón
Veracruz

Gualupita
Chalcatzinco

Ⓞ Ⓞ

Ⓞ

Las Bocas

Ⓑ Ⓑ
Tres Zapotes
Ⓑ

La Venta

Balancán

Cueva de Oxtotitlán
Cueva de Juxtlahuaca

Ⓢ

Laguna de
los cerros

San Lorenzo

Acapulco

Ⓗ *Oaxaca*

Ⓑ

Istmo de
Tehuantepec

Xoc

depósitos minerales

Ⓗ
Ⓢ Ⓗ

Padre Piedra

Ⓑ basalto empleado en
monumentos olmecas

Ⓞ obsidiana para San Lorenzo

Ⓗ hierro dorado para espejos

Ⓢ serpentina

Ⓙ jade verde-manzana

□ ciudad moderna

Pijijiapán

Ⓙ

15°

Izapa
La Blanca

*Ciudad de
Guatemala*

Ⓞ

Ⓞ

OCÉANO PACÍFICO

Abaj Takalik

Chalchuapa

¿a Costa Rica
por Jade?

16°00'

95° 90°

El mundo sobrenatural de los olmecas

El primer arte que aparece en Mesoamérica es el de los olmecas. Excepción hecha de los retratos de los gobernantes (como cabezas gigantescas), fue un arte fundamentalmente religioso por su contenido, que se centró en una enorme variedad de seres sobrenaturales, en los que se combinaban los rasgos del mundo animal con los humanos en una complejidad desconcertante. Sólo en los últimos años hemos llegado a saber que los olmecas tenían un panteón extenso, ya que se venía creyendo que su dios único era el característico «hombre-jaguar», el cual combinaba los rasgos de un jaguar en acecho con los de un niño vociferante.

Gracias al descubrimiento casual en 1965 de una espléndida figura de diorita en Las Limas, Veracruz, podemos apreciar ahora que hubo muchos dioses olmecas, cada uno con sus propios atributos, aunque se intercambiasen libremente con los de otros seres sobrenaturales. La figura de Las Limas presenta a un joven adolescente sentado con las piernas cruzadas y sosteniendo en sus brazos la familiar figura del niño jaguar. Otras cuatro deidades presentan las misteriosas cabezas hendidas típicas de los dioses olmecas incisas en sus hombros y rodillas. Fueron éstas las que proporcionaron los primeros indicios sobre la estructura de la iconografía maya, aunque no necesariamente sobre su significado.

Los formidables y peligrosos animales, que predominan en la iconografía olmeca, tal vez hayan sido totémicos, y con su distribución natural indican que el culto debió tener su origen en una selva tropical, no lejos de la costa. Tales eran el águila arpía, que se alimenta de monos en el dosel de la selva, el jaguar (el mayor de los gatos moteados del mundo), el caimán parecido al lagarto, la serpiente y el tiburón.

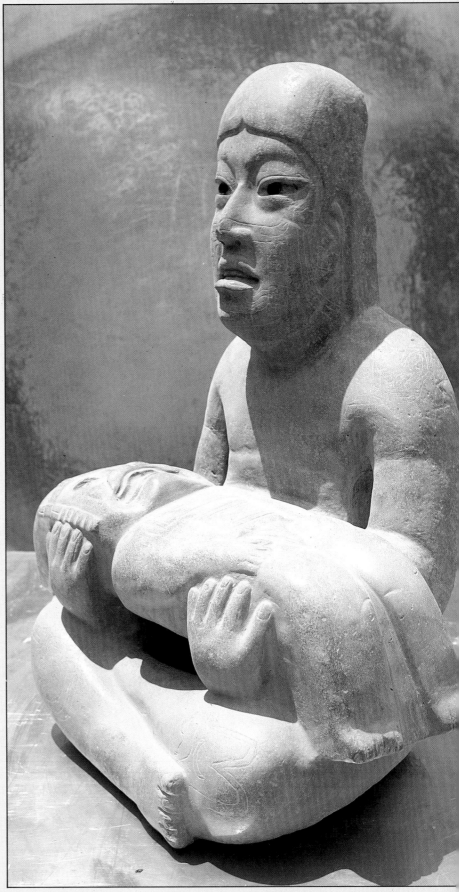

Abajo, izquierda. Divinidades incisas en los hombros y rodillas de la figura de Las Limas. Todas tienen las cabezas hendidas, típicas de los dioses olmecas. En la parte superior izquierda, una deidad conocida sólo por tazas incisas del altiplano de México, y que tal vez es Xipe Totec, el patrón de la primavera en otras culturas posteriores. En la parte superior derecha la divinidad del águila arpía, con la cresta de pluma de pájaro que aparece como ceja. En la parte inferior derecha, el dios tiburón, con el ojo en forma de cuarto creciente y un diente que sobresale mucho. En la parte inferior izquierda tenemos la cabeza de la serpiente emplumada, marcada por las bandas que se cruzan en el ojo.

Derecha. Un dragón olmeca en jade. Este monstruo proteico, probablemente una divinidad terrestre, muestra la tendencia combinatoria de la iconografía olmeca: aquí el animal básico es un caimán, pero tiene la boca del hombre jaguar vuelta hacia abajo, una nariz humanoide y las crestas del águila arpía por cejas. El dragón puede haber sido el más importante de los dioses olmecas, ya que aparece en el arte monumental, en pequeños jades tallados y, en una especie de forma esquemática, inciso sobre cerámicas domésticas y funerarias tanto de las tierras bajas como del altiplano.

Izquierda. Figura de diorita de Las Limas, Veracruz, probablemente del período del 800-400 a. C. Lo más verosímil es que se trate de un retrato que celebraba el acceso de un joven o de un muchacho al poder. La figura desmadejada del hombre jaguar, que sostiene en sus brazos, podría simbolizar su descendencia real; idénticas divinidades infantiles las sostienen los gobernantes en los nichos frontales de los tronos olmecas. Altura: 55 cm.

Derecha. Águila arpía de jade. Altura: 5,8 cm. Los olmecas fueron los mejores tallistas de jade en Mesoamérica, como lo demuestra esta pieza maestra perteneciente al período 800-400 a. de C. Puede verse aquí el elemento antropomórfico que comportan todas las divinidades animales olmecas; sólo el pico, encima de la boca similar a la del hombre jaguar, y la cresta estilizada descubren su naturaleza depredadora.

Derecha. Monumento 52 de San Lorenzo. Altura 90 cm. Se trata de la divinidad infantil del hombre jaguar, idéntica a la figura que sostiene en sus brazos el personaje de Las Limas hasta en los menores detalles. El monumento fue descubierto en la cabecera de un sistema de desagüe, enterrado profundamente, por lo que el personaje podría estar relacionado con el agua siendo tal vez una divinidad de la lluvia.

Abajo. Dios tiburón en jade verdiazul olmeca, procedente de la costa pacífica de Guatemala. Período formativo medio, 800-400 a. C.

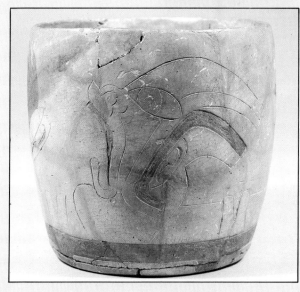

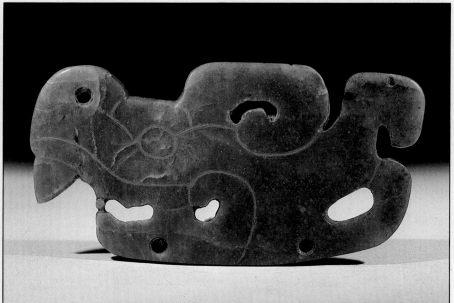

Arriba. Vaso de arcilla de Tlapacoya, valle de México. Altura: 13 cm. Comienzos del período formativo, 1200-900 a. C. De superficie incisa y tallada, es la misma deidad que puede verse en el hombro derecho de la figura de Las Limas, con bandas curvas a través del ojo y una boca rugiente como la del jaguar.

Izquierda. Figura de piedra, que representa un chamán arrodillado a la espera de transformarse en un jaguar.

La Venta

En el centro de La Venta, ahora en gran parte destruida por las operaciones petroleras, se halla el Complejo A, una serie mal conocida de grandes montículos y de ofrendas rituales con fechas del formativo medio certificadas con el radiocarbono (hacia 900-400 a. C.). El complejo, que tiene la disposición lineal corriente (orientada a 8° O del verdadero Norte), está dominado por la que se conoce como «Gran Pirámide», actualmente un montículo de 30 m de altura en forma de cono en pliegue; se ha calculado que contiene más de 100 000 m³ de relleno. Se ha supuesto que podría contener una gran tumba olmeca, pero tal hipótesis nunca se ha demostrado.

La pirámide es la mayor de esa época en México. Se ha calculado que su construcción debió de exigir un trabajo de 800 000 días-hombre, y que la minoría dirigente del complejo hubo de estar sostenida por una población de tierra adentro de 18 000 personas.

Derecha. La Gran Pirámide de 30 m de altura y una serie de plataformas bajas de La Venta –arquitectura de proporciones modestas entre los modelos mesoamericanos– no encajan con la ingenuidad artística de los olmecas y el refinado esfuerzo físico que produjeron los monumentos tallados en piedra y el trabajo exquisitamente realizado en jade, sacados a la luz en el yacimiento. Ante la amenaza de destrucción que podía derivarse del desarrollo de un complejo petroquímico en la isla de La Venta, los monumentos fueron trasladados a un parque público de Villahermosa. Tabasco.

Abajo. Altar 4 de La Venta. Casi con seguridad que esa designación de «altar» no está justificada, ya que desconocemos la función de tales estructuras. La figura sostiene una soga que corre bordeando el ángulo hasta un cautivo atado.

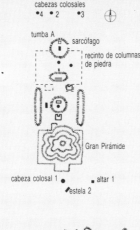

cabezas colosales
•4 •2 •3

tumba A ■ sarcófago
recinto de columnas de piedra

Gran Pirámide

cabeza colosal 1 ■ altar 1
◢ estela 2

altar 5 altar 4

0   80 m
0   300 pies

Derecha. Ofrenda 4, La Venta. Es un grupo de figurillas en jade y serpentina, dispuesto de modo que reproduce una ceremonia. Las columnitas cortas y rectas pueden representar un fondo de columnas de basalto. Hallada bajo el suelo, la ofrenda se señalizó de modo que no pudiera ser descubierta en una inspección posterior por los olmecas.

formativo medio, entre el 900 y el 400 a. C. En el formativo tardío la cultura olmeca desapareció de hecho.

San Lorenzo
Son muy pocos los yacimientos centrales olmecas que han sido objeto de una verdadera investigación. El único del que se ha trazado un mapa detallado y para el que contamos con una buena secuencia arqueológica es San Lorenzo Tenochtitlán, el cual forma un conjunto de tres yacimientos cercanos a un afluente del río Coatzacoalcos, que drena buena parte de la región septentrional del istmo de Tehuantepec. Aunque San Lorenzo había sido ocupado por un pueblo del formativo ya hacia el 1500 a. C., su forma actual, y con ella el apogeo de su existencia, sólo lo alcanzó entre el 1200 y el 900 a. C., durante la fase denominada San Lorenzo. El yacimiento cubre la explanada de un altiplano o mesa de 50 m de altitud y 1,25 km de longitud de Norte a Sur. Gracias a las excavaciones realizadas por la Universidad de Yale sabemos que la mesa es en parte artificial hasta un espesor que en algunos puntos alcanza los 7 m de altura. Por los lados Noroeste, Oeste y Sur sobresalen de la mesa unos salientes hechos por el hombre. Se ha calculado que esta construcción gigantesca contiene decenas de miles de metros cúbicos de relleno de barro y arena, todo ello transportado a hombros humanos.

El rasgo más sorprendente de San Lorenzo –y de otros centros olmecas de la costa del golfo– es el número, envergadura y belleza de sus monumentos. Los primeros artistas de Mesoamérica fueron los escultores olmecas, que crearon un estilo característico, capaz de rivalizar con cualquier otro de los que el hombre ha producido. Los monumentos, tallados en basalto transportado desde una cantera en la cordillera de Tuxtla, a unos 80 km al noroeste de San Lorenzo, consisten en ocho cabezas colosales, la mayor de las cuales tiene 2,3 m de altura con un peso que supera las 20 toneladas. Es casi seguro que tales cabezas son retratos de gobernantes olmecas; sus rostros, de labios gruesos y colgantes y narices chatas, recuerdan las fisionomías que pueden verse en algunas poblaciones del sureste asiático. Pero cada una es distinta, como lo es el dispositivo emblemático de sus yelmos protectores. De hecho, pudieron usarlos en el juego sagrado de la pelota, que por las figurillas de barro sabemos jugaban los olmecas.

Otros monumentos incluyen «altares», grandes losas oblongas, en cuyos frentes aparecen los gobernantes, sentados y con las piernas cruzadas, sosteniendo en sus brazos una cría de jaguar o tirando de una cuerda que sujeta a los prisioneros de guerra. En su mayoría son símbolos que glorifican a la clase gobernante, celebrando la sucesión real y sus gestas marciales. Otra serie de esculturas sugiere la identificación de los dominadores de San Lorenzo con el panteón divino; se trata de un grupo enormemente complejo de seres sobrenaturales grotescos, que combinan rasgos humanos y animales, las más de las veces marcados con el canon olmeca de la boca caída y desafiante y un antropomorfismo infantil.

En San Lorenzo se encuentra lo que con seguridad fue un centro ritual en el sentido más estricto: un sistema extraordinario de sumideros de piedra. Se trata de piezas de basalto en forma de U, que se juntan por los extremos y están cubiertas con tapaderas de piedra. Se cree que servían para dar paso al agua de los estanques superficiales sitos en la parte superior del asentamiento, y que probablemente se usaban para el baño ritual. Como los olmecas carecían de instrumentos de metal para trabajar la piedra, resulta asombroso todo el esfuerzo que tal sistema de desagües requería.

San Lorenzo podría haber sido un centro religioso, venerado a lo largo del primer formativo por los mesoamericanos; allí debieron de vivir los gobernantes y sacerdotes más poderosos de los olmecas. Resulta imposible calcular la población de toda la zona; pero la presencia de unos 200 montículos de casas de tierra sugiere una cifra de al menos 1000 partidarios y seguidores en el centro ritual. La abundancia de «manos» y «metates» indica que la agricultura del maíz, cultivado en las riberas de los ríos y en las tierras más altas de la zona, era la base de su economía; pero los restos animales que se han conservado indican asimismo que se ayudaban con la pesca de róbalos y con la carne de tortugas y de perros domésticos para completar su dieta. Casi con seguridad eran caníbales, a juzgar por los restos de lo que parecen ser cautivos degollados, que se encuentran en los muladares de las cocinas.

La región central olmeca es singularmente deficitaria de muchas materias primas, que paradójicamente eran muy estimadas por la minoría gobernante de San Lorenzo. La obsidiana, que desempeña en Mesoamérica un papel similar al que corresponde al acero en la civilización occidental, sólo se encontraba en las regiones volcánicas de México y de Guatemala, lejos del centro de aquella cultura. Y sin embargo, es probable que algunas toneladas de ese cristal volcánico, tan útil para forjar herramientas cortantes, se importaron a San Lorenzo desde un amplio abanico de fuentes naturales, como lo prueba el análisis de las piezas. Otro elemento fue el mineral de hierro, susceptible de alcanzar un refinado pulimento, por lo que se empleó para espejos parabólicos y cóncavos, que tuvieron una gran importancia ritual. Una esquirla de piedra imán, finamente labrada, puede muy bien haber sido la primera brújula que se conoció en el mundo para fines geománticos.

Mientras que el enorme volumen de cerámica de la fase San Lorenzo está formado por jarras sin cuello que se usaban para cocer el maíz (probablemente como *tamales*), hay muchos vasos incisos con dibujos simbólicos de divinidades olmecas. Curiosamente, cuando esos vasos domésticos se encuentran fuera de la región central aparecen en sepulturas de personajes de gran relieve. Lo mismo cabe decir de las grandes figuras huecas de niños hechas de cerámica blanca. Esas criaturas desnudas, asexuadas e híbridas, al parecer fueron objeto de cierto tipo de culto, limitado al período del 1200-900 a. C., sin que sepamos su significado preciso.

Por razones desconocidas, en torno al 900 a. C. una vasta destrucción se abatió sobre San Lorenzo. Probablemente hubo un cataclismo simultáneo en el asentamiento gemelo de Laguna de los Cerros, aunque es muy poco lo que sabemos de ese punto, ya que no ha sido excavado. En San Lorenzo todos los monumentos de superficie fueron destruidos deliberadamente en esa época –con mutilaciones hechas con golpes violentos, agujeros, ranuras, muescas, etc.–, formando los restos largas líneas de escombros, que fueron cubiertas cuidadosamente. ¿A qué se debió todo ello: a una invasión, una revolución, una destrucción ritual y periódica? Todas esas causas se han señalado para aquella catástrofe; pero como los olmecas no escribieron sus memorias, probablemente nunca sabremos lo que ocurrió. En cualquier caso, San Lorenzo ya no volvió a recuperarse y en los períodos esporádicos de ocupación durante la conquista española ya nunca recuperó su viejo prestigio.

La Venta
El sucesor político de San Lorenzo parece haber sido La Venta, situada en una isla pantanosa que forma el

Las pinturas rupestres olmecas del estado de Guerrero combinan los motivos humanos y zoomórficos con los que se refieren a la lluvia, la fertilidad y el mito de los orígenes. Esta escena de un gobernante y un cautivo, en una cueva de Juxtlahuaca, debió de contener un mensaje, pero los personajes o grupos exactos siguen siendo desconocidos. Temas olmecas parecidos, con gobernantes y animales, pueden verse en las pinturas rupestres de Oxtotitlán, a 125 km al norte de Juxtlahuaca. Los contactos de la costa del golfo con el altiplano empezaron hacia el 1000 a. C. Se cree que las pinturas rupestres de Guerrero pueden fecharse entre el 900 y el 700 a. C.

río Tonalá, cerca del extremo meridional de la región central de los olmecas.

La Venta del formativo medio presenta algunos rasgos singulares que no se encuentran en el asentamiento anterior de San Lorenzo. Ello se debió al hecho de que por esa época los olmecas habían localizado algunas importantes fuentes de jade, que hasta la conquista de los españoles iba a ser el símbolo principal de la riqueza de Mesoamérica. En la fase de San Lorenzo se había conocido la serpentina; pero los tres grandes pavimentos de mosaicos enterrados del complejo A, en forma de máscaras estilizadas de hombres jaguar —cada uno contiene cerca de 485 bloques de serpentina— son típicos de La Venta. A lo largo de la línea que recorre el complejo A de Norte a Sur, los excavadores han encontrado numerosas ofrendas funerarias, que incluyen depósitos, en forma de cruz, de objetos de jade y espejos cóncavos de mineral de hierro, junto con la espectacular ofrenda n.º 4: un grupo de columnitas y figurillas de jade y serpentina, dispuestas como si conversaran.

Al igual que San Lorenzo, La Venta sufrió un paroxismo de destrucción, cuando sus cabezas colosales, sus «altares» (más parecidos a tronos) y otras esculturas fueron mutilados casi de la misma manera. En su núcleo geográfico central la civilización olmeca quedó en gran parte destruida, aunque en el asentamiento de Tres Zapotes, en

las pendientes occidentales de los Tuxtlas, pervivió una cultura epiolmeca, que comparte muchos elementos con la civilización protomaya de Izapán como se desarrolló en el formativo tardío de Chiapas y Guatemala, y que incluye el origen de la escritura y del calendario.

Asentamientos olmecas fuera de la región central

Que el estilo e influencia del arte olmeca se extendió mucho más allá de las fronteras de la región central es algo que sabemos desde hace largo tiempo por las excavaciones —legales e ilegales— realizadas en las tierras altas mexicanas. Algunos de los hallazgos más sorprendentes pertenecen a la esfera de San Lorenzo y han aparecido en los fastuosos enterramientos bajo el suelo de las casas de grandes poblados o ciudades. De tales yacimientos, el que mejor se conoce es el de Tlatilco, en el borde noroccidental de la ciudad de México, donde se han excavado centenares de tumbas bajo el suelo, repletas de objetos de todo tipo: junto a productos de la alfarería local hay figurillas y «niños» huecos, hechos con la cerámica blanca de los olmecas, así como vasos esgrafiados, producidos en San Lorenzo y exportados desde allí a los gobernantes clientes, a los que la minoría selecta de San Lorenzo había considerado bárbaros. Se conocen otros yacimientos de influencia olmeca en los estados de Puebla (Las Bocas) y de Morelos (Gualupita).

Chalcatzingo, sito a unos 120 kilómetros al sureste de Ciudad de México, es uno de los yacimientos más impresionantes de toda Mesoamérica. Allí, en la parte oriental del estado de Morelos, se alzan tres grandes cimas sobre el fondo del valle casi plano. En la base del risco de la cima central, a lo largo del extremo de la pendiente en talud, una investigadora mexicana descubrió en 1934 una serie de bajorrelieves sobre enormes piedras, que ella identificó de inmediato como olmecas por su parecido con las tallas que ya se conocían por entonces de La Venta. Las excavaciones, realizadas por la Universidad de Illinois, han demostrado que, mientras la primitiva ocupación de Chalcatzingo corresponde al formativo primero, con cerámica y figurillas similares a las de Tlatilco, el período de mayor actividad en el asentamiento se sitúa en el formativo medio, siendo así más contemporáneo de La Venta que de San Lorenzo.

La mayor de las tallas, el Relieve I, representa una mujer sentada en un trono, con faldas y un peinado muy alto; y todo ello dentro de una abertura a manera de cueva formada por las fauces abiertas del dragón olmeca, el dios principal de esta civilización. De su boca emana vapor o humo, mientras que encima de la escena —que seguramente representa a una gobernante de Chalcatzingo— tres nubes estilizadas emiten unas gotas fálicas. El contiguo Relieve II muestra a un cautivo itifálico, postrado boca abajo y atado, al que amenazan dos guerreros olmecas con máscaras de hombres jaguar; quizá se trata de una escena de conquista, en tanto que otro relieve representa a dos deidades en forma de jaguares rampantes, que atacan a unos hombres desnudos.

A lo largo de muchos años se han hecho hallazgos esporádicos de objetos de estilo olmeca en el estado de Guerrero, que mira al Pacífico, en el sur de México. De hecho, es tan grande la cantidad de magníficos jades olmecas, azules y verdes, aparecidos en esa región, que el arqueólogo Miguel Covarrubias ha presentado últimamente a Guerrero como la fuente primordial de la civilización olmeca. Pero ello resulta altamente improbable, cuando la región está formada por valles desérticos y por montañas abruptas y secas. Es cierto que los olmecas estuvieron en Guerrero; pero seguro que se asentaron allí sólo después de haber aprendido el arte del regadío.

Hasta 1966 no se conocía en Guerrero ningún yacimiento ciertamente olmeca. Pero en julio de ese año Gillet Griffin, de la Universidad de Princeton, y Carlo Gay, un industrial italiano retirado, descubrieron las notables pinturas de la cueva de Juxtlahuaca, conocidas desde hacía décadas pero sin que se hubiese determinado lo que eran: olmecas. Juxtlahuaca se encuentra en medio de las colinas resecas del centro-este de Guerrero, y es una caverna en pendiente de 1,25 km que se extiende por debajo de una colina. Las pinturas ocupan dos estancias cercanas al extremo de la cueva, y debieron de ser el centro de un rito relacionado con el culto de los muertos y del mundo subterráneo. La pintura principal representa lo que parece ser un cautivo medroso a los pies de un imponente gobernante olmeca, con barba negra y túnica a franjas horizontales, polainas de jaguar y cubiertos los brazos. En las estancias finales aparece una gran serpiente, pintada en rojo, sobre una losa que sobresale del muro de la cueva. Las bandas cruzadas del ojo y el penacho de plumas verdes sobre su cabeza hacen del animal una de las divinidades más antiguas e importantes de Mesoamérica: la serpiente emplumada.

Sobre la primacía de la civilización olmeca en la «región central» no hay discusión alguna: fue la primera sociedad compleja de Mesoamérica. Objetos e influencias olmecas se han encontrado por todas partes desde México central hasta Costa Rica. Ya fuese por emulación o conquista, por motivos comerciales o por afán misionero, lo cierto es que el ejemplo olmeca de una sociedad gobernada por una clase minoritaria y dedicada al culto de los dioses y de los antepasados, se convirtió en norma para muchas zonas fuera de la región central. Algunas de esas zonas, como el valle de Oaxaca, parecen haber tenido un desarrollo casi autóctono, mientras que otras, como las de los mayas primitivos, parecen haber sido descendientes directos de los olmecas.

La primitiva civilización zapoteca

Monte Albán es un yacimiento en lo alto de una colina, situada en el punto en que confluyen los tres brazos del valle de Oaxaca, y que fue el centro del poder militar, cultural y político zapoteca, desde su aparición hacia el 500 a. C. hasta su decadencia después del 800 d. C. Sus primeros gobernantes nivelaron su cima en una serie de plazas amplias durante el formativo medio, que corres-

ponde a la fase I de Monte Albán. La plataforma de un templo está decorada con una serie extraordinaria de bloques de piedra con bajorrelieves; son figuras desnudas de hombres, en bajorrelieve pero de bulto redondo, con los ojos cerrados, la boca abierta y a menudo con los genitales mutilados, de los que fluye sangre a manera de flores. Conocidos desde hace mucho tiempo como «danzantes», no hay duda de que son retratos reales de gobernantes muertos en las guerras de conquista de Monte Albán. Relacionados con ellos están unos jeroglíficos que deben de indicar sus nombres, con unas inscripciones más elaboradas que incluyen notas sobre el sistema del ciclo completo de 52 años. Es el primer cuerpo de escritura de Mesoamérica, puesto que los olmecas sólo al final de su expansión utilizaron una escritura muy rudimentaria. Es posible que fueran los zapotecas los inventores tanto de la escritura como del calendario mesoamericano.

Monte Albán II es una ocupación del asentamiento a finales del formativo, que desarrolla la herencia de Monte Albán I. La estructura más notable del período es la construcción J, un monumento de piedra con una planta en forma de punta de flecha gigantesca, con oscuros pasillos interiores, construidos según el principio de la bóveda de cuervo o arco «falso». Monte Albán II estuvo más marcado por la expansión conquistadora que la fase I, incluyendo la región de Cuicatec. Esos triunfos se celebraron en bloques de piedra fijados a los muros del edificio, con inscripciones jeroglíficas que dan el nombre de la ciudad conquistada y la fecha de la conquista. Justamente «arte de conquista» podría ser la expresión adecuada para la escultura del Monte Albán preclásico, cuando los zapotecas consolidaron uno de los Estados más vastos en la Mesoamérica primitiva.

Dainzú, al sureste de la ciudad de Oaxaca, presenta un estilo escultórico muy similar en el período de Monte Albán II; sólo que no insiste en los cautivos sino en los jugadores de pelota vestidos con uniformes protectores (la pelota de goma usada en el juego era sólida y muy peligrosa), que incluían un gorro parecido a los yelmos de las justas en la Europa medieval. Pese a lo cual, algunas de las figuras muy bien pudieron morir en dicho juego.

LAS CULTURAS DE TUMBAS EN EL OESTE DE MÉXICO

Algunos de los objetos más frecuentes en las colecciones museísticas del arte precolombino son grandes figuras huecas de arcilla, que representan a hombres y animales y que proceden del oeste de México. Están ejecutadas en un estilo naturalista y vivo que se gana las simpatías del contemplador. Todas esas figuras parece que proceden de tumbas de los estados occidentales de Colima, Nayarit y Jalisco; pero ningún arqueólogo profesional ha podido excavar y catalogar una tumba intacta, aunque sí se han descrito algunas saqueadas.

Las tumbas se cavaban bajo tierra en el suelo de toba volcánica, a las que se llegaba por pozos profundos. Como los esqueletos no interesaban a los depredadores, a menudo continuaron en el lugar, proporcionando una prueba clara de que se utilizó una tumba —a veces con múltiples cámaras— para los enterramientos de una familia o linaje durante un período considerable de tiempo.

Dada la falta de información arqueológica sobre tales tumbas y acerca de las figuras de arcilla, no conocemos su datación exacta; pero es probable que pertenezcan todas a la última parte del período formativo. Las más

antiguas son, probablemente, los llamados «chinescos» de Nayarit. Como todas las figuras más o menos humanas de la zona, parece que se trata de parejas hombre-mujer (que representan tal vez a los antepasados), pero están admirablemente estilizadas, con ojos rasgados y cuerpos sedentes y muy alargados.

En el último estilo Nayarit hay guerreros, grupos completos de poblados con casas, gentes y hasta templos, así como canchas completas para el juego de pelota, con jugadores y espectadores.

En el plano estilístico, las figuras más impresionantes son las procedentes de Colima, que presentan a los humanos ocupados en una gran variedad de actividades (como el transporte de cargas de cerámica al mercado), acompañados de sus perros. Éstos eran de una raza especial, que se engordaba con maíz y que en el México antiguo se empleaba como fuente de proteína.

Durante mucho tiempo se creyó que la escultura funeraria del oeste de México era un arte de bodegón, que representaba la vida cotidiana de un modo que podía divertir en el más allá a los muertos a los que se honraba. Recientemente, sin embargo, el antropólogo Peter Furst ha puesto en entredicho esa interpretación, sugiriendo que ese arte básicamente funerario tiene dos temas importantes: el chamanismo y el mundo de los muertos. Los llamados «guerreros», por ejemplo, están de hecho en una postura que era la que adoptaban efec-

Derecha: **Culturas funerarias del oeste de México**
Se conocen miles de grandes figuras en cerámica, que han salido a la luz de tumbas profundas a través de pozos excavados en la piedra volcánica de tufo, que se da en los estados occidentales mexicanos de Colima, Jalisco y Nayarit. Tales tumbas, que a menudo tienen varias cámaras, se cree que sirvieron de enterramiento a familias enteras o clanes. Nunca han podido datarse en forma satisfactoria, pero probablemente haya que situarlas a finales del período formativo.

Las figuras sepulcrales de Colima son de una perfección excepcional, y a menudo representan guerreros blandiendo clavas y espadas. Se ha sugerido que pudiera tratarse de chamanes en actitud de lucha para hacer frente a los espíritus malos o a los chamanes rivales.

Jalisco es un estado muy grande, cuya arqueología está apenas desarrollada, las figuras de sus tumbas presentan una gran variedad de estilos y pueden cubrir un largo período de tiempo.

Las figuras funerarias más antiguas son probablemente las de Nayarit, en un estilo «chinesco». Las más recientes de ese estado aparecen por lo general en parejas de hombre-mujer; lo cual sugiere probablemente que la mayor parte del arte funerario del oeste mexicano está relacionado con figuras ancestrales. La escultura funeraria más renovada de dicho estado reproduce casas individuales de dos pisos y hasta aldeas enteras, a veces con docenas de figurillas ocupadas en todo tipo de actividades. También se conocen escenas de patio de pelota realizadas en arcilla.

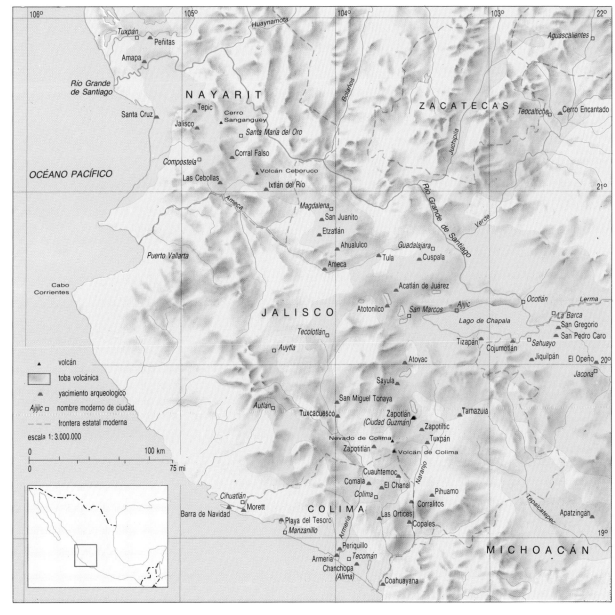

tivamente los chamanes del Nuevo Mundo cuando estaban dando la batalla a los espíritus malos o a otros chamanes, mientras que los grupos de la casa de dos pisos de Nayarit retratan, según parece, el mundo superior de los vivos y el mundo inferior de los difuntos. Y se podría destacar asimismo que los perros, según la creencia mesoamericana, eran los que conducían las almas de sus dueños a través de su versión de la laguna Estigia en el viaje espantoso hacia el mundo inferior.

Por insatisfactorios que sean nuestros conocimientos actuales, podemos lograr una visión casi única del mundo primitivo mesoamericano a través de tales figuras.

LA TEOTIHUACÁN CLÁSICA Y SU IMPERIO

La oscuridad relativa y el retraso cultural en que había caído el valle de México tras la decadencia de la influencia olmeca, experimentaron un cambio drástico a comienzos de la era cristiana con la ascensión de Teotihuacán. La fundación de esta ciudad, la mayor de América antes de la conquista, marca el comienzo del período clásico en Mesoamérica, al menos por lo que respecta al México central. (El período clásico se prolonga más de dos siglos en las tierras bajas de los mayas.) No hubo ciudad, Estado ni cultura que ejerciera sobre el resto de Mesoamérica una influencia mayor que Teotihuacán; ni siquiera los olmecas, los toltecas o los aztecas. Por ello es virtualmente cierto que Teotihuacán fue la capital de un imperio más poderoso, incluso, que el azteca. Lo cual no quiere decir que no hubiera entidades independientes dentro de su territorio (como las hubo, de hecho, entre los aztecas). Los zapotecas de Monte Albán, por ejemplo, parece que conservaron su integridad política y que trataron con los teotihuacanos por una vía diplomática; pero su cultura no deja de reflejar la huella de Teotihuacán.

La ciudad de Teotihuacán

La gran metrópoli se tiende en el valle de Teotihuacán, una llanura bien irrigada en la parte nordeste del valle de México, donde el río San Juan y sus afluentes desembocan en el lago de Texcoco. A las ventajas agrícolas de esta región favorecida se suman algunas fuentes caudalosas y perennes que, junto con otros arroyos menos seguros, ofrecían buenas posibilidades de regadío. William Sanders y sus compañeros han defendido durante largo tiempo la idea de que Teotihuacán fue una civilización de regadío o «hidráulica»; pero por desgracia las pruebas claras de la existencia de canales en el valle por esas fechas tempranas son realmente escasas.

La ciudad es uno de los yacimientos del Nuevo Mundo mejor excavados e investigados con mayor amplitud; buena parte de esos trabajos los ha llevado a cabo René Millon, de la Universidad de Rochester, que dirigió el Teotihuacan Mapping Project. Ahora sabemos que la zona urbanizada de Teotihuacán cubre más de 20 km². Mientras que en la parte noroccidental hay algún asentamiento del formativo tardío, la mayor parte parece haber sido levantada y dispuesta en forma de parrilla mediante una operación masiva. Sólo cabe hacer conjeturas acerca de su censo de población, pero se puede pensar razonablemente que estuvo entre los 125 000 y los 250 000 habitantes, haciendo de Teotihuacán una ciudad mucho mayor que la mayoría de las ciudades del Viejo Mundo por aquellas fechas. La unidad modular básica del plano urbano de Teotihuacán fue la vivienda cuadrada, de 50-60 m de lado, y de un piso, rodeada por un muro exterior alto. Dentro de los

recintos más opulentos, ubicados por lo general más cerca de la Avenida de los Muertos que los otros, los cuartos de estar y los dormitorios techados daban a unos espacios abiertos, parecidos a los atrios romanos, que de ordinario estaban flanqueados por bajas plataformas de entablados en las que podían celebrarse las ceremonias de la familia o del clan. En esos complejos residenciales de la clase alta o media, las paredes interiores estaban decoradas con figuras y escenas muy repetitivas de su mitología de trazos estilizados. La más famosa de esas representaciones es el llamado Paraíso de Tláloc, en el palacio de Tepantitla, que se supone representa el cielo al que iban los que habían muerto por agua (como eran las muertes por anegamientos, chispas de rayo o hidropesía); pero es más probable que se trate de un reino presidido por la diosa araña, cuyo culto estaba muy difundido. La multitud de figuras que danzan y juegan en un paisaje de árboles, flores y mariposas se ha hecho justamente famosa.

Lejos de las residencias elegantes del centro de la ciudad estaban las viviendas mucho menos impresionantes de los artesanos y de los pequeños comerciantes. Las excavaciones han demostrado que debieron de ser muy parecidas a las aglomeraciones de las ciudades tradicionales de Europa o del Próximo Oriente en tiempos medievales, con cuartos diminutos, enormes aglomeraciones y callejuelas miserables.

Dentro de la ciudad se han descubierto centenares de talleres de obsidiana, que fue uno de los recursos locales más importantes, indispensable como material para instrumentos cortantes en la Mesoamérica antigua. Teotihuacán controlaba algunas de las canteras de obsidiana más importantes. La ciudad producía asimismo una cerámica selecta, que se exportaba a toda el área mesoamericana, y especialmente a la zona maya. Típicas muestras de la cerámica exquisita de Teotihuacán, imitada y hasta importada por minorías extranjeras dentro de la órbita cultural teotihuacana, son los cilindros montados sobre trípodes y provistos de corbetera. A menudo aparecen estucados o pintados con escenas mitológicas en el estilo mural de la metrópoli. Delicadas naranjas de loza, producidas tal vez en el moderno estado de Puebla, son otra prueba de la influencia de la ciudad sobre el resto de Mesoamérica, toda vez que aparecen entre las ofrendas con que se honraba a los muertos en puntos tan distantes como la zona maya.

La economía y cultura de Teotihuacán

Una primera cuestión que se plantean los mesoamericanistas es cuál fue la base económica que dio origen a Teotihuacán y le permitió afianzar su dominio arrollador. Por lo que hace a la agricultura, el valle de Teotihuacán nunca habría podido mantener a una población tan numerosa como la que habitaba la ciudad antigua, ni siquiera habiendo practicado el regadío. Sin embargo, en los mapas de Millon hay indicaciones de *chinampas* en una sección de Teotihuacán. En tiempos aztecas, las *chinampas* (los mal llamados «huertos flotantes») eran cuadros rectangulares de tierra, dejados por la abertura del canal en las márgenes pantanosas del gran lago, que se fertilizaban con la aplicación de estiércol y maleza de las charcas. Alcanzaron una fertilidad increíble y llegaron a ser «la cesta del pan» para la capital azteca. Las *chinampas* sobreviven todavía en la zona de Xochimilco, al sur de Ciudad de México; es curioso que la orientación de la red de canales de Xochimilco sea exactamente la misma que la de Teotihuacán, y es probable que la base de subsistencia de la ciudad antigua, incluyendo todo el valle de México, se apoyase en sus *chinampas*.

Civilizaciones mesoamericanas en el período clásico
El florecimiento clásico de la civilización mesoamericana, que empezó en el siglo II d. C., fue un período en que las clases dirigentes consolidaron su poder y empezaron a ejercer una influencia política y cultural sobre los territorios colindantes. En cambio, por debajo de aquella minoría intelectual la suerte mísera de los campesinos apenas si cambió desde los tiempos del período formativo. Ningún centro disfrutó de mayor éxito que Teotihuacán, que creció hasta desarrollar una amplia red comercial a través de gran parte de Mesoamérica, incluyendo las tierras mayas. Y con las transacciones comerciales llegó el

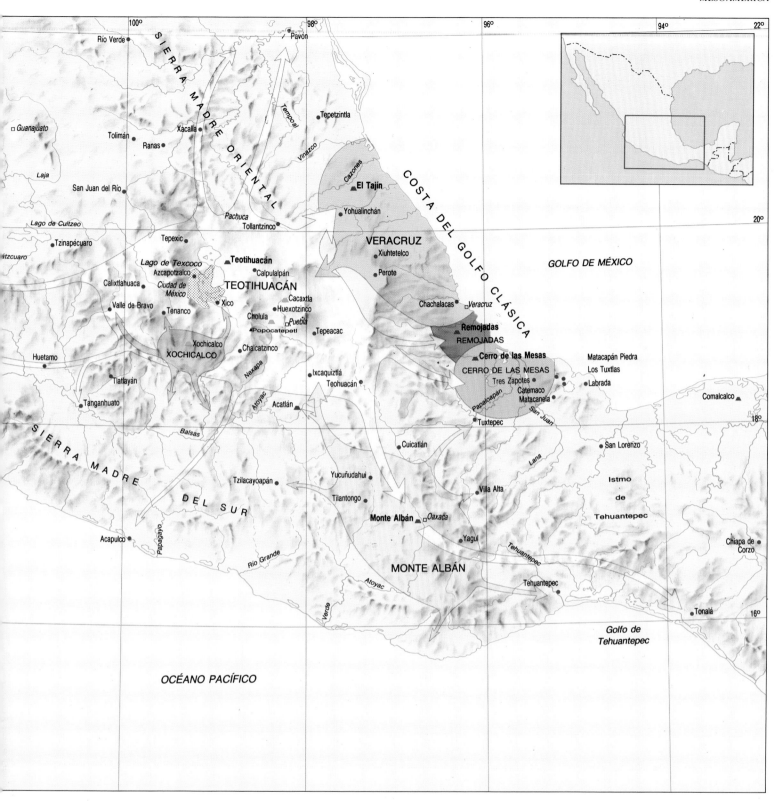

intercambio cultural: el arte de los teotihuacanos influyó en los estilos de las otras civilizaciones que surgieron por aquella época, mientras que Teotihuacán recibía la influencia de los estilos de la costa del golfo y de Monte Albán, al menos en sus estadios iniciales. Cuando Teotihuacán decayó en el siglo VII, empezaron también a cambiar las relaciones de las tierras altas mexicanas con los mayas, que hasta entonces habían dominado los primeros. Las pruebas proporcionadas por asentamientos como los de Cacaxtla y Xochicalco –así como del período tardío de Monte Albán– revelan una poderosa presencia maya en el período que siguió al colapso de Teotihuacán.

No cabe duda de que Teotihuacán mantuvo estrechos lazos comerciales con el resto de Mesoamérica. Miles de artesanos producían hojas, cuchillos, puntas de flecha y otros instrumentos de uso frecuente, hechos de obsidiana destinados al comercio exterior; la materia prima procedía de las minas de Pachuca, que proporcionaban una obsidiana fina y verduzca y que estaban bajo el control de Teotihuacán. Las investigaciones arqueológicas han demostrado que en la gran urbe residían mercaderes extranjeros y quizá también artesanos. El proyecto Millon sacó a luz un barrio entero de Oaxaca repleto de sus ídolos zapotecas de loza gris; y las excavaciones suecas de la década de 1930 descubrieron en otro sector de la ciudad una cerámica policroma de comienzos del clásico maya, hecha en las tierras bajas de Petén.

Habría que llamar la atención sobre el hecho de que mientras abundan los jeroglíficos dispersos por Teotihuacán, probablemente con datos de calendario en su mayoría, no aparecen documentos escritos de aquella civilización. Así, cualquier reconstrucción de las formas de gobierno y de sociedad en Teotihuacán ha de quedarse en el terreno de las meras conjeturas. El modo de reconstruirlas depende de la disposición que uno tenga para proyectar al pasado remoto el modelo azteca de imperio, para el que contamos con documentación detallada. ¿Fueron los aztecas, a través de los toltecas, los herederos culturales de Teotihuacán? ¿Hablaban los teotihuacanos una forma ancestral de nahua o náhuatl, que era la lengua azteca? Sabemos que el Estado azteca fue un imperio de conquista, y que el sostén principal

Teotihuacán

Derecha. Plano del centro ceremonial de Teotihuacán. La vista aérea y de superficie del proyecto cartográfico de Teotihuacán ha identificado más de 5000 construcciones, de las que 2300 fueron residencias. La intensa actividad constructora se inició hacia el 400 d. C., cuando la ciudad adoptó la forma que iba a conservar hasta su destrucción.

Abajo. La Pirámide del Sol destaca por el Oeste sobre un gran conjunto de construcciones. Los montículos que recubren ese eje Norte-Sur, sin excavar en su mayoría hasta la década de 1960, se creía que contenían enterramientos; de ahí su falsa denominación de Avenida de los Muertos. Los arqueólogos descubrieron sin embargo unas plataformas, que se cree fueron bases de templos y espacios en que los sacerdotes desarrollaban sus actividades rituales. Las construcciones frontales a la pirámide pudieron haber sido las viviendas de los mismos sacerdotes. La montaña dominante de Cerro Gordo sirve como telón de fondo dramático a la Pirámide de la Luna, y fue sin duda el punto focal para el alineamiento de la avenida principal.

El eje principal de Teotihuacán es la Avenida de los Muertos, que discurre en dirección Norte-Sur (de hecho está orientada a 15°03' al este del verdadero Norte, según parece por razones astronómicas). La fotografía aérea ha revelado la existencia de una avenida Este-Oeste en ángulo recto con la principal. El centro de la ciudad, enmarcado por dichas avenidas, estaría frente al gran recinto cuadrado, que tal vez era el palacio real y que se conoce como la Ciudadela. Teotihuacán estaba así dividida en cuartos, como los que sabemos existieron en la capital azteca de Tenochtitlán, muy posterior.

La construcción más imponente de Teotihuacán –que puede verse a varios kilómetros de distancia– es la Pirámide del Sol. Los túneles abiertos por los arqueólogos en las seis últimas décadas han demostrado que en buena parte fue construida a finales del formativo tardío por trabajadores que colocaron millones de adobes y de cestas de cascotes. En su forma final se alzaba sobre cuatro grandes hiladas hasta una cima de 70 m de altura, sobre la cual se erguía probablemente la estructura de un templo adintelado. No sabemos si ese templo estuvo dedicado al culto del Sol, como quería la tradición azteca; pero un descubrimiento reciente sugiere por qué se levantó allí la pirámide. Se ha demostrado que era una cueva natural, ampliada por los antiguos hasta convertirla en una cámara de planta en forma de trébol, y a la que se llegaba por un túnel hasta el punto que queda justamente debajo del verdadero centro de la pirámide. Por razones histórico-etnográficas se ha sugerido que los primitivos teotihuacanos podrían haberlo considerado como un «lugar de emergencia» sobrenatural, una especie de cueva-matriz, de la que surgieron los antepasados de las tribus. Dado que la pirámide del Sol no sólo es la estructura ritual más antigua, sino también la más amplia de la ciudad, ello podría explicar también por qué la propia ciudad fue levantada allí y no en cualquier otro punto del valle de México.

En el lugar hay otras construcciones rituales importantes. La Pirámide de la Luna, no tan imponente como la del Sol, está ubicada en el extremo septentrional de la Avenida de los Muertos. Como muchas de las construcciones importantes de Teotihuacán, su exterior ofrece un motivo arquitectónico típicamente teotihuacano: un entablamento rectangular y enmarcado sobre una mezcla inclinada. Todos los exteriores están recubiertos de argamasa espesa y blanca, y habitualmente se decoraban con escenas mitológicas pintadas de rojo o policromas. Ya nos hemos referido a la *Ciudadela*. Fundamentalmente, se trataba de un patio amplio y hondo, cerca de cuyo centro se encuentra el imponente templo de Quetzalcoatl, una pirámide con entablamento de mampostería con cuatro lados, sobre la cual alternan las austeras figuras en relieve de serpientes emplumadas con serpientes fuego, expresando la oposición básica entre el verdor y la vida, de un lado, y los desiertos cálidos y ardientes, del otro.

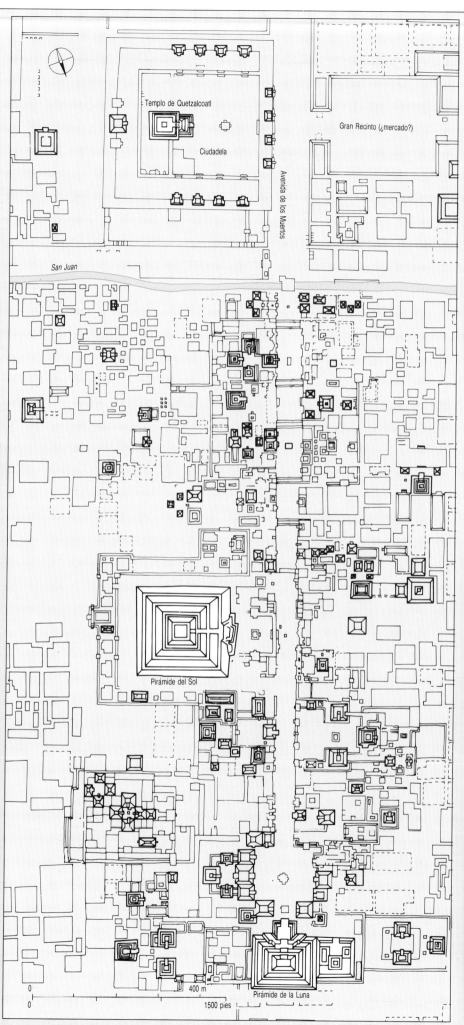

Arriba. Las máscaras de piedra y terracota son distintivas entre los artefactos de Teotihuacán. De tamaño natural o algo menores, pueden haberse aplicado a las momias. Tal vez tenían un propósito de retrato, y por la configuración y dimensión faciales se reconocen como de Teotihuacán. Proporciones similares se dan en las figurillas e incensarios de terracota, que se produjeron en cantidades masivas, y también en esta mascarilla de jade.

Abajo. La reproducción más naturalista de un águila, fechada en el período más temprano de la pintura mural, se repite en la base de la plataforma del templo de las conchas emplumadas.

A pie de página. Este vaso en forma de trípode, estucado y pintado, reproduce la cabeza de un jaguar emplumado, tema frecuente en el arte de Teotihuacán.

El juego de pelota mesoamericano

El juego de pelota fue, en principio, panmesoamericano. Se jugaba con una pelota grande y sólida de caucho, y en un patio especialmente construido, entre dos equipos opuestos. Las canchas más antiguas se remontan a los tiempos olmecas, y eran estructuras simples, en forma de pilón, contenidas entre muros de tierra. En el período clásico se han encontrado patios de mampostería con superficies inclinadas por toda Mesoamérica, excepto en Teotihuacán, donde los sectores hundidos de la Avenida de los Muertos pudieron desempeñar el mismo papel. Aunque la pelota no se podía tener en la mano durante el juego y los mejores tiros se hacían de cadera, es muy poco lo que sabemos de las reglas y de cómo se ganaban los puntos. El equipamiento protector de los jugadores incluía un cinturón ancho y pesado de madera y cuero, protectores de las caderas y las rodillas, guantes y, en algunas zonas, también cascos. Pese a todo ello, el juego resultaba muy peligroso por la velocidad y el peso de la pelota.

El juego de pelota no era una simple competición atlética. La misma cancha era un diagrama cosmológico, y la pelota simbolizaba el Sol. El juego estaba profundamente imbuido de la imaginería de la muerte y del sacrificio, y las ceremonias subsiguientes al juego parecen haber incluido el sacrificio de los perdedores.

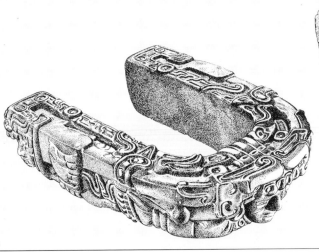

Arriba izquierda. Panel en relieve de una cancha en El Tajín. El capitán del equipo perdedor es tendido en una piedra sacrificial y uno de los vencedores hunde su cuchillo en el pecho del derrotado. *Extremo izquierdo.* «Yugo» de diorita, perteneciente a la cultura clásica del centro de Veracruz. Los yugos eran réplicas en piedra de los cinturones protectores de madera y cuero, que los jugadores de pelota llevaban en las ceremonias posteriores del partido. *Centro izquierda.* Palma de basalto que reproduce a un cautivo atado. Cultura clásica de Veracruz central. Las «palmas» eran piedras espatuladas que se colocaban en la frente de los portadores de yugos en los ritos siguientes al partido de pelota. *Izquierda.* Hacha de basalto o pequeña cabeza en piedra, que representa un cóndor. Las «hachas» se llevaban al igual que las palmas en la frente de los yugos.

de su economía no fue tanto la producción directa de alimentos y otros artículos necesarios como la obtención de pesados tributos que arrancaban por la fuerza a las poblaciones subyugadas y que se resistían a tales gravámenes. Los indicios del «horizonte Teotihuacán» en Mesoamérica sugieren en buena parte el mismo estado de cosas, aunque en una escala mucho mayor.

Pero el Estado de Teotihuacán no estuvo movido sólo por fuerzas económicas; lo guiaba también una ideología. Los olmecas tuvieron sus dioses, que nosotros sólo podemos identificar de una manera muy indirecta comparándolos con divinidades mesoamericanas posteriores, pero en Teotihuacán nos encontramos con dioses perfectamente reconocibles en los términos de los sistemas religiosos posteriores de Mesoamérica, y en concreto el azteca. Aquí están presentes Tláloc, el dios de la lluvia; Chalchiuhtlicue, la diosa del agua y esposa de Tláloc; Mictlantecuhtli, señor del mundo inferior; Quetzalcóatl, la serpiente emplumada, y toda una caterva de divinidades que formaban parte del culto estatal de Teotihuacán. Como ha puesto de relieve el erudito Ignacio Bernal, en Teotihuacán nos hallamos en presencia de la primera cultura plenamente mesoamericana.

La caída de Teotihuacán

En el siglo VII d. C. terminó la hegemonía cultural en Mesoamérica del Estado de Teotihuacán. Por falta de documentos escritos resulta difícil saber con seguridad las causas que determinaron la desaparición de Estados antiguos. El ya fallecido George Vaillant supuso que la causa pudo haber sido la degradación del ambiente, debida a una deforestación masiva de las tierras altas mexicanas. Las cantidades ingentes de yeso y argamasa usados en la construcción de Teotihuacán podrían ser producto de la quema de cantidades incalculables de madera.

Una cosa es segura, sin embargo, que gran parte de la ciudad fue destruida por las llamas, debido a invasión o a una insurrección interna. Los indicios más convincentes de segunda posibilidad se dan en las zonas más elitistas, que flanqueaban la Avenida de los Muertos. El impresionante palacio de la Mariposa-Quetzal, en el lado occidental de la plaza fronteriza a la pirámide de la Luna, fue quemado y destruido. Pese a ello la gente siguió viviendo de la ciudad, al menos en los barrios que había escapado a la destrucción, a lo largo de todo el período azteca.

Cuando los emperadores aztecas hacían su peregrinación anual a Teotihuacán, parte de la ciudad estaba cubierta de ruinas. Sus glorias se recordaban sólo en términos mitológicos: su construcción se debió a los gigantes, y la ciudad alcanzó tal importancia, que los dioses volvieron a crear el mundo en el lugar donde se asentaba.

LA CIVILIZACIÓN CLÁSICA DE VERACRUZ

Durante los últimos siglos antes del nacimiento de Cristo, todo lo que había quedado de civilización olmeca sufrió transformaciones tan importantes, que difícilmente puede reconocerse como tal. En centros grandes y ocupados durante largo tiempo, como Tres Zapotes, en las pendientes de la cordillera de Tuxtla, se mantuvieron algunas tradiciones escultóricas olmecas; pero en Chiapas y Guatemala los lazos con la tradición protomaya de Izapán fueron mucho más fuertes que con la tradición olmeca más antigua. Lo más significativo es que en el siglo I a. C. los intelectuales y la minoría culta del sur de Veracruz habían empezado a calcular las fechas según el calendario conocido como de cálculo largo; ese gran avance lo compartió también la

Arriba. Ilustración de un vaso del clásico tardío, procedente de la zona maya central. Dos competidores se lanzan una pelota de caucho, de proporciones exageradas, frente a una superficie escalonada y destinada al juego. Puede ser la ilustración de una escena del *Popol Vuh* (la epopeya de los mayas quichés), en la que dos parejas de mellizos se alternan para jugar un partido de pelota con los señores del mundo inferior.

Izquierda. La cancha en forma de I de Xochicalco, en Morelos, México. Finales del período clásico. Es una de las primeras canchas con anillas en los muros verticales encima de las superficies del juego. Según una tradición tardía, el jugador que metía la pelota a través de una anilla no sólo ganaba el juego sino que obtenía también los vestidos y joyas de los espectadores.

tradición Izapán y acabó desembocando en el calendario maya clásico. Sin embargo, el uso del cómputo largo desapareció por completo después del siglo VI d. C., con la única excepción de las tierras bajas mayas.

Cerro de las Mesas

Ocupado desde el formativo medio hasta el período posclásico, Cerro de las Mesas es un yacimiento en un montículo muy amplio, del que sólo existen planos y mapas trazados por Barbara Stark, de la Arizona State University. La larga secuencia arqueológica del asentamiento es aún poco conocida. Las excavaciones y exploraciones efectuadas por Matthew Stirling sugieren que su período de apogeo fue el clásico temprano, del 300 al 600 d. C. y coincidiendo con la era hegemónica de Teotihuacán. Poco es lo que se sabe de la arquitectura del asentamiento, que se construyó principalmente con tierra y arcilla, aunque Cerro de las Mesas tiene un gran número de monumentos en piedra, ninguno de ellos olmeca. Dos son estelas con fechas de la cronología larga, que corresponden, respectivamente, a los años 468 y 533 d. C. Asociadas a las mismas hay figuras en relieve con hombres sobre zancos. Los acontecimientos recordados en esas fechas son probablemente históricos.

Que los gobernantes de Cerro de las Mesas en el período clásico fueron coleccionistas destacados, lo demuestra el descubrimiento fortuito de un enorme alijo de objetos de jade y serpentina, enterrados debajo de una escalera de arcilla. En ese virtual tesoro han aparecido algunos objetos, como una canoa de jade inciso con rostros de hombre-jaguares en el estilo olmeca de La Venta, columnitas de jade procedentes de Costa Rica y placa y pendientes asimismo de jade del primitivo clásico maya. Cerro de las Mesas, como otros yacimientos de Veracruz central a comienzos del período clásico, se caracteriza por las figuras de cerámica grandes y huecas de sus divinidades, entre las que destaca singularmente un ídolo andrógino del dios del fuego viejo.

El Tajín y la civilización clásica de Veracruz

Si hay un rasgo que pueda definir la civilización clásica de Veracruz es sin duda el juego de pelota, altamente ritualizado, que tiene raíces profundas en la cultura olmeca. En la costa del golfo, ese juego pan-mesoamericano estuvo íntimamente asociado con los sacrificios humanos y con el mundo infernal, y tal vez comportaba la inmolación del capitán del equipo perdedor.

Tres tipos de objetos de piedra son particularmente frecuentes en las colecciones de la Veracruz clásica, y los tres han podido demostrarse que estaban asociados con el juego de pelota. El primero es el «yugo» de piedra, un objeto en forma de U que representa el cinturón protector de lana y cuero que se llevaba en la cintura durante el juego. El segundo es el hacha o «fina cabeza de piedra», y el tercero, la palma o «piedra en forma de palma». Cualquiera de estos dos últimos podían estar sobre la parte frontal del «yugo» durante las ceremonias y sacrificios que seguían al juego. Tales objetos están abundantemente adornados con motivos mitológicos del mundo inferior sobre un fondo de volutas entrelazadas y levantadas en los bordes, que constituyen la marca distintiva del arte de Veracruz central durante el período clásico dondequiera se han encontrado. Ese estilo va frecuentemente asociado en la literatura con los totonacas, y puede ser significativo que estos indios reclamasen para sí el haber sido los constructores de Teotihuacán. Algunos de los relieves en piedra de Veracruz central son conocidos por Teotihuacán, así como la plataforma de un templo cercana a la Avenida de los

El Tajín

Arriba. El dios de la muerte emerge del diseño de una greca intrincada; es un monumento que se encuentra en las escaleras de una construcción de El Tajín.

Derecha. La Pirámide de los Nichos (18 m de altura), es probablemente el edificio más antiguo de El Tajín y se fecha hacia el 600 d. C. Trescientos sesenta y cinco nichos, de 0,6 m de hondura, recubren las cuatro caras de la pirámide, creando un fuerte juego de luces y sombras bajo el cielo tropical de Veracruz.

Abajo. Vista de El Tajín, con la Pirámide de los Nichos en el centro, rodeada de pirámides y canchas. Tajín Chico, una sección de construcciones más recientes y distinta orientación, queda al Norte. Formado en gran parte por montículos sin excavar, el centro ceremonial apenas ocupa 60 hectáreas de una zona arqueológica de 950. Se sabe que al menos 12 de los montículos eran juegos de pelota, lo que representa la cifra más alta de cuantos se han identificado en todos los yacimientos de Mesoamérica. La cronología de El Tajín apenas la conocemos, pero el asentamiento de Veracruz debió de alcanzar su apogeo a finales del período clásico.

La construcción más notable en El Tajín es la Pirámide de los Nichos, una pirámide escalonada de cuatro lados, con una escalinata en la cara Este y 365 nichos, en cada uno de los cuales la leyenda sitúa un ídolo correspondiente a cada día del año. Otros edificios de El Tajín, tal vez palacios o construcciones administrativas, tienen techos en azotea de cemento sólido. En la arquitectura de El Tajín el motivo decorativo dominante era la greca escalonada, que tal vez representaba las nubes de lluvia.

Son al menos tres las canchas de piedra que se conocen en El Tajín. La mayor tiene tres relieves en piedra soibre cada muro frontal, todos realizados con el entrelazamiento de espirales típico de Veracruz; sólo que el tema está lejos de ser meramente decorativo: en las canchas hay escenas de sacrificios humanos, con los participantes exhibiendo el reglamento de «yugos» y palmas. Otro relieve muestra a un dios echando sangre por el pene en un acto de autoinmolación típico de Mesoamérica. En la medida en que se ha estudiado seriamente la iconografía clásica de Veracruz, está claro que evidencia estrechas relaciones con la ideología de la minoría clásica maya acerca del mundo inferior.

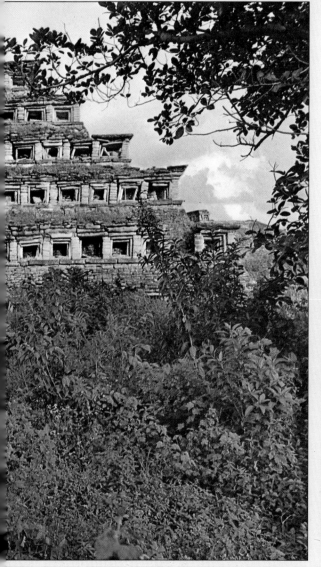

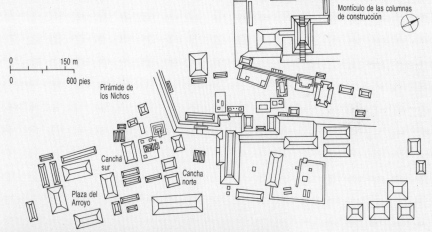

Arriba. El montículo de las Columnas de construcción domina la plaza de Tajín Chico. Denominada así por seis columnas, hechas con discos de piedra de 25 cm de espesor –un recurso arquitectónico único en El Tajín–, la construcción es probablemente de la fase final.

Izquierda. Panel suroccidental (1,7 m de altura por 2 m de ancho) de la cancha del Sur. La figura central del hombre pájaro eleva sus brazos sobre una figura inclinada y destinada al sacrificio, a la que rodean unos músicos con instrumentos de percusión. Por encima de la escena sacrificial emerge entre las volutas una figura esquelética. El juego de pelota y los sacrificios rituales, presentados en estilo narrativo sobre paneles tallados en piedra, decoran las construcciones principales de El Tajín.

Muertos, adornada con murales policromos, en que aparecen los motivos de volutas de Veracruz.

El «yacimiento tipo» de la civilización clásica de Veracruz es El Tajín, en el país de los totonacas al norte-centro de Veracruz, una región fértil de bajas colinas y conocida por su producción de vainilla. Constituye un vastísimo conjunto de arquitectura de piedra, que en gran parte pertenece a finales del período clásico (600-900 d. C.) y que recuerda a algunos de los grandes centros clásicos de las tierras bajas mayas.

Veracruz y Teotihuacán

La presencia de la cultura teotihuacana no es tan patente en Cerro de las Mesas y en El Tajín, tal vez por la falta de una excavación moderna en esos yacimientos. Pero en el montículo y yacimiento de Matacapán, en la cordillera de Tuxtla, hay pruebas de que los teotihuacanos establecieron un puesto al borde del camino, tal vez un puesto de correos que regulaba el comercio a larga distancia. En los comienzos del período clásico construyeron algunas plataformas con tierra y lodo, según el estilo arquetípico de entabladura y rebozo, que anuncian con toda exactitud las plataformas funerarias de los nobles en uno de los puestos marginales más distantes: Kaminaljuyú, en el altiplano de Guatemala.

La cultura de Remojadas

Grupos de montículos esmaltan las tierras bajas de Veracruz central. Aunque sólo unos pocos han sido investigados de acuerdo con la arqueología, es probable que muchos puedan adscribirse al período clásico. En varios

Arriba. Niño enseñando los dientes: una de las muchas figurillas de «Remojadas» en Veracruz central. La expresión exuberante confiere un fuerte realismo al estilo, aunque el diseño incorpora rasgos geométricos. El significado de tales figuras espera todavía una explicación. Otras esculturas de Remojadas incluyen guerreros, jugadores de pelota, enamorados y animales.

Abajo. La estela 6 presenta a un hombre atado, en pie, frente a un glifo. De su boca sale un rollo escrito. Es una de las 16 estelas recuperadas, pertenecientes al período III (100-600 d. C.) y en las que aparecen cautivos o conquistadores. Las pruebas de un sistema primitivo de escritura y en relación con la conquista no son anteriores al período I (500-200 a. C.).

Monte Albán

En el período clásico, Monte Albán fue un importante centro de culto, de piedra y dotado de plazas, terrazas, plataformas de templo y una pirámide muy grande (todavía sin excavar). Las plataformas parecen haber sostenido templos poco elevados con techos en azotea y sobre vigas, con un estilo parecido al de Teotihuacán, aunque con diferencias en los detalles del entablamento. En el curso de las excavaciones mexicanas de la década de 1930, Alfonso Caso y sus colegas descubrieron 170 tumbas subterráneas en Monte Albán, la mayoría de las cuales pertenece al período clásico (Monte Albán IIIA y B), y muchas son realmente suntuosas.

Abundan mucho las estelas y otros relieves en el Monte Albán clásico. Muchas de ellas están incorporadas arquitectónicamente a las plataformas. En ellas aparece un escrito en buena parte sin descifrar (la escritura decaía claramente entre Monte Albán I y II). Sólo las anotaciones calendáricas han podido entenderse, aunque de manera parcial: parecen haber expresado los días en términos de un calendario de 52 años (es decir, en términos de un cálculo de 260 días al año en un ciclo de 52 años), así como en una «semana» de 13 días. Las fechas aparecen asociadas principalmente a acontecimientos de conquista, lo que es una herencia del período formativo en Monte Albán. Los cautivos atados aparecen con un signo que indica el nombre de la ciudad conquistada por los señores de Monte Albán. Un relieve parece tener como tema un asunto más pacífico. Según Joyce Marcus, representa una procesión de emisarios de Teotihuacán, portando ofrendas o dones a las autoridades zapotecas. Todo parece indicar que las relaciones con el poderoso Imperio eran amistosas.

Abajo. Las construcciones en la plaza mayor de Monte Albán surgieron en el período III. La población alcanzó los 20 000 habitantes. Las residencias, construidas sobre terrazas en las laderas de la montaña, albergaron a la gran mayoría de los habitantes de Monte Albán. Las ceremonias civiles y culturales se desarrollaban en la plaza principal. Se fueron agregando edificios nuevos o ampliados, y fueron abundantes las tumbas suntuosamente decoradas y con ricas ofrendas. Para el período IV, el esplendor de Monte Albán ya se había eclipsado, y la población se dispersó a medida que los asentamientos del valle se convirtieron en centros importantes.

A pie de página. En los enterramientos de Monte Alban se encontraron numerosas urnas de terracota. Aquí tenemos a un personaje, identificado por una máscara bocal de lengua bífida. El gorro cónico (encontrado con un glifo C), el pectoral, el collar de cuentas y el lienzo que cubre los lomos se combinan en este tipo de figuras.

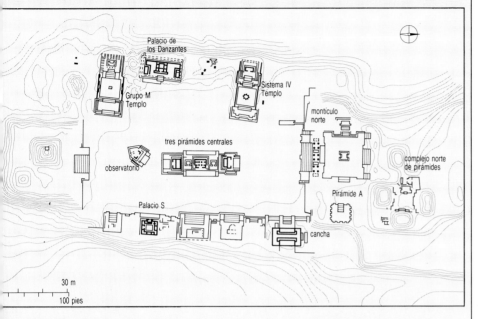

Abajo. Vista del sector suroccidental de Monte Albán. Durante el período II (200 a. C.-100 d. C.) se rebajó buena parte de la cima de la montaña, de 400 m de altitud y empezó una febril actividad constructora. El montículo J (que aparece parcialmente a la derecha, y fechado en el período II), de forma similar a una punta de flecha, pudo haber sido un observatorio, aunque a sus lados se alinean 50 losas talladas con glifos de conquista.

de esos montículos han salido a la luz figuras funerarias de arcilla que se adscriben al estilo Remojadas, y que decoradas con pintura de betún prolongándose desde finales del formativo hasta comienzos del período posclásico (después del 900 d. C.).

Las más impresionantes son ciertas figuras enormes y huecas de dioses y diosas, adorados por las poblaciones clásicas de Veracruz, y por los cihuateteos; se trata de mujeres divinizadas que murieron al dar a luz y a las que se convirtió en terribles diosas guerreras. Más agradables a la sensibilidad moderna resultan las «figuras rientes» de muchachos y muchachas de sonrisa bobalicona y manos levantadas. No hay ninguna explicación convincente para ellas, aunque se ha sugerido que representan los efectos de la ingestión de alguna planta alucinógena, como podrían ser ciertas setas psicotrópicas.

Es necesario seguir trabajando en la cultura de Remojadas. Sus manifestaciones del clásico tardío están en parte bajo una fuerte influencia maya. También puede hallarse presente el elemento teotihuacano, pues el geógrafo Alfred Siemens ha descubierto en la zona numerosas reliquias *chinampas* con la misma orientación que la propia Teotihuacán (unos 15° al este del Norte exacto), pero aún están por fechar.

Los zapotecas clásicos de Monte Albán

Los tres brazos del valle de Oaxaca presenciaron una perfecta continuidad entre los esplendores del formativo y del clásico en el Estado zapoteca, que al menos para el 400 a. C. ya se había establecido con el asentamiento de la cima de Monte Albán. Durante el llamado período formativo fueron muy pocos los centros políticos-religiosos en el valle; pero en el clásico ya sumaron varios centenares. No sólo la colina prominente sobre la que se asienta monte Albán fue reducida por entero a terrazas con el fin de acoger las unidades residenciales, sino que también se alteró la geografía de las colinas adyacentes. Fue realmente una civilización urbana, sin que llegase a ser igual por entero a la de Teotihuacán; pero sí que alcanzó una urbanización notablemente mayor que la civilización contemporánea de los mayas clásicos.

Investigaciones arqueológicas recientes han demostrado que los zapotecas del período clásico extendieron el regadío a las tierras un tanto secas del fondo del valle, lo que hizo posible allí una población considerable.

El estudio de la iconografía religiosa de Monte Albán está todavía en sus comienzos. Uno de los problemas es que gran número de las urnas de Monte Albán, que figuran en colecciones públicas, son falsificaciones modernas (de acuerdo con las pruebas de termoluminiscencia). Un diccionario español de los primeros tiempos de la conquista da los nombres de algunas divinidades zapotecas; pero debe de tratarse de una lista parcial. Entre las mismas destaca Cocijo, el dios de la lluvia, aunque también se nombra a un dios del maíz. Los dioses de las urnas y de los murales funerarios no son fáciles de identificar, pero seguramente están presentes el dios del fuego viejo, el dios del maíz y el dios de la lluvia. También se hallan representadas en su panteón algunas deidades conocidas de los mayas clásicos, como el dios jaguar del mundo inferior y una divinidad ctónica, que es el anciano Pauahtún de los mayas.

La civilización clásica de Monte Albán empezó a decaer poco después del 700 d. C., como ocurrió con Teotihuacán; y en su decadencia pronto la siguieron las tierras bajas mayas. En los últimos siglos del período clásico, a Monte Albán IIIB le sucedió Monte Albán IV, conocido por el extenso e importante yacimiento de Lambityeco, en el que se ha encontrado una tumba de

En el plano: Palacio de los Danzantes, Grupo M Templo, Sistema IV Templo, tres pirámides centrales, montículo norte, observatorio, complejo norte de pirámides, Palacio S, Pirámide A, cancha, 30 m, 100 pies

gran valor artístico, en cuyo frontis figuran las esculturas de arcilla de una pareja de dioses ancianos. Es interesante que dos lozas, de las que sabemos que fueron realizadas en las tierras bajas mayas en los últimos siglos del período clásico, hayan sido halladas en los depósitos de Monte Albán IV; sería un caso de intrusión maya, como los que conocemos por los asentamientos coetáneos en las tierras altas del centro de México.

LA APARICIÓN DE LA CIVILIZACIÓN MAYA

No hay la menor duda de que la cultura clásica de los mayas sobrepasa notablemente a las otras civilizaciones del Nuevo Mundo prehispánico. Los mayas son ciertamente el único pueblo aborigen de América que puede llamar la atención de los historiadores de la ciencia. Sus logros han sido largamente apreciados por estudiosos europeos y americanos, en gran medida a través de su arte, engañosamente «realista» de acuerdo con los criterios occidentales; pero ahora sabemos que las verdaderas premisas sobre las que aquel arte se asentó eran ajenas por completo a la mentalidad euroamericana.

El área decisiva en que se formó la civilización protomaya fue la llanura de Chiapas y Guatemala en la costa del Pacífico, así como las tierras altas que rodean la ciudad moderna de Guatemala. Hay aquí un gran número de yacimientos con relieves monumentales, de un estilo claramente ancestral respecto del arte más antiguo de las tierras bajas de los mayas, y algunas incripciones calendáricas en el cómputo largo son muy anteriores a las que conocemos de los mayas clásicos.

La civilización de Izapa

Izapa es un yacimiento clave en el primer desarrollo de la civilización maya; se encuentra en la llanura de Chiapas abierta al Pacífico, y muy cerca de la frontera guatemalteca. Lo forma un gran número de montículos de tierra revestidos con guijarros de río, y estuvo ocupado durante un largo tiempo, desde los comienzos del formativo. Alcanzó su apogeo a finales de dicho período, cuando se esculpieron muchos de los monumentos de piedra. Entre éstos se incluye el primer ejemplo del complejo estela-«altar», que luego se convertiría en el monumento típico de los mayas clásicos en las tierras bajas.

El estilo de los relieves monumentales de Izapa, y de los yacimientos emparentados, es confuso y absolutamente barroco, muy distinto del estilo olmeca anterior y más «clásico», pero que con seguridad deriva de él. Hay escenas complejas de dioses que aparecen actuando. Otras están claramente relacionadas con el gran mito del Héroe Gemelo del *Popol Vuh* (el libro sagrado de una de las naciones de las tierras altas mayas).

Mientras que Izapa no tiene anotaciones calendáricas ni nada escrito que se aproxime a las mismas en sus monumentos, fue ciertamente el mayor centro de civilización en un área que en los tiempos posclásicos y coloniales se distinguió por su inmensa producción de grano de cacao de alta calidad, que es la fuente del chocolate, tan estimado por las poblaciones prehispánicas de Mesoamérica. (Tan alta fue la cotización del cacao, que sus granos se utilizaron como moneda corriente en tiempo de los aztecas.) Y probablemente el cacao contribuyó a la precoz civilización de la llanura costera del Pacífico.

Kaminaljuyú

Probablemente el área más crucial para la transmisión de esta civilización izapiana a los mayas de Petén fue la región cercana a Kaminaljuyú, en los barrios occidentales de la moderna ciudad de Guatemala. Antes de su destrucción por la fiebre desenfrenada de las construcciones modernas, había en el asentamiento cientos de grandes montículos-plataformas, muchos de ellos pertenecientes al formativo tardío, aunque algunos eran de comienzos del período clásico, junto con las plazas anejas.

La misma inmensidad de algunos de esos centros sorprende y desconcierta. Durante la fase Chicanel de la cultura maya, en el formativo tardío, El Mirador presenció la construcción de la mayor de las arquitecturas piramidales en el hemisferio occidental, alcanzando su cuerpo inferior en su conjunto una altura de 70 m. Esos enormes templos de plataforma, revestidos de estuco, presentan un rasgo común dondequiera se encuentren: las máscaras de divinidades gigantescas que flanquean las escaleras de acceso.

Hay también pruebas de que las prácticas agrarias de los mayas en las tierras bajas, que probablemente dependían más del método de los cultivos cambiantes de tala y quema, empezaban a intensificarse por esas fechas, pues al menos algunos de los campos levantados de las zonas más pantanosas de las tierras bajas meridionales parecen ser de esa época. Ello podría explicar la explosión demográfica, de la que cada vez hay más testimonios a finales del formativo. De todos modos, la presión demográfica y el efecto estimulante de la cultura de Izapán y Kaminaljuyú pronto dieron fruto en la civilización maya clásica, tal como nosotros la conocemos.

LA CIVILIZACIÓN MAYA CLÁSICA

La civilización maya clásica es la única cultura plenamente literaria entre los aborígenes del Nuevo Mundo. Sobre sus numerosos monumentos de piedra hay esculpida una historia que ahora podemos leer gracias a los notables avances que se han hecho en el desciframiento de los jeroglíficos en el último cuarto de siglo.

La civilización «típica» maya floreció en las tierras bajas de Petén y de la península de Yucatán a lo largo de los seis siglos que van del 300 d. C. al 900. Se caracterizó por unos imponentes templos-pirámides, construidos de piedra caliza y revestidos de estuco; por estructuras de numerosas estancias, llamadas a veces «palacios»; estancias abiertas con falsa bóveda; calzadas que comunican grupos de construcciones dentro de las ciudades y a veces las mismas ciudades; patios de pelota hechos de mampostería, inscripciones monumentales sobre estelas, altares a veces asociados a las mismas, y sobre paneles murales, escaleras con jeroglíficos y a veces sobre las mismas construcciones; en las estructuras inferiores de los edificios hay también enterramientos muy notables con ricas ofrendas.

Por el contrario, las tierras altas mayas carecieron durante el período clásico de cualquier tipo de escritura (aunque lograron un notable desarrollo de la misma a finales del formativo), de la arquitectura en piedra y, por supuesto, de la falsa bóveda. Tanto en el altiplano de Guatemala como en buena parte de las tierras altas de Chiapas su cultura es muy diferente de la que campea en las tierras bajas, y en muchos aspectos apenas merece el calificativo de «maya». Vamos a examinar ahora esa cultura, tal como se manifestó en uno de los grandes y antiguos centros de Mesoamérica.

Los comienzos de la civilización clásica en Kaminaljuyú

Conviene recordar que Kaminaljuyú, en el extremo occidental de la moderna ciudad de Guatemala, fue un

Arriba. Estela II de Kaminaljuyú, finales del período preclásico de la fase Miraflores, en el altiplano guatemalteco. Las estelas de Cerro de las Mesas, en Veracruz, y en Izapa, en la costa pacífica de Guatemala, comparten motivos similares del dios de labios alargados y tocado de plumas, que anticipan los temas clásicos en las tierras bajas mayas, y que sugieren la presencia de estrechos lazos ideológicos en una amplia zona geográfica.

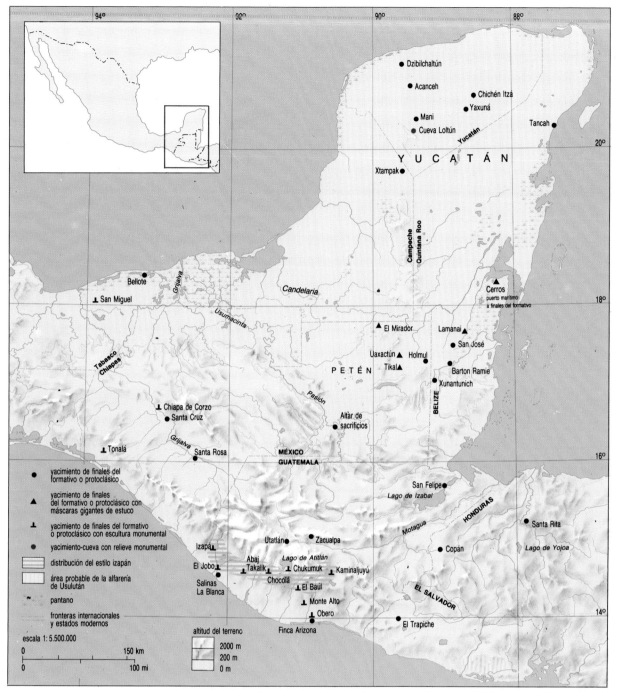

Derecha: **La civilización maya a finales del período formativo y en el protoclásico**
La compleja vida ceremonial entre los mayas antiguos empezó en el altiplano meridional y en la región pedemontana entre el mismo y la costa del Pacífico. Allí abundan los yacimientos de grandes montículos, con monumentos labrados en el estilo izapano, así llamado por el yacimiento tipo de Izapa en Chiapas. Algunas de esas esculturas llevan fechas en el sistema del cómputo largo, aunque se conocen fechas aun más antiguas en Tres Zapotes, dentro de la zona olmeca, y en Chiapa de Corzo.
Durante el formativo tardío, después del 200 a. C., aproximadamente, la cultura Izapa llegó vía Kaminaljuyú al altiplano septentrional de Petén, en que las poblaciones mayas se estaban sedentarizando. Parece que no hay allí monumentos de esa época primera, pero en el nordeste de Petén y en el norte de Belize hay algunos yacimientos muy grandes e importantes, como los de Tikal y El Mirador, en que las escalinatas de las grandes plataformas-templo aparecen revestidas en el frente con gigantescas máscaras de estuco de los dioses mayas. Sin embargo, hasta finales del protoclásico no aparecen esos monumentos en piedra fechados en las tierras bajas (estela 29 en Tikal, 292 d. C.). La cerámica «exponente» de finales del formativo en la zona maya es la de Usulután, una cerámica de tonos naranja y decorada con líneas ondulantes paralelas, producidas con la técnica del negativo. Probablemente se manufacturaba en el sureste de El Salvador.

centro precoz del formativo y de lo que luego llegaría a ser la civilización maya. Su situación estratégica, en la divisoria de aguas entre el Atlántico y el Pacífico, probablemente la convirtieron en un importante centro comercial para la distribución de un elemento tan vital como la obsidiana a muchas áreas del sureste de Mesoamérica. A comienzos del período clásico, aproximadamente hacia el 400-500 d. C., atrajo la atención de la gran ciudad de Teotihuacán, en las tierras altas de México central, que era por entonces la potencia rectora de Mesoamérica. Una parte considerable de la capital guatemalteca fue remodelada de acuerdo con las líneas de la arquitectura de Teotihuacán, aunque los artesanos autóctonos tuvieran que trabajar con arcilla y toba y no con la fina piedra de construcción mexicana. Dos montículos, excavados por la Carnégie Institution de Washington a comienzos de la década de 1940, arrojaron mucha luz sobre esa presencia teotihuacana en el altiplano guatemalteco. Cada uno de tales montículos está formado por una serie de plataformas de templos superpuestas, con escaleras frontales, coronadas por sobreestructuras de madera y paja ahora desaparecidas;

las plataformas propiamente dichas eran del tipo familiar de revoque y entabladura. La ocasión para reconstruir cada uno fue el entierro de un gran personaje bajo la escalera de la nueva construcción. En un alarde de habilidad arqueológica, A. V. Kidder y sus ayudantes sacaron a la luz una secuencia de tumbas increíblemente ricas.

Es lógico preguntarse quiénes eran aquellas gentes y por qué la poderosa Teotihuacán se volvió hacia su cultura. Algunos de los mejores especialistas en el tema, como William T. Sanders, creen que formaban parte de un grupo minoritario de mercaderes y guerreros de Teotihuacán, que habían conquistado la zona del altiplano maya y que quizá casaron con mujeres de la nobleza local para legitimar su dominio. De ser así, su hegemonía no se limitó a dicha zona, sino que probablemente controlaron también la costa pacífica de Guatemala, como lo confirman numerosos objetos en el estilo de Teotihuacán, y los complejos incensarios. Según veremos, los teotihuacanos estuvieron también presentes en las tierras bajas de los mayas; a lo que parece, en los últimos siglos del primer período clásico imperó una *Pax teotihuacana* sobre la mayor parte de Mesoamérica.

El primer clasicismo en las tierras bajas mayas

El clásico temprano o período tzakol en las tierras bajas mayas estaba lo bastante afianzado como para haber comenzado hacia el 300 d. C. El plato de Leiden es una placa de jade incisa, que fue hallada en la costa caribeña de Guatemala, y en un ámbito posclásico, y que ahora se encuentra en el Rijksmuseum voor Volkenkunde de Leiden. El plato lleva una fecha que en tiempos se creyó la más antigua del cómputo largo que podían aceptar los mayanistas. La fecha era 8.14.3.1.12, que corresponde a un día del año 320 d. C. Pero excavaciones subsiguientes en la ciudad de Tikal, en la que se manufacturó el plato de Leiden, sacaron a la luz la estela 29, relacionada con una fecha que corresponde al 292 d. C. Quiere ello decir que para la última década del siglo III d. C., los mayas de la región de Petén al fin habían adoptado el calendario «maya», desarrollado siglos antes fuera de la zona maya propiamente dicha.

Tikal y su vecina septentrional Uaxactún pronto afianzaron la primacía cultural del norte de Petén. En las construcciones de la Acrópolis Central de Tikal, correspondiente al clásico tardío, subyacen estructuras masivas del período Tzakol. Fueron construidas sobre tumbas ilustres abiertas en la roca. En las mismas fueron enterrados los gobernantes del primer período clásico de Tikal entre vasos de arcilla, siendo algunos de loza de un naranja delicado procedentes de Teotihuacán, y estucados y pintados con su estilo mural.

El descubrimiento de la estela 31, un monumento mutilado a propósito que había sido enterrado profundamente en una estructura de tipo tzakol, en Tikal, arrojó nueva luz sobre la presencia de los teotihuacanos en los comienzos del clásico de Petén. Lleva un texto dinástico largo y de gran importancia: la figura principal es un gobernante maya, ricamente cubierto, al que los epigrafistas dieron el sobrenombre de «Cielo tormentoso», y que en el codo del brazo izquierdo lleva un «símbolo emblemático» que personifica a Tikal. El personaje está flanqueado por dos guerreros con vestimenta teotihuacana, que incluye escudos con rostros tlaloc. No hay unanimidad de pareceres sobre el tema, pero muchos especialistas están convencidos de que para el año que se esculpió la estela, el 435 d. C., Tikal y probablemente otros centros de Petén habían caído bajo el control de los grupos de guerreros y mercaderes de Teotihuacán, que también poseían Kaminaljuyú en las tierras altas. La presencia de aquellos mexicanos del centro está documentada también en las tierras bajas del Norte, como el asentamiento de Acanceh, en Yucatán.

¿Qué hicieron los teotihuacanos después? Los gobernantes mayas de las tierras bajas probablemente tuvieron acceso a grandes cantidades de las tan estimadas plumas verdeazules de quetzal de Alta Verapaz, así como a otros productos tropicales desconocidos en el altiplano mexicano. En cambio, llevaron consigo la excelente obsidiana verde de las minas de Pachuca, bajo control de los teotihuacanos, así como vasos de cerámica magníficos que incluían escudillas estucadas y cilindros con trípode. Con el control de todas las regiones del área maya, que comprendía también la fértil llanura costera del Pacífico, rica en cacao, parece que el teotihuacano era un imperio tanto comercial como político.

Cuando Teotihuacán declinó –y cayó–, su poder y su presencia desaparecieron entre los mayas. Su hundimiento debió de provocar sacudidas y hasta rupturas en todo el mundo mesoamericano, el maya incluido. Desde el 534 al 593 d. C., no se tallaron y erigieron nuevos monumentos en las tierras bajas de los mayas meridionales y cesaban las nuevas construcciones, lo cual indica

Abajo. El primor artístico de los mayas se manifestó tanto en los objetos pequeños finamente trabajados como en la arquitectura monumental. Este incensario de cerámica identificado, por la falta de dientes y el hundimiento de las mejillas, como el dios anciano, sostiene una cabeza humana en su plato, y es probablemente una ofrenda. El incensario salió a la luz en el enterramiento 10 de la acrópolis septentrional (grupo A), y los arqueólogos lo datan como del 450 d. C. La tumba contenía los restos de un sacerdote y algunas ofrendas exóticas, y también restos de otros nueve cadáveres, tal vez sacrificados ritualmente.

Abajo derecha. Vistos desde el aire, los templos parecen flotar sobre el dosel de la selva. Las pirámides, construidas en el siglo VIII (templos I-IV), se alzan por encima de los 45 m.

Tikal

Situada en el corazón de la selva pluvial de Petén, la ciudad maya de Tikal se tiende sobre 16 km². Por los imponentes templos-pirámide y los suntuosos palacios emplazados en el centro, se pensó que Tikal había servido sólo para fines ceremoniales; ahora está demostrado que allí vivió una importante población suburbana. Las construcciones del centro ceremonial se iniciaron a escala modesta en el período formativo, crecieron en complejidad durante la fase primera del período clásico, para alcanzar en los siglos VIII y IX la grandeza arquitectónica que hoy podemos ver. Las inscripciones sobre estelas (la última está fechada en el 869 d. C.) conservan recuerdos del tiempo y de la dinastía, temas ambos que parecen haber obsesionado a los mayas. Las relaciones con otros centros mayas están anotadas en estelas, y en los comienzos del período clásico los lazos con la lejana Teotihuacán fueron muy fuertes. El esplendor de Tikal desapareció a finales del período clásico, como parte del misterioso «colapso» maya.

Izquierda. Plano del centro de Tikal. Los templos I y II flanquean la plaza Mayor, que estaba delimitada por estelas de talla compleja. La acrópolis septentrional (grupo A), la más intrincada de todas las construcciones y grupos y que ocupaba más de una hectárea, domina la gran plaza. En la mayoría de las estructuras subyacen ricos enterramientos.

Calzadas y rampas enlazan el corazón del centro ceremonial de Tikal con los santuarios y templos de fuera del recinto. Este colgante de jade, del clásico tardío, formaba parte de una rica ofrenda del enterramiento 77, en la plaza occidental. Un rostro humano sostiene un tocado divino y unas canillas, similares a las que se muestran, rodean el pendiente.

La escritura y el calendario mayas

La escritura maya representa el único sistema *completo* de escritura que existió en el Nuevo Mundo antes de llegar los españoles. Eso quiere decir que los mayas fueron los únicos que pudieron consignar por escrito su lenguaje. Era éste una compleja mezcla de elementos ideográficos y fonéticos, con una estructura similar a la de ciertas escrituras del mundo antiguo, como la sumeria, la egipcia o la japonesa. Puesto que el sistema incluía un silabario completo (es decir, que cada símbolo representaba una sílaba), quiere decirse que en teoría los mayas pudieron escribirlo todo fonéticamente; pero, como los japoneses, no lo hicieron, porque los jeroglíficos continuaban teniendo un inmenso prestigio y probablemente también ciertas resonancias religiosas. Los amanuenses mayas desplegaron a menudo su virtuosismo mezclando los jeroglíficos con la escritura fonética y aprovechando el hecho de los numerosos homónimos en las lenguas mayas; los signos de «cielo», «cuatro», «serpiente» y «cautivo» podían intercambiarse, dado que las cuatro palabras se pronunciaban *chan* (cholano) o *can* (yacateca).

La escritura jeroglífica maya aparece sobre una gran variedad de materiales. Desde la última década del siglo III d. C. hasta la decadencia del clásico, hay centenares de inscripciones sobre estelas, murales, dinteles y otros monumentos en piedra, que ahora sabemos contienen recuerdos dinásticos, como nacimientos, accesos al poder, matrimonio, victorias y defunciones de la casta dominante que gobernaba las ciudades de las tierras bajas. Debieron de existir miles de códices –libros de papel corteza recubierto de yeso y plegables en acordeón–, pero todos los del período clásico han desaparecido y sólo quedan cuatro de la época posclásica. Son muy numerosos los vasos funerarios pintados o tallados, que contienen textos jeroglíficos, algunos de ellos tan largos como los que aparecen en los monumentos.

Los jeroglíficos mayas, más bien en forma de bloques, hay que leerlos (con raras excepciones) a dos columnas, de izquierda a derecha y de arriba abajo. Como ocurre en los monumentos públicos del Egipto antiguo, los textos en piedra son extremadamente parcos y, por lo general, van muy unidos a la pintura de un evento impor-

tante, como la toma de un cautivo o el rito de un sacrificio sangriento. Al modo de los relatos de Hemingway, las inscripciones clásicas evitan adjetivos y adverbios. El «esqueleto» en el que se sustentan las inscripciones dinásticas es el calendario de cómputo largo, que los mayas no inventaron, pero que llevaron a su último grado de perfeccionamiento.

El cómputo largo consiste en la acumulación de cinco tipos de ciclos de tiempo, con los coeficientes numerales por los que han de multiplicarse. Esos ciclos son: *baktún*, 144 000 días; *katún*, 7200 días; *tun*, 360 días; *uinal*, 20 días, y *kin*, 1 día. Una fecha del cómputo largo debía calcularse añadiendo ese total a la supuesta fecha de arranque del calendario, que por lo general se consideraba la fecha de creación de nuestra era presente. Así, usando una anotación moderna, la fecha del cómputo largo 9.8.9.13.0 equivaldría a 1 357 100 días desde el punto de partida, alcanzando una posición en el giro calendárico de 8 Ahau (en el cómputo de 260 días), 13 Pop (en el cómputo de 365 días). Este sistema

Abajo. El sistema numeral maya trabajaba con sólo tres símbolos: una concha estilizada para el cero o fracciones; un punto para el uno, y una raya para el cinco. El sistema era en gran medida vigesimal (con base el 20) y posicional. Sin embargo, y a diferencia de nuestra numeración arábiga horizontal, los números mayas se disponían verticalmente, con los valores menores en la parte inferior y los más altos arriba. La mayor parte de los números mayas recuerdan los días transcurridos del cómputo largo, para el que la medida básica era el tun de 360 días. La posición tercera es así 18 × 20, más que 20 × 20.

Abajo. En una fecha típica del cómputo largo, en las inscripciones clásicas, cada ciclo está expresado por un glifo, generalmente ideográfico, con un valor numeral diferente; baktun, 144 000 días; katun, 7200 días; tun, 360 días; uinal, 20 días; kin, 1 día. Esos valores tenían que multiplicarse por el coeficiente de barra y punto precediendo al glifo ciclo y todo sumado para expresar el número de días desde el punto de partida, 13 de agosto del 3114 a. C.

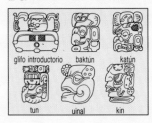

glifo introductorio — baktun — katún — tun — uinal — kin

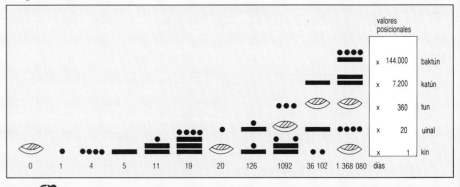

días	0	1	4	5	11	19	20	126	1092	36 102	1 368 080	valores posicionales
												x 144.000 baktún
												x 7.200 katún
												x 360 tun
												x 20 uinal
												x 1 kin

Derecha. Un dios conejo aparece como escriba en un vaso pintado del siglo VIII. Sostiene en una mano una pluma pincel y escribe un códice plegable en acordeón, con tapas de piel de jaguar.

Izquierda. Detalle de un vaso del clásico tardío de Yucatán. Muestra a un dios escriba, con efigie de hombre mono, sosteniendo un códice plegable.

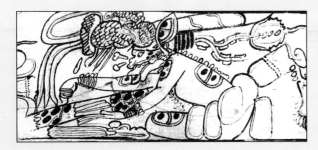

Abajo. En el centro del calendario maya estaba el antiguo cómputo o almanaque de 260 días. Éste se formaba con los coeficientes 1-13, intercambiándose con 20 días nominados. Vigente todavía en algunas zonas de las tierras altas

mayas, en los tiempos clásicos fue probablemente el factor decisivo para determinar la suerte de un día en concreto, ya se tratase del nacimiento o acceso al trono de un gobernante o de imponer el nombre a un niño.

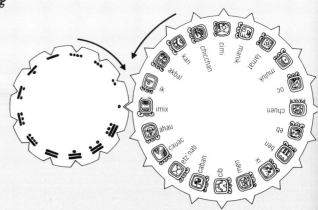

Derecha. Parte de un dintel del centro maya de Yaxchilán, tallado con glifos calendáricos.

era ideal, naturalmente, para recordar acontecimientos históricos, por cuanto podían situarse en un ciclo no de 52 años sino de más de cinco milenios.

Cada momento importante del tiempo tuvo sus augurios de base astrológica, que fueron anotados con el mayor cuidado. Muchos personajes y eventos de los textos clásicos resultan inverosímilmente remotos en el pasado y deben de referirse a unos antepasados divinos de los dinastas clásicos.

A menudo se ha pretendido que todos esos conocimientos, y el propio sistema de escritura, estuvo en manos de un sacerdocio durante el período clásico. Pero no está claro si algún grupo, que controlaba la información epigráfica, astronómica e histórica, era una casta de escribas (*ah dzib*) que tenía sus propias divinidades protectores: Itzamná, el dios creador y legendario inventor de la escritura, y los dioses hombres-mono del *Popol Vuh*. Los escribas debieron de gozar de un enorme prestigio social.

Sin ayuda de telescopios, los mayas lograron datos

Operando con el cómputo de 260 días se obtenía un «año vago» o aproximado de 365 días formado por 18 meses de 20 días cada uno y un período extra de cinco días, llamado uayeb, que se colocaba al final. (*Abajo* aparecen los signos de los meses y uayeb.) Aunque los mayas clásicos sabían que el año tropical constaba realmente de 365 ¼, no contaron con años intercalares. Entre otras deficiencias el año vago fue siempre prevaleciendo sobre las estaciones, haciendo así difícil coordinar las actividades agrícolas con fechas importantes. La permuta de los dos ciclos produjo la tabla calendárica, un intervalo de 52 × 365 días. Fue éste un calendario mesoamericano, que se remontaba hasta los olmecas.

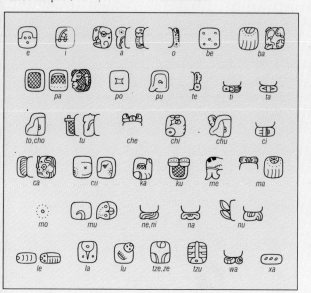

pop | uo | zip | zotz | tzec | xul | yaxkin

mol | chen | yax | zac | ceh | mac | kankin

muan | pax | kayab | cumku | uayeb

La *Relación* del obispo Diego de Landa (1566) da un denominado «alfabeto» con ejemplos sobre su uso; pero ahora se reconoce que era un silabario parcial. Los eruditos modernos lo han ampliado en buena medida por el análisis de sustituciones glíficas. Palabras y nombres podían escribirse fonéticamente de un modo completo, en cuyo caso la

vocal final del último signo silábico era muda; las palabras podían escribirse mediante un jeroglífico, reforzado con uno o varios signos silábicos, o sólo mediante jeroglíficos. Así las cosas, los especialistas están de acuerdo en la lectura de 40/50 signos silábicos (*abajo*), pero son más los que no han sido identificados.

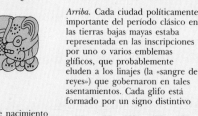

Abajo. De ordinario, los nombres podían escribirse de varios modos. El nombre del gobernante de Palenque (siglo VII), Pacal o «Escudo de mano», podía escribirse: a) ideográficamente mediante la pintura de un escudo de mano, precedido del título *mak'ina*; b) con la pintura de un escudo de mano al que se añadía un *l(a)* como reforzador fonético; y c) silábicamente como *pa-ca-l(a)*.

Izquierda. Algunos signos gramaticales: a) *u*, posesivo de tercera persona singular; b) *-ah*, un sufijo verbal; c) *ah*, prefijo honorífico masculino; d) *na*, prefijo honorífico femenino.

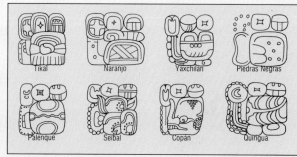

Tikal | Naranjo | Yaxchilán | Piedras Negras

Palenque | Seibal | Copán | Quiriguá

Arriba. Cada ciudad políticamente importante del período clásico en las tierras bajas mayas estaba representada en las inscripciones por uno o varios emblemas glíficos, que probablemente eluden a los linajes (la «sangre de reyes») que gobernaron en tales asentamientos. Cada glifo está formado por un signo distintivo

principal, coronado por otros dos signos que equivale a *ahpo* o «gobernante». La combinación está prefijada por el símbolo de la sangre del autosacrificio. El reconocimiento de los glifos emblemáticos condujo a la comprensión de los monumentos mayas clásicos como recuerdos históricos.

Derecha. Las fechas de nacimiento de los gobernantes y hasta de sus antepasados divinos fueron celebradas frecuentemente en monumentos clásicos. El acceso al poder estaba marcada por ritos impresionantes, que incluían sacrificios humanos y probablemente la autoinmolación. El derramamiento ritual de sangre –en los gobernantes varones, del pene; y en las reinas, de la lengua– tuvo sus propios signos jeroglíficos y su iconografía. Puesto que la guerra entre ciudades fue un rasgo tan importante de la cultura clásica de los mayas, nada tiene de extraño la existencia de numerosos glifos, tanto jeroglíficos como fonéticos, referidos a esa actividad. Recientemente se han identificado otros signos relativos al parentesco, el matrimonio y los títulos.

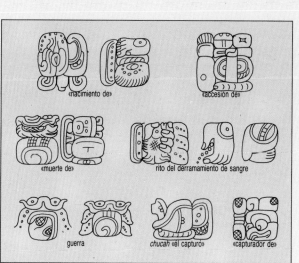

«nacimiento de» | «accesión de»

«muerte de» | rito del derramamiento de sangre

guerra | *chucah* «él capturó» | «capturador de»

e | i | a | o | be | ba

pa | po | pu | te | ti | ta

to,cho | tu | che | chi | chu | ci

ca | cu | ka | ku | me | ma

mo | mu | ne,ni | na | nu

le | la | lu | tze,ze | tzu | wa | xa

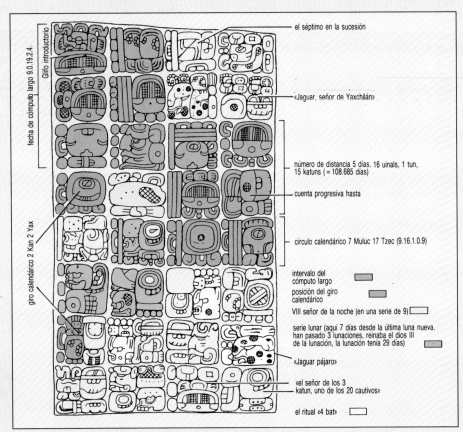

fecha de cómputo largo 9.0.19.2.4.

Glifo introductorio

giro calendárico 2 Kan 2 Yax

el séptimo en la sucesión

«Jaguar, señor de Yaxchilán»

número de distancia 5 días, 16 uinals, 1 tun, 15 katuns (= 108.685 días)

cuenta progresiva hasta

círculo calendárico 7 Muluc 17 Tzec (9.16.1.0.9)

intervalo del cómputo largo

posición del giro calendárico

VIII señor de la noche (en una serie de 9)

serie lunar (aquí 7 días desde la última luna nueva, han pasado 3 lunaciones, reinaba el dios III de la lunación, la lunación tenía 29 días)

«Jaguar pájaro»

«el señor de los 3 katun, uno de los 20 cautivos»

el ritual «4 bat»

Abajo. Dintel 8 de Yaxchilán, otro recuerdo del reinado del Jaguar pájaro. Aquí el rey y el gobernador de un asentamiento subsidiario están capturando a unos prisioneros importantes. El texto principal reza: «El 7 Imix 14 Tzec fue capturado Cráneo enjoyado, el cautivo de Jaguar pájaro, señor de Yaxchilán.» Los nombres de los dos cautivos están escritos en sus respectivos muslos.

(en) 7 Imix 14 Tzec
chucah «él fue capturado»
calavera enjoyada

«capturador de»

segundo cautivo

u bac «el cautivo de»

Jaguar pájaro
señor de Yaxchilán

Arriba. Dintel 21 de Yaxchilán, un recuerdo dinástico casi tópico de finales del período clásico, y se refiere al reinado del Jaguar pájaro de Yaxchilán. Se abre con un cálculo del computo largo y con la expresión del ciclo calendárico, e incluye una anotación que señala el señor de la noche que reinaba por aquella época, junto con cálculos lunares astrológicamente importantes. En ese tiempo un predecesor del Jaguar pájaro, descrito como el séptimo gobernante, realizó en su palacio o templo un rito desconocido, llamado «bat 4». Unos 297 ¹/₂ años más tarde Jaguar pájaro celebró el mismo ritual, y para esa fecha ya había sido rey por más de 40 años («el Señor de los 3 katun») y reclamaba la distinción de haber hecho 20 cautivos.

muy precisos sobre la longitud del año y acerca de las fases de la luna y los movimientos planetarios. Sus observaciones se fundaban en buena parte, aunque no por entero, en la aparición y desaparición de los cuerpos celestes, así como en sus movimientos Norte-Sur sobre el horizonte visual. Mientras que el propósito último de sus cálculos fue astrológico, los mayas se acercaron a la verdadera ciencia. Las páginas sobre eclipses en el códice de Dresde, por ejemplo, se basan en la fórmula de que 405 lunaciones equivalen a 11 958 días, dando un mes sinódico de 29,52592 días, con una diferencia de sólo 7 minutos con relación a los cálculos modernos. Dicho códice contiene también una tabla en cinco páginas sobre Venus que, en unión de otras tablas, sugiere que los mayas siguieron muy de cerca el curso asimismo de Júpiter, Marte y Mercurio.

Derecha. Página 49 del calendario de Venus, códice de Dresde. Aunque dicho códice fue compuesto en la primera fase del posclásico, las inscripciones muestran que el calendario de Venus ya existía en el período clásico. De hecho está claro que los movimientos aparentes de Venus sobre el fondo de las estrellas a menudo determinaban las fechas de importantes batallas entre las ciudades. Los mayas calcularon el período sinódico del planeta en 584 días (muy cercano al período actual de 583,920 días). El hecho de que 5 × 584 = 8 × 365, los condujo a disponer el calendario de Venus a través de cinco páginas del códice

y a relacionar a Venus con el año solar aproximado.

El códice de Dresde divide el período sinódico en estrella de la mañana (236 días), conjunción superior (90 días de invisibilidad), estrella de la tarde (250 días) y conjunción inferior (8 días de invisibilidad). Los tiempos de ascensión heliacal del planeta (primera aparición como estrella de la mañana) eran especialmente temidos, cuando los rayos de Venus se concebían como los de un dios que balanceaba a una víctima, representativa de una clase de la sociedad maya. La página 49 del códice lo representa de un modo gráfico.

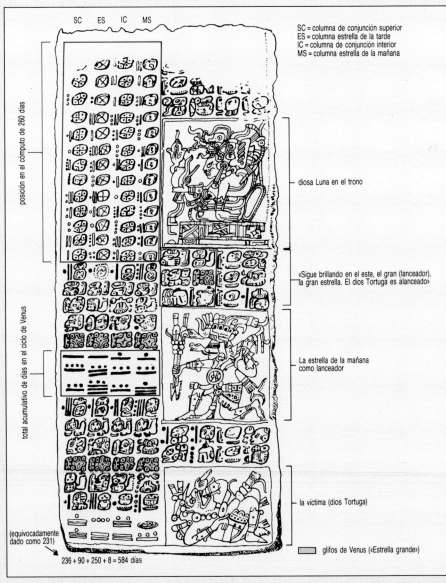

SC   ES   IC   MS

SC = columna de conjunción superior
ES = columna estrella de la tarde
IC = columna de conjunción interior
MS = columna estrella de la mañana

posición en el cómputo de 260 días

total acumulativo de días en el ciclo de Venus

diosa Luna en el trono

«Sigue brillando en el este, el gran (lanceador), la gran estrella. El dios Tortuga es alanceado»

La estrella de la mañana como lanceador

la víctima (dios Tortuga)

(equivocadamente dado como 231)

236 + 90 + 250 + 8 = 584 días

glifos de Venus («Estrella grande»)

Yaxchilán

Abajo. Yaxchilán sigue los contornos naturales del banco fluvial; templos y palacios se asentaban en la cima de picos y altozanos. El grupo oriental tenía una vista espectacular del río.
Derecha. Dintel 24 de la construcción 33. La imponente figura del Jaguar escudo acepta el sacrificio expiatorio de una mujer arrodillada, que pasa por su lengua una cuerda con espinas. Las escenas gráficas de penitencia, talladas en piedra, son exclusivas de Yaxchilán.
Abajo derecha. Unas distribuciones interiores de la estructura 33 proporcionan espacio para una serie de dinteles colocados en el techo de cada puerta de entrada.

Yaxchilán está a orillas del río Usumacinta y, con su vecino Piedras Negras (a 45 km aguas abajo y en la orilla opuesta de Guatemala), constituye el núcleo de los centros del curso medio del río. Característica de todos esos lugares, además de su ubicación geográfica, es la ejecución de estelas y dinteles tallados en bajorrelieve. Los estilos inicial y final están definidos por lo que respecta a Yaxchilán y a Piedras Negras.

El culto de la estela empezó hacia el 292 d. C. En el 760 (9.16.10.0.0) aparecen unas figuras de perfil con preferencia a la posición frontal, y los temas narrativos se repiten en piedra tallada. Las inscripciones dan para Yaxchilán la fecha de finales del período clásico y documentan las épocas del Jaguar escudo y de su sucesor el Jaguar pájaro.

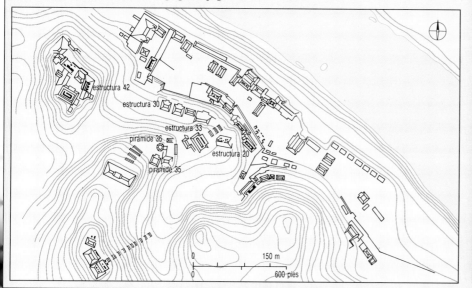

estructura 42
estructura 30
estructura 33
pirámide 36
estructura 20
pirámide 35

150 m
600 pies

una profunda crisis política y económica. Después de ese hiato, a comienzos del clásico tardío, la civilización maya alcanzó nuevas cumbres, libre ya de las que debieron de haber sido las trabas teotihuacanas.

La civilización maya en el clasicismo tardío

Una generación anterior de arqueólogos hablaba de la civilización clásica maya en las tierras bajas del Sur como del «imperio antiguo». Hoy nosotros sabemos que nunca se dio allí tal cosa; las tierras bajas de los mayas estaban fraccionadas en una serie de entidades independientes, que se asemejaban a las ciudades Estado de Sumer y de Grecia. Ninguna ciudad particular tuvo hegemonía sobre todas las restantes, aunque en ocasiones parece que Tikal, la ciudad más populosa durante el clasicismo maya, controló algunos centros a lo largo de la cuenca del Pasión.

Veinticinco años de rápidos avances en la labor de descifrar las inscripciones clásicas mayas nos permiten hablar con cierta seguridad de la naturaleza de la política maya y de los asuntos de la minoría que gobernaba sus grandes centros. Parece que estuvieron en un estado de guerra permanente, y que su principal objetivo fue la captura de prisioneros de alto rango y no la ampliación del territorio. El destino último de aquellos infortunados era el sacrificio, generalmente por decapita-

ción y a menudo tras una lenta tortura que, según parece, comportaba la mutilación sexual.

Otra obsesión de los señores mayas fue el linaje y la descendencia real. La deidad que presidía la casa regia era un extraño ser con formas de reptil, que los arqueólogos conocen como el dios K. Los dinastas regios exhibían la imagen del dios K a intervalos regulares, sosteniéndolo a menudo como una especie de cetro.

Al igual que las minorías rectoras de otras civilizaciones meosamericanas, incluidas las aztecas, también los gobernantes clásicos de las tierras bajas mayas se creían descendientes directos de los dioses. Así lo proclama la gran inscripción de la lápida del templo de la cruz de Palenque, que celebra la ascendencia de Chan-Bahlum, el hijo mayor del gran rey Pacal. Como los gobernantes contenían en sus cuerpos la verdadera esencia de la descendencia divina –su propia sangre–, era necesario verterla públicamente en los momentos apropiados. Los varones vertían sangre del pene perforándolo con una espina del pez pastinaca o con una lezna de hueso (tan importante llegó a ser este instrumento, que acabaron deificándolo), mientras que las mujeres pasaban una serie de cuerdas con espinos a través de un agujero practicado en la lengua; rito gráficamente ilustrado en dos dinteles magníficos de Yaxchilán.

De ordinario, los gobernantes eran varones, aunque

Palenque

Palenque, un asentamiento en la zona maya de las tierras bajas occidentales, a 50 km del río Usumacinta en su curso inferior, es notable por sus construcciones en las colinas cubiertas de bosques, que dominan las llanuras aluviales que se extienden hacia el golfo de México.

El asentamiento estuvo habitado en los primeros tiempos del período clásico, empezando por el reinado de Pacal, al que parecen deberse las construcciones más importantes que hoy se conservan. Palenque debió de adquirir su plena personalidad tras los disturbios y separaciones de las tierras bajas meridionales de los mayas hacia el 600 d. C. Se recuerda el acceso al trono de Pacal (a la edad de 12 años) como el ocurrido el 615; gobernó durante 68 años y fue enterrado en la famosa tumba dentro de la pirámide del Templo de las Inscripciones. Le sucedió su hijo Chan-Bahlum II (de 48 años), cuya gran contribución a la arquitectura fue la construcción de los templos de la Cruz, la Cruz foliada y el Sol. Dentro de los templos, y en paneles confusamente tallados sobre piedra caliza, se encuentran escenas y textos que legitiman su autoridad y su condición de descendiente, a través de su hermano, de las divinidades patrocinadoras de Palenque. A su muerte, tras 18 años de reinado, el trono pasó a su hermano menor, Kan-Xul II (de 57 años), que continuó la expansión iniciada. El palacio fue notablemente ampliado, añadiéndosele una torre. Siguieron tres reinados breves y tal vez interrumpidos, que contribuyeron al refinamiento arquitectónico. A finales del siglo VIII, se debilitó el control de Palenque al menos sobre su dominio regional. La de Kuk, en el 764, es la última fecha que se recuerda de acceso al trono de un gobernante del linaje de Pacal.

Abajo. Dos cabezas de estuco, de tamaño natural y finamente talladas que sin duda son verdaderos retratos, salieron a la luz en la tumba del gobernante Pacal, y concretamente de debajo de su sarcófago que se asentaba sobre seis bloques de piedra. La que aquí presentamos se pensó durante mucho tiempo que representaba a la esposa de Pacal. Pero un estudio reciente sugiere que se trata de un retrato del propio Pacal a los 12 años, en el momento de su acceso al poder.

Izquierda. Los jeroglíficos mayas se expresaban a veces en formas humanas o animales, presentadas como glifos de figura completa. La anotación calendárica de «días cero» aparece aquí en la forma del dios del cero a la izquierda, identificado por los dibujos florales de su brazo y el dios mono antropomórfico que representa el día. En otros contextos, el mono orejudo es el dios patrón de los escribas. Este glifo de figura completa, y que forma parte de la serie inicial que proporciona la fecha de nacimiento de Kan-Xul II el 9.10.11.17.0 (643 d. C.), está inscrito en la tablilla de palacio que conmemoraba su acceso al poder.

Arriba. Una vista del centro ceremonial de Palenque hacia el Este, desde el Templo de la Cruz. Al fondo el Templo de las Inscripciones (*izquierda*), la mole de su base piramidal está enterrada en una vegetación densa y domina el complejo palatino. En el diseño arquitectónico de Palenque es digno de mención el peine de tejado en celosía y la escultura de estuco sobre fachadas de tejados aboardillados, especialmente bien conservados en el Templo del Sol (primer plano). Para la sensibilidad occidental las estancias pequeñas e irregulares de los templos y casas mayas no encajan con los amplios espacios abiertos en torno a las mismas. Sin duda que los mayas antiguos apreciaban sus cálidas temperaturas tropicales tanto como los residentes y visitantes actuales, cuando pasaban buena parte del día fuera de sus casas.

Arriba. Esta máscara en mosaico de jade fue hallada sobre la tapa del sarcófago de Pacal con otros pequeños utensilios rituales, colocados allí por los antiguos. Tal vez se intentó representar al gobernante Pacal, pero sus rígidas líneas geométricas contrastan abiertamente con los rasgos más realistas del estuco frontal, que se supone su retrato. El ideal maya de belleza que representa –una frente despejada y una nariz aguileña prominente– se lograba en la realidad manteniendo el cráneo del niño entre dos tablas hasta que los huesos se endurecían.

El palacio de Palenque servía para numerosas funciones, tanto sagradas como profanas, según lo atestiguan las placas dedicatorias, las representaciones de dioses y hombres en estuco y la misma arquitectura. La torre se empleaba sin duda para las observaciones astronómicas.

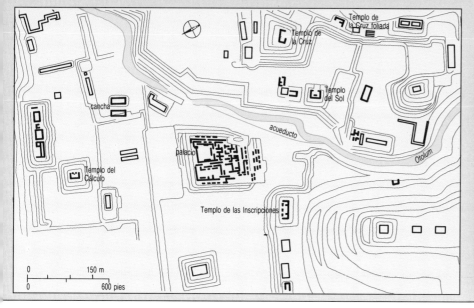

en los documentos sucesorios de algunos yacimientos aparecen a veces mujeres. Sin embargo, éstas ejercieron cargos de enorme importancia, especialmente en lo relativo al establecimiento de alianzas matrimoniales entre las distintas ciudades. La sucesión en el gobierno parece haber sido del padre al hijo mayor, aunque conocemos algunos casos de sucesión entre hermanos. El acceso al trono, que se celebraba en una fecha favorable según la posición de los astros, constituía una ceremonia grandiosa marcada por el sacrificio de los prisioneros.

Muy poco es lo que sabemos acerca de las clases sociales por debajo de los gobernantes y de sus familias. Hubo una clase nobiliaria, que desempeñaba cargos importantes tanto rituales como militares en la jerarquía de palacio, y hubo también un grupo especial de gobernadores de los asentamientos subsidiarios. Entre los personajes de alto rango, que constituían la infraestructura palatina, debieron de encontrarse los escribanos, los pintores y los escultores, que contaban con sus propios patronos sobrenaturales: una pareja de divinidades con aspecto de hombres-monos, que aparecen en los vasos de arcilla en el momento de escribir sobre unos libros en forma de pantallas y cubiertos con pieles de jaguar. Los escribas debieron de ser los depositarios de conocimientos sobre escritura jeroglífica, astronomía, historia y mitología. Es curioso que, mientras en el Yucatán de antes de la conquista española hubo una clase de sacerdotes (llamados *ah kin*, «el del Sol»), no existan pruebas de la existencia de sacerdotes en tiempos anteriores. Sus funciones debieron de ejercerlas en el período clásico los escribas o los mismos gobernantes.

Sociedad y economía

En cada ciudad debió de haber un número enorme de artesanos cualificados, que proporcionaban a la minoría rectora los dioses suntuarios que su *status* requería. El arte maya del clasicismo tardío, en especial en las tierras bajas del Sur, es exquisitamente delicado y de un extremado naturalismo; se aplicaba a una extensa variedad de materiales, que incluían madera (en su mayor parte desaparecida), hueso, concha, jade (el material más precioso), muros y libros de estuco, cerámica, obsidiana y cuchillos de pedernal cincelado (los llamados «pedernales excéntricos»). El destino último de esos objetos delicados era acompañar a sus señores difuntos en su jornada final. El gobernante de cada ciudad era enterrado en su propia pirámide funeraria, por lo que los imponentes templos-pirámides del período clásico tardío eran mausoleos. En su mayoría parece que se construyeron tras la muerte de sus propietarios; pero en el caso del templo de las inscripciones de Palenque, la pirámide la construyó el propio gobernante Pacal, para albergar a sus descendientes. Otros miembros de la familia gobernante y los nobles fueron enterrados en otros monumentos.

Así, las estructuras principales de la ciudad maya en el clásico tardío reflejan los asuntos y la ideología de la minoría rectora. Cada centro tuvo dos o tres canchas de mampostería; y, como en el centro de la Veracruz clásica, el juego de pelota estuvo estrechamente asociado a los sacrificios humanos y al mundo infernal. El desenlace victorioso de la guerra parece que se conmemoraba en una escalera jeroglífica, como la enorme de Copán, que fue construida después de su conquista en 737 d. C. por la ciudad mucho menor de Quiriguá. No sabemos a ciencia cierta a qué actividades precisas se dedicaban los «palacios» de numerosas estancias; pero algunas de éstas contienen tronos, que son efectivamente eso: bancos de piedra esculpidos, en que los gobernantes podían recibir sus insignias y desplegar su poder.

La masa de la población vivía en ciudades y en concentraciones menores de población por todo el recinto del caserío y dispersas por el campo. Sin duda su ocupación principal fue la agricultura, aunque probablemente el pueblo estuvo sujeto a una prestación personal periódica para la construcción y mantenimiento de las grandes ciudades en labores de extracción y transporte de piedra caliza, trabajos de albañilería, construcción de estanques, apertura de calzadas, etc.

El volumen exacto de la población maya en las tierras bajas, y aun de cualquier ciudad maya durante el clásico tardío, es materia de conjeturas. Así, por ejemplo, los cálculos sobre la población de Tikal varían de 20 000 a 125 000 habitantes; pero la cifra más baja es la que probablemente se acerca más a la verdad. Resulta imposible adivinar la población total de las tierras bajas, pero puede que superase los tres millones de personas.

Como desde los tiempos de la colonia la forma predominante de cultivo en las tierras bajas mayas ha sido la roza, los arqueólogos supusieron durante mucho tiempo que ésa había sido también la única forma de trabajar la tierra en la época clásica. Pero cada vez resulta más patente que los antiguos mayas conocieron y emplearon otros métodos de cultivo. La agricultura de los campos elevados se extendió también por las zonas bajas, sobre todo a lo largo de los cursos fluviales, en los que el avenamiento natural era muy escaso, mientras que la disposición en terrazas de campos permanentes se practicó en algunos terrenos ondulados de las tierras bajas meridionales. Las cosechas debieron de ser mucho mayores que en las regiones en que la norma era la agricultura itinerante, y hay que tener en cuenta un potencial demográfico mayor del que se creía hasta ahora.

El colapso de la civilización maya en las tierras bajas meridionales

A finales del período clásico, la civilización maya –y probablemente la cultura americana antigua en general– alcanzó su apogeo en las tierras bajas meridionales finalizando ya el siglo VII d. C. y a lo largo del siglo VIII. Hacia el 800 d. C. empezó a dejarse sentir un amplio e inexplicable malestar en las ciudades mayas del Sur.

A lo largo del siglo siguiente, un centro tras otro dejaron de tallar y erigir los monumentos de piedra, que celebraban la ascendencia y las gestas de quienes habían dirigido los destinos del reino maya en los seis siglos anteriores. Hacia el 900 d. C., cesó virtualmente el uso del cómputo largo de los mayas, que fue reemplazado en el período posclásico de las tierras bajas septentrionales por una versión truncada, llamada cómputo corto. Por esas fechas, hay signos evidentes de un paroxismo de destrucción, tan profundo como el que se había extendido entre los olmecas en los milenios anteriores. Cesó la construcción en la mayoría de asentamientos y ciudades, que fueron abandonadas por sus pobladores para regresar al bosque tropical.

¿Adónde fue la población y qué provocó aquel terrible cataclismo? Nadie lo sabe, pese a las infinitas especulaciones. Aunque hay algunos testimonios arqueológicos de que ciertas ciudades siguieron soportando una población y cultura en el período posclásico, seguramente que la minoría rectora y sus intereses fueron eliminados. Se ha formulado todo tipo de hipótesis, que generalmente se centran en causas ecológicas, como el colapso de la agricultura provocado por un cambio climático resultado de una explotación excesiva del suelo, o bien en causas sociopolíticas, como alguna revolución social alentada por el disgusto de las masas ante la prepotencia de gobernantes sin escrúpulos. Por el mo-

Copán

Abajo. En el patio principal se agrupan siete estelas de 3,5 m de altura media. Otras están dispuestas en la parte Sur del recinto. Copán alcanzó su culminación artística a mediados del siglo VIII. La escalinata esculpida con jeroglíficos contiene la inscripción más larga del área maya: 2500 glifos sobre 63 peldaños.

Copán, uno de los asentamientos más meridionales del gran Imperio maya, está junto al río del mismo nombre, en la cuenca hondureña de Motagua. El Copán metropolitano probablemente ocupaba un área de 13 por 3 kilómetros, pero hoy sólo puede verse una pequeña parte de lo que fue, con ruinas de templos, plazas y, sobre todo, estelas talladas en tres dimensiones. En 1839, John Lloyd Stephens, que viajaba en compañía del artista y arquitecto Frederick Catherwood, compró el yacimiento por 50 dólares, lo que le permitió sacar a la luz y estudiar sin interrupciones los monumentos antiguos. La obra de restauración la llevó a cabo en la década de 1930 el Carnegie Institute. No fue su empresa menor el haber desviado el río Copán, que ya había erosionado una parte notable de un complejo piramidal.

Derecha. Desde el Templo de las Inscripciones puede apreciarse la belleza de Copán en las líneas graciosas de la cancha (*primer plano*) y en la elegante estatuaria exenta pasado el patio principal.

Abajo derecha. Característica exclusiva de Copán es la ausencia de escenas militares o violentas. Los personajes llevan las insignias de su rango, pero no armas. Serenidad escultural refleja el rostro del joven dios del maíz.

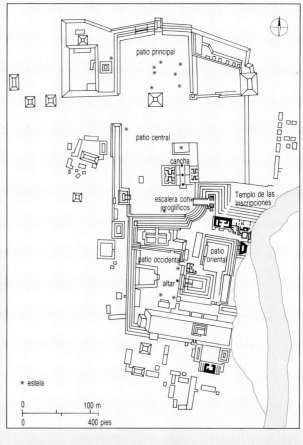

estela

0   100 m
0   400 pies

Izquierda. La atmósfera romántica del «ídolo caído» de Catherwood (estela C) no encaja con la precisión y realización cuidada de los dibujos. La estela C y las otras 37, ahora de nuevo alzadas, representan a los señores (y a una señora) de Copán con todas sus insignias. Cada uno sostiene una barra ritual, lleva vestidos y joyas de gran complejidad y está acompañado de un texto jeroglífico. Los detalles decorativos se destacan sobre el bloque de piedra (traquita), dando a la estela un altorrelieve que contrasta con las dos dimensiones rígidas de los relieves de Yaxchilán y Piedras Negras. Enfrente de las estelas se colocaban los altares de las divinidades zoomórficas.

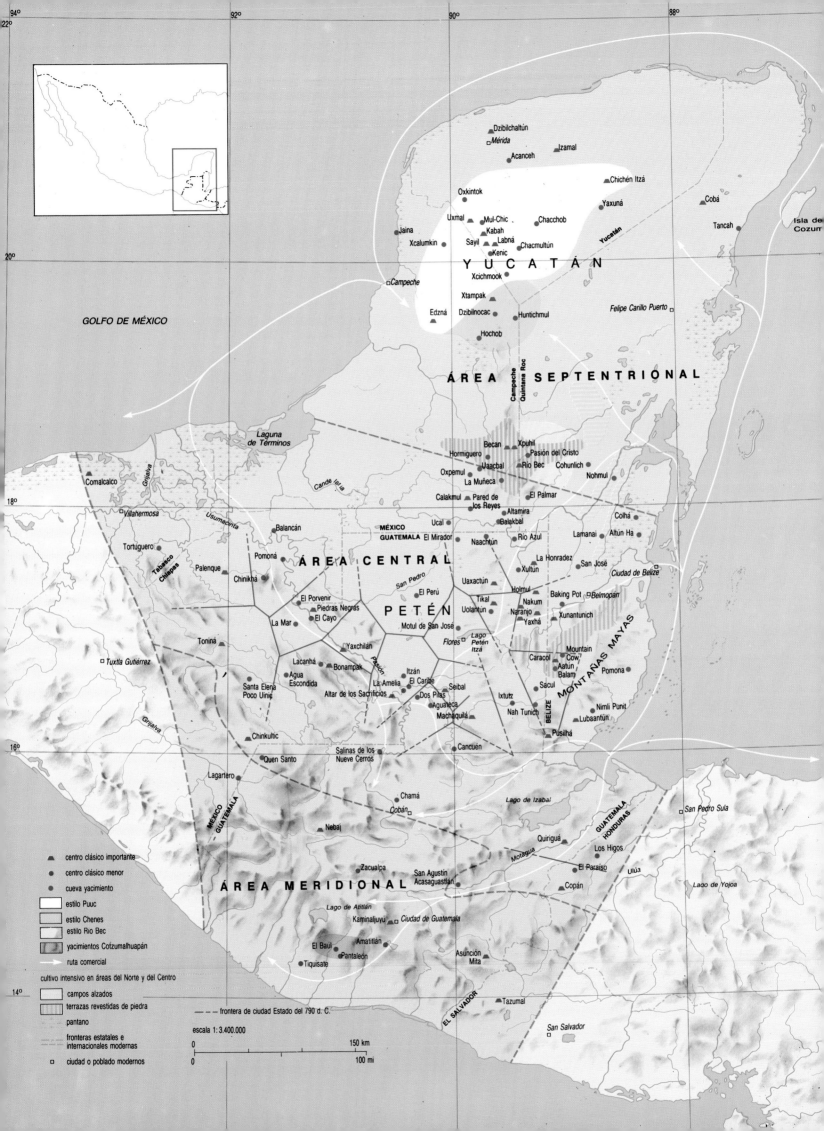

GOLFO DE MÉXICO

YUCATÁN

Dzibilchaltún
□Mérida
Acanceh
Izamal
Chichén Itzá
Oxkintok
Yaxuná
Cobá
Uxmal
Mul-Chic
Chacchob
Tancah
Jaina
Kabah
Xcalumkin
Sayil
Labná
Kenic
Chacmultún
□Campeche
Xcichmook
Xtampak
Felipe Carillo Puerto □
Edzná
Dzibilnocac
Huntichmul
Hochob

ÁREA SEPTENTRIONAL

Campeche
Quintana Roo

Becan
Xpuhil
Hormiguero
Pasión del Cristo
Uaacbal
Río Bec
Cohunlich
Oxpemul
La Muñeca
Nohmul
El Palmar
Calakmul
Pared de
los Reyes
Altamira
Colhá
Balakbal
Laguna
de Términos
Cande lar ia
Comalcalco
□Villahermosa
Usumacinta
Ucal
MÉXICO
GUATEMALA El Mirador
Río Azul
Lamanai
Altún Ha
Balancán
Naachtún
Tortuguero
Tabasco
Chiapas
Pomoná
ÁREA CENTRAL
La Honradez
San José
□Ciudad de Belize
Palenque
San Pedro
El Perú
Xultún
Chinikhá
El Porvenir
Uaxactún
Holmul
Piedras Negras
PETÉN
Tikal
Nakum
Baking Pot
□Belmopán
La Mar
El Cayo
Uolantún
Naranjo
Xunantunich
Motul de San José
Yaxhá
Toniná
Flores
Lago Petén
Itzá
MONTAÑAS MAYAS
Yaxchilán
Mountain
Pomona
□Tuxtla Gutiérrez
Lacanhá
Caracol
Cow
Bonampak
Aatún
Balam
Agua
Escondida
Itzán
El Caribe
La Amelia
Sácul
Santa Elena
Poco Uinic
Altar de los Sacrificios
Dos Pilas
Ixtutz
Seibal
BELIZE
Aguateca
Machaquilá
Nah Tunich
Nimli Punit
Lubaantún
Chinkultic
Pusilhá
Quen Santo
Salinas de los
Nueve Cerros
Cancuén
Lagartero
Chamá
□Cobán
Lago de Izabal
□San Pedro Sula
Nebaj
GUATEMALA
HONDURAS
Quiriguá
Los Higos
Motagua
El Paraíso
Ulúa
Zacualpa
Copán
Lago de Yojoa
ÁREA MERIDIONAL
San Agustín
Acasaguastlán
Lago de Atitlán
Kaminaljuyú
□Ciudad de Guatemala
El Baúl
Amatitlán
Asunción
Mita
Pantaleón
Tiquisate
EL SALVADOR
Tazumal
San Salvador

	centro clásico importante
	centro clásico menor
	cueva yacimiento
	estilo Puuc
	estilo Chenes
	estilo Río Bec
	yacimientos Cotzumalhuapán
	ruta comercial

cultivo intensivo en áreas del Norte y del Centro

	campos alzados
	terrazas revestidas de piedra
	pantano
	fronteras estatales e internacionales modernas
	ciudad o poblado modernos

--- frontera de ciudad Estado del 790 d. C.

escala 1: 3.400.000

0 ————————— 150 km
0 ————————— 100 mi

mento, sólo podemos decir que ninguna de esas hipótesis rivales cuenta con el apoyo de los especialistas.

Las ciudades clásicas del Norte

Así como los especialistas antiguos –y baste citar a Sylvanus Morley en sus últimos años– defendieron la idea de un «imperio antiguo» maya en las tierras bajas, también asociaron la idea de un «imperio nuevo» en la península de Yucatán, al norte de Petén. Lo habrían fundado los refugiados del Sur tras el colapso de la civilización clásica. Pero esa hipótesis se vio desautorizada cuando se descubrió que las ciudades septentrionales habían sido construidas y ocupadas en el clásico tardío.

En general, la clasificación de las ciudades del Norte se hace por los estilos arquitectónicos. Empezando por el extremo meridional, el estilo del río Bec, al norte de Petén, fue característico de las construcciones con múltiples estancias y torres de «frente falso», que presentaban un parecido superficial con las pirámides-templos de ciudades como Tikal (con la diferencia de que las «escaleras» no podían subirse). Más al norte, en Campeche meridional, hay yacimientos de estilo Chenes con construcciones rituales a cuya entrada figuran gigantescas máscaras de monstruos, rostros tal vez de los dragones celestiales de doble cabeza de los «tribunales rituales» implantados por los gobernantes del Sur.

Los monumentos arquitectónicos más esplendorosos de la civilización clásica maya son las ciudades de Puuc, una zona al norte de Campeche y del estado de Yucatán que, en forma de V, se concentra en torno a una hilera de bajas colinas. Yacimientos como los de Uxmal, Kabah, Sayil y Labná, se cuentan entre los mejor conocidos por los arqueólogos, y sus construcciones han influido incluso en arquitectos modernos, como Frank Lloyd Wright. El estilo destaca unos platos de piedra caliza finamente tallados y colocados sobre fondos de guijarros, empleando elementos labrados a modo de mosaicos sobre la parte superior de las fachadas; esos elementos forman el rostro impresionante de la divinidad celestial

Izquierda: **La civilización clásica maya**
En las selvas tropicales de las zonas central y septentrional florecieron durante más de cinco siglos (empezando hacia el 290 d. C.) las ciudades clásicas mayas. Muchos de los centros clásicos estuvieron unidos mediante matrimonios regios, aunque ninguna de las ciudades tuvo hegemonía sobre las otras, ni siquiera la gran ciudad de Tikal, en Petén. Eran independientes y estuvieron comprometidas en frecuentes guerras entre ciudades. Hacia 790 pueden identificarse 22

ciudades independientes en las tierras bajas del Sur. En el siglo IX, centro tras centro dejaron de glorificar a sus gobernantes con monumentos de piedra.
La agricultura itinerante de rozas fue la norma habitual en las tierras bajas mayas; pero ese sistema nunca habría podido mantener por sí solo a la numerosa población que allí vivió en los tiempos clásicos. Cada vez son más las pruebas arqueológicas de que hubo dos formas de agricultura intensiva, con las que se cultivaban los campos de manera permanente durante la

mayor parte del año; esas pruebas han aparecido en algunas partes de las zonas central y septentrional: campos alzados y terrazas con aludes de piedra. Ésas pudieron ser las respuestas a la presión demográfica.
Derecha. Una casa maya contemporánea cerca de un palacio antiguo.
Arriba. Un ejemplo exuberante de arquitectura puuc es el Palacio de las Máscaras de Kabah. Las máscaras repetitivas del dios de la lluvia (Chac) en mosaico de piedra cubren por entero la fachada de 46 m de longitud.

Uxmal

Uxmal es un asentamiento conocido como la joya arquitectónica de la península de Yucatán. Se ha llevado a cabo una obra de restauración de los edificios principales, aunque realmente no hay aún un plano cartográfico del «Gran Uxmal». Faltan aquí las fuentes de información de que disponen otras regiones mesoamericanas –estelas fechadas, largos textos jeroglíficos, códices–, así como la pintura mural que describe acontecimientos históricos. Un estudio previo de la cerámica, unas estelas sin fechar y una fecha (909 d. C.) pintada sobre una piedra de remate, han servido para establecer el contexto temporal de Uxmal. Aunque resulta más concluyente el estilo arquitectónico y decorativo puuc, incorporado a las construcciones de muchos asentamientos.

Las pruebas apuntan a una ocupación a finales del período clásico, que probablemente terminó con las invasiones mexicanas de la península. El diseño de Uxmal se funda en la tradición puuc, reformada con motivos extranjeros que le confieren cierto sabor internacional.

Abajo. Dibujos geométricos, máscaras de Chac y formas naturalistas estilizadas se combinan en la puerta principal del Palacio del Gobernador (detalle de una litografía de Frederick Catherwood). Un esquema similar, aunque menos adornado, se prolonga por las cuatro caras del edificio (que mide 100 m de largo). Grandes máscaras de Chac figuran sobre cada una de las 11 puertas y se destacan sobre las esquinas con un ángulo de 45 grados. El friso (de 3,5 m de altura), como el del Convento de monjas, está hecho con pequeños mosaicos, probablemente de producción masiva, pero cortado con tanta precisión que no necesitan de estuco alguno para encubrir y disimular las imperfecciones.

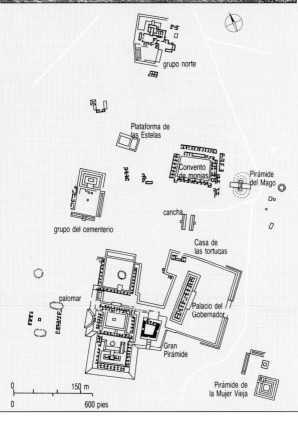

grupo norte

Plataforma de las Estelas

Convento de monjas

Pirámide del Mago

cancha

Casa de las tortugas

grupo del cementerio

palomar

Palacio del Gobernador

Gran Pirámide

Pirámide de la Mujer Vieja

0   150 m

0   600 pies

Las líneas bajas y horizontales del Convento de monjas (*izquierda*), junto con la Casa de las Tortugas del primer plano a la derecha, contrastan con la mole torreada de la Pirámide del Mago (*debajo*). El Convento de monjas (los primeros exploradores pensaron que las pequeñas estancias eran celdas de monjas, *nun* en inglés) presenta rasgos claros de la arquitectura puuc de muros verticales dividiendo los espacios horizontales, con fachadas bajas sin decorar y registros superiores más cuidados. Exclusiva de Uxmal es la base elíptica de la Pirámide del Mago. Los estudios realizados durante la restauración muestran cinco estratos de construcción, en todos los cuales se siguen los cánones puuc del diseño, como ocurre en los templos en su base y su cima. Al no haber casi en Yucatán fuentes de agua superficial, los primeros habitantes de la región Este se asentaron en las hondonadas (*cenotes*) del banco de caliza. Y como tampoco en el Oeste hay pozos naturales, los residentes hubieron de recurrir a la recogida de las lluvias estacionales para cubrir sus necesidades durante los seis meses secos. La cisterna (*chultun*) subterránea hecha por el hombre es tal vez la máxima innovación del genio maya del Norte. Pese a lo cual la escasez de agua fue una preocupación fundamental, y en efecto, abundan las máscaras de Chac (el dios de la lluvia) que decoran las fachadas de los edificios.

Arriba izquierda. El motivo de la calavera y las tibias cruzadas se repite en el ángulo superior alrededor de una plataforma de un grupo funerario; es un ejemplo de adorno en el altiplano mexicano, que se utilizó para decorar una construcción puuc.
Arriba. Serpientes emplumadas se entrelazan sobre mosaicos geométricos en el friso occidental del patio del Convento de monjas.
Izquierda. Los edificios de Uxmal, que cubren 100 hectáreas, parecen haberse levantado tanto para crear un paisaje dramático como para formar parte de un alineamiento astronómico (puede observarse el ligero desplazamiento del eje Este-Nordeste). El Palacio del Gobernador está considerado como el ejemplar más perfecto de cuanto queda de la arquitectura puuc. Construido sobre dos plataformas superpuestas, su entrada principal domina una vasta plaza al lado de la Pirámide de la Mujer Vieja, que es tal vez la construcción más antigua de Uxmal. Por el Norte, el monumental arco de bóveda saledizo sirve de entrada al patio cuadrangular del Convento de monjas. Alrededor del patio (de 75 × 60 m) se alzan cuatro construcciones separadas, dando el Convento de monjas la sensación de espaciosidad más que de recinto cerrado.

Arte de la isla Jaina

Jaina es una pequeña isla margosa frente a la costa de Campeche. Se ha hecho famosa por la belleza de sus figurillas de barro, que se han encontrado a centenares en los enterramientos isleños de finales del período clásico. Son huecas y generalmente van provistas de un silbato en la parte posterior. Están retratados en ellas señores y señoras, gobernantes entronizados y dioses, todos ellos ocupados en las actividades más diversas. La riqueza de los enterramientos de Jaina sugiere que la isla fue un cementerio para la minoría que gobernaba en los cercanos asentamientos puuc.

El llamado dios gordo (*derecha*) se encuentra a menudo entre las figurillas de Jaina y aparece también tallado en piedra en las fachadas de los edificios puuc. De probable origen teotihuacano, su papel en el panteón mesoamericano sigue siendo desconocido. Aquí lleva un atuendo guerrero de plumas y un escudo en una mano. Algunas figurillas aparecen entregadas a labores cotidianas, como la joven señora maya que teje en un telar de sentido inverso (*izquierda*); pero es probable que nos engañe y que represente más bien a la joven diosa lunar como patrona de las tejedoras. Un pájaro se posa sobre el poste del que está suspendido el telar, y debajo hay otros dos pájaros. Numerosas figurillas de Jaina son retratos en miniatura (*debajo*), que proporcionan una buena información sobre la vestimenta maya a finales del período clásico. La figura sentada en posición de sastre es un noble, que lleva un objeto parecido a un espejo sobre el pecho, mientras que la de la derecha es una mujer vestida y enjoyada que sostiene asimismo algo parecido a un espejo. Los espejos estuvieron estrechamente ligados a la idea de gobierno, porque un gran señor maya era tenido como «el espejo de su pueblo».

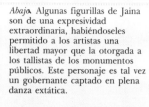

Abajo. Algunas figurillas de Jaina son de una expresividad extraordinaria, habiéndoseles permitido a los artistas una libertad mayor que la otorgada a los tallistas de los monumentos públicos. Este personaje es tal vez un gobernante captado en plena danza extática.

A pie de página. Mucho más hierática resulta esta figura de gobernante sentado en un trono circular. Mientras que la barba es rara en la escultura monumental maya del período clásico, los gobernantes de Jaina, como éste, tienen a menudo perilla. En su mano izquierda sostiene una bolsa para el incienso de copal.

(el denominado «Dios de larga nariz»), amontonados de múltiples maneras como un poste totémico.

A medida que nos adentramos en la península, los suelos son más ligeros, más secas las condiciones climáticas y más escasos los estanques, lagos y ríos. Los asentamientos Puuc, incluida su prolongación más oriental de Chichén Itzá, están estrechamente ligados a la única fuente de agua potable. La agricultura del maíz se hace más precaria en el Norte, y el comercio de la sal y de la miel puede haber sido el pilar principal de la economía.

En tanto sigue siendo dudoso que llegasen algunas migraciones desde el Sur hasta los asentamientos de Puuc al hundirse los meridionales, es probable que esas ciudades mantuviesen su población y su vida ceremonial hasta pasado el 900 d. C. Y contribuyeron en gran medida a la civilización híbrida tolteca-maya, que floreció en Chichén Itzá después que los toltecas se adueñasen del Yucatán a finales del siglo X. Los artistas y arquitectos de Puuc tuvieron un papel relevante en el estallido de la actividad creadora en el gran centro posclásico.

Los mayas en México central

Solía creerse que los mayas clásicos habían sido gentes «hogareñas» culturalmente hablando, con influencia sobre otras áreas, y que nunca traspasaron sus fronteras. Pero en los últimos años han salido a la luz pruebas convincentes que confirman la presencia maya en las tierras altas de México central aproximadamente durante el último siglo del período clásico tardío.

Para entender la naturaleza de esa presencia, es necesario volver a Putún. Al tiempo de la conquista española hubo allí un grupo que hablaba chontal-maya y ocupaba la región costera y pantanosa de Tabasco y del sur de Campeche. Aquella región la conocían los aztecas como Acallán o «país de las canoas», en homenaje a la extensa red de comercio marítimo que, pasando por Putún, recorría toda la línea costera desde Honduras a Veracruz. Los nahuatl la conocían por el nombre de Olmeca-Xicallanca. Ahora hay razones convincentes para creer que los putunes llenaron el vacío de poder producido por el colapso de las ciudades petén hacia el 800 d. C.

El extenso yacimiento en la cima de la colina de Cacaxtla se halla en la frontera de los estados de Tlaxcala y Puebla, región de tierras altas y secas al este del valle de México. Arraigadas tradiciones históricas indican que fue un verdadero baluarte de una dinastía de origen olmeca-xicallanca, que es como decir putún-maya. La confirmación de tales tradiciones llegó en 1974 con el descubrimiento casual, por unos saqueadores, de un extraordinario complejo palatino del clásico tardío, con magníficos murales de brillante colorido, con evidente influencia maya en su totalidad, y en concreto dentro del estilo de las últimas estelas de Seibal.

Otro yacimiento que pone de manifiesto la presencia del período clásico tardío de los mayas en el centro de México es Xochicalco, un enorme complejo sobre una colina al oeste de Morelos y al suroeste del valle de México; allí no sólo hay una plataforma con serpientes emplumadas, que enmarcan en sus ondulaciones unas figuras sedentes puramente mayas, y que a todas luces han sido copiadas de jades mayas del clásico tardío, sino que aparece también una red de calzadas imitando seguramente las *sacbeob* o «caminos blancos» de las ciudades mayas en las tierras bajas.

Esas intrusiones mayas llegaron en una época de perturbaciones para las ciudades de las tierras bajas meridionales, y al menos Cacaxtla fue el producto de un pueblo que supo sacar provecho de la bancarrota de la civilización más grande del Nuevo Mundo.

El enigma de Cotzumalhuapa

Una de las civilizaciones más misteriosas de Mesoamérica durante el período clásico es la llamada civilización de Cotzumalhuapa, por el yacimiento típico de Santa Lucía de Cotzumalhuapa, en la llanura de Guatemala que mira al Pacífico. En una región muy compacta, considerada una de las de mayor producción de cacao en Mesoamérica, hay gran número de pequeños asentamientos con una arquitectura rústica recubierta de guijarros, pero con una profusión de monumentos esculpidos en piedra. Presentan un estilo y una iconografía que no son ni mayas ni mexicanos, sino una combinación de ambos. Algunas de las divinidades pertenecen al centro de México; tal ocurre con Tlaloc, el dios de la lluvia, con ojos desorbitados, y con Mictlantecuhtli, señor del país de los muertos. Los jeroglíficos calendáricos referentes al cómputo de 260 días aparecen aquí de una manera que es única en Mesoamérica. La imaginería del juego de pelota se halla por doquier, y así hay canchas para dicho juego que sugieren una conexión con la cultura clásica de Veracruz, en la costa del golfo; pero Cotzumalhuapa no puede derivar de ella, ni tampoco de Teotihuacán, que había tenido una gran presencia en la costa guatemalteca en los comienzos del clásico. Hasta se cuestiona la fecha de tal cultura, aunque el experto doctor Lee Parsons, cree que corresponde al «clásico medio», a caballo entre los finales del clásico primitivo y los comienzos del clásico tardío. Su florecimiento puede explicarse por la afluencia de riqueza debida a una producción abundante de cacao.

¿Quiénes eran aquellas gentes? A la llegada de los españoles, la región de Cotzumalhuapa estaba ocupada por un grupo no maya llamado pipil, que hablaba la lengua nahua, pariente del nahuatl, la lengua de los aztecas. La mayor parte de los especialistas cree que los pipiles fueron los responsables de la cultura cotzumalhuapana en el período clásico, y que pudieron haber llegado a la costa, tal vez desde el centro de México, en el siglo VI d. C. Pero, hay aspectos en los que continúan siendo un misterio.

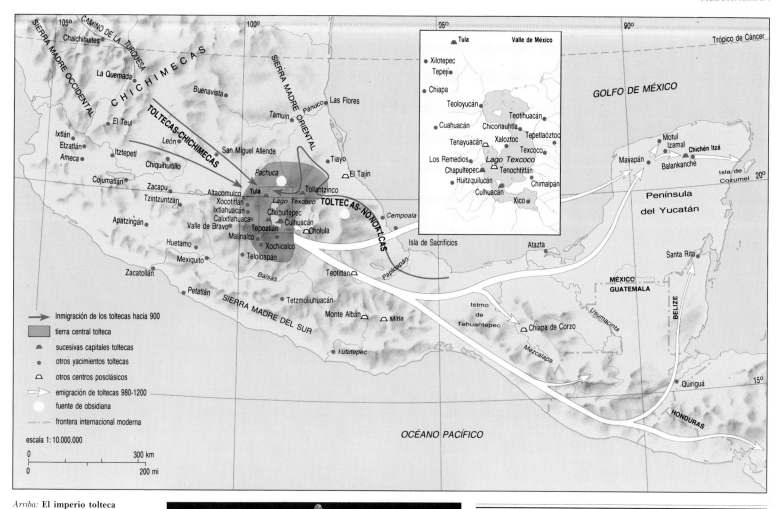

Arriba: **El imperio tolteca**
La era tolteca ocupa una posición legendaria en la mitología mesoamericana: los tardíos gobernantes mayas y aztecas insistieron consecuentemente en su ascendencia tolteca, creyendo que sus reinos serían periodos de prosperidad universal, como lo habían sido los de sus predecesores. Como muestra el mapa, buena parte de México cayó bajo la influencia del poder tolteca, que se perpetuó hasta después de la desaparición del imperio por obra de los emigrados de Tula. Sin embargo, los toltecas tuvieron unos orígenes humildes, ya que descendían en parte de tribus nómadas del desierto chichimeca, empujadas hacia el sur por la sequía y la necesidad.

Derecha. Xipe tolteca, el dios despellejado aparece aquí en una terracota hueca casi de tamaño natural. Dios de la vegetación y de las cosechas, su representante humano llevaba la piel desollada de una víctima sacrificial.

EL AUGE DEL ESTADO TOLTECA

Se conoce como período posclásico el que se extiende desde el 900 d. C. hasta la conquista española, y se distingue de cuanto lo precedió en Mesoamérica por ser un período histórico; es decir, que ya existen anales e historias escritas, que se compilaron después de 1521 tanto por los españoles como por la intelectualidad nativa, interesados unos y otros por ese período histórico.

Es evidente que el período clásico de los mayas tuvo una historia escrita; pero es parsimoniosa en extremo, toda vez que se limita a los hechos y sucesos de la minoría dirigente. Sin embargo, muchas de esas historias, que se aplican al período posclásico, están llenas de ambigüedad y se impone la cautela en su manejo.

Existe una diferencia relevante entre el período clásico y el posclásico: el advenimiento de la metalurgia. Casi con seguridad, ese arte se difundió desde Suramérica, y probablemente desde la región costera de los límites entre Perú y Ecuador; y quizá también contribuyó el área intermedia, en la que el moldaje del oro fino y del cobre mediante el proceso «a la cera perdida» tenía viejas raíces. La mayor parte de la metalurgia mesoamericana se reducía a los adornos, aunque el bronce, conocido ya en la zona andina, nunca hizo su aparición. El período posclásico no fue una era de los metales.

Los toltecas-chichimecas
Cuando los españoles llegaron a México y América Central, las dinastías indígenas, que allí gobernaban y sus descendientes coloniales hablaban de un pueblo más antiguo conocido como los «toltecas», que habían creado una cultura maravillosa en un lugar llamado «Tollán» (más tarde desfigurado en «Tula») o «Lugar de las

cañas». Los toltecas fueron artesanos y arquitectos extraordinarios, y Tula se convirtió en una especie de país de ensueño, con palacios cuajados de piedras preciosas. El emperador Motecuhzoma Xocoyotzin se proclamaba descendiente de unos antepasados toltecas.

Son muchas las tradiciones que se conservan sobre los toltecas, y algunas poseen cierto grado de verdad histórica, aunque las denominadas «historias» no siempre sean de fácil interpretación.

Más allá de la frontera septentrional de Mesoamérica estaba el gran altiplano desértico, contenido entre los dos brazos de la cordillera de Sierra Madre. Y más allá del «territorio» agrícola estaba el hogar de los chichimecas, pueblos cazadores y forrajeros que seguían un tipo de vida heredado del período arcaico de la prehistoria mesoamericana. Probablemente fueron ellos los introductores del arco y las flechas en Mesoamérica desde las regiones septentrionales y durante los primeros tiempos del posclásico, porque los únicos arqueros en los ejércitos aztecas fueron los otomíes, mercenarios de filiación chichimeca.

Estos nómadas habían irrumpido probablemente en el Sur a través de la frontera de Mesoamérica y en varias épocas del pasado; pero al final del período clásico un grupo, capitaneado por el caudillo Mixcoatl («Serpiente manchada»), se estableció en lo que luego sería Tula, fundiéndose con otro grupo conocido como los toltecas. Ese pueblo híbrido desarrolló una cultura nueva, aunque influida en parte por los asentamientos mayanizados del México central, como Xochicalco; así, la cancha de Tula reproduce en todas sus dimensiones y detalles el campo de juego en forma de I de Xochicalco. Tula acabó convirtiéndose en la capital durante los comienzos de la fase tollana del posclásico (900-1200 d. C.) de un reino extenso y hasta de todo el imperio. Se convirtió en el modelo de los Estados mesoamericanos a finales del posclásico, por lo que no sólo los aztecas, sino también las últimas casas gobernantes de los mayas pretendían ser descendientes de los gobernantes tulas.

La influencia tolteca puede encontrarse en amplias zonas de Mesoamérica, incluyendo la costa del golfo de México. La presencia allí y en la misma capital de los toltecas está comprobada por una cerámica fina y vidriada, que se conoce como plomada, y que se produjo sobre modelos toltecas en la costa pacífica de Chiapas y Guatemala. Con ella se comerció ampliamente dondequiera llegaron los toltecas. De hecho, es verosímil que esas extensas redes comerciales las abrieran las gentes de Tula, porque la fina cerámica policroma de Costa Rica se ha encontrado en la capital y en asentamientos establecidos probablemente por los toltecas en el Noroeste mesoamericano, como La Quemada y Chalchihuites, destinados a la comercialización de mercancías selectas, como la turquesa, con centros del Suroeste, entre los que destacó Casas Grandes.

Los toltecas en Yucatán

También las leyendas sobre la caída de Quetzalcoatl en manos del malvado Tezcatlipoca («Espejo humeante») nos hablan de ese vuelo desde Tula y del viaje con su comitiva hasta la costa del golfo. Una versión presenta la serpiente emplumada realizando un acto de autoinmolación, mientras que la otra la describe viajando sobre una almadía de serpientes marinas por el golfo de México hasta la región oriental, en espera de regresar algún día para reclamar su propio territorio.

Esta última versión está confirmada por la arqueología y la etnohistoria. En un *katún* (ciclo de tiempo), que terminó el 987 d. C., un hombre que se llamaba Kukul-

Tula, capital de los toltecas, se halla a unos 65 km al noroeste de la actual Ciudad de México. Los restos arqueológicos de Tula son mucho menos grandiosos que los de Teotihuacán, pese a lo cual permite adivinar la sede de gobierno de un extenso imperio. Ciertas figuras de atlantes (*abajo*) en la cima de la pirámide B se han convertido casi en el símbolo de Tula. Siendo con mucho las esculturas mayores del yacimiento (4-6 m de altura, cuando la pirámide apenas si supera los 10 m), constituyen el punto focal del elemento militarista que llegó a dominar las representaciones del arte posclásico en el altiplano central.

Tula

Abajo. El Muro de las Serpientes (Coatepantli). Este muro exento de 2,6 m de altura está tallado con dibujos repetitivos de esqueletos humanos que son devorados por serpientes de cascabel. La iconografía de Tula combina la serpiente emplumada, Venus y jerarquías militares, componentes todos ellos del mito de Quetzalcoatl.

Abajo. Detalle de una de las cuatro figuras de atlantes. Los vigorosos planos del rostro tolteca (tal vez idealizados, compárese con el Chac Mool de *pie de página*) se reflejan en la técnica de la escultura. Cada una consta de cuatro secciones. Están talladas en basalto y espigadas en una columna que sostiene el tejado. Columnas cuadradas en la parte posterior de la pirámide de figuras, revestidas con parecido atuendo militar y talladas en bajorrelieve, prolongan la función arquitectónica de sostén.

Tula, en el estado de Hidalgo, está hoy representada por los restos de una gran ciudad, menor ciertamente que la Teotihuacán, más antigua, pero que no deja de ser impresionante. El centro del asentamiento está dominado por varios templos-pirámide poco gráciles y de gran tamaño. Así, la pirámide B, que probablemente estuvo dedicada a Quetzalcoatl, la serpiente emplumada. Su subestructura está recubierta con relieves de jaguares y coyotes rampantes y con águilas que devoran corazones, reflejo probable de la clase guerrera que dominaba la ciudad. De acuerdo con la leyenda, Tula estuvo gobernada por un rey semimítico, que llevó el título de Quetzalcoatl y que habría sido encantado, depuesto y expulsado de la ciudad por el terrible dios Tezcatlipoca, el patrón de hechiceros y guerreros.

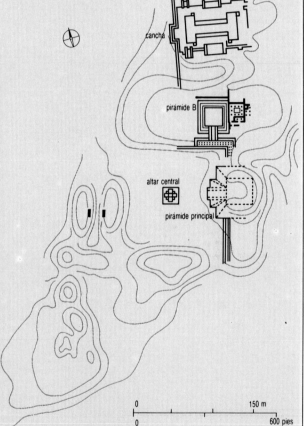

Izquierda. La pirámide B vista desde el sureste; estaba precedida de una sala de columnas. La base de la pirámide está decorada con figuras de perfil de jaguares y águilas que devoran corazones y con la vista frontal de una cabeza humana, que emerge de las fauces de una criatura emplumada, asociada a Venus y conocida con el nombre nahuatl de Tlahuizcalpantecuhtli.

Arriba derecha. Plano de Tula. La cancha en forma de I está detrás de la pirámide B. Tiene exactamente las mismas dimensiones y orientación que la de Xochicalco. Contiguo a la pirámide se encuentra el Palacio Quemado.

Derecha. Un Chac Mool, que se cree ser una piedra para los sacrificios. Se han descubierto otras seis esculturas similares, todas mutiladas.

cán («serpiente emplumada», es decir, Quetzalcoatl)
llegó al Yucatán con sus seguidores y conquistó a los
mayas. La cultura asumida y canalizada a través de las líneas políticas toltecas fue la cultura puuc. Pero la
mayor parte de los asentamientos de dicha cultura fueron abandonados en esa época, con la notable excepción de Chichén Itzá.

Apenas si se encuentran otros asentamientos de comienzos del período clásico tolteca-maya en el Yucatán,
lo cual sugiere que los nuevos gobernantes habían despoblado el país y concentrado a los mayas del norte en
Chichén Itzá para poder controlarlos mejor. El otro
yacimiento importante de la época es Balankanché,
una caverna no lejos de Chichén, con una cámara subterránea de culto dedicada al dios tolteca de la lluvia, Tlaloc.

Desarrollos postoltecas en la zona septentrional de los mayas

Para 1224, al terminar un katún Ahau 6, la hegemonía
tolteca había desaparecido en las tierras bajas septentrionales (de hecho, ya había pasado la gran fase tollana
en Tula), y los toltecas ya no eran más que un recuerdo
glorioso en buena parte de Mesoamérica. Poco después,
los itzá se habían establecido en el asentamiento de Chichén Itzá, donde instauraron o tal vez potenciaron el
culto del dios de la lluvia en el *cenote* sagrado o pozo de
los sacrificios, en el que ofrendaban víctimas humanas
para aplacar a la divinidad.

Durante la segunda mitad del siglo XIII, los itzá fundaron Mayapán, a unos 100 km al oeste de Chichén,
que se mantuvo como su capital hasta que un siglo después fue conquistada y destruida. Mayapán fue una
ciudad en forma de lágrima, que abarcaba unas 200
construcciones dentro de sus muros. La Carnegie Institution de Washington, que excavó Mayapán durante
varios años, calcula que vivieron allí entre 11 000 y
12 000 personas. Por las historias sabemos que en su
mayor parte eran familias prominentes del norte del
Yucatán, retenidas como rehenes para asegurar el
flujo constante de los tributos en favor de la familia
Cocom, los dominadores que controlaban la península
en aquella época.

Las excavaciones realizadas en las construcciones más
suntuosas han sacado a la luz numerosas urnas, junto
con incensarios de cerámica y reproducciones de las divinidades que allí se adoraban. Tales ídolos incluyen numerosos dioses originarios del centro de México, así
como el dios indígena de la lluvia, el maya Chac.

Al tiempo de la invasión española de la península del
Yucatán, el asentamiento de Mayapán estaba en ruinas,
como lo estaba, por supuesto, Chichén Itzá.

La península se hallaba dividida en 16 pequeños Estados independientes, sin duda no muy distintos en su organización social y política de las ciudades Estado independientes que habían florecido a comienzos del
período clásico maya; la ausencia de una autoridad suprema sobre todo el territorio hizo que los españoles
encontrasen muchas más dificultades en someter a los
mayas que en subyugar el imperio centralizado de
los aztecas.

Los finales del posclásico en las tierras altas mayas

La arqueología del altiplano de Guatemala y Chiapas es
muy poco conocida tras la decadencia de Teotihuacán,
que después del 500 d. C. dejó de influir en centros tan
importantes como Kaminaljuyú. Cuando el terrible
Pedro de Alvarado conquistó esta zona,. acompañado
por mercenarios indígenas de Tlaxcallán en México cen-

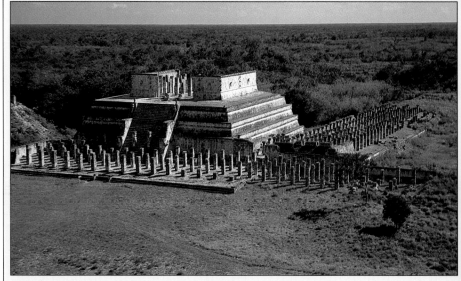

Chichén Itzá

Chichén Itzá

Izquierda. Vista del Templo de los Jaguares (en la sección inferior oriental del patio de pelota). Un trono de jaguar mira hacia la pirámide central del Castillo. La pirámide (24 m de altura), repleta de temas de la serpiente emplumada, pertenece a la fase última de la construcción. La mayor parte de los edificios de Chichén Itzá revela una mezcla de dibujos mayas y toltecas.

Abajo. Esta serie esculpida de calaveras (*tzompantli*) en las caras de una plataforma, perteneciente al sector más reciente de las construcciones de Chichén Itzá, repite un motivo tolteca.

El asentamiento de Chichén Itzá estuvo situado estratégicamente en el centro de la península de Yucatán. Según la interpretación corriente de la prehistoria peninsular, los invasores toltecas hicieron de la ciudad su nueva capital, reclutando arquitectos y artistas mayas puuc a fin de que creasen una Tula más grandiosa y opulenta. El Templo de los Guerreros de Chichén, aunque imita el modelo de la pirámide B de la vieja capital, es mucho mayor y más ambicioso que esta última, y la cancha de Chichén supera a cualquier otra de Tula. Entre las esculturas toltecas más características de Tula se encuentran las estatuas yacentes denominadas Chac Mool. Pues bien; son muchas las que se han encontrado en Chichén, aunque dejando chicos a los originales toltecas. Sin embargo, la construcción más sorprendente de Chichén es el gran templo-pirámide de cuatro lados, conocido como el Castillo, que no tiene parangón conocido en Tula. Sus únicos antecedentes podrían haberlo sido las pirámides de cuatro lados erigidas durante la fase tardía del período clásico en Tikal y Copán.

Son muchas las cuestiones que quedan por resolver acerca de la cronología de la cultura tolteca-maya en Chichén, debidas en parte al sistema ambiguo de datación empleado en el Yucatán posclásico. Así, por ejemplo, una escuela de eruditos ha podido avanzar la hipótesis de que las construcciones «estilo tolteca» de Chichén Itzá copiaron de hecho los supuestos prototipos de Tula, en el lejano estado de Hidalgo, evidentemente menos impresionantes. Habrá que llevar a cabo todavía muchas excavaciones «modestas» en Chichén para poder resolver esta controversia.

Arriba. Esta pequeña placa de jade, en el estilo escultórico maya, es uno de los miles de objetos recuperados del Pozo del Sacrificio, una cisterna sagrada (*cenote*). Fue el escenario de una actividad ritual, que incluía la ofrenda de jade, cerámica y metales, así como de sacrificios humanos. Los discos de metal encontrados allí, con realces de escenas del conflicto tolteca y maya, probablemente recuerdan acontecimientos históricos.

Abajo. La arquitectura monumental de Chichén Itzá cubre una extensión aproximada de 3 por 2 km. Los edificios meridionales de estilo puuc fueron saqueados durante siglos por el «Nuevo Chichén» del norte. Ejemplos notables de ideas del altiplano mexicano son las procesiones de figuras de guerreros, el Chac Mool, los temas de la serpiente emplumada, los sacrificios humanos y los cultos del águila-jaguar.

Izquierda. Templo de los Guerreros y Patio de los Mil Guerreros, similares en su diseño a la pirámide B y al Patio Quemado de Tula, pero con una concepción y un propósito más grandiosos. Las columnas están esculpidas en cada lado con la figura de un guerrero, que exhibe una combinación de insignias. Las serpientes monumentales que sostienen el techo vuelven a aparecer en el templo superior que domina el patio de pelota.

Derecha. Una figura humana que emerge de las fauces de un animal (que aquí aparece esculpida en piedra) constituye uno de los temas representativos, que se remonta al menos a los primeros tiempos de Teotihuacán. Fue ganando en importancia entre las sociedades belicosas del águila-jaguar durante la época tolteca y continuó en los tiempos aztecas, según consta por documentos históricos.

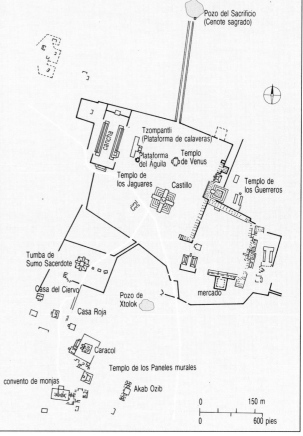

Pozo del Sacrificio
(Cenote sagrado)

Tzompantli
(Plataforma de calaveras)

Plataforma
del Águila

Templo
de Venus

cancha

Templo de
los Jaguares

Castillo

Templo de
los Guerreros

Tumba de
Sumo Sacerdote

Casa del Ciervo

Pozo de
Xtolok

mercado

Casa Roja

Caracol

Templo de los Paneles murales

convento de monjas

Akab Ozib

0   150 m

0   600 pies

Una ojeada al mundo inferior maya

La cerámica clásica maya, pintada o esgrafiada, tuvo como finalidad el acompañar al difunto en su viaje al mundo inferior o Xibalbá («lugar del espanto»). Un relato detallado de Xibalbá se conservó después de la conquista en el *Popol Vuh*, el libro sagrado de los mayas quichés. En él dos jóvenes, llamados Hunahpu 1 y Hunahpu 7, son citados por los señores del infierno (todos los cuales llevan nombres de enfermedades mortales) para jugar un partido de pelota. Se les somete a una serie de pruebas y, finalmente, son derrotados y condenados a la decapitación. La cabeza de Hunahpu 1, expuesta en un calabozo, impregna mágicamente a la señora Sangre, hija de un señor del Xibalbá. Tras su exilio sobre la superficie de la tierra, la señora da a luz a los héroes gemelos Hunahpu y Xbalanque, grandes tiradores con cerbatana y aventajados jugadores de pelota. Y efectivamente acaban siendo invitados a jugar a la pelota con las divinidades ctónicas, y con una serie de subterfugios consiguen superar a los soberanos del infierno y salir de allí para convertirse en el Sol y la Luna. Mientras que estos y otros muchos episodios del *Popol Vuh* hallan una referencia explícita en la cerámica clásica maya, son numerosas las escenas que no tienen contrapartida en los recuerdos literarios de la mitología.

Abajo. Rollo fotográfico de un cilindro policromo del siglo VII, procedente de la región de Petén. Dos jugadores de pelota se preparan para una competición, llevando cada uno una pelota, frente a una estructura escalonada. Podrían ser Hunahpu 1 y Hunahpu 7 o los dos héroes gemelos, y también podría tratarse de uno de éstos y un señor del infierno. Los pájaros fantásticos de la derecha recuerdan las lechuzas mágicas enviadas por los gobernantes de Xibalbá convocando a los habitantes de la superficie terrestre a un partido de pelota en el mundo inferior. El texto glífico de la parte superior aún no ha sido descifrado, pero probablemente contiene los nombres y títulos del difunto para el que se pintó el vaso.

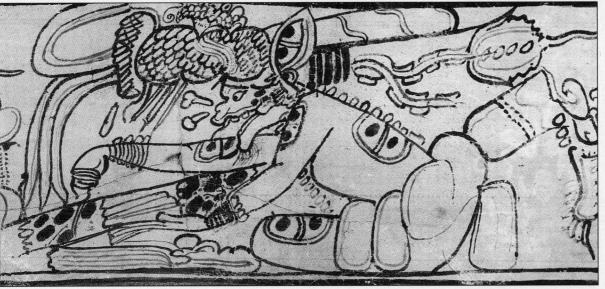

En el *Popol Vuh*, unos hermanastros de los Héroes Gemelos trepan a un árbol por orden de éstos para recoger unos pájaros que los Gemelos habían matado; quedan atrapados y los Gemelos los convierten en monos. En este vaso (*izquierda*) aparecen los hombres-monos como patrones de la escritura, señalando los códices cubiertos con piel de jaguar. En muchas cerámicas mayas hay sin embargo escenas del mundo inferior que no pueden relacionarse directamente con el *Popol Vuh*. En un vaso del estilo del códice (*derecha*) un señor sostiene una serpiente encerrada en un tubo, de cuyas fauces emerge un dios anciano soplando en una trompeta de concha.

Abajo. Rollo de un vaso cilíndrico del siglo VIII, del Petén septentrional, Guatemala. Aparece una joven, con claros signos de embarazo, delante de unos señores de Xibalbá que parecen bailar una danza de terror. El *Popol Vuh* sugiere que es la señora Sangre, preñada de los futuros Héroes Gemelos. Ante ella hay una divinidad siniestra con una nariz casi fálica, que podría ser su hermano enfurecido; ese apéndice de forma extraña y el abanico que sostiene en la mano inducen a creer que se trata de Ek Chuuah, el dios de los mercaderes, que tenía ciertamente relaciones con el mundo inferior. Las otras dos figuras masculinas podrían ser sus subordinados. Dispuestos en dos columnas podrían estar los glifos con los nombres de los protagonistas.

Aunque se solía pensar que los artistas productores de la cerámica pintada eran analfabetos y nada sabían de las preocupaciones esotéricas de la minoría dirigente, hoy se admite en general que fueron los mismos que produjeron los códices, esculpieron los monumentos y pintaron los grandes murales como los de Bonampak.

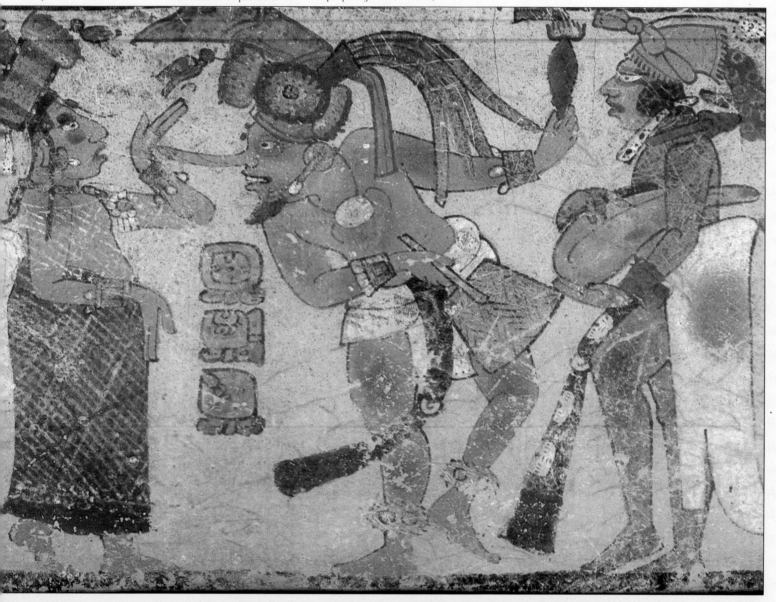

En el rollo de un vaso, estilo códice (*debajo*) el dios GI (señor del sacrificio y de la lluvia) y el esquelético dios de la muerte bailan por el triunfo sobre el niño Jaguar, dios del infierno. A la derecha hay una luciérnaga que lleva una antorcha y un perro monstruoso que transporta las almas al infierno.

A pie de página. Un vaso policromo que representa a un dios juvenil del maíz.

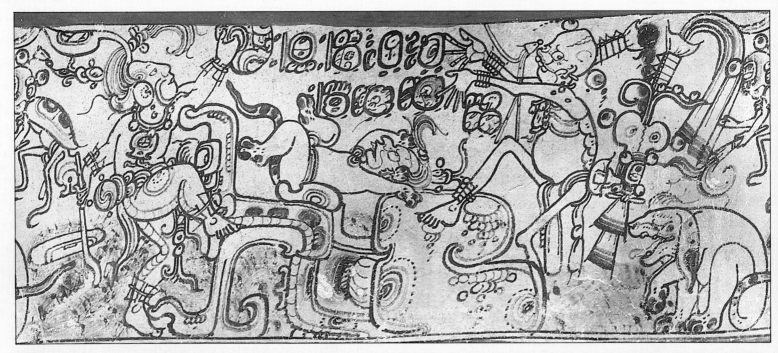

Derecha: **La civilización maya posclásica**
Los putunes, que hablaban chontal, fueron dueños de una red comercial que se extendía hasta el corazón de Petén y que por barco rodeaba la península de Yucatán hasta alcanzar los centros mercantiles como Nito sobre Río Dulce y Naco en Honduras. Las canoas cargadas de mercaderes y sus mercancías, que Colón vio en 1502 frente a la costa del Yucatán, probablemente eran mayas putunes. El gran centro comercial era Xicallanco, un «puerto de comercio» internacional, en el que los mercaderes aztecas de larga distancia intercambiaban sus mercancías con comerciantes del área maya. Se cree en general que las gentes de Chichén Itzá y más tarde las de Tayasal eran putunes de origen mexicano. Como consecuencia de la decadencia de Mayapán, a mediados del siglo XV, toda el área septentrional cayó en un desorden político con la insurrección de 16 pequeños estados independientes, cada uno de ellos luchando por imponerse a sus vecinos. Pese a lo cual hubo un cierto grado de centralización a nivel de culto, dado que la familia gobernante en cada uno de aquellos estados minúsculos mantuvo un culto real en el templo de la serpiente emplumada de Maní. Pero la «balcanización» política dominante hizo muy difícil a los españoles la conquista del norte del Yucatán por no haber allí una autoridad única a la que doblegar como en México central.

Centros importantes del período posclásico
Mayapán, que fue la capital del Yucatán desde 1283 hasta mediado el siglo XV.
Chichén Itzá, centro del viejo estilo puuc, conquistado por los toltecas de México central a finales del siglo X, que se convirtió en la capital tolteca-maya de toda la península de Yucatán hasta su eclipse después del 1200.
Balankanché, donde ha aparecido una caverna subterránea que contiene numerosos incensarios con la forma de Tlaloc, el dios tolteca de la lluvia.
Tulum, pequeña ciudad costera ocupada desde el posclásico tardío hasta la época de la conquista española.
Isla de Cozumel, ocupada por los mayas putunes convirtiéndola en centro de almacenaje para las mercancías de su red comercial marítima.
Isla de Tayasal, capital de los mayas de Itzá después de que éstos abandonasen el Yucatán; aunque visitada por Cortés, no cayó en manos de los españoles hasta 1697.
Nito, centro comercial de finales del posclásico sobre Río Dulce.
Naco, vasto asentamiento comercial durante el período final del posclásico, relacionado con el comercio marítimo de los mayas putunes.
Zacaleu, centro clásico y posclásico, capital de los mayas mam cuando en 1525 Alvarado llevó a término la conquista del altiplano maya.
Utatlán, capital del poderoso reino de los mayas quichés, reducida a cenizas por las fuerzas de Pedro de Alvarado.
Iximché, ciudad principal de los mayas cakchiqueles durante la época final del posclásico.
Mixco Viejo, capital de los mayas pokomames. Rodeada de gargantas abruptas, resultaba casi inexpugnable; pero a traición cayó en poder del ejército de Alvarado.

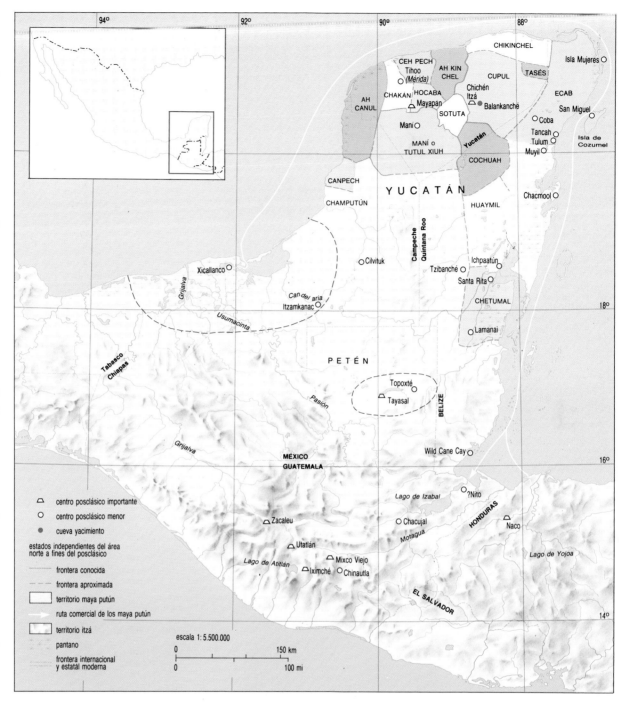

centro posclásico importante
centro posclásico menor
cueva yacimiento
estados independientes del área norte a fines del posclásico
frontera conocida
frontera aproximada
territorio maya putún
ruta comercial de los maya putún
territorio itzá
pantano
frontera internacional y estatal moderna

escala 1: 5.500.000

0   150 km
0   100 mi

tral, los altiplanos guatemaltecos estaban dominados por los mayas cakchiqueles y quichés, que poseían Estados importantes, con grandes capitales, y en menor medida por los tzutuhiles (en el borde meridional del lago Atitlán) y los pokomamos. Al Oeste, en las fronteras con los mayas tzeltales y tzotziles de Chiapas, se hallaban los mam, con su capital en Zacaleu. Las dinastías gobernantes, que regían los grupos mayas del altiplano, solían proclamarse descendientes de tribus emigrantes originarias de Tula, la gran capital tolteca; pero sus anales (como el quiché *Popol Vuh*) demuestran que su cultura conservaba un fuerte carácter maya indígena.

El legado más extraordinario de estas naciones del altiplano es su literatura. Se escribió a comienzos del período colonial, aunque seguramente se remonta a unos originales jeroglíficos. En especial la gran epopeya maya y quiché, conocida como *Popol Vuh* («El libro del petate») y los *Anales de los cakchiqueles* nos abren una ventana al pensamiento indio anterior a la conquista, que además es único en el Nuevo Mundo.

OAXACA EN EL POSCLÁSICO

Los mixtecas del tercio occidental de Oaxaca hicieron su aparición en el escenario mesoamericano a finales del período posclásico, tras la caída de los toltecas como la potencia pan-mesoamericana; pero sus raíces debieron de ser mucho más antiguas. Por desgracia, la arqueología mixteca está todavía en pañales. Los abundantes datos sobre este pueblo proceden de los propios mixtecas, en forma de ocho códices o libros en mampara, escritos sobre gamuzas cubiertas de yeso. En su mayoría contienen información genealógica y otros datos históricos sobre las dinastías que gobernaron el reino mixteca y extendieron sus conquistas.

Como su región es claramente montañosa, los soberanos mixtecas supieron explotar el terreno y construyeron sus ciudades principales en cimas fácilmente defendibles; el jeroglífico para un emplazamiento concreto emplea por lo general el signo de «montaña». Después del 1200 d. C., y probablemente bajo la influencia de algunos centros antiguos y prestigiosos de la cercana Puebla, como Cholula, los mixtecas desarrollaron un estilo de pintura, y tal vez hasta una arquitectura, que se denomina «Mixteca-Puebla».

En el siglo XIV, los mixtecas habían empezado a comprometerse con el antiguo dominio zapoteca, y en particular el valle de Oaxaca. Siguiendo un modelo familiar en Mesoamérica, los señores mixtecas se habían adueñado de los pequeños Estados zapotecas mediante una prudente combinación de poder militar y de matrimonios regios. Según parece, los dirigentes locales zapotecas se mostraron muy dispuestos a seguir adelante con ese arreglo que cambiaba el tributo en un aumento de poder de los nuevos dirigentes.

Conviene recordar que Monte Albán fue la antigua capital zapoteca desde los tiempos del formativo medio. En los últimos siglos anteriores a la conquista española, el asentamiento abandonado de la cima fue definitivamente ocupado por los gobernantes mixtecas.

La conquista azteca de Oaxaca empezó con el cuarto gobernante, Itzcoatl (1427-1440), continuó bajo Ahuitzotl (1486-1502) y concluyó con Motecuhzoma Xocoyotzin (1502-1520). Algunas veces, mixtecas y zapotecas dejaron de lado sus diferencias para presentar una defensa unida; pero ocasiones hubo en que los últi-

Izquierda. Incensario mixteca de terracota, que representa al dios de la lluvia. Halladas en grandes cantidades a lo ancho de Mixteca Alta (el reino montañoso de los mixtecas), estas figuras huecas con agujeros en la parte superior se colocaban encima del fuego echando humo por la boca o por el tocado. Por las anteojeras y los colmillos de jabalí, se ha identificado este ejemplar como Tlaloc (el nombre azteca del dios); en otros faltan esas características divinas.

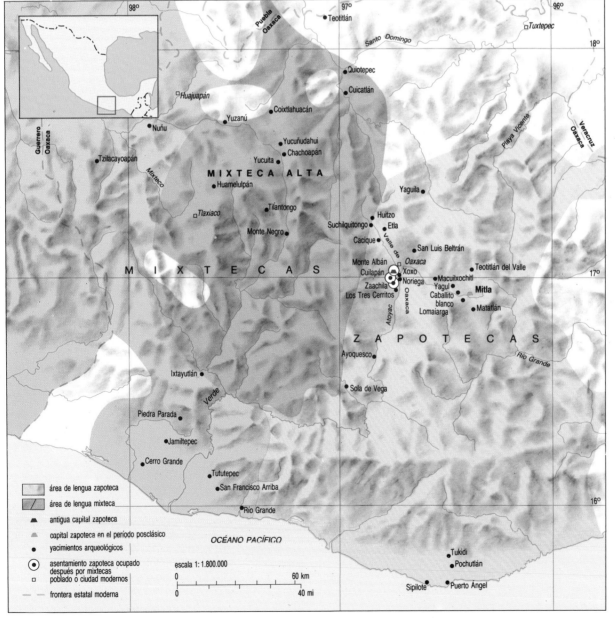

Izquierda: **Mixtecas y zapotecas en la Oaxaca posclásica**
Es el códice superviviente de los ocho anteriores a la conquista el que nos permite conocer de los mixtecas más que de cualquier otro pueblo de cuantos ocuparon el actual estado de Oaxaca, en México meridional. Tales códices relataban la insurrección de la aristocracia mixteca contra el dominio tolteca a finales del período posclásico. Para el 1350 d. C. gran parte de la región montañosa del sector occidental de este mapa estaba bajo su control y sus ojos codiciosos se volvieron hacia las tierras más al Este, y muy especialmente al hermoso valle de Oaxaca.

Allí habían vivido los zapotecas durante siglos, sin ser molestados por los de fuera. Ahora su capital, Monte Albán, y otras ciudades importantes fueron cayendo fácilmente en manos mixtecas a medida que príncipes y princesas fueron entrando en las cortes zapotecas mediante matrimonios estratégicos. Cuando llegaron los españoles, los asentamientos zapotecas estaban por doquier bajo control mixteca. Las ciudades de Oaxaca llegaron a reflejar esa dualidad cultural: Zaachila era una capital zapoteca con un rey de ese linaje, pero en las tumbas allí excavadas se han encontrado notables ejemplares policromos de cerámica de estilo mixteca. Mitla, un tiempo centro de civilización zapoteca, y en la que se decía que los nobles y héroes zapotecas estaban enterrados en una cámara secreta, debajo de la ciudad, también desarrolla una arquitectura en el estilo mixteca de Puebla.

Mapa:

- área de lengua zapoteca
- área de lengua mixteca
- ▲ antigua capital zapoteca
- ▲ capital zapoteca en el período posclásico
- ● yacimientos arqueológicos
- ⊙ asentamiento zapoteca ocupado después por mixtecas
- □ poblado o ciudad modernos
- — frontera estatal moderna

escala 1: 1.800.000

0 — 60 km
0 — 40 mi

OCÉANO PACÍFICO

Mitla

Abajo. Mitla, Sala de las Columnas, con mosaicos estriados. Ciento cincuenta paneles sobre los muros exteriores e interiores están decorados con variaciones de ocho dibujos geométricos fundamentales, algunos realizados en mosaico y otros tallados en dinteles. Tumbas y dinteles cruciformes, decorados con estrías y pintados al modo de los códices caracterizan el arte y la arquitectura de Mitla.

Abajo derecha. En los tiempos de Monte Albán V la zona urbana de Mitla podría haber ocupado una extensión 1 y 2 km², con el apoyo de 20 km² de tierra adentro.

Este asentamiento es, con mucho, el más importante de Oaxaca en la fase tardía del período posclásico, y se sitúa en el brazo suroriental del valle. Consta de cinco grupos de palacios magníficos, verdaderas obras maestras de la arquitectura. Cada grupo está formado por largos edificios, dispuestos en torno a un patio interior y que recuerdan la arquitectura puuc del clásico tardío en Yucatán, con la que podrían estar emparentados.

Continúa la controversia sobre si Mitla fue un asentamiento zapoteca o mixteca, aunque no existe duda alguna de que el estilo es el mixteca de Puebla. La ciudad actual es puramente zapoteca; pero mixtecas y zapotecas estuvieron tan mezclados en el valle de Oaxaca, que el problema no parece tener respuesta adecuada.

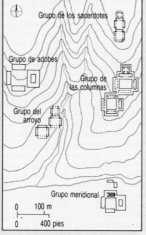

Grupo de los sacerdotes

Grupo de adobes

Grupo de las columnas

Grupo del arroyo

Grupo meridional

0   100 m

0   400 pies

mos hubieron de marchar por su cuenta. Fueron en particular los zapotecas los que presentaron una resistencia encarnizada y triunfante contra los ejércitos aztecas de la fortaleza de la cima de Guiengola, de forma que al menos algunas casas principescas zapotecas conservaron su independencia.

EL REINO TARASCO

La prehistoria de Michoacán, en México occidental, patria del pueblo tarasco o purépecha, es escasamente conocida. Y también resulta difícil determinar hasta qué punto podemos fiarnos de la tradicional historia tarasca, tal como la conserva la *Relación de Michoacán.* Hay quienes defienden que al menos algunos de sus antepasados habían sido chichimecas, que emigraron desde el Norte hacia la fértil cuenca que rodea al hermoso lago de Pátzcuaro, abundante en pesca. Otros colonos de Michoacán hablaban una lengua nahuatl; pero las familias gobernantes hablaban tarasco, una lengua sin conexión alguna conocida con otras del hemisferio.

Por la *Relación* parece que la casa real tarasca, presidida por el rey o *kasonsi,* estableció varias capitales sucesivas durante la fase final del período posclásico, habiendo fijado la última en Tzintzuntzan, que dominaba el lago Pátzcuaro. Este asentamiento impresionante, sólo en parte explorado arqueológicamente, estaba dominado por una enorme plataforma rectangular de al-

bañilería, que soporta cinco grandes *yácatas.* Éstas son «pirámides» escalonadas y circulares, unidas a plataformas asimismo escalonadas, revestidas por todas sus caras con losas alisadas y perfectamente unidas, que recuerdan los trabajos en piedra de los incas de Perú. Las *yácatas,* que se han encontrado en otros yacimientos tarascos, como la antigua capital Ihuatzio, parecen haber sido monumentos funerarios que contenían los restos de antiguos kasonsis y de sus criados.

La *Relación* nos proporciona información extraordinariamente detallada sobre la estructura de la corte real tarasca y de su funcionamiento. Hubo una increíble variedad de criados y artesanos de palacio, algunos de los cuales eran sacrificados a la muerte de un kasonsi. Separado de palacio había un numeroso grupo de sacerdotes no célibes, presididos por un pontífice supremo; su cometido era dirigir el culto de los dioses tarascos, entre los que se contaban el Sol y la Luna.

Mientras el Estado azteca fue absorbiendo los Estados rivales de Mesoamérica a lo largo de la última fase del posclásico hasta la conquista española, los tarascos defendieron con éxito sus fronteras contra aquella embestida, y el kasonsi fue tratado en consecuencia como un igual por el emperador de los aztecas.

EL IMPERIO AZTECA

La civilización azteca es la mejor conocida de las culturas prehispánicas; y eso no tanto por la búsqueda arqueológica, que ha sido mínima, cuanto por el increíble número de documentos escritos después de la conquista, así en nahuatl como en castellano. Por ejemplo, la enciclopedia en 12 grandes volúmenes, compilada por el franciscano Bernardino de Sahagún, y que recoge testimonios de gentes que hablaban nahuatl, informa sobre casi todos los aspectos de la vida azteca, tanto materiales como espirituales. De ningún otro pueblo del Nuevo Mundo contamos con tal abundancia de datos.

Los orígenes aztecas

Los aztecas tuvieron dos leyendas distintas sobre su origen, subrayando ambas que no eran nativos del valle de México. A los aztecas les gustaba hablar de sus rudos antepasados y pretendían estar relacionados con los chichimecas; pero es probable que en un primer estadio hubieran sido un pueblo agrícola que, de una u otra forma, adoptó los rasgos de la antigua cultura tolteca, y en particular sus creencias y prácticas religiosas.

El valle de México, en el que penetraron a comienzos del siglo XIII, era un enclave totalmente poblado y con tradiciones antiguas. Las potencias rectoras fueron los tepanecas de Atzcapotzalco, en las riberas noroccidentales del Gran Lago; el Estado de Texcoco, al este del lago y de origen tolteca; y la poderosa y culta ciudad de Culhuacán al Sur, cuyos gobernantes pretendían ser descendientes de los toltecas-chichimecas de Tula. Una profecía tribal había vaticinado a los aztecas que su gran capital y el futuro centro del mundo se establecería en una isla pantanosa, donde un águila se posaría sobre un cacto (nopal) llevando una serpiente en el pico. Tras muchas vicisitudes, en el curso de las cuales los aztecas actuaron como vasallos o mercenarios en apoyo de una o de otra potencia del valle, la profecía alcanzó su cumplimiento el año 1325, cuando los aztecas se asentaron en Tenochtitlán («lugar del nopal»).

Su experiencia militar como mercenarios había proporcionado a los aztecas un conocimiento formidable,

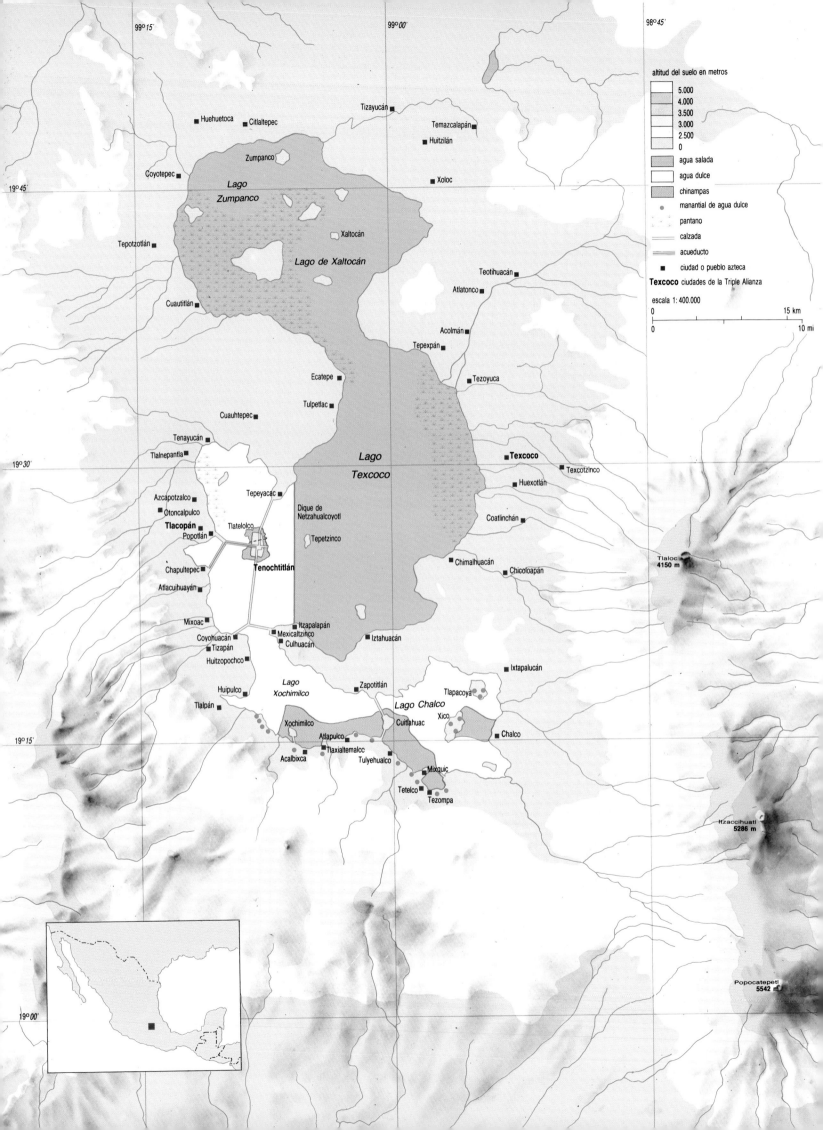

altitud del suelo en metros

	5.000
	4.000
	3.500
	3.000
	2.500
	0

agua salada

agua dulce

chinampas

● manantial de agua dulce

pantano

calzada

acueducto

■ ciudad o pueblo azteca

Texcoco ciudades de la Triple Alianza

escala 1: 400.000

0 ——— 15 km

0 ——— 10 mi

Huehuetoca
Citlaltepec
Tizayucán
Temazcalapán
Huitzilán
Coyotepec
Zumpanco
Xoloc

Lago Zumpanco

Tepotzotlán
Xaltocán

Lago de Xaltocán

Teotihuacán
Atlatonco
Cuautitlán
Acolmán
Tepexpán
Ecatepe
Tezoyuca
Tulpetlac
Cuauhtepec
Tenayucán
Tlalnepantla

Texcoco
Texcotzinco
Huexotlán

Azcapotzalco
Tepeyacac
Otoncalpulco

Lago Texcoco

Tlacopán
Popotlán
Tlatelolco
Dique de Netzahualcoyotl
Coatlinchán
Tepetzinco
Chapultepec
Tenochtitlán
Chimalhuacán
Chicoloapán
Atlacuihuayán

Tlaloc 4150 m

Míxoac
Itzapalapán
Mexicaltzinco
Iztahuacán
Coyohuacán
Culhuacán
Tizapán
Huitzopochco
Ixtapalucán

Huipulco
Lago Xochimilco
Zapotitlán
Tlapacoyá
Tlalpán
Lago Chalco
Xico
Xochimilco
Cuitlahuac
Chalco
Atlapulco
Acalbixca
Tlaxialtemalcc
Tulyehualco
Mixquic
Tetelco
Tezompa

Itzaccihuatl 5286 m

Popocatepetl 5542 m

Derecha. Cuchillo azteca, tal vez originariamente destinado a los sacrificios. La hoja es de calcedonia y el mango, de madera con incrustaciones de turquesa y concha. Se cree que fue una de los presentes que Motecuhzoma Xocoyotzin hizo a Cortés y que más tarde fue enviado al emperador Carlos V.

Izquierda: **El valle de México bajo gobierno azteca**
Desde los tiempos anteriores a la conquista el valle de México carecía de avenamiento exterior y contenía un lago extenso y somero, conocido como el lago de la Luna; la mayor parte de las ciudades y poblados aztecas se asentaba cerca de sus márgenes y millares de botes surcaban a diario su superficie, ocupados en el comercio. En su parte occidental, en la que se ubicaba la isla capital de Tenochtitlán-Tlatelolco, y en el Sur (lagos de Xochimilco y Chalco) el lago era dulce, pues estaba alimentado por numerosas fuentes.

Fue aquí donde se idearon los campos alzados, conocidos como *chinampas*, que en ocasiones se inundaban y arruinaban con las aguas salobres procedentes del lago de Texcoco durante la estación de las lluvias. Con el fin de proteger la zona de chinampas, que era el auténtico «granero» del estado azteca, a mediados del siglo XV el rey poeta de Texcoco, Netzahualcoyotl, construyó un gran dique que separaba los dos lagos.

Teóricamente el estado azteca era una alianza entre los gobernantes de Tenochtitlán, Texcoco y Tlacopán (la moderna Tacuba), pero el dominante fue el reino de Tenochtitlán. Sin embargo, Texcoco gozó de gran prestigio por la antigüedad de sus tradiciones y por la erudición y cultura de sus soberanos. En una colina de Texcotzinco se construyeron los jardines de recreo y unos baños tallados en la roca por orden del monarca de Texcoco, que en su tiempo fueron una maravilla. Tlacopán tuvo escaso poder y sus funciones no estuvieron apenas definidas.

que pronto aplicaron para subvertir la soberanía de sus antiguos dominadores, los tepanecas. Y, tras su alianza con otras dos ciudades Estado, Texcoco y Tlapocán (la Triple Alianza), pronto consiguieron el dominio supremo sobre todo el valle. Estaba echada la base para la conquista azteca de México.

La expansión imperial azteca

A mediados del siglo XIV, los reyes aztecas habían creado una potencia equivalente a un imperio, empezando con Itzcoatl, continuando luego con Motecuhzoma Ilhuicamina (1440-1468) y extendiéndose hasta el reinado del sexto gobernante Axayacatl (1469-1481). Durante el reinado de este último, Tenochtitlán sometió a su vecino inmediato del Norte, Tlatelolco. Y así la capital fue una ciudad gemela: Tenochtitlán-Tlatelolco.

Una de las instituciones aztecas menos comprensibles para la concepción moderna es la denominada «guerra florida», establecida entre Tenochtitlán, de un lado, y los Estados rivales de Tlaxcallán y Huexotzinco, del otro. No fue aquel un pacto de paz, sino de hostilidades permanentes, destinado a proporcionar un material inagotable de guerreros cautivos para el sacrificio ritual. «Flores», en la imaginería poética de los aztecas, era una metáfora para designar la sangre humana, mientras que el campo de batalla lo concebían como un jardín de flores. Existen algunas pruebas de que Tlaxcallán era un Estado profundamente debilitado y enconado a causa de ese ciclo perpetuo de violencia, y así sus gobernantes y su ejército abrazaron gustosos la causa española cuando Cortés entró en México.

Los ejércitos aztecas eran muy numerosos y estaban organizados al mando de jefes guerreros o de oficiales que habían conseguido el puesto capturando prisioneros. Los guerreros aztecas iban ricamente ataviados, en especial los que pertenecían a las órdenes guerreras, como los caballeros del Jaguar o del Águila. Las batallas las libraban con armas formidables, y sobre todo con el terrible *macahuitl* o espada-maza plana, afilada con hojas de obsidiana empotradas en unas ranuras. Hasta los españoles sentían terror del arma. El dardo lanzado con el atlatl era otra de las armas principales. Los mercenarios de las tribus otomíes actuaban como arqueros en defensa del Estado azteca.

Los Estados enemigos conquistados se organizaban como provincias de la Triple Alianza que proporcionaban tributos, bajo el control directo de nutridas guarniciones aztecas. Una vasta burocracia, que incluía a los torvos recaudadores de impuestos, se cuidaba de que el sistema funcionase perfectamente. Nada tiene, pues, de sorprendente que muchas de las provincias conquistadas saludasen a los españoles como a sus salvadores.

Ciudad, Estado y sociedad

El corazón imperial y espiritual del imperio fue la isla-capital de Tenochtitlán-Tlatelolco, y más en concreto su recinto ceremonial y el gran templo. Entrecruzada por canales, que discurrían paralelos a las calles, los conquistadores la describieron como «una segunda Venecia». Y como en la poderosa república del Adriático, el fácil acceso al transporte por agua convirtió en una realidad el comercio a gran escala. Se dice que a comienzos del siglo XVI faenaban en el Gran Lago alrededor de 200 000 canoas.

Resulta extremadamente difícil establecer la población de la ciudad en 1519, a la llegada de Cortés; pero no pudo ser inferior a las 100 000 personas, mientras que el Imperio en su totalidad podría haber controlado a más de 10 millones de personas. Y aunque en los primeros tiempos los aztecas pudieron tener una organización social y política de nivel tribal, hacia 1500 habían alcanzado el nivel de una sociedad clasista. En la base de la pirámide se hallaban los esclavos, que recibían un buen trato, y los siervos que trabajaban las tierras privadas de la nobleza. El grueso de la población lo constituían los plebeyos o *macehualtín*, que vivían y trabajaban en las tierras comunitarias, sobre las que tenían un derecho de usufructo. Estos hombres libres y sus familias pertenecían a grupos de familias emparentadas, conocidos como *calpulli* o «casas grandes», cada una de las cuales tenía sus propias tierras, sus dirigentes del clan y su templo. En Tenochtitlán-Tlatelolco esos grupos eran alrededor de veinte. Por encima de ellos estaba la nobleza hereditaria o los *pipiltín*, que proporcionaba la burocracia superior del sistema imperial azteca, y de cuyas filas se formaba un consejo, el cual asesoraba al emperador y elegía a su sucesor entre los miembros del linaje gobernante.

La dirección suprema del Imperio iba aneja a la casa real. Esa dirección era más compleja de lo que supusieron los españoles, que negociaron principalmente con el hombre que llevaba el título de *tlatoani* (u «orador»), al que llamaron emperador. En 1519 lo era el infortu-

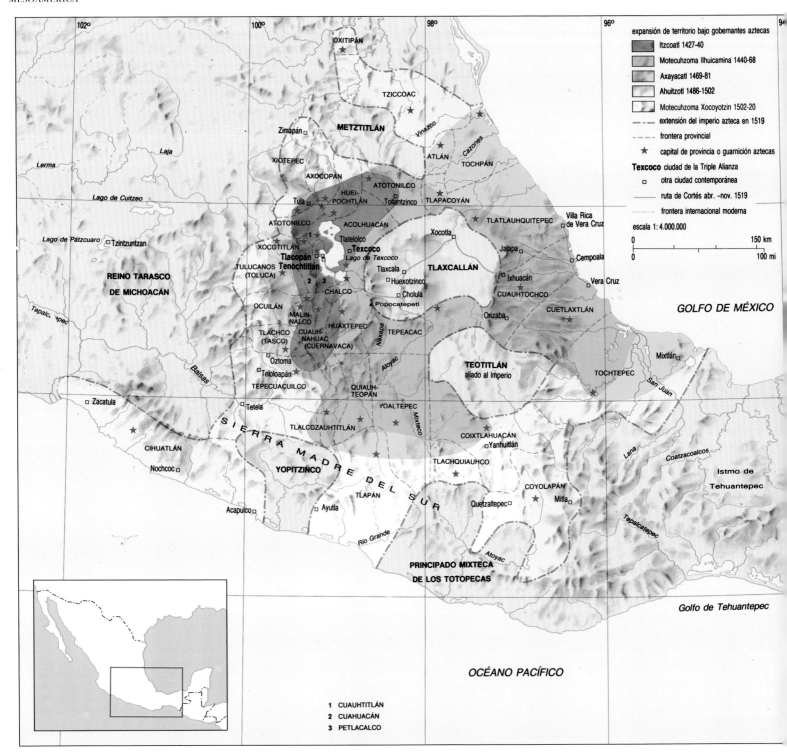

expansión de territorio bajo gobernantes aztecas

- Itzcoatl 1427-40
- Motecuhzoma Ilhuicamina 1440-68
- Axayacatl 1469-81
- Ahuitzotl 1486-1502
- Motecuhzoma Xocoyotzin 1502-20

— · — extensión del imperio azteca en 1519

— — frontera provincial

★ capital de provincia o guarnición aztecas

Texcoco ciudad de la Triple Alianza

▫ otra ciudad contemporánea

—— ruta de Cortés abr. –nov. 1519

frontera internacional moderna

escala 1: 4.000.000

0   150 km

0   100 mi

1 CUAUHTITLÁN
2 CUAHUACÁN
3 PETLACALCO

nado Motecuhzoma Xocoyotzin (el «Montezuma» de los conquistadores). Un análisis detallado de los documentos demuestra que el tlatoani cuidaba especialmente de las relaciones exteriores de la ciudad y del Imperio, ya fuesen pacíficas o de cualquier otro tipo. Pero había otro gobernante paralelo, desconocido de los españoles, que era miembro asimismo del linaje real y llevaba el título de *cihuacóatl* («serpiente femenina»). Era el que tenía jurisdicción sobre los asuntos internos de la capital azteca. Así, cuando Cortés hubo eliminado al tlatoani, la resistencia de la ciudad a los invasores, lejos de disminuir se incrementó.

Una institución económica que ha confundido durante largo tiempo a los estudiosos es la *pochteca*. Se trataba de una especie de gremio hereditario de mercaderes de larga distancia, que negociaban con productos de lujo en mercados foráneos y que, a menudo, viajaban de noche o disfrazados para evitar emboscadas.

La economía azteca

Además de las enormes alcabalas en bienes comestibles, que llegaban a la capital dos veces al año, junto con los productos manufacturados que se podían «sacar» a los mercaderes de la *pochteca* por traficar en puertos distantes, como Xicallanco, en Putún, dentro del territorio maya, el Estado azteca dependía de la producción alimentaria del valle de México. En éste era de capital importancia el sistema de *chinampas* o campos cultivados, que incluían no sólo las zonas supervivientes de Xochimilco y ciudades adyacentes en la zona meridional del Gran Lago, sino también la mayor parte de la isla de Tenochtitlán-Tlatelolco, al margen de las áreas ceremoniales. Fuera de los cultivos de arroz por inundación del Asia oriental, probablemente no ha habido ningún sistema de agricultura más productivo que el de las chinampas del valle.

Debido a la variedad natural del terreno y del clima

Arriba: **El imperio azteca**
Este mapa se funda en datos espigados por R. H. Barlow en sus últimos años y expuestos en *Matrícula de tributos*, un libro azteca que ofrece la lista de provincias conquistadas y de sus ciudades, junto con el tributo ofrecido por cada provincia a los miembros de la Triple Alianza, y en concreto a Tenochtitlán, la capital azteca, que se llevaba la parte del león.

El tributo anual a la Triple Alianza era muy pesado, y lo agravaban los gobernantes locales con el apoyo del estado azteca y especialmente los alcabaleros, que eran muy temidos. La provincia de Cuauhtitlán, por ejemplo, que quedaba al norte de Tenochtitlán, tenía que proporcionar 1200 mantas de algodón, 62 equipos de guerreros con escudos emplumados, 4000 petates de caña, 4000 sillas de caña

asimismo, y una gran cantidad de
maíz, frijoles, *chian* (semillas de
salvia) y amaranto.
Tlaxcallán (actual Tlaxcala) fue un
estado independiente dentro del
Imperio y no se hizo ninguna
tentativa por conquistarlo; pero
entre el mismo y el Estado azteca
prevaleció una situación especial
de hostilidades permanentes,
conocida como la «guerra florida».
Xoconochco (que los españoles
llamaron Soconusco) fue la
provincia azteca más distante.
Conquistada a finales del siglo XV
por Ahuitzotl, comprendía la rica
llanura costera y la zona
pedemontana del sureste de
Chiapas y la vecina Guatemala.

Derecha. Detalle del Códice Cospi.
Aunque de origen controvertido,
es representativo de los libros que
guardaban los sacerdotes aztecas.

Las divinidades aztecas

En la religión azteca habría que distinguir entre un sistema religioso más antiguo, que los aztecas habían heredado de los toltecas o de los Estados toltecas derivados del México posclásico, y un sistema estrechamente relacionado con la ideología del expansionista Estado azteca. Este último se basaba en un mito solar, centrado en el nacimiento milagroso del dios tribal del Sol, llamado Huitzilopochtli. Su madre, la diosa terrestre Coatlicue, que con anterioridad había dado a luz a las 400 estrellas del cielo nocturno y a la hermana de éstas, la diosa lunar Coyolxauhqui, quedó fecundada por una pelota de plumas cuando estaba barriendo su casa o templo de Coatepec o «Montaña serpiente». El hijo por nacer fue Huitzilopochtli. Celosas y enfurecidas, las luminarias nocturnas arrancaron la cabeza a Coyolxauhqui; pero Huitzilopochtli consiguió nacer en algún lugar, plenamente desarrollado y armado hasta los dientes. Y entonces degolló a sus hermanastras. El mito alude, evidentemente, a la destrucción diaria de la Luna y las estrellas por obra de los rayos solares.

Con el amanecer de cada día, la divinidad solar renacía y se alzaba al mediodía sobre la espalda de una serpiente de fuego; después, el terrible Cihuateteo arrebataba hasta el infierno, por debajo del horizonte occidental, las almas de las mujeres que habían muerto de parto. A menos que se le alimentase constantemente con corazones y sangre de cautivos valientes, Huitzilopochtli, el sol en persona, dejaría de salir una vez más por la mañana para bendecir a la humanidad con sus rayos dispensadores de vida. De ahí los constantes sacrificios humanos en la capital azteca. La tradición antigua alude al momento primero de la creación, haciendo intervenir a una divinidad anciana y andrógina, que vive en lo más alto de los 13 cielos estratificados.

Coatlicue o «Falda serpiente» (*arriba*) era la madre del dios tribal azteca del sol, Huitzilopochtli. Coatlicue quedó embarazada mágicamente por una pelota de plumas mientras barría su casa. Sus otros hijos fueron las 400 estrellas del cielo meridional y su hija Coyolxauhqui, la Luna. Las luminarias nocturnas cortaron la cabeza a Coyolxauhqui en un ataque de celos; pero Huitzilopochtli nació plenamente armado y derrotó a sus rivales. Se trata evidentemente de un mito astronómico sobre la derrota de las luminarias nocturnas por los rayos solares. Tonatiuh (*izquierda*) era una vieja divinidad solar, cuyas funciones fueron usurpadas en gran parte durante el periodo azteca por Huitzilopochtli. Lleva sobre sus espaldas el signo del día, Ollín o «Terremoto», símbolo del final de la era presente o del «sol», cuando el universo será destruido por las conmociones cósmicas.

del territorio central de México, la producción estacional de bienes de consumo fue también muy variada, y a lo ancho de todo el reino azteca se establecieron mercados que aseguraban la distribución uniforme de los productos entre la población. El mercado máximo estaba en Tlatelolco.

La religión azteca

Los aztecas fueron los receptores e intérpretes de una tradición de pensamiento que se remontaba a los olmecas, y que reinterpretó cada civilización subsiguiente, incluida la clásica maya. Naturalmente que siempre hubo diferencias y especializaciones regionales, incluyendo las divinidades tutelares de cada nación y ciudad prehispánica. Pero las líneas maestras fueron las mismas para todas las religiones nativas de Mesoamérica.

La adoración de todos aquellos seres sobrenaturales estaba bajo el control de un sacerdote célibe, que se había preparado para su función estudiando en un *calmecac* o seminario. Cometido suyo era observar los rituales cotidianos de los 260 días de su calendario, anotados en libros de cuero, y supervisar las ofrendas y sacrificios en los *calpulli* y templos estatales, el más importante de los cuales eran el Gran Templo. Éste, reconstruido una serie de veces desde la llegada de los aztecas a la isla, era una gigantesca construcción doble dedicada al culto del antiguo dios mesoamericano de la lluvia, Tlaloc, y a Huitzilopochtli, el Sol dispensador de vida.

Los propios aztecas habían vaticinado el fin de su civilización. Cada 104 años, cuando los cómputos de 260 y de 365 días coincidían entre sí y con el ciclo del planeta Venus (584 días), vivían temerosos de que terminase el quinto sol (nuestra propia creación), y tomaban todo género de precauciones para impedirlo mediante sacrificios al dios fuego. Se ha conservado una gran cantidad de poesía nahuatl, de sabor amargo y tono fuertemente contenido, como lo reflejan estas líneas pesimistas atribuidas al rey poeta de Texcoco, el gran Netzahualcoyotl (Coyote Ayunador):

> Hasta el jade se rompe,
> hasta el oro se destruye,
> hasta las plumas de quetzal se hacen jirones...
> Uno no vive para siempre en esta tierra:
> ¡Sólo duramos un instante!

Numerosas fuentes atestiguan la profunda desesperación de Motecuhzoma Xocoyotzin, el tlatoani del Imperio azteca cuando llegaron los españoles. Abrumado por las predicciones que vaticinaban la ruina de su pueblo, aterrado por todo tipo de augurios y portentos extraños que se dieron durante su reinado, y aprisionado en el cerco de la leyenda de que Quetzalcoatl, el gran soberano tolteca, regresaría al final para reclamar su reino, el pobre Motecuhzoma estaba radicalmente desmoralizado cuando desembarcaron los españoles en 1519.

Hernán Cortés no era un insensato, ni lo era tampoco su amiga e intérprete Malintzin o doña Marina. Tratado como la serpiente emplumada que había vuelto, se puso audazmente a la cabeza de sus tropas, incrementadas con los descontentos tributarios del Imperio azteca, y penetró hasta el corazón mismo de la capital, acabando por vencer a la última y una de las civilizaciones más grandes del Nuevo Mundo. En abril de 1521, y en una ciudad en ruinas y apestada con los cadáveres de sus bravos defensores, terminaban 3.000 años de civilización mesoamericana.

Xipe Toteca (*encima*) era el dios de la primavera y de la llegada de las lluvias. El brote de la vegetación renovada y la germinación de las cosechas estaban simbolizados por sacerdotes revestidos con la piel de las víctimas sacrificadas. La divinidad suprema era Tezcatlipoca o «Espejo humeante» (*izquierda*). Ésta es la calavera de un cautivo que lo había representado durante un año. El antagonista cósmico de Tezcatlipoca era Quetzalcoatl («serpiente emplumada») (*debajo*).

Tenochtitlán

Derecha. Canales abiertos en el suelo pantanoso de Tenochtitlán. La agricultura *chinampa* era un sistema de recuperación de terreno y de regadío, con el que se formaban arriates y se ampliaban con el lodo sacado del fondo de los canales. En las lindes se plantaban vides o árboles para que contuvieran el rico suelo.

Centro derecha. *Tzompantli* en piedra. Hileras de calaveras decoran una plataforma recientemente excavada en el patio norte del Templo Mayor. Los arqueólogos interpretan dicha plataforma como un santuario, y no como un osario (tzompantli), toda vez que no se han encontrado huesos.

Abajo. La divinidad lunar, Coyolxauhqui, desmembrada. El monolito (3,25 m de diámetro, con un peso estimado de 5-8 toneladas) continúa en el lugar en que fue descubierto: en la base del Templo Mayor en su cara meridional. Data del reinado de Ahuítzotl (1486-1502).

La antigua capital azteca ha desaparecido virtualmente en la actualidad bajo la moderna ciudad de México. Cortés y sus sucesores demolieron los templos, sustituyéndolos por iglesias. La arquitectura doméstica estuvo sujeta al mismo sino, porque el objetivo de los españoles era colonizar a la vez que conquistar. El gran templo gemelo y piramidal del centro de la ciudad (el Templo Mayor), dedicado a los dioses de la lluvia (Tlaloc) y de la guerra (Huitzilopochtli), fue desmantelado con vistas a obtener materiales de construcción para la catedral metropolitana. El espléndido edificio real de Tenochtitlán fue usurpado para residencia del virrey español. A fin de gozar de los frutos de la conquista española, tuvo que mantenerse en pie una fuerza militar. Después de quebrantada la estructura del poder indígena con la muerte o dispersión de los caudillos aztecas de mayor prestigio, el control español supo fortalecerse utilizando un territorio geográfico que los aztecas ya tenían organizado con su administración gubernativa y religiosa. La mayor parte de lo que sabemos de la Tenochtitlán antigua procede de los informes escritos poco después de la conquista. Es evidente la imposibilidad de un trabajo arqueológico que sacara a la luz en toda su extensión la ciudad antigua en un área urbana tan poblada. Los relatos históricos, que describen el Templo Mayor como el centro físico y cósmico del mundo azteca, se han visto confirmados por las excavaciones recientes de la pirámide escalonada (con cinco estratos de construcción) y de los suntuarios que la rodeaban.

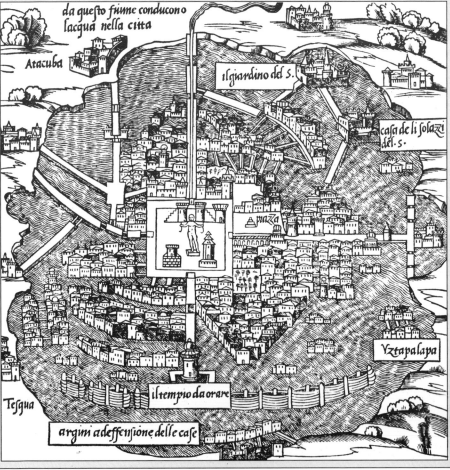

Derecha. En el plano de Benedetto Bordone, de 1528, se refleja la primera idea que tuvieron los europeos de Tenochtitlán. Las casas están dibujadas de forma similar a las de Europa, y no en el estilo azteca. El recinto ceremonial no se reducía al Templo Mayor, sino que comprendía palacios, escuelas y santuarios; cada divinidad azteca tenía su conmemoración arquitectónica y/o escultórica. La organización social y política de los aztecas, altamente estratificada y bajo un control rígido, parece reflejarse en el trazado geométrico de la ciudad. Los planificadores de Tenochtitlán impusieron un sistema de parrilla, formado por calzadas y canales en la topografía de su isla.

PARTE QUINTA
AMÉRICA DEL SUR

90°　80°　70°　60°　50°　40°

Cuba
La Española
Grandes Antillas
Pequeñas Antillas
Península
de Yucatán
20°
MAR CARIBE
Península
de Guajira
OCÉANO
ATLÁNTICO
Península
de Nicoya
Trinidad
10°
*Golfo de
Darién*
Orinoco
*Golfo de
Panamá*
Magdalena
L l a n o s
TIERRAS ALTAS DE GUAYANA
Isla de
Marajo
Ecuador
0°
Japurá
Negro
*Golfo de
Guayaquil*
Amazonas
Parnaíba
Madeira
Tapajós
*Desierto
de Sechura*
S e l v a s
Xingú
Marañón
Araguaia
Cabo São Roque
Ucayali
São Francisco
C a a t i n g a
A
N
10°
D
E
S
Lago Titicaca
Altiplano
C a m p o s
OCÉANO
PACÍFICO
TIERRAS ALTAS DE BRASIL
Desierto de Atacama
20°
Gran
Paraguay
Paraná
Chaco
Cabo Frío
Trópico de Capricornio
Salado
30°
Colorado
A
N
D
E
S
P a m p a s
Río de
la Plata
Isla de
Chiloé
Vegetación de Suramérica
Muchas de las adaptaciones
culturales y ecológicas han estado
motivadas por el enorme abanico
de productos vegetales, silvestres y
domésticos, de Suramérica. Las
culturas de mayor éxito se
apiñaron a lo largo de la costa
occidental, en la que confluían los
extremos climáticos. Esas
civilizaciones se desarrollaron allí
donde la vegetación es
naturalmente menos rica que en
las tierras bajas del Este. En la
costa occidental las cosechas se
logran en un desierto que
virtualmente carece de vegetación
utilizando el agua de las cordilleras.
  A lo largo de milenios las

plantas han proporcionado
alimentos, materiales de
construcción, vestidos, utensilios,
fármacos, colorantes, adornos y
productos comerciales para las
poblaciones del Nuevo Mundo.
Los misioneros y otros tempranos
visitantes europeos hicieron listas
de las plantas indígenas. Los
arqueólogos han encontrado
restos de plantas antiguas, en los
enterramientos y en las cuevas,
por ejemplo. Numerosos estudios
recientes, realizados por
paleobotánicos y etnobotánicos se
han sumado a las informaciones y
especulaciones sobre los orígenes,
usos y difusión de las plantas en
tiempos antiguos.

P
a
t
a
g
o
n
i
a

cimas montañosas
vegetación «puna» de los Andes (hierbas ralas y bastas)
selva tropical de montaña
zarzales, maleza, estepa y semidesierto
selva tropical lluviosa
selva templada y subtropical
llano aluvional
pradera
desierto

escala 1: 30.000.000

0　　600 km
0　　400 mi

40°

Estrecho de Magallanes
Tierra del Fuego
50°
Cabo de Hornos

GEOGRAFÍA Y RECURSOS

Abajo. El paisaje inhóspito del altiplano de Bolivia se extiende entre las cordilleras central y occidental de los Andes, a una altitud aproximada de 4000 metros. Esta meseta por encima de la línea de bosques, es una región en la que desde largo tiempo atrás se criaron los rebaños de llamas y alpacas (y actualmente de ovejas), lo que hizo que se habitase este entorno «inhumano». Las cosechas básicas son allí importantes, y el maíz y el algodón pueden crecer en áreas protegidas, aunque estén sujetas a la amenaza del granizo. Esta meseta tiene un avenamiento interior con marismas y lagos salitrosos y con el lago Titicaca, que es de agua dulce.

América del Sur es un continente de enormes contrastes. Los Andes, que se cuentan entre las cordilleras más elevadas del mundo, alcanzan altitudes superiores a los 7.000 metros. Al oeste de la cordillera se extiende el desierto costero más seco del planeta, que limita a su vez con el banco pesquero, normalmente el más rico de todos los caladeros, como es la corriente de Humboldt. Al este se extiende la mayor selva de la Tierra, y una de las más lozanas, con el sistema fluvial más vasto del mundo.

El clima suramericano va desde el calor sofocante de los trópicos a las altitudes cubiertas de nieves permanentes y escasas de oxígeno. Las precipitaciones alcanzan valores extremos: algunas regiones ignoran la lluvia, mientras que la costa pacífica de Colombia recibe anualmente 10 000 mm de precipitaciones. En pocos kilómetros, el clima experimenta cambios enormes. Pese a lo cual los cambios de estación en gran parte de América Central y de Suramérica no están marcados por la temperatura, sino por las diferencias en las precipitaciones. En las tierras altas la temperatura experimenta cambios mayores en las 24 horas del día que en el paso de una estación a otra.

Las Antillas y Centroamérica tienen por lo general una geografía ruda y en ocasiones volcánicas. El noroeste de Costa Rica alberga una cadena de volcanes, con llanura a ambos lados. La cordillera, que luego serán los Andes, arranca al este de Costa Rica, en que las llanuras costeras son estrechas (como lo son las de la adyacente costa atlántica de Panamá). Allí los ríos son escasos a lo largo de su costa de playas arenosas y de riscos escarpados. Las precipitaciones son tan altas en algunos puntos de la costa de Panamá y en las montañas, que la agricultura resulta virtualmente imposible.

La costa norte de Colombia tiene tierras bajas húmedas, extensas llanuras fluviales con arroyos, pantanos y lagos y con estaciones lluviosas y secas. La península de Guajira –el espolón más septentrional de Suramérica, que comparten Colombia y Venezuela– apenas recibe 200 mm de precipitaciones anuales; su estación seca la convierte casi en un desierto estéril. En Ecuador prevalece un clima costero semiárido; en el pasado, sin embargo, abundaban los pantanos de manglares a lo largo de su costa. Y probablemente se prolongaban por el Sur hasta el desierto de Sechura, una extensión carente de ríos en el Perú septentrional. Por debajo de Sechura, el desierto costero está interrumpido por ríos. Pese a lo cual,

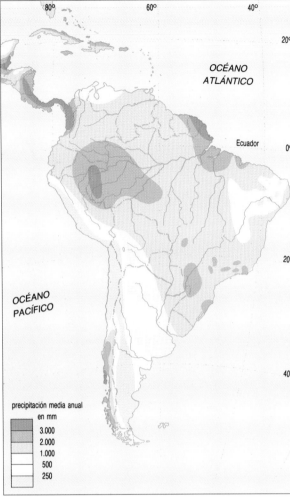

precipitación media anual
en mm

3.000
2.000
1.000
500
250

OCÉANO
ATLÁNTICO

Ecuador

OCÉANO
PACÍFICO

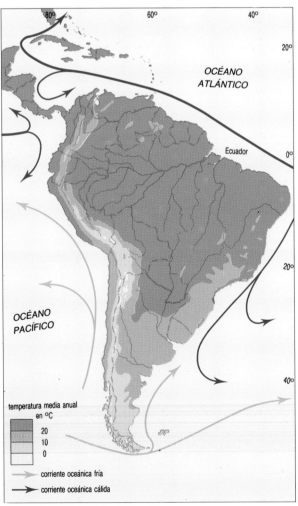

temperatura media anual
en °C

20
10
0

→ corriente oceánica fría
→ corriente oceánica cálida

OCÉANO
ATLÁNTICO

Ecuador

OCÉANO
PACÍFICO

a lo largo de toda la costa peruana y del norte de Chile se desliza una estrecha franja desértica entre montañas estériles y el mar. Hay también valles montañosos secos.

En el Norte, la costa peruana está regada por ríos, espaciados de forma bastante regular, que bajan de la cordillera y corren perpendiculares a la costa. El más largo es el Santa. Los ríos del Norte descargan un caudal mayor que los del Sur. La llanura costera septentrional tiene por ello más tierra de labrantío que la meridional.

Sin embargo, la cuenca del Amazonas constituye un mundo aparte. La selva tropical de las tierras bajas de Suramérica, que abarca la mayor parte de la cuenca amazónica y una extensión hacia el Norte hasta la desembocadura del Orinoco, cubre una superficie de más de 2.600 000 km². Más de 1000 afluentes alimentan al Amazonas; 17 de los cuales superan los 1500 km de longitud, y dos de ellos ocupan los lugares tercero y cuarto entre los ríos del mundo por su caudal. En algunos puntos el Amazonas alcanza 15 km de ancho. Muchos de los ríos tributarios se precipitan vertiginosamente desde los Andes, pero a través de la cuenca amazónica el flujo es lento, formando meandros, curvas serpentinas y lagos.

Al sur del sistema amazónico se forman selvas, estepas y praderas a medida que las montañas se van desplazando hacia el Oeste y el continente se estrecha, rematando en las llanuras estériles y barridas por el viento que forman la Tierra del Fuego.

Recursos

Esta parte del planeta tiene una amplísima gama de especies vegetales, tanto silvestres como domésticas. (Se dice que en la selva amazónica un hombre en pie difícilmente puede ver dos árboles de la misma especie.) El maíz, con sus distintas variedades, es la cosecha básica en las tierras bajas del oeste de Suramérica, y la mandioca constituye el producto fundamental del Este.

La mandioca se cultivó probablemente por vez primera entre las poblaciones de la selva tropical del este de Venezuela, y la agricultura de las tierras bajas del Amazonas-Orinoco sigue basándose principalmente en el sistema de tala y quema para la mandioca. Estrechas franjas llanas a lo largo del sistema fluvial están fertilizadas por el fango aluvional que llega de las montañas en inundaciones anuales. Son campos que pueden explotarse de continuo, porque sus fertilizantes se renuevan, mientras que los agricultores que practican las rozas al margen de esas llanuras tienen que cambiar de campos cada pocos años, al hacerse improductivos. Lejos de los ríos, la selva es tan alta y con un dosel tan denso, que debajo del mismo suelo está relativamente limpio.

En las tierras altas, el producto principal es la patata, especialmente en altitudes en las que sólo pueden cultivarse tubérculos. El maíz puede crecer en altitudes relativamente elevadas, aunque a menudo con riesgo de granizadas o heladas. Otros productos importantes son los frijoles o judías, las calabazas, los chiles y los cacahuetes. El algodón se cultivó en las tierras bajas desde tiempos muy antiguos, y algunos tipos de cucurbitáceas fueron importantes para la manufactura de utensilios.

Los pobladores de las costas de Perú y Ecuador desarrollaron ya para el 2000 a. C. una agricultura de regadío. Como los valles fluviales no sólo aportan agua, sino que también sirven como canales de comunicación con las montañas y las selvas lejanas, las poblaciones costeras dispusieron asimismo de los productos de la sierra y de la cordillera gracias al comercio. La gente de la costa tenía además el mar como fuente alimentaria.

En las tierras altas son pocos los valles espaciosos para la agricultura. La zona llana más amplia en los

Izquierda: **Clima de Suramérica**
Los mapas muestran los límites extremos del clima suramericano, con su inmensa variedad de precipitaciones, temperaturas y corrientes oceánicas que afectan al continente. El desierto de la costa occidental se debe a una combinación de circunstancias. Los vientos húmedos de la cuenca amazónica están bloqueados por las altas montañas del este. Al Oeste, la corriente de Perú o de Humboldt fluye en una fosa profunda (desde la parte más honda de la misma al pico más alto de los Andes median unos 15 km). Las aguas frías del Atlántico condensan la humedad frente a la costa. Como la vida marina es más abundante en aguas frías,

hace que normalmente sea uno de los caladeros más ricos del mundo. Una corriente cálida del Norte –conocida como El Niño, porque generalmente fluye hacia el Sur en Navidad, el tiempo del Niño Jesús– fluye a veces durante períodos prolongados, afectando no sólo a la pesca sino también al cambio de clima en un área extensa.

Arriba. Las poblaciones precolombinas alteraron su paisaje por necesidades prácticas y también de tipo simbólico, como ocurre en las terrazas circulares de Moray, una adaptación incaica de los declives naturales que se observan en las tierras altas del sur de Perú.

Andes es el «altiplano» por antonomasia, en las fronteras de Perú y Bolivia, a unos 4.000 metros de altitud sobre el nivel del mar. Entre los pocos valles amplios se cuentan el callejón de Huaylas, la meseta de Bogotá y los valles que rodean Cuzco. En la sierra, la mayor parte de la agricultura se desarrollaba sobre terrazas.

Se hicieron varias adaptaciones a las necesidades de cultivo; en los períodos de inundación podían utilizarse los campos alomados, que comportaban el empleo de zanjas para crear áreas avenadas de cultivo. Las plantas cultivadas eran más abundantes y variadas que las especies animales. Los únicos animales domésticos fueron las llamas, las alpacas, los conejillos de Indias, los patos y los perros. En las tierras altas, las llamas tenían una utilidad múltiple: fueron el único animal de carga en el

Nuevo Mundo, y prestaron también utilidad por su lana, su carne y hasta por sus cualidades medicinales. Los perros se criaban para alimento y para la caza. En los ríos del este de Suramérica vivía una gran variedad de peces, (tortugas de agua, caimanes y manatíes o vacas marinas). Algunos de estos animales tuvieron también otros usos, como los colmillos de los manatíes y las conchas de tortuga. En el período inicial, tanto en la costa de Perú como en Ecuador, fue acentuándose la dependencia del mar. En medio de los yacimientos costeros, se han conservado moluscos y gasterópodos, así como restos de peces, pájaros y mamíferos marinos.

Las formas de vida se desarrollaron adaptándose a los diversos entornos y, gradualmente, a la compleja interacción de esos distintos ambientes.

MAR CARIBE

ANTILLAS

OCÉANO ATLÁNTICO

CIRCUN
CARIBE

Orinoco

Ecuador

Amazonas

AMAZONIA

LOS ANDES
DEL NORTE
Y
DEL CENTRO

TIERRAS ALTAS
ORIENTALES

GRAN
CHACO

Trópico de Capricornio

Paraná

OCÉANO PACÍFICO

ANDES
MERIDIONALES

PAMPAS

límite de área cultural
arahuacos
caribeños
macro-chibcha
macro-ge
macro-pano tacana
quechumarán
tucano
tupi
otras áreas lingüísticas
área lingüística sin clasificar o desconocida
frontera internacional moderna

escala 1: 30.000.000

0   1200 km

0   800 mi

TIERRA
DEL
FUEGO

CULTURAS Y CREENCIAS

Es imposible trazar un diagrama simple de las culturas de Suramérica, porque sus desarrollos funcionan de una manera orgánica. Un mapa no puede mostrar con precisión las relaciones entre las distintas culturas de toda el área y con otras exteriores a la misma, ni indicar las diferencias en el cómputo de los períodos o en el tiempo que se prolongaron las distintas influencias.

El esquema general aproximado que parece funcionar mejor es el siguiente. Las Antillas forman una región relacionada con Venezuela oriental. El sur de Centroamérica (Nicaragua oriental, Costa Rica y Panamá), el oeste de Venezuela y el norte de Colombia constituyen una región circuncaribeña. La región de los Andes septentrionales comprende el sur de Colombia y Ecuador. El sur de Centroamérica, Colombia y Ecuador se denominan a veces área intermedia (esto es, entre Mesoamérica y los Andes centrales). La mayor parte del Perú, en combinación con la parte adyacente de Bolivia, forma los Andes centrales. La Amazonia es una región aparte. La región de los Andes meridionales la constituyen el norte de Chile y el noroeste de Argentina. La Patagonia se considera una entidad diferenciada.

Ninguna de estas regiones está aislada de sus vecinas. Todas estuvieron sujetas a diferentes influencias en distintos tiempos, y dentro de cada región hubo áreas sometidas asimismo a distintas influencias. Las culturas se relacionaron estrechamente entre sí. Las referencias a modernas vinculaciones políticas obedecen sólo a razones de conveniencia y comodidad. Ciertas culturas arqueológicas las conocemos en gran medida por sus estilos artísticos: la iconografía de los dioses representados, las formas, los materiales y los instrumentos con que se decoraba la cerámica junto con los tipos de arquitectura constituyen otras tantas indicaciones persistentes del *status* religioso, político y social de aquellos pueblos.

Los Andes centrales

El desarrollo cultural más alto se dio dentro del continente suramericano en los Andes centrales. Esta compleja región arqueológica se divide en las subáreas culturales de las tierras altas del Norte, la costa septentrional, las tierras altas centrales, la costa central, las tierras altas meridionales y la costa Sur. En la región de los Andes centrales debieron de darse unas relaciones mutuas desde los comienzos mismos de la civilización entre la costa, abundante en pesca, los valles costeros con ríos que hacían posible la agricultura, la cordillera –que proporcionaba los recursos de los que la costa carecía–, y hasta la selva tropical, al otro lado de la barrera montañosa.

Los Andes centrales suelen dividirlos los arqueólogos, en general, en períodos cronológicos, que alternan entre «horizontes» –tiempos en los que se da un estilo artístico sobre un área muy extensa– y períodos intermedios, cuando los estilos artísticos regionales señalan la ausencia de unos movimientos de mayor amplitud.

El período inicial es eso (hacia 2000-1400 a. C.): un tiempo en el que la civilización comenzaba, cuando los pueblos nómadas se habían asentado y levantado poblados con centros ceremoniales, y cuando la agricultura y la producción de textiles daban sus primeros pasos.

El horizonte primero (hacia 1400-400 a. C.) muestra un marcado desarrollo arquitectónico, que culmina en la difusión del llamado estilo Chavín, por el modelo de asentamiento de Chavín de Huantar, en las laderas orientales de los Andes (aunque dicho estilo parece que ya se manifestó antes en algunos otros asentamientos).

El estilo artístico de Chavín siguió influyendo en el desarrollo ulterior mucho tiempo después de que hubiera desaparecido el poder político que lo hizo posible. El primer período intermedio subsiguiente (400 a. C.-500 d. C.) fue una época de estilos regionales, aunque algunos de tales estilos fueran expresión clara de algunos caudillajes políticos en abierta expansión, como el de los mochicas, por citar uno.

El horizonte medio (500-900 d. C.) se define por la expansión de los tiahuanaco-huaris desde las tierras altas meridionales hacia la remota costa Norte y hacia Cajamarca, en las tierras altas septentrionales. La difusión del estilo y la arquitectura que impusieron en las regiones capturadas revelan una administración imperial, que se cree fue el antecedente de la expansión inca, por su buena organización y los planes ambiciosos y triunfales (al menos por algún tiempo) de conquista.

Tras la decadencia del poder huari, hubo otro período de estilos regionales, conocido como período intermedio tardío (900-1476 d. C.). Sin embargo, un reino como el de los chimúes no fue un principado meramente local, sino un Estado de dimensiones considerables con una estructura agresiva y firme, que se impuso en toda la costa del Norte. Cuando los incas marcharon sobre la costa septentrional, se enfrentaron a una potencia casi de recursos pariguales.

Cada época osciló el péndulo, haciéndose más dilatado el horizonte y más vasto el territorio. Hacia 1476-1534 d. C., los incas proporcionaron el último ejemplo del imperialismo indígena del Nuevo Mundo, con un Estado que desde el Cuzco irradiaba hacia el Norte hasta las fronteras de Ecuador y Colombia y, por el Sur, hasta Chile central y el noroeste de Argentina.

Característica de los Andes centrales es la tendencia a formar imperios. Allí, realmente, la agresión y la conquista fueron hechos espontáneos, y la guerra se convirtió en un tema importante de varios estilos artísticos. Fuera de los Andes centrales, los pequeños principados fueron la forma usual de gobierno. El caudillo o gobernante se encargaba habitualmente de la guerra, de la producción y distribución de los alimentos y de los ritos religiosos; estaba en la cima de la jerarquía que tomaba las decisiones sobre esos asuntos importantes. Probablemente se creía que los gobernantes tenían poderes sobrenaturales. En muchos casos, el gobernante, tal vez mítico en los comienzos de su linaje, era divinizado o colocado al menos en un rango de semidiós. La iconografía se explica en su mayor parte en términos de agricultura, poder regio y manipulación política de la religión.

La recurrente tendencia a formar imperios no debió estar motivada exclusivamente por agresión, ambición o afanes de grandeza, sino también por la misma geografía del oeste de Suramérica, por su diversidad y su potencial, que estimulaba la necesidad o el deseo de adquirir cosas dentro de su periplo, y por la enorme variedad de recursos dentro de unas distancias cortas, aunque difíciles de recorrer.

Arquitectura y agua

Una de las fuerzas más importantes para la interacción y la conquista fue el agua. La exigencia de regadío en el desierto costero y la necesidad de controlar los ríos que bajaban de la sierra, condujeron a la mayor organización social y política que distingue estas culturas. Y a medida que las sociedades se expandían, se necesitaban más tierras de regadío. (El control del agua no estuvo limitado a los desiertos costeros; aparece en múltiples circunstancias y virtualmente en cada civilización elevada. Algunas veces es un control funcional, pero otras veces es también simbólico, religioso o ritualista.)

Pruebas de regadío se han encontrado ya en el III milenio en el asentamiento de La Galgada, en el avenamiento del río Santa. El uso de los canales de albañilería más antiguos que se conocen en las tierras altas, con fines rituales según parece, se ha descubierto cerca de Cajamarca, en el altiplano septentrional y en el II milenio a. C. Las obras hidráulicas no se limitaron a los centros mayores ni a los Andes centrales. Campos acaballados y zanjas de regadío se han encontrado en Bolivia, Perú, Ecuador, Colombia y Venezuela; también en Costa Rica aparecen canalizaciones rituales del agua. Ésta siempre fue esencial, y probablemente no siempre se separaron su uso práctico y su significación religiosa.

Una compleja arquitectura de piedra empieza en el III milenio a. C. en los Andes centrales. La arquitectura y la escultura de piedra son características de las tierras altas, mientras que el empleo de los adobes secados al sol, los ladrillos y el tapial son típicos de la costa. La forma de los adobes cambia con el tiempo y puede utilizarse como ayuda para la datación. Tal vez la falta de piedra para unos logros iconográficos impresionantes hizo que los pueblos costeros llegasen a ser notables metalúrgicos en un estadio temprano, y que consiguiesen una cerámica y unos textiles de calidad excepcional.

Religión y ritual

Las fuentes para el conocimiento de la religión son la arquitectura sagrada, las pinturas en obras de arte, los enterramientos con sus formas y contenidos y las crónicas españolas, así como las prácticas que perviven hoy.

En líneas generales, América del Sur y central observaron unas prácticas religiosas similares, aunque con variaciones casi infinitas. Los dioses fueron los de las fuerzas de la naturaleza, que controlan el agua, el cielo, la tierra, las montañas y el mar. En la mayor parte de las regiones hubo un dios creador, asociado a los orígenes y los antepasados, y a menudo también al Sol, el cielo y las montañas que tocan el cielo y que son las fuentes de los ríos y las entradas a la tierra y al mundo inferior. Las civilizaciones andinas veían alzarse el sol entre las montañas, que son la fuente de agua para el regadío agrícola. El Este y el Oeste eran direcciones muy importantes, y marcaban el comienzo y el final del sendero solar.

En los Andes centrales, el concepto de dios con el que nos encontramos más a menudo es el encarnado en Viracocha. En Chavín de Huantar, las representaciones de la divinidad probablemente son prototipos de Viracocha, dios que puede tener, incluso, unos orígenes más antiguos. También la figura en la Puerta del Sol de Tiahuanaco y la que aparece en la cerámica de estilo huari es sin duda alguna precursora de Viracocha. El dios principal de los mochicas debió de haber pertenecido a la clase de divinidades asociadas no sólo a los orígenes de la tribu, sino también a los orígenes del cielo y

del mar. Aspectos similares presenta en Colombia el dios principal de los muiscas, llamado Bochica.

Los ritos tenían de ordinario una organización acomodada a las exigencias del calendario, y celebraban dentro de un calendario litúrgico ciertos momentos de los cuerpos celestes, de la agricultura y de la pesca. Los movimientos del sol, especialmente los solsticios y los equinoccios, la aparición de las Pléyades en el horizonte, las fases de la Luna y el ciclo sinódico de Venus eran probables ocasiones para ciertas ceremonias. También se celebraban los tiempos de la siembra y la cosecha, así como el comienzo de la buena estación pesquera.

Una práctica ritual extendida en la costa occidental y en las tierras altas fue la masticación de hojas de coca. En la cultura quimbaya, de la Colombia anterior a la conquista, los objetos de oro más delicados son recipientes para la cal que se masticaba junto con la hoja. A juzgar por los centenares de cerámicas mochicas, es evidente que el ritual del mascado de coca no sólo era un acto importante y complejo, con varios estadios, sino que además iba asociado a la guerra y al sacrificio.

Hay pruebas sobre el uso ritual del cacto de San Pedro como alucinógeno en las culturas chavín y mochica. Su uso pudo estar muy extendido, ya que crece en Ecuador. Algunos pueblos periféricos usaban las plantas *Piptadenia, Banisteriopsis* y *Datura* como alucinógenos rituales, y en las ceremonias de las tierras altas se fumaba tabaco.

A juzgar por las pinturas precolombinas, el sacrificio ritual por decapitación era la primera en la lista de prácticas sacrificiales. Figuras de hombres desnudos, con las manos atadas a la espalda, y que sin duda aguardan el sacrificio, constituyen un tema frecuente en el arte. A veces se reproduce el sacrificio propiamente dicho. Virtualmente en cada cultura aparece la figura de un sacrificador, en pie, con un cuchillo en una mano y una cabeza humana en la otra. Esas cabezas se interpretan de ordinario como «cabezas trofeos», y los especialistas en iconografía suelen hablar de «cultos de cabeza trofeo», aunque probablemente se entendía la cabeza más como alimento de los dioses agrarios que como un objeto de culto en sí misma. A través de las grandes culturas precolombinas, sabemos de la creencia de que las fuerzas de la naturaleza, vitales para el crecimiento de los cultivos, tenían que ser alimentadas con sangre humana o con cabezas humanas.

Se practicaron otros sacrificios, a menudo por cremación. Una nota característica de la arquitectura ceremonial del III milenio es un horno para la ofrenda de los sacrificios. Restos sacrificiales se han encontrado en las excavaciones arqueológicas, y entre otros restos de guindillas. Los cronistas del siglo XVI escribieron que todavía se ofrendaban llamas, conejillos de Indias, hojas de coca, vestidos, alimentos, conchas marinas, cristales de cuarzo y otros objetos varios.

No sólo se celebraban ritos y ofrendas en tiempos especiales, sino también en lugares especiales; algunos de ellos eran sagrados para los nómadas primitivos, como las rocas, las montañas y las fuentes. Tales lugares continuaron siendo sagrados y todavía se cuentan entre las cosas que se consideran *huacas*. Una huaca es una cosa santa, que puede ser un objeto natural, los restos de un antepasado, o una pequeña piedra o pieza de cuarzo. En tiempo de los incas se hacían ofrendas de alimentos y bebidas a las huacas, y también de telas o vestidos.

En los comienzos de su sedentarización, algunos pueblos levantaron un templo en ese lugar u orientado al mismo. El templo, la casa sagrada, fue probablemente una de las primeras estructuras, si no la primera, cons-

Arriba. La figura central de la Puerta del Sol de Tiahuanaco es una deidad, que probablemente tomó varios nombres y formas en los Andes, aunque en general fue un dios del cielo.

Abajo. En los muros del templo de cerro Sechín, Perú, algunas cabezas de ojos cerrados, cabellera flotante y con sangre que mana del cuello constituyen un motivo característico de Chavín.

Derecha. Detalle de una tela de la Necrópolis de Paracas, en la costa meridional de Perú, que floreció aproximadamente desde el siglo VI a. C. hasta la era cristiana. Su figura es el Ser oculado, que destaca en muchos de los objetos hallados en Paracas (véase pág. 181).

La costumbre de consagrar una enorme cantidad de tiempo a las ofrendas funerarias refleja las creencias andinas en la importancia de los ritos sobre la muerte y en el valor del vestido. Los primeros cronistas españoles hablan de fardos de momias que las gentes retiraban, arreglaban y volvían a poner. El pueblo de Paracas pudo haber hecho lo mismo. Se veneraba a los antepasados y los vestidos era la ofrenda más valiosa que podía hacérseles.

truida por aquellas poblaciones. Cuando la aldea crecía y la comunidad se hacía más poderosa, y a medida que los caudillajes se volvían más vigorosos, el despliegue visual más importante de su poder fue el centro ceremonial, el suntuoso lugar sagrado del pueblo. No era sólo la casa de los dioses, un espacio numinoso para el sacerdote y los ritos; era también el signo del poderío de los dioses locales que los forasteros podían ver. Cada aldea era, por supuesto, el centro del mundo.

Todos los pueblos precolombinos parecen haber estado predispuestos a considerar las rocas como especialmente sagradas; pero esto es más verdad todavía en los Andes, región en la que muchos centros ceremoniales incorporan una o varias rocas al plano del asentamiento. Esto es cierto por lo que se refiere a algunos de los centros ceremoniales más antiguos –los asentamientos mochicas de Pañamarca y Moche–, y resulta aún más evidente en los lugares sagrados de los incas.

También los lugares de enterramiento eran huacas, ya que los antepasados constituían una realidad sagrada y la muerte y el mundo inferior eran temas de singular preocupación, debido quizás en gran medida, a la asociación del mundo inferior con la tierra de cultivo. En las tumbas se han encontrado muchos de los artefactos más lujosos; el enterramiento sin ofrendas funerarias representa una excepción. Las ofrendas funerarias nos proporcionan ciertas claves sobre la religión y el *status*

de los difuntos, porque suelen ser objetos de gran calidad y suntuarios: una cerámica exquisita y no la loza de todos los días, objetos inusuales más que los comunes y cotidianos. Los jefes eran enterrados con muchos objetos simbólicos. Las mujeres aparecen a menudo acompañadas de los útiles de tejer. Asimismo, son indicativas las formas tradicionales de enterramiento: los cadáveres flexionados son típicos de las tierras altas, mientras que la posición tendida caracteriza las inhumaciones en la costa.

En el arte andino son frecuentes las pinturas de figuras esqueléticas. Pueden mostrar el reino de los muertos o ser retratos de sacerdotes y chamanes que imitan la muerte o que visitan el mundo inferior. Figuras con rostros esqueléticos tienen a menudo órganos sexuales, y figuras de «muertos» pueden abrazar a las mujeres. Las numerosas escenas de actividad sexual incluyen a menudo figuras esqueléticas. Una vez más, aparece ahí la asociación de muerte y fertilidad; el mundo inferior y la tierra son la fuente de la vida.

Artefactos comunes

Las prendas de vestir fueron bastante similares en la región de los Andes centrales. Se tejía un rectángulo de tela de varios tamaños, que se empleaba de formas diferentes. La vestimenta que más se ha encontrado es la túnica o camisa, en la que se cosían dos rectángulos con aberturas para la cabeza y los brazos. El poncho o tabardo era muy similar, con los lados abiertos. Taparrabos y túnicas cortas eran frecuentes, y no tanto una especie de calzón. La divinidad principal de los mochicas parece llevar un calzón de boxeador. Se usaban asimismo mantos, como los que se han encontrado en los enterramientos de Paracas, y capas que se colocaban de una manera especial para determinadas ocasiones –como el rito de la coca, por ejemplo–, según aparece en la cerámica pintada de los mochicas.

Un elemento indicativo muy importante dentro de la vestimenta es el tocado: turbantes de tela cuidadosamente enrollados o suntuosas coronas de oro o piezas semicirculares para la frente con una cabeza de animal. Los tocados marcan el *status* –humano o divino– y las ocasiones rituales. Por doquier la gente importante llevaba adornos en las orejas, generalmente de metal precioso, que se fijaban mediante un orificio practicado en el lóbulo. La forma más frecuente es una pieza circular para la parte delantera. Las formas varían, sin embargo, de acuerdo con la identidad del portador y con la ocasión de lucimiento. Los adornos de oro o plata para la nariz se fijaban en el tabique; en algunos casos sería más exacto hablar de máscaras para la boca, porque son más bien un medio para taparla que un adorno de la nariz.

Objetos productores de sonidos se encuentran casi en todas partes. Muchos vasos de cerámica tienen sonajeros (guijarros o gránulos de arcilla) en la base o los pies. En muchas culturas son frecuentes los silbatos con una o dos cámaras: el líquido empujaba el aire a través de los agujeros del vaso, produciendo así un silbido. Muchos objetos de oro o de cobre eran sonajeros con bolitas dentro. Abundan asimismo los instrumentos musicales, entre los que dominan los tambores, flautas, gaitas, trompetas, ocarinas y liras de concha de tortuga.

Las culturas precolombinas compartieron rasgos comunes, aunque cada una tiene sus notas distintivas. Muchos de los objetos de tales culturas que aparecen en los museos pueden identificarse fácilmente como pertenecientes a un determinado tiempo y lugar, aunque sólo sea de manera aproximativa.

ÁREAS CULTURALES

LAS ANTILLAS:
ARAHUACOS, CARIBES Y SUS PREDECESORES

El territorio indio en el que atracó Cristóbal Colón cuando buscaba una ruta marítima hasta Asia, pertenecía a los arahuacos. En octubre de 1492 Colón realizó su primer desembarco en el Nuevo Mundo; se trataba de una isla de las Bahamas, que llamó San Salvador y cuyo nombre arahuaco significaba iguana. Colón fue recibido en son de paz por unos indios desnudos, que llevaban lujosos accesorios de plumas. Un siglo después de la llegada· de los españoles, aquellas islas arahuacas estaban asoladas por las epidemias importadas frente a las que carecían de inmunidad, y víctimas también de la agresión española, contra la que tampoco tuvieron defensa.

Los arahuacos habían llegado a las islas caribeñas en largas y lentas migraciones marítimas, que desde Venezuela y vía Trinidad marchaban hacia el Norte. Restos suyos se han encontrado en las Antillas Menores así como en las islas mayores y más hacia el Norte llamadas las Grandes Antillas, entre las que se cuentan Puerto Rico, la Hispaniola o Española (Haití y la República Dominicana), Jamaica y Cuba, al igual que las Bahamas. Al tiempo del desembarco español, los arahuacos dominaban las Grandes Antillas.

Los arahuacos explotaron los recursos del mar y de la costa, como lo demuestran los hallazgos de aparejos de pesca y arpones. Pero su artefacto más importante fue la canoa, cuyo valor entre aquellas poblaciones no puede sobreestimarse. Los arahuacos dependían de sus canoas para las migraciones, el comercio, la pesca, la caza y el forrajeo a lo largo de ríos y costas. Tuvieron canoas compuestas, o con refugio cubierto, de enorme capacidad. Los arahuacos fueron también agricultores, que cultivaban maíz, frijoles, batatas, calabazas y la mandioca amarga. Cultivaban asimismo cacahuetes, pimientos, piñas y otros árboles frutales. Entre los productos agrarios no comestibles se contaban las calabazas para recipientes, el algodón y las plantas que les proporcionaban tinturas para pintarse el cuerpo. La provisión de alimentos se completaba con el cultivo de varios tipos de plantas en huertos. En una región seca de La Española hubo una agricultura de regadío. Para los cultivos utilizaban bastones de madera con los que excavaban el suelo, y un machete ancho, también de madera, que les servía para desbrozar y plantar y como arma.

La gente vivía en casas con techo de paja y forma de campana y dormía en hamacas. Se hacía vestidos de algodón y amuletos de piedra, hueso y concha, y realizaba una cerámica fina con decoración muy variada –barcos, figurillas y máscaras–, así como una alfarería funcional, especialmente rejillas para cocer el pan de mandioca.

Yucatán

MÉXICO

BELIZE

HONDURAS

EL SALVADOR

NICARAGUA

Lago Nica

Istmo de Rivas

Nacáscolo ▲ Guanacaste
Papagayo

TIERRAS

Península de Nicoya

Guayabo de Turrialba

La Montaña/Turrialba

OCÉANO PACÍFICO

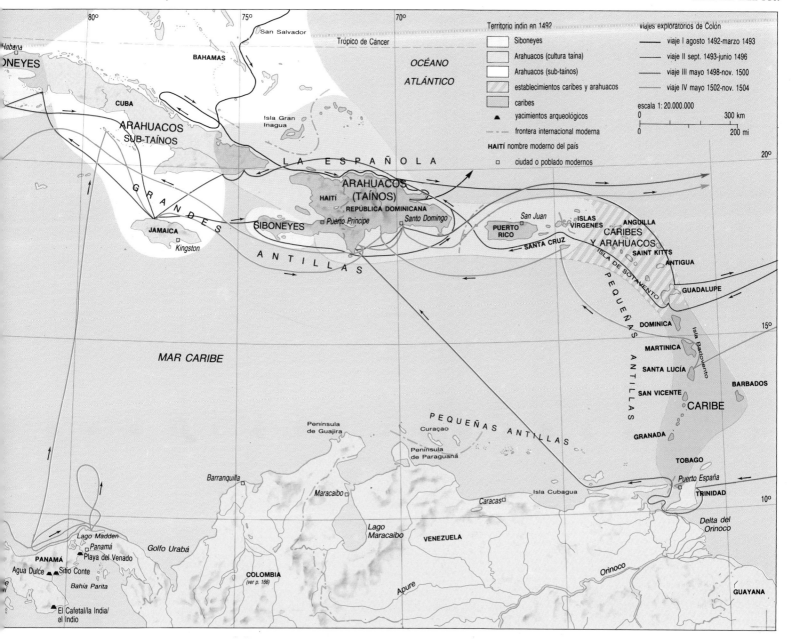

Territorio indio en 1492

- Siboneyes
- Arahuacos (cultura taína)
- Arahuacos (sub-taínos)
- establecimientos caribes y arahuacos
- caribes
- ▲ yacimientos arqueológicos
- ---- frontera internacional moderna
- **HAITÍ** nombre moderno del país
- ▫ ciudad o poblado modernos

viajes exploratorios de Colón
- ——— viaje I agosto 1492-marzo 1493
- ——— viaje II sept. 1493-junio 1496
- ——— viaje III mayo 1498-nov. 1500
- ——— viaje IV mayo 1502-nov. 1504

escala 1: 20.000.000

0 ———— 300 km
0 ———— 200 mi

empujados hasta el extremo occidental de Cuba y la parte más alejada de La Española. Los arahuacos o taínos lograron la cultura más alta en el centro mismo de la región, sobre gran parte de La Española, dejando Puerto Rico a un lado de La Española y, al otro, la cercana región de Cuba. Los caribes, recién llegados, estaban todavía en proceso de avance hacia el Norte desde el continente, cuando llegó Colón a San Salvador, al norte de la región de los taínos. Aunque el oeste de Cuba está muy cerca de la península de Yucatán, que era la región de los mayas, parece que los contactos fueron escasos. La Española fue el centro de operaciones de Colón en el Caribe. El almirante estuvo también en Cuba, pero no atracó en Yucatán.

Tenía instrumentos musicales: trompetas de concha de *Strombus*, trompetas y tambores de madera, silbatos y flautas de hueso, maracas, sonajeros y ocarinas de arcilla. Muchos de los artefactos en material perecedero –madera, fibras y caña– no se han conservado.

La cultura arahuaca más elevada de las Antillas fue la que ahora se conoce como cultura taína, que se ha encontrado en La Española, Puerto Rico y en Cuba. Las áreas taínas más avanzadas fueron las tierras altas de Santo Domingo, que acabó convirtiéndose en la mayor colonia española.

Pero Colón y sus compañeros estuvieron poco interesados en la cultura india, porque buscaban oro. Encontraron caudillos o *caciques* que llevaban en las orejas pendientes de oro y cinturones adornados con dicho metal, y que se sentaban en sillas talladas de madera y cubiertas de panes de oro, mientras que sus hijas llevaban en la nariz adornos del preciado metal. Pero los arahuacos lo valoraban menos que la *tumbaga* o el *guañín*, una aleación de oro y cobre que importaban del continente. Los objetos de guañín tenían especial valor, posiblemente porque eran importados de la tierra de sus antepasados, porque en tierra firme trabajaban metalúrgicos más hábiles y porque lograban una aleación de colorido más vivo. El cobre de dicha aleación producía un olor especial, que pudo acentuar su valor para los

indios. Por encima de todo, los arahuacos estimaban los objetos bien trabajados en hueso y concha.

Aldeas y ritual

Las divinidades arahuacas eran llamadas *zemí*. La palabra parece haber tenido un significado similar al de *huaca* (sagrado) en los Andes, ya que eran muchas las cosas que podían calificarse de *zemíes*: los dioses, sus ídolos o símbolos, los restos de los difuntos y los poderes del cielo, el Sol y la Luna, el viento y la tierra. Los dioses eran los de un pueblo agrícola. Las representaciones de las divinidades adoptaron formas variadas, esculpiéndolas a menudo con gran habilidad y un estilo refinado. Colón observó que los *zemíes* los decoraban con la pintura de los tatuajes. Durante el período tardío se había difundido por Puerto Rico, la República Dominicana y Haití el culto de un ídolo de tres cuernos, de piedra o concha de tortuga. La forma pudo derivar de la de un cono volcánico; según parece, representaba al dios que otorgaba la mandioca. (Como era común la creencia de que las plantas procedían de las divinidades de la tierra, y se pensaba que tales divinidades vivían en montañas y volcanes, era lógico que las pintasen como una montaña con cara.) Según los primeros cronistas españoles, los ídolos se utilizaban en un ritual en que el chamán aspiraba un alucinógeno del tipo de la *Piptade-*

nia mezclado con tabaco, y conversaba con el *zemí* para predecir el tiempo y las cosechas. El zemí no era sólo la imagen de un dios, sino un intermediario entre los hombres y los dioses, un verdadero oráculo.

El sistema social arahuaco estaba estratificado. Los caudillos, que controlaban los asuntos económicos, gobernaban regiones mayores que la aldea inmediata en que residían. En La Española hubo cinco de esos caudillajes con toda una jerarquía a sus órdenes. Los caciques tenían unos séquitos lujosamente equipados, cuyos miembros llevaban mantos y tocados de plumas rojas o blancas de acuerdo con sus cometidos. Colón describe a un cacique que era llevado en una litera.

Aunque su herencia cultural procedía del nordeste de Suramérica, parece que los arahuacos estuvieron también bajo la influencia de América central y de Mesoamérica, compartiendo con las culturas del continente costumbres como los enterramientos con dioses funerarios, el uso ritual del tabaco y otras prácticas.

Los grandes poblados arahuacos giraban en torno a una plaza pública, que a veces era un claro en el bosque, o un círculo o un rectángulo con taludes de tierra o con piedras salientes y pavimentados o cubiertos de guijarros. En algunas plazas, dos taludes paralelos formaban un recinto cerrado. La casa del cacique daba a la plaza y a menudo había petroglifos cerca (también se han encontrado tales petroglifos cerca de los manantiales y en cuevas).

Las danzas los ritos funerarios probablemente se celebraban en las plazas o recintos cerrados. Pero el rito más significativo parece haber sido un juego de pelota, que podría haber llegado de Mesoamérica. (El Yucatán apenas dista 195 kilómetros de Cuba, pero hay pocas pruebas evidentes de contactos entre ambas regiones.) El juego de pelota era conocido en el norte de Suramérica –el juego venezolano es similar al de la isla–, aunque allí no se desarrolló tanto como en Mesoamérica. Los primeros cronistas españoles describen el lugar en el centro de cada poblado como distinto del destinado al juego. Los poblados mayores tenían *bateys* periféricos, que era como se llamaban las plazas o recintos cerrados. Ese tipo de patio se desarrolló en las Antillas algo después del 1500 d. C. La cancha más notable de Puerto Rico data aproximadamente del 1200 d. C. Los arahuacos empleaban pelotas de caucho, y el juego comportaba sacrificios humanos. Parece que funcionaba en relación con las predicciones agrícolas y que estuvo asociado con el agua y, probablemente, con la lluvia.

Orígenes y enemigos

Los colonizadores antillanos habían llegado del noreste de Venezuela a través de Trinidad, «la puerta de la migración». La arqueología de esas regiones está estrechamente relacionada. En la isla de Cubagua, frente a la costa venezolana, existen restos de hacia el 5000-1000 a. C. pertenecientes a un pueblo que pudo haber tomado parte en la primitiva ocupación de las Antillas. Entre el 1000 y el 500 a. C., poco más o menos, grupos de población que hablaba arahuaco llegaron aguas abajo del río Orinoco hasta el delta; eran pueblos con una agricultura rudimentaria, cuyo cultivo principal era la mandioca. Por lo cual bien pudo ser Venezuela la primera región en que se cultivó la mandioca. Aquella población, antecesora de los arahuacos isleños, empieza a aparecer en Puerto Rico a comienzos de la era cristiana, y se extiende por las Antillas en los siglos sucesivos.

Los arahuacos isleños acabaron expulsando a un grupo anterior de indios llamados siboneyes, cuyos orígenes se remontan hacia el 2500 a. C. En tiempos de la conquista española aún quedaban algunos siboneyes en el suroeste de Haití y en algunas regiones de Cuba. Ese pueblo, que aún no tenía cerámica y procedía asimismo de Venezuela, dejó depósitos de conchas y otros restos (utensilios, pendientes y algunos enterramientos humanos). Ese pueblo primitivo tuvo ya canoas o al menos almadías y balsas de madera, y probablemente llegó a las Antillas pescando en las barreras coralinas y cazando y forrajeando entre los manglares, abundantes en alimentos.

En el período tardío, los arahuacos isleños estuvieron amenazados por los caribes de las Pequeñas Antillas (de la palabra «caribe» deriva también la expresión «caníbal»). Como los primeros invasores, también los indios caribes procedían originariamente del noreste de Suramérica. Los primeros españoles encontraron huellas de las actividades caníbales de aquella gente, a la vez que admiraron la bravura de los caribes. Para ellos el estado de guerra era un principio básico de organización social; siempre estaban en guerra o preparándose para ella y para las incursiones de castigo. El cacique de la guerra era un miembro prominente y poderoso de la comunidad. Los caribes usaban arcos y flechas con preferencia a la lanza arrojadiza, más perfeccionada. La cultura caribeña alcanzó un desarrollo menor que la arahuaca, y su sociedad presentaba una estructura social menos compleja. Las imágenes religiosas las hacían de madera y tela, más que de piedra o concha.

Cabe que los primeros españoles hubieran simplificado la situación de arahuacos y caribes. Para ellos, la distinción era fácil: los indios sumisos eran arahuacos, mientras que los fieros eran caribes. Por su parte, los estudiosos modernos han hallado unos modelos más complejos de migración, matrimonios mixtos y préstamos lingüísticos, entre otras razones porque los hombres capturados en las incursiones caribeñas eran devorados, mientras que a las mujeres las tomaban por esposas. Pese a las amenazas caribes, los arahuacos dominaban desde hacía largo tiempo en las Grandes Antillas, cuando los conquistadores españoles llegaron al Nuevo Mundo. Y su cultura impresionó a los primeros exploradores. Todavía hay arahuacos en las Guayanas, aunque hace mucho que desaparecieron de las islas caribeñas. Y aún quedan algunos caribes en las reservas de las islas de Sotavento.

LOS PRINCIPADOS DEL ÁREA INTERMEDIA: SUR DE AMÉRICA CENTRAL, COLOMBIA Y VENEZUELA

El cuarto viaje de Colón le llevó a las costas de Panamá y Costa Rica. En este último país encontró a los indios talamancas, que llevaban colgantes con «águilas» de oro, y a los indios guaymíes de Panamá, asimismo con discos de oro. Los españoles vieron poblados grandes en torno a una plaza central, rodeada de residencias regias y de tumbas de antepasados reales. Vieron a los hombres *voladores* atados a un poste, y descubrieron el *patolli* (un juego que los indios jugaban en un tablero con granos de maíz), usos que también hallarían después en México.

Al tiempo de la conquista, los grupos circuncaribeños tenían comunidades de 1000 y más habitantes y una jerarquía de caciques, el más elevado de los cuales tenía autoridad sobre una región que se extendía más allá de la propia aldea. La estratificación de dicha sociedad la demuestran en parte las diferencias que se observan en los objetos de las tumbas. Los caciques tenían enterramientos suntuosos, y otras tumbas contenían ajuares más sencillos. Aquellos grupos circuncaribeños habían desarrollado ciertos modelos de guerra y una religión jerárquica con representaciones de ídolos de piedra,

Las tierras centrales de Costa Rica produjeron los «paneles voladores» de piedra (mesas para la molienda) con figuras de pájaros, cocodrilos, jaguares y personajes antropomórficos en bulto redondo y en posturas acrobáticas, debajo de la losa superior que estos habitantes del entorno selvático o del mito sostienen para que sobre ella pueda molerse el maíz. Las esculturas, de hasta 0,5 m de altura, se encuentran entre las más complejas de la Centroamérica precolombina. Muchas rematan en cabezas-trofeo y algunas presentan un diseño de bordado, motivo que en Mesoamérica era un signo de realeza. En las tierras altas centrales a veces el cadáver se colocaba sobre tres *metates* adosados. Otras esculturas de Costa Rica, en piedra, incluyen cabezas de maza finamente talladas y bellos colgantes trabajados en jade o una piedra similar.

madera o concha, colocados en templos con estructuras especiales y atendidos por un sacerdocio profesional.

Un único *phylum* lingüístico, conocido como macrochibcha, prevaleció en la zona desde Nicaragua y Panamá hasta las costas de Colombia y Venezuela. La geografía de la zona proporcionaba muchos pequeños nichos ambientales y accesos a los mismos. A lo largo de las costas y de los valles fluviales corrían las calzadas hastas las tierras altas. Abundaban los intercambios de oro, y eran asimismo muy variadas las mercancías objeto de comercio entre las costas y los valles fluviales. La región desde El Salvador hasta el noroeste de Suramérica experimentó en general unas adaptaciones ecológicas similares, con una agricultura basada en el maíz, la mandioca y las batatas. Las artes de la cerámica y la técnica metalúrgica alcanzaron gran desarrollo.

Los modelos comerciales observados por los primeros españoles contaban probablemente con una larga historia. Muchos de los restos precerámicos más antiguos, así como la primera loza, se han encontrado a lo largo de esa costa y de la franja que la unía con la costa ecuatoriana. Hubo, no obstante, importantes asentamientos precerámicos tierra adentro en el altiplano. Los asentamientos primitivos tuvieron unas formas de vida similares. Tras una dependencia inicial de la caza y el forrajeo en la selva tropical, una agricultura y unas capturas marítimas o fluviales muy primitivas fueron proporcionando una base para los intercambios y el comercio.

Se ha calculado que aquella primera población cruzó en sus migraciones la parte inferior de América Central antes del 20 000 a. C. Algunos objetos paleoindios hallados en Turrialba, en la cuenca atlántica de Costa Rica y en lago Loco de Panamá son anteriores al año 5000 a. C. Se han realizado hallazgos relativamente frecuentes de objetos tallados a percusión en los depósitos de conchas de cerro Mangote, en Panamá (hacia 4800 a. C.) y en numerosas cuevas y refugios rupestres, asociados a

menudo con huesos de animales. En Puerto Hormiga, uno de los muchos depósitos de conchas en la costa caribeña de Colombia, se ha descubierto gran cantidad de loza, que data aproximadamente del 3000 a. C. Durante algún tiempo se creyó que era el hallazgo más antiguo, pero comporta ya, según parece, una mezcla de dos tradiciones, y recientemente se ha encontrado en la región una alfarería más antigua. Y aunque la cerámica suele ser compañera de la agricultura, no hay indicios claros de cultivos para la alimentación entre tales hallazgos.

Hasta el 2500 a. C., aproximadamente, muchas de las poblaciones circuncaribeñas recogían alimentos; en cuevas y abrigos rupestres han salido a la luz utensilios para la preparación de los alimentos e instrumentos para la realización de esos utensilios. La agricultura de los cultivos fundamentales se desarrolló probablemente en Venezuela durante el IV milenio, y parece que viajó a lo largo de la línea costera del Atlántico. La llamada alfarcría barrancoide se difundió desde el bajo Orinoco hasta la costa norte de Venezuela; de allí pasó en el II milenio a las Antillas y a lo largo de la costa continental hacia el Oeste, y fue una de las numerosas etapas del viaje cultural a través de la región. En Chiriquí, Panamá, existen pruebas de los comienzos del cultivo de la mandioca a finales del II milenio, y en el valle de Turrialba, en La Montaña, se han encontrado rejillas de barro que datan aproximadamente del 1500 a. C. Tales aperos van de ordinario asociados con la preparación de la mandioca. El yacimiento de La Montaña presenta cinco fechas, datadas con el carbono 14, entre el 1500 y el 300 a. C. Las rejillas van asociadas con una alfarería monocroma de formas muy variadas. El cultivo del maíz parece haber comenzado tras el de la mandioca.

La parte baja de América central constituye geográficamente un puente entre los vastos continentes del Norte y del Sur. Y estuvo influida por ambos de varias formas y en distintos tiempos, aunque no dejó de haber

un desarrollo individual de acuerdo con las variaciones de tiempo y lugar. Hasta época reciente era escasa la información de que se disponía acerca del sur de Centroamérica antes del 1000 a. C.; nuevas excavaciones y reconocimientos han sacado a la luz cantidad de materiales precerámicos, en Panamá, tierra adentro de la bahía de Parita, en la que se han descubierto unos 200 asentamientos. Empezando con el período aproximado del 1000 a. C.-500 d. C., existe una gran reserva de artefactos.

Costa Rica

Costa Rica abarca tres zonas arqueológicas principales. Al Oeste se halla Gran Nicoya, que comprende el istmo nicaragüense de Rivas, entre el lago Nicaragua y el océano Pacífico, así como la provincia de Guanacaste y la península de Nicoya en Costa Rica. La parte central del país está formada por la cuenca atlántica y por las tierras altas del Centro. En el sureste, la arqueología del delta del Diquís está relacionada con la de la provincia limítrofe panameña de Chiriquí. Esas zonas tienen rasgos distintos, con un campo considerable de coincidencias o de variaciones sobre un tema único.

El incremento en el número de yacimientos arqueológicos hacia los comienzos de la era cristiana indica una población en desarrollo y con gran estratificación social. Son raros los grandes centros ceremoniales con esculturas monumentalistas; pero se hallan columnas monolíticas procedentes de las islas de los lagos Nicaragua y Managua, así como de otros asentamientos cercanos. Esculturas similares han aparecido en Guanacaste.

En Costa Rica, los artefactos de piedra que se han encontrado con mayor abundancia son los trípodes llamados *metates*, consistentes en unas losas con rejilla para el maíz. En la zona de Nicoya-Guanacaste las hay en forma de piedra rectangular curvada, a menudo con relieves tallados en la parte inferior. Los ejemplares posteriores tienen una cabeza de jaguar o de otro felino en un extremo como para darles una forma zoomórfica. Algunos muestran señales de uso y pueden estar acompañados de *manos* (piedras manuales) para moler el maíz. Han aparecido en los enterramientos de alta alcurnia.

Es probable que los *metates* más notables tuvieron varias funciones: como losas rituales para la ofrenda del maíz; como asiento del gobernante responsable de la

Arriba. El lago Guatavita, en lo alto de la cordillera y no lejos de Bogotá, era el lugar de residencia de un dios de la montaña, el cielo y el agua. El lago circular, de 37 m de profundidad y 4 km de perímetro, debió de formarse por el impacto de un meteorito; acontecimiento que podría haberle dado un significado especial, si los antepasados de los muiscas hubieran visto el meteoro incandescente caer del cielo a la tierra para proporcionar un depósito de agua. El oro ofrecido al lago podría haber imitado el acontecimiento natural con el propósito de asegurar la continuidad del precioso líquido.

producción y distribución de los alimentos; y como equipamiento funerario que simbolizaba la transformación, la del maíz en harina y la transformación del difunto. Las tallas en la parte inferior de los *metates* evocan el mundo inferior y la fertilidad de la tierra, al tiempo que dan a la escultura un significado como modelo cosmológico.

En los 500 años que precedieron a la llegada de los españoles, hubo muchos cambios. Disminuyeron los *metates* y llegaron a desaparecer las cabezas de maza que en un época fueron habituales. Vasos ovoides policromos, con cabeza de felino y manos delanteras en altorrelieve, fueron una forma de cerámica común. En las tierras altas se construyeron asentamientos con montículos circulares sobre cimientos de piedra, con plazas y calzadas empedradas. El extenso y complejo asentamiento de Guayabo de Turrialba tiene acueductos revestidos de piedra. Las losas se usaban como puentes, suelos y cierres de tumbas, y eran comunes las tumbas en forma de cisterna de piedra. Grandes losas de piedra, con dibujos tallados en el borde, pueden haber servido como féretros.

El Gran Chiriquí

El delta del Diquís produjo artefactos diferentes de los de otras regiones de Costa Rica. Forma parte de la zona conocida de los arqueólogos como Gran Chiriquí. Una metalurgia fina y distintiva procede de esa región, que destaca asimismo por los trabajos y esculturas de piedra. Allí se han encontrado también unas grandes y enigmáticas «bolas» de piedra. Probablemente el centro más importante de la región fue Barriles, al pie del volcán Barú, en Panamá, no lejos de la frontera con Costa Rica. Así llamado por las esculturas en forma de barril

que se descubrieron, el yacimiento ha conservado gran cantidad de esculturas monumentales de piedra volcánica. Se construyeron en los lugares ceremoniales plataformas bajas revestidas de piedra, y hay enterramientos con plataformas y muros de guijarros.

Panamá central y el Darién

Al igual que Costa Rica, Panamá se divide en tres zonas arqueológicas, que se mezclan con las zonas adyacentes de las modernas entidades políticas. Mientras la zona occidental se relaciona con el delta del Diquís, la oriental conecta con la región de Colombia vecina al golfo de Urabá.

La zona central produjo unos estilos artísticos brillantes y muy originales. Enterramientos como los de Sitio Conte y Playa Venado han conservado numerosos objetos de varios tipos con formas finas y revestidos con láminas de oro, así como una elegante cerámica policroma. Ambas formas artísticas presentan motivos de traza similar, con seres híbridos que a veces aparecen con dos cabezas o apareados.

Los trabajos metalúrgicos más antiguos que se conocen en Panamá aparecen en los primeros siglos de la era cristiana y se generalizan hacia el 400 d. C. Algunas de las piezas primeras debieron de importarse de Colombia, y las que se hicieron *in situ* evidencian una fuerte influencia colombiana. Aunque los estilos panameños se distinguen por un alto grado de habilidad y personalidad, Panamá pertenece a la tradición orfebre de Colombia.

Norte de Colombia

La Sierra Nevada de Santa Marta, en el extremo nororiental de Colombia, es una cadena montañosa independiente de los Andes. Y en ella un pueblo conocido

Derecha. El Dorado aparece aquí como una gran figura sentada sobre un taburete o trono en una almadía, cargada de joyas y acompañada de unos asistentes menores. Al asumir el cargo real, el gobernante muisca vestido de oro hacía las ofrendas al lago Guatavita. Ya en el siglo XVI se llevaron a cabo tentativas para secar el lago en busca del oro; pero aunque se han recobrado algunos objetos, Guatavita nunca ha podido desecarse. Este *tunjo*, de elegancia inusual, es una pieza de ofrenda de más de 18 cm de largo. La mayor parte de los *tunjos* son lisos, con detalles a modo de bordados. Y a diferencia de muchas figuras en oro, estas ofrendas no tienen anillas para su suspensión.

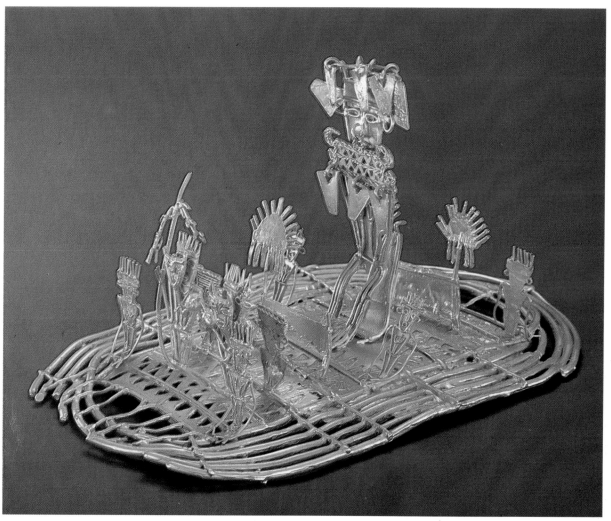

como los taironas produjo una de las civilizaciones más impresionantes del Nuevo Mundo. Más de 200 yacimientos taironas, con construcciones de piedra y rasgos urbanos, se distribuyen desde las tierras bajas de la costa hasta altitudes superiores a los 2000 metros.

El yacimiento de Buritaca 200 recientemente estudiado –no fue descubierto hasta 1975– fue construido en el siglo XIV. Rodeado ahora por la selva, se eleva a casi 1000 metros sobre el río Buritaca. Habiendo sido en tiempos uno de los centros mayores de la región, conserva plataformas curvas y revestidas de piedra de casas en la ladera, escaleras de piedra, muros de contención, canales y sistemas de drenaje, una plaza de ceremonias y calzadas.

Se han encontrado unos 260 restos de casas, así como unos 500 kilómetros de calzadas empedradas, porque era una encrucijada de rutas comerciales desde Colombia a América Central, Venezuela y Ecuador. También fue un centro importante de minas de oro. Los orfebres de Tairona realizaron una labor de tan notable calidad, que suscita la admiración de sus colegas modernos.

Los taironas empezaron a consolidar su poderío en los primeros siglos de la era cristiana, alcanzando su pleno desarrollo algo después del año 1000 d. C. Debieron de constituir una poderosa estructura política y social, con una jerarquía entre los asentamientos, a la cabeza de los cuales figuraba Buritaca. Estos indios resistieron casi cien años a los invasores españoles. Los indios kogis, que habitan hoy esa región, son descendientes de los antiguos taironas.

En las tierras bajas occidentales se localizó la cultura denominada Sinú, en los valles bajos de los ríos Sinú y Magdalena. Los sinúes tuvieron una economía basada en la feliz combinación de agricultura de productos básicos, del forrajeo y de los abundantes recursos que brindaban los ríos, el mar y las tierras bajas tropicales. Los restos más impresionantes de esta cultura son los adornos de oro fundido y batido.

Colombia central

Los indios muiscas (o chibchas) de las tierras altas de Bogotá tuvieron una actitud frente a la metalurgia diferente de la observada por los aborígenes colombianos. Parecen haber mostrado escaso interés por la destreza y habilidad en la fundición y acabado de los metales que practicaron los taironas, los sinúes y otros. Prefirieron más bien los objetos pequeños y a menudo rudos de *tumbaga*, con formas múltiples y escasa atención al acabado.

La leyenda de El Dorado, que llegó a oídos de los españoles sedientos de oro, se situaba en territorio muisca. La ceremonia que inspiró la leyenda se celebraba en el lago Guatavita, al norte de Bogotá, con motivo de acceder al poder un nuevo gobernante muisca. Después de haberse retirado a una cueva (las cuevas eran lugares sagrados), marchaba hacia el lago. Allí estaba preparada una balsa de cañas, con antorchas encendidas e incienso, y el candidato a gobernante era desnudado y cubierto por completo de barro, al que se adhería polvo de oro. Entonces «el sobredorado» subía a la balsa, en la que se encontraba con montones de ofrendas de oro y esmeraldas. Estaba acompañado por caciques que sólo llevaban joyas de oro, con grandes cantidades de ofrendas preciosas. Al son de instrumentos musicales, la balsa zarpaba hacia el centro del lago, en el que se ofrecían el oro y las esmeraldas a una divinidad que debió de ser el dios del agua, la montaña y la tierra. Así se iniciaba el reinado de un nuevo gobernante.

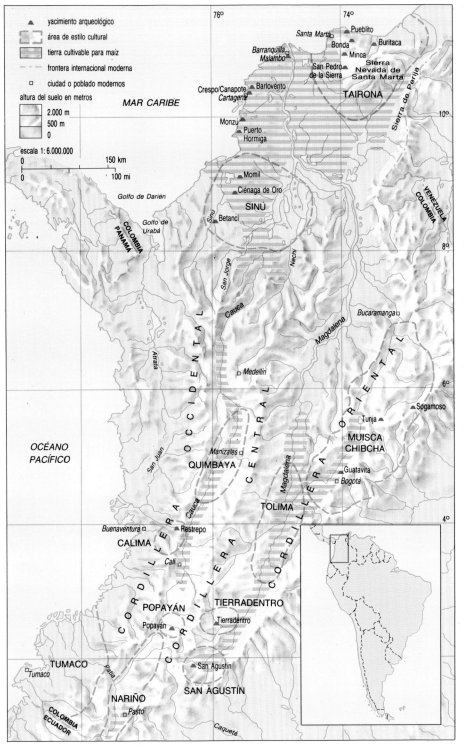

Los orfebres quimbayas, que habitaban las laderas de la Cordillera Central hicieron grandes esfuerzos por conseguir la forja de objetos grandes, de modelo complejo y exquisito acabado. Entre los ricos objetos producidos por los quimbayas estaban los recipientes de oro o tumbaga para el rito de la coca, máscaras, puntas de lanza, pendientes de lagarto o cocodrilo y yelmos batidos y repujados. De la misma región procede una característica cerámica.

Los orfebres calimas diseñaron pendientes y alfileres ornamentales que muestran figuras enmascaradas. Los alfileres son frecuentes en este tipo de orfebrería. Otros objetos calimas en oro están tallados y repujados: pinzas, pendientes, pectorales, diademas y ornamentos para la nariz, con colgantes iridiscentes. Los trabajos en oro de estilo tolima proceden del valle medio del Magdalena. Típicos de la fundición tolima son los pectorales

Arriba: **Colombia**
La combinación de paisajes abruptos con áreas relativamente cómodas para la producción de alimentos explica el hecho de que las antiguas poblaciones colombianas no tuvieran que esforzarse demasiado para crear imperios. Los grupos permanecían en áreas pequeñas y creaban distintos estilos artísticos; pero pocas de las arquitecturas y de las esculturas monumentales, que eran las piezas maestras de los reinos, tuvieron amplia influencia. Por otra parte, los valles fluviales de dirección Norte-Sur y las tierras bajas de la costa facilitaban los viajes y el comercio, desplazándose por tales vías los productos y las ideas. Las técnicas y los estilos de la orfebrería viajaron de Colombia a Panamá, estableciendo también relaciones con Ecuador por el Sur.

San Agustín

En San Agustín, las plataformas elevadas, las acequias de desagüe, los montículos de enterramientos y las tumbas de pozo con urnas de piedra, cubren una extensión de casi 500 km². Ningún yacimiento del área intermedia tiene tal riqueza de esculturas, pues son más de 300 las estatuas que allí se han encontrado, y que recuerdan las de las tierras altas de los Andes centrales. Figuras antropomórficas con colmillos caninos, que en el arte andino significan el carácter sagrado o sobrenatural.

Derecha. Principales yacimientos alrededor de San Agustín. Colinas y valles exuberantes rodean la ciudad de San Agustín, a unos 1800 m sobre el nivel del mar. Cerca nace el Magdalena, un río importante que fluye hacia el Norte y desemboca en el Atlántico. Uno de los mayores yacimientos de la región, Las Mesitas, tiene estancias rectangulares de megalitos verticales con remates en piedra, cubierto de tierra hasta unos 4 m de altura y con unos 25 m de diámetro. En cada una de éstas que parecen cámaras sepulcrales se han encontrado una o varias de tales esculturas. En Alto de los Ídolos, un montículo circular levantado por el hombre, se han hallado tumbas de piedra, enteramente parecidas a sarcófagos, y esculturas.

Arriba. Esta escultura de piedra procede de un yacimiento en el complejo de San Agustín. Las esculturas reproducen a menudo figuras que sostienen cabezas-trofeo, armas o figurillas tan pequeñas que destacan el carácter sobrenatural de las figuras monumentales. Algunas de las esculturas se hallan en sus emplazamientos originales, pero muchas han sido trasladadas al parque arqueológico (*izquierda*), en el que grandes espigas los fijan al suelo en que se hallan expuestas. Algunas de las esculturas parecen representar mujeres.

de oro con un diseño distintivo, consistente en una figura abstracta con brazos y piernas angulosos y extendidos, llegando incluso a una cola ahorquillada.

Colombia meridional

Las tierras altas del suroeste colombiano estuvieron habitadas por pueblos que cultivaban el maíz y que vivían en casas perecederas construidas sobre terrazas en las pendientes de los valles. San Agustín, cerca de las fuentes del largo río Magdalena, en una serie de valles y colinas exuberantes, es el yacimiento o grupo de yacimientos más espectacular de Colombia.

La región de San Agustín estuvo habitada en el último milenio antes de la era cristiana; pero los grandes proyectos de taludes no se llevaron a cabo hasta después de iniciada esa era, cuando, según parece, llegó un nuevo grupo de pobladores.

El estilo orfebre del valle alto del Cauca, llamado Popoyán, produjo relativamente pocos ejemplares de pendientes en la forma típica de pájaros con alas extendidas. Al igual que en el noroeste, también en el Sur los estilos artísticos van más allá de las modernas fronteras políticas. En la zona colombiana de Nariño, así como en el norte de Ecuador, se han encontrado pendientes y discos de diseño abstracto hechos en oro y con rostros en relieve como adornos típicos de las orejas. Al igual que sus vecinos del Sur, los herreros nariños y tumacos utilizaban platino, plata, oro y cobre. La orfebrería de Tumaco es la más antigua de Colombia y se remonta aproximadamente al 325 a. C.

LA AMAZONIA

El río Amazonas forma parte de un complejo sistema fluvial con numerosos afluentes. El este de Colombia, Ecuador, Perú y Bolivia se incluyen en dicho sistema, al que también pertenecen Brasil y el este de Venezuela. A lo largo de buena parte del río hay una estrecha llanura de inundación, cuyo suelo mantiene la fertilidad gracias a las crecidas anuales. En muchas zonas alejadas de las corrientes de agua más importantes todavía se practican las rozas, pero con ese método sólo puede cultivarse la tierra unos pocos años. La selva es a menudo densa, con una enorme variedad de especies de flora y fauna y con un dosel de vegetación que en ocasiones alcanza los 45 metros de altura por encima del suelo. La selva produce árboles que proporcionan paja, cuerdas, cortezas para vestido y caucho. Las primitivas sociedades cazadoras probablemente se mantuvieron cerca de los ríos, porque las condiciones para la caza en lo más denso de la selva distaban mucho de ser ideales. Hacia el 5000 a. C. había ya algunos pobladores a lo largo del río.

La cuenca amazónica se suele considerar dividida en tres zonas culturales: alto, medio y bajo Amazonas. Puede decirse que el alto Amazonas se extiende aguas abajo de la confluencia del río Madeira, el máximo afluente meridional del Amazonas (detrás mismo del río Negro, que es el mayor de todos los tributarios).

En la cuenca amazónica se hablaron muchas lenguas, signo evidente de la afluencia de numerosos pueblos. Entre esas lenguas se cuenta el arahuaco, del mismo tronco lingüístico que el taíno de las Antillas. Se ha pensado que el pueblo de lengua arahuaca se desarrolló en el curso inferior del río, se dispersó después en forma de abanico hacia el alto Amazonas y el Orinoco (es posible alcanzar el Orinoco en canoa partiendo del Amazonas), y una vez establecido en el curso bajo de dicho río se extendió a lo largo de la costa, pasando después a

La metalurgia en Suramérica

Las primeras muestras de metalurgia en el Nuevo Mundo datan de antes del 1500 a. C. Consisten en unos pequeños fragmentos de fino pan de oro, hallado en las manos de un hombre sepultado en una tumba de las tierras altas del sur de Perú. Cerca está lo que probablemente fue el instrumental de un artesano. De la orfebrería elegante que se conserva, la más antigua es de estilo Chavín y data del 800 a. C. En los siglos que siguieron, el trabajo de los metales se fue expandiendo por el Sur, hasta el noreste de Argentina; y por el Norte, hasta Colombia ya a finales del I milenio a. C., y hasta América Central en los primeros siglos de la era cristiana.

Las técnicas y los gustos metalúrgicos varían de un lugar a otro, pero la habilidad es muy similar en todas partes. Muchos de los trabajos más finos se hicieron en la costa norte de Perú, durante los primeros siglos de la era cristiana y por herreros mochicas, que fueron algunos de los artesanos más hábiles y con mayor experiencia.

A pesar de las depredaciones de los conquistadores españoles, que «explotaron» los enterramientos precolombinos en busca de objetos de oro que fundieron para su posterior envío a España, los objetos sobredorados son los que más abundan y los más espectaculares de la metalurgia precolombina. Mas no es oro puro todo lo que reluce: los artefactos brillantes se hacían por lo general con aleaciones, aunque todos llevasen oro en la superficie. Algunos se trabajaron en plata; el cobre tuvo un amplio uso para objetos más sencillos, y también se dieron las aleaciones de plata-cobre.

Se encontraron depósitos de oro en los ríos de las tierras altas, ricos en aluvión, y los filones de cuarzo se explotaron en busca del precioso metal. Para la fundición se emplearon hornos portátiles y crisoles, sirviéndose de cerbatanas. En las técnicas primeras, el metal era batido hasta convertirlo en una lámina, con un instrumento de metal o hierro meteórico sobre un yunque cilíndrico de piedra, y después se trabajaba. Más tarde se desarrolló la fundición hasta convertirse en el método principal de Centroamérica y del norte de Colombia, aunque el metal en láminas continuó siendo preferido por los orfebres en los Andes centrales, Ecuador y Colombia meridional.

Aunque los indios utilizaron el metal para la forja de instrumentos y armas, lo emplearon principalmente para objetos que simbolizaban el poder sobrenatural y el *status* del soberano, a través de su identificación con ese poder. Los seres y motivos mitológicos se representan a menudo como intermediarios entre el hombre y las fuerzas de la naturaleza. El oro fue un artículo importante del comercio, y los objetos de metal conocidos por su estilo como de un determinado lugar, se han encontrado en yacimientos muy distantes del punto de origen, aunque el oro en sí mismo tuvo escaso valor comercial; lo que se valoraba era el modo en que se le daba vida trabajándolo. Por lo general, su simbolismo se asoció con el Sol, y después con la vida y la producción agrícola. Era importante que el metal imitase la luz celeste. Las primeras fuentes nos dicen que los incas interpretaban el oro como «el sudor del Sol» y la plata como «las lágrimas de la Luna».

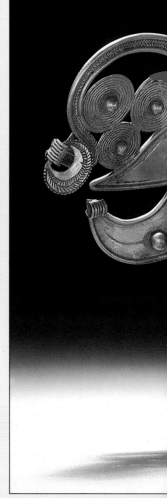

Bajo los incas la metalurgia alcanzó un alto grado de rebuscamiento, especialmente en el trabajo del bronce. Combinaciones de metales se habían utilizado antes de los tiempos incas; pero la incrustación sólo se desarrolló poco antes de la conquista española. Una cabeza de maza, en bronce y con una altura de 12,5 cm (*arriba*), presenta la forma de un pájaro, con láminas incrustadas de cobre y plata para señalar las plumas. Tales cabezas de maza adoptaban diferentes formas de animales. Aquí el ave pertenece al orden de las pelicaniformes, probablemente un cormorán o anhinga. En general, las aves marinas fueron importantes en la iconografía de los Andes, como lo fueron los cóndores y las águilas arpías.

La orfebrería andina puede ser muy complicada. Cuchillos o *tumis* con mangos trabajados profusamente proceden de la cultura Sicán, en la costa norte de Perú (*arriba*). Este mango muestra un dios celeste o lunar con un rostro repujado y un tocado semicircular con colibríes colgantes. Se le han agregado cuentas y filigranas y la figura aparece taraceada y pintada. En muchas formas del arte precolombino se han incorporado las hojas. Algunas de las piezas más finas de la orfebrería antigua proceden de la cultura Tairona, del noreste de Colombia. El medallón antropomórfico (*derecha*), de 13 cm de altura, tiene un tocado complejo con dos pájaros en bulto redondo, animales de perfil y motivos vegetales enroscados. La complicada máscara representa un murciélago con una hoja de nariz. Se le añadieron pendientes y clavos tras la fundición a la cera perdida.

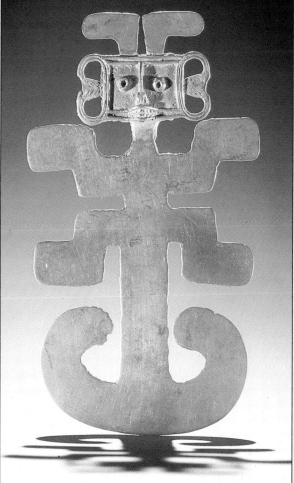

En el valle de Lambayeque, en la costa septentrional de Perú, se han encontrado máscaras anchas y relativamente planas en enterramientos, una dentro de una tumba y varias más en fardos. Este ejemplar pintado (*encima*) tiene 50 cm de ancho, con los rasgos faciales alzados y con colgantes fijados con alambres. Los alambres de los ojos pudieron sostener en tiempos piedras preciosas. Toda la máscara es de una sola lámina de oro y probablemente representa a la divinidad principal de Sicán, cuyo rostro aparece en la cerámica así como en diversos objetos de oro, como en el cuchillo de la página 168 y en las tazas altas de oro batido, que también han salido a luz en gran número de enterramientos. El rostro ancho y los ojos en forma de lágrimas son característicos del estilo de Sicán.

Los medallones estilizados de oro fundido son típicos de las culturas Tolima, del sur de Colombia (*izquierda*). Los brazos y piernas en ángulo de un cuerpo humano aplastado, forman un dibujo simétrico, geométrico y plano. Se le ha añadido una cola en forma de ancla y una cabeza cuadrada con rasgos alzados. Como muchos otros adornos precolombinos, también éste lleva detrás una gaza para colgarlo.

Trinidad y a las Antillas. Las lenguas arahuacas tienen una extensión geográfica mayor que las de cualquier otro tronco o familia lingüística. En la cuenca hay también indios de lengua caribe.

Los pueblos de las selvas tropicales de Suramérica usaron canoas con alojamiento. Todos los cursos fluviales de la cuenca amazónica abundan en pesca; pero son particularmente ricos los ríos que bajan de los Andes.

Los primeros exploradores informaron de densas poblaciones en casas hechas de tablones de cedro a lo largo de las franjas fluviales. Se ha calculado que a mediados del siglo XVI la población de la cuenca amazónica pudo ser de unos cinco millones de habitantes. Dicha población hacía hamacas para dormir, petates con grandes hojas de palma, prendas de vestir de algodón pintado, mantos de plumas e instrumentos musica-

Abajo. En las lujuriantes selvas del este de Ecuador, las corrientes se precipitan de las montañas formando nubes de vapor. Esta región ecuatoriana tiene una vegetación densa que recibe más de 3000 mm de precipitaciones anuales. Aquí el río Quijos se precipita en una cascada espectacular de 145 m en su carrera hacia el río Coca, que a

su vez desemboca en el Napo, importante afluente del Amazonas. En dicha región se han encontrado restos precolombinos del período de integración y hay todavía poblaciones indias por sus contornos.

les: flautas, carracas y tambores. Cazaba y combatía con lanzas, utilizaba escudos para la defensa, deformaba sus cráneos y disponía suntuosos enterramientos con ofrendas. Su alfarería suscitó admiración entre los españoles.

Aquellos pueblos cultivaban la mandioca y otros productos, al tiempo que explotaban los recursos fluviales; cazaban tortugas en los corales para alimento y para fabricar hachas y azadas con los caparazones. También comían carne de manatí. La pesca se capturaba con arpones desde la orilla o desde canoas. Hoy en distintos lugares se caza con arcos y flechas y con dardos de cerbatana untados con curare.

Cada aldea tenía un cacique y por encima de él había otro que controlaba toda una «provincia». Al menos en un caso el nombre o título del jefe era la palabra que designaba a «dios», y los primeros exploradores testimonian que era muy reverenciado en un gran trayecto a lo largo del gran río. Resulta indudable que buena parte de la importancia de los caciques se debió a que los programas de siembra y cosecha habían de planificarse cuidadosamente, con el fin de adaptarlos a las crecidas del río. También fueron importantes las divinidades del tiempo y de la agricultura, porque el río podía inundar más allá de sus límites normales o podía no aportar el agua suficiente para fertilizar los campos. Era necesario consultar y venerar a los dioses. En la selva, el culto andino de las cabezas trofeo adquirió en ocasiones la forma de reducción de cabezas y de canibalismo.

En el Orinoco medio se han conservado cerámicas que proceden del 3600 a. C. Recientemente se ha descubierto en la desembocadura del Amazonas una alfarería que se data con seguridad hacia el 3100 a. C., y se dan ejemplares parecidos en varios lugares de la cuenca amazónica. Los yacimientos arqueológicos encontrados en el curso bajo del Amazonas incluyen los de la isla Marajó, en la desembocadura del río, que pertenece al período tardío. Han aparecido allí más de 100 montículos que contienen construcciones, subestructuras y tumbas.

El alto Amazonas

No obstante, nos interesa más el alto Amazonas, por los lazos que mantuvo durante mucho tiempo con culturas elevadas de otros lugares. Allí se desarrolló una cultura de la selva tropical, dependiente de la explotación de los recursos hidráulicos y de la agricultura de las cosechas básicas, y muy especialmente del cultivo de la mandioca amarga. Los arqueólogos han encontrado objetos de cerámica –rejillas, trípodes y tinas para la fermentación de la cerveza– relacionados con la preparación de la mandioca. (No se han conservado restos de las plantas.) Los comienzos del cultivo de la mandioca pueden situarse entre el 7000 y el 5000 a. C. Otros productos básicos (como raíces, tubérculos y rizomas) fueron el ñame, parecido al boniato o batata, el arruruz, la jíquima y la *Xanthosoma*. Probablemente se cultivó allí por vez primera el cacahuete. Otros alimentos fueron la piña y las nueces de Brasil, varios tipos de pimientos y guindillas, frijoles y los productos de la palma y de los árboles frutales. También se sitúan allí probablemente los orígenes del tabaco. Se cultivó la achira para usos de tintorería y fueron importantes el algodón y la calabaza vinatera.

Ciertos yacimientos como Tutishcainyo presentan cerámica de hacia el 2000 a. C., que no parece reflejar los esfuerzos iniciales de la alfarería. Los primeros alfareros tutishcainyos utilizaron los cascotes de cerámicas más antiguas. Entre los restos materiales, escasos, del alto Amazonas se encuentran la cerámica y las hachas de piedra con que abrían los calveros en la selva para la agricultura. Pero es posible que muchos de los artefactos fuesen

de madera. La cultura altoamazónica no alcanzó los elevados niveles de otras culturas del Oeste; pero muchos de sus motivos son los mismos que los de tales culturas, y algunos pudieron tener su origen en la selva.

ECUADOR: ENCRUCIJADA DE LAS AMÉRICAS

Ecuador es un país que fascina a los arqueólogos por varios motivos. Presenta logros notablemente tempranos en muchos sectores culturales. La cultura de Las Vegas, en la península de Santa Elena, se remonta al 10 000-6600 a. C., y el yacimiento de El Inga, en las tierras altas y cerca de Quito, se fecha hacia el 9.000-8.000 a. C. Ecuador produjo algunas de las cerámicas más antiguas del Nuevo Mundo, así como textiles y metalurgia. El empleo de moldes de cerámica es más antiguo allí que en cualquier otro sitio. Constituye además una encrucijada en sentido literal para las corrientes oceánicas del Norte y del Sur y para los valles montañosos del Norte y del Este. Hay también una calzada a lo largo de la costa pacífica. Por todo lo cual fue también una encrucijada de pueblos. Sus zonas arqueológicas del Norte se funden con las meridionales de Colombia. Tanto en la cultura carchi de Ecuador como en la cultura nariño de Colombia se encuentran rasgos similares, como las vasijas con pedestal y las figuras sentadas en escabeles mientras mascan coca. La cultura tumaco de Colombia meridional es la misma que la de la cercana La Tolita. También hay conexiones con los vecinos del Sur. La metalurgia de La Tolita es muy parecida a la que se ha encontrado en el lejano norte de Perú. Según los mitos peruanos, el dios creador, Viracocha, desapareció en el mar de Manta, frente a la costa central de Ecuador. Y abundan las conexiones con otros lugares. La cultura de Chorrera (1200-300 a. C.), por ejemplo, ejerció una amplia influencia.

Mayor interés despierta la posibilidad de unas relaciones entre Ecuador y Mesoamérica. En ambas regiones han salido a la luz numerosos objetos y rasgos similares: los tipos de vestimenta, la tumbas de pozo, los campos alzados, las hachas de cobre y las vasijas en forma de zapato. Se ha pensado que las almadías y balsas se utilizaron en el pasado para los viajes a lo largo de la costa del Pacífico. Si aquellos viajes tenían como base el comercio, debió de haber una ruta en ambas direcciones; pero parece que ciertos rasgos ecuatorianos se encuentran en Mesoamérica más que en otros puntos de recorrido.

El foco mayor del comercio pudo haber sido *Spondylus*, un molusco bivalvo que se daba en la costa de Ecuador, y cuya demanda era muy amplia. Parece que se comercializó tierra adentro ya en la llamada época de Valdivia (3000-1500 a. C.). *Spondylus* aparece en la escultura y en la cerámica de la cultura de Chavín, una temprana manifestación en Perú y que tuvo singular importancia en tiempos posteriores. Se decía que el gobernante legendario del tardío pueblo sicán, en el valle de Lambayeque, sólo se desplazaba en un *Spondylus*, y densas capas del molusco han aparecido en los enterramientos sicanes. En el arte chimú, *Spondylus* aparece representado entre los seres sobrenaturales. Las primeras fuentes españolas dicen que ese molusco, crudo o asado, era el alimento de los dioses. Con la fuerte demanda y durante largo tiempo, es posible que los caladeros ecuatorianos se agotasen. La especie se extiende hasta la Baja California en México, y los buzos ecuatorianos pescadores del molusco (que sólo se encuentra a profundidades de 18 a 50 metros) pudieron desplazarse hacia el Norte tras el agotamiento de la costa de su país.

En el período de desarrollo regional, la cultura de La Tolita, en la costa de Ecuador, produjo objetos de una finura fascinante. Una máscara de oro (*extremo izquierdo*) tiene los ojos incrustados y los adornos de la nariz y las orejas están hechos por separado. Objetos de oro de un estilo similar se han encontrado en el extremo septentrional de Perú. La imagen de una deidad extraña en arcilla tiene una boca con colmillos de felino (*izquierda*). La mitad del rostro es o está oscurecida por una serpiente enroscada. Los rostros, mitad de un tipo y mitad de otro, aparecen con frecuencia en el arte precolombino. La figura lleva al cuello la cabeza de una serpiente.

Arriba. Modelos de casa, en una forma corriente del desarrollo regional, que tal vez representan casas sagradas o diagramas cosmológicos.

Abajo. Una figura escultórica importante de Manteño es el asiento sostenido por un jaguar o por una figura humana acurrucada, que puede tener un rostro esquelético. En algunos modelos hay incisa una «franja del cielo» en forma de U. El asiento bien puede relacionarse con la forma del trono-*metate*, encontrado al sur de Centroamérica y en otros lugares.

Las primeras culturas

Arqueológicamente hablando, la región costera de Ecuador es la mejor conocida. Hoy se presenta como un terreno semiárido cubierto de maleza; pero al parecer eso es el resultado de sólo los últimos siglos, toda vez que las primeras crónicas españolas hablan de una región cubierta de bosque. Y aún quedan pequeñas bolsas de selva, algunas exuberantes; pero en su mayor parte los únicos restos del pasado forestal son las ceibas, que se alzan dramáticamente sobre la maleza de tierra adentro.

En la península de Santa Elena, al norte del golfo de Guayaquil, se encuentran los yacimientos precerámicos de Las Vegas, con capas de conchas y postes para casas con tejados de paja. Hay también ciertos indicios del cultivo de maíz y de calabazas vinateras antes del 6600 a. C. Como en otros lugares, puede observarse cierto desplazamiento de la caza de mamíferos terrestres hacia un mayor interés por los recursos marítimos y el comienzo del cultivo de algunas plantas. Al norte de la península de Santa Elena, los yacimientos de Valdivia y de otros puntos de la costa pertenecientes al período posterior del formativo han sacado a la luz restos de textiles, figurillas abstractas de piedra, tazas y jarras de boca ancha. La alfarería es simple y está decorada con una modesta variedad de técnicas. Las primeras comunidades tendían a mantenerse cerca de la costa, en la proximidad de bahías o ensenadas y playas curvas, con un suelo que se elevaba suavemente tierra adentro y que podía utilizarse para la agricultura. En Río Alto, un yacimiento relacionado con Valdivia, en la península de Santa Elena, se han encontrado fitolitos de maíz del 2450 a. C. La escasez de depósitos de conchas en Valdivia sugiere también la posibilidad de que el maíz o algún otro producto agrícola fuera más importante como fuente alimentaria que la pesca marítima. Trabajos recientes en yacimientos tierra adentro de Valdivia así lo confirman.

Valdivia ha dado pie al debate sobre la posibilidad de que algún barco japonés hubiese llevado hasta allí cerámicas y otros objetos. Pero esa hipótesis se complica con la existencia de una cerámica coetánea o anterior en otros lugares, como Loma Alta, en el valle fluvial de Valdivia, Puerto Hormiga y Monzú, en Colombia, y la cuenca del Amazonas. Más bien las primitivas sociedades precerámicas de la región de Valdivia son el fondo desde el que se desarrollaron las sociedades ya con cerámica.

Hoy algunas aldeas pesqueras modernas cubren los yacimientos de la península de Santa Elena y la cultura

de Valdivia. En el pasado la pesca, el forrajeo y la caza podrían haber coexistido con la agricultura. En tiempos antiguos, algunas superficies salitrosas de la costa estaban rodeadas de manglares en los que podía llevarse a cabo la recolección de animales marinos. Y aunque los manglares han desaparecido, todavía se encuentran en la costa algunas salinas. En el pasado, la sal pudo emplearse para conservar la pesca y los alimentos estacionales. En algunos puntos de la región crecen los árboles de la especie *Ochroma*, así como otros (tipo ceiba) que podrían haberse empleado para construir almadías.

A finales del período formativo, la fase de Chorrera alcanzó dimensiones mucho más vastas que las fases anteriores. El yacimiento tipo de Chorrera se encuentra tierra adentro, aguas arriba de Guayaquil. La población chorrera utilizó tierras de cultivo alejadas del mar para la plantación del maíz y la mandioca. Pero objetos de estilo chorrera aparecen también a lo largo de aquella parte de la costa habitada por gentes de culturas más antiguas y en territorios mucho más septentrionales hasta Esmeraldas. La cerámica más compleja muestra ciertas innovaciones en la forma, que incluían un pitorro hecho a mano en forma de puente.

Los últimos períodos

El período de desarrollo regional (500 a. C.-500 d. C.) produjo gran variedad de estilos locales a lo largo de la costa, en las sierras y en la región amazónica. Muy notables son las culturas costeras –de Norte a Sur– de La Tolita, Jama-Coaque, Bahía, Guangala, Guayaquil y Jambelí. En las culturas más septentrionales aparece en escena la metalurgia, utilizando el oro y también el platino y el cobre. Por esa época aparecen asimismo muchas nuevas formas de cerámica, como los vasos polípodos, vasijas con pedestal con sonajeros y restos de cráneos.

La fase Bahía, hallada desde la isla de La Plata al norte hasta la Bahía de Caráquez, parece que alcanzó un alto desarrollo social y político. Se han encontrado montículos con plataformas rectangulares, algunas de las cuales estaban revestidas de piedras sin labrar y tenían rampas o escalinatas. La isla de La Plata parece haber sido un lugar de peregrinación; quedan restos de estructuras pero no hay pruebas de viviendas. Jama-Coaque y La Tolita, al Norte, también lograron altos niveles de desarrollo.

El período de integración (500-1535 d. C.) vio el florecimiento de las fases Manteño y Milagro-Quevedo en

Derecha. La población de la cultura de Bahía, en la costa de Ecuador, cerca de la moderna ciudad de Manta durante el período de desarrollo regional, manufacturó figuras en arcilla, algunas de gran tamaño. Son imágenes de hombres o de mujeres; unas las hicieron con molde y otras a mano. Los rostros y los tocados a modo de yelmos son muy característicos. Esta figura lleva adornos en las orejas y en la nariz fijado al tabique; eran los atributos de la gente importante en los Andes. Es frecuente en la cultura andina la figura grande que sostiene a una pequeña. Aunque a menudo se interpretan como «madre con niño», eran especialmente aptas para las ofrendas sacrificiales, por cuanto que los niños eran considerados como víctimas de singular valor. A veces en la costa septentrional del Perú una figura de arcilla sostiene una escultura o un vaso con rostro humano.

Ecuador oriental, cubriendo áreas más vastas de las que habían alcanzado los estilos anteriores.

La cultura de Manteño o Manteño-Huancavilca, que dominó la región central desde la costa hasta el río Guayas, tierra adentro, fue una sociedad de agricultores marineros, que cultivaban maíz, mandioca dulce, frijoles, patatas, pimientos y otros frutos, criaban conejillos de Indias y patos y viajaban en grandes almadías con velas de algodón. Emplearon la piedra para las construcciones y también para la escultura típica. Los artesanos manteños realizaron objetos delicados de oro, plata y cobre.

La fase Milagro-Quevedo se halla desde la frontera peruana, al este del golfo de Guayaquil y del río Guayas. Forma una diagonal hacia el noreste y alcanza casi la frontera de Colombia. Esta fase, que logró la mayor expansión territorial en Ecuador preincaico, es una cultura memorable por su fina metalurgia y por sus tumbas de chimenea con urnas de enterramiento apiladas.

En las tierras altas, los estilos tardíos se fundieron con restos abundantes de la intrusión inca, que empezó hacia el 1463. Numerosos artefactos hallados en Ecuador, el baluarte más septentrional del Imperio incaico, presentan formas y motivos peruanos, aunque modificados por tradiciones locales. Los incas nunca consiguieron integrar en su Imperio la costa ecuatoriana, por lo que allí no quedan objetos de estilo incaico.

Ecuador carece de una arquitectura espectacular anterior a los incas; pero hay indicios de movimientos de tierras y de estructuras o revestimientos de piedra, a menudo sobre colinas o cimas de montaña, cerca de los asentamientos aldeanos. Algunas de tales actividades sugieren una alteración del entorno por razones cosmológicas. Desde la época del contacto con los españoles hay informes de rituales de solsticio, y los alineamientos de algunas estructuras indican que con anterioridad se dejaron sentir allí ideas del mismo tipo. El primer cronista español, Cieza de León, observaba que el pueblo de la costa manabí era adicto a los sacrificios y a los ritos religiosos. Son varias las fuentes con indicios de que se adoraban el cielo, los volcanes y las montañas. Como sus vecinos peruanos, también los primeros ecuatorianos tuvieron un sentimiento de *huaca* o sacralidad en algunos aspectos de la naturaleza, y de acuerdo con ello alteraron su entorno ambiental.

Son numerosos los asentamientos ecuatorianos que se mantuvieron habitados durante períodos muy largos. Y aunque algún asentamiento en particular pudiera no haber estado en uso continuo, la costa en general sí ha estado ocupada al menos desde hace 12 milenios.

LOS ANDES CENTRALES: LOS COMIENZOS DE LA CIVILIZACIÓN

Los primeros habitantes de los Andes fueron cazadores, aunque poco a poco la pesca y la agricultura superaron en importancia a la caza. En Chilca y Ancón, en la costa peruana, se han encontrado colonias de pesca veraniegas, que datan desde mediados del IV milenio a mediados del III a. C. Sin embargo, hacia el 2500 a. C. ya hubo en la costa poblados con construcciones permanentes, al igual que en las tierras altas, con la consiguiente forma de vida más compleja, en la cual los pescadores traficaban con los agricultores para procurarse alimentos.

Alrededor de esa época abundan los yacimientos precerámicos con una arquitectura monumental en las tierras altas del Norte y del Centro y a lo largo de la costa

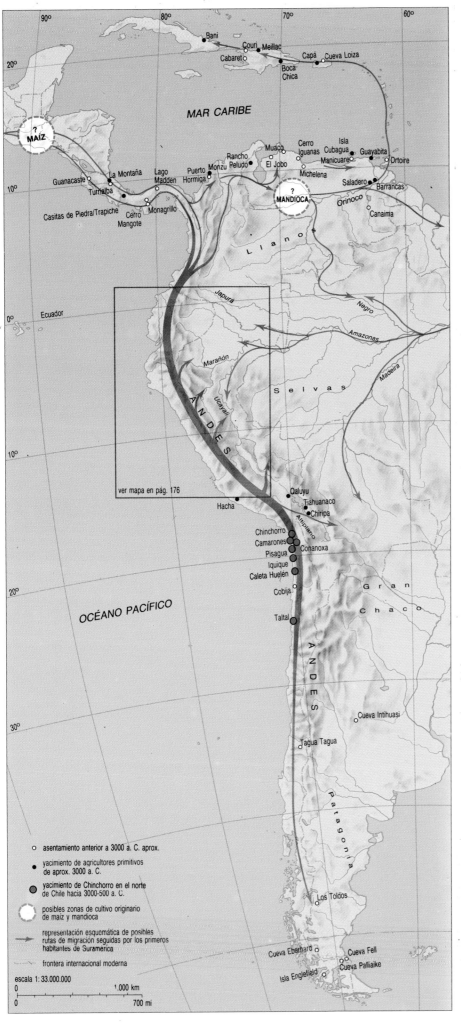

Izquierda: **Primeros asentamientos en Suramérica**

Los primeros hombres entraron en América por la lengua de tierra del estrecho de Bering, dirigiéndose hacia el Sur y el Este del continente americano en busca de alimentos. Los habitantes de Suramérica llegaron inicialmente de América del Norte a través del estrecho istmo de Panamá. Es posible que se diese allí algún tráfico por mar, como ocurrió más tarde en las Antillas, a lo largo de las costas suramericanas y en el sistema amazónico. Otros se desviaron de las costas del continente suramericano viajando tierra adentro. Para tales migraciones la cuenca del Amazonas fue un gran entramado de comunicaciones por agua.

La cerámica más antigua hallada hasta ahora procede de varios puntos de la parte septentrional de Suramérica. A medida que los arqueólogos trabajan con mayor amplitud y profundidad y a medida que mejoran las técnicas arqueológicas, las fechas del hombre en el Nuevo Mundo van haciéndose progresivamente más antiguas. Las poblaciones marcharon y acabaron asentándose allí donde había alimentos. Ríos y lagos fueron fuentes de alimentación así como medios de transporte.

Los Andes altísimos parecen un entorno inhóspito para poblaciones con culturas relativamente simples. En los valles empinados por debajo de las cimas coronadas de nieve las noches son frías; pero durante

milenios las gentes habitaron tales entornos. Restos de hacia el 10 000 a. C. se han encontrado en numerosas cuevas. Tempranos yacimientos de cazadores y forrajeros van apareciendo cada vez más en las altas mesetas donde la caza era abundante en las proximidades de los lagos: pesca, aves acuáticas, ciervos y camélidos. Según parece, las vicuñas fueron un alimento importante en la dieta de las poblaciones primitivas, abundando también el guanaco en esta región. El área en torno al lago Titicaca (*encima*), a unos 4000 m de altitud, ha proporcionado restos culturales muy antiguos.

central y parte baja del Norte, desde el valle de Moche hasta Mala, en el Sur. Y aunque en la costa meridional hay yacimientos primitivos, faltan los restos arquitectónicos. Los yacimientos de ese período incluyen Huaricoto, encima del callejón de Huaylas; la Galgada, no lejos del río Tabladera; y Los Morteros. Las estructuras primitivas tendían a las dimensiones pequeñas; pero ya a comienzos del II milenio hubo algunas enormes. Aspero llegó a ser un asentamiento inmenso hacia el 2000 a. C., con siete montículos conocidos y otros seis estructuras; la construcción más antigua data de hacia el 2600, y las estructuras superiores de hacia 2300-1900 a. C. Son muchos los yacimientos que se conocen de ese período de asentamiento y expansión; por ejemplo, entre los valles de Chicama y Nazca se cuentan 30 yacimientos anteriores al 2000 a. C.

Hacia el 2000, la actividad constructora se extendió por la costa central con complejos característicos de piedra, que comportaban al menos una plataforma y un patio hundido u hoya, a menudo redondo. Los yacimientos primitivos de las tierras altas tienen también patios circulares hundidos, característica que se mantuvo hasta el II milenio; el patio de Las Haldas es un ejemplo de los que se construían en la zona costera.

Durante el II milenio, se construyeron en la costa complejos de piedra en forma de U, con montículos dispuestos a los tres lados alrededor de una plaza o patio, como ocurre en El Paraíso (Chiquitanta), en la desembocadura del río Chillón. Establecido hacia el 1600 a. C., este yacimiento es el más vasto complejo monumental precerámico que se conoce en Suramérica, al menos con seis montículos construidos con piedra tallada, fijadas

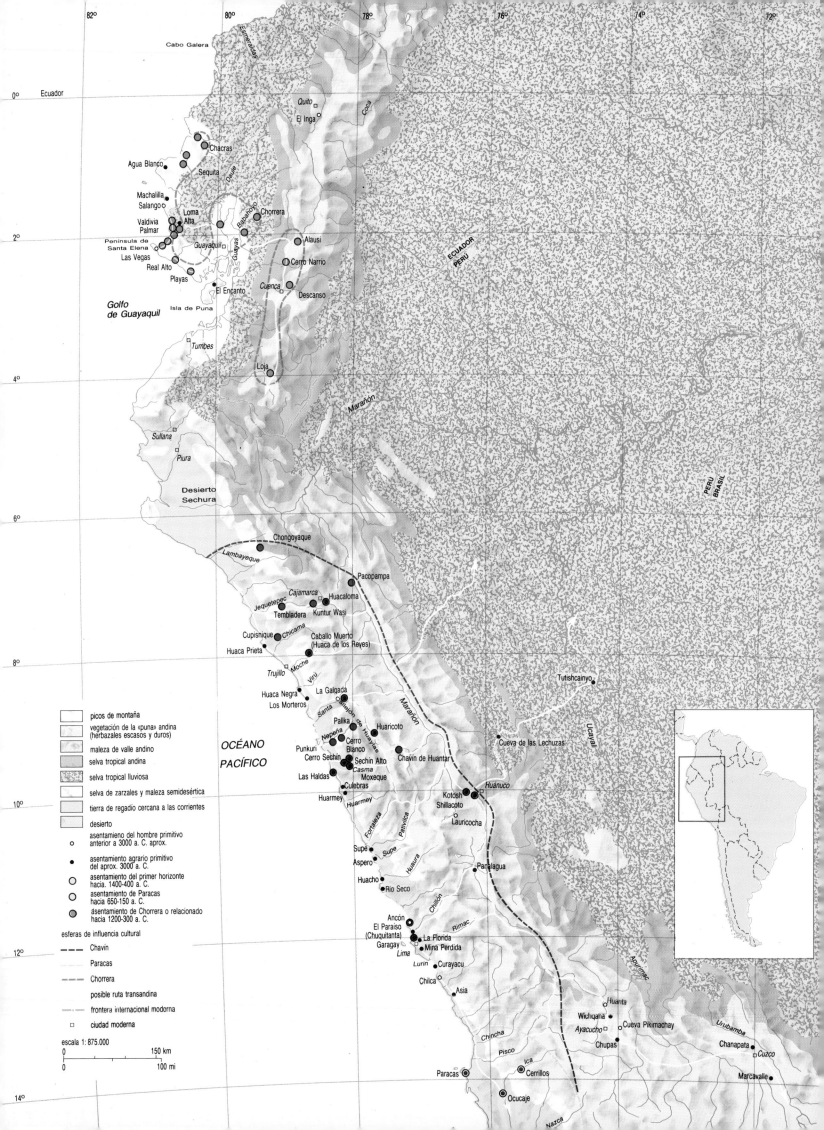

Huaca Prieta, en la costa septentrional, ha conservado miles de manufacturas de algodón y otras fibras del III milenio a. C. El dibujo (*arriba*) muestra uno de tales diseños textiles. Huaca de los reyes es el nombre que se le ha dado al complejo en forma de U (*derecha*), que es el mayor de los ocho *huacas* que forman el yacimiento de Caballo Muerto, a 17 km del mar en el alto valle del Moche. La estructura, que data aproximadamente del 1300 a. C., está decorada con 39 esculturas de arcilla en bajorrelieve sobre matrices de piedra. Su iconografía es muy similar a la de Chavín de Huantar, pero fueron anteriores al florecimiento del lugar.

Izquierda: **Culturas primitivas en los Andes centrales**
Cuando el hombre se sedentarizó, ya no utilizó simplemente los recursos de las costas, los valles fluviales y los lagos, sino que cultivó campos e intercambió productos; las relaciones fueron múltiples entre los variadísimos entornos de los Andes centrales. El hombre empezó a manufacturar alfarería y otros artefactos, que podrían haber sido un lastre para sus antepasados emigrantes. Las civilizaciones en desarrollo tuvieron un impulso que les permitió incrementar la población con el aprovisionamiento adecuado de alimentos, con más «bienes de consumo» y con una religión –o unas relaciones con los dioses agrarios– que mantenía, a una con el arduo trabajo, tales provisiones. El hombre primitivo había reconocido siempre unos lugares sagrados, pero en el horizonte primero el concepto de lugares sagrados exigió una arquitectura y se construyeron grandes centros ceremoniales.

con mortero de barro y enlucidas con arcilla. Los dos montículos mayores miden más de 300 metros de longitud. Discurren paralelos entre sí y forman un patio con la estructura de un templo en uno de los extremos. Las construcciones tienen numerosas estancias interiores.

El lado abierto de los complejos arquitectónicos en forma de U miraba hacia el noreste, hacia las montañas y las fuentes de los ríos. La plataforma mayor, en la base de la forma en U, miraba hacia esa abertura. Aunque los patios hundidos y los conjuntos en U suelen estar separados, algunos yacimientos presentan ambas modalidades, como por ejemplo Sechín Alto.

En esos asentamientos la arquitectura mayor es la ritual. Así lo sugieren la orientación hacia las cimas de las montañas y sus espacios interiores sagrados y restringidos. Además, esos montículos se levantan sobre las tumbas de los antepasados. Se han encontrado escondrijos con ofrendas en yacimientos como Aspero. Pocos yacimientos presentan esculturas arquitectónicas; las excepciones en las tierras bajas las constituyen Cerro Sechín, la huaca de los Reyes en Caballo Muerto y Garagay. En las tierras altas, el único ejemplo es Kotosh en su fase más antigua: en la parte exterior de su templo se halla el relieve de unos brazos cruzados (tal vez un símbolo cósmico).

Un rasgo destacado de muchos asentamientos de las tierras altas del período precerámico es un horno ritual. El fuego es, indudablemente, uno de los principales elementos culturales. En Huaricoto, en el callejón de Huaylas, que empezó hacia el 2800 a. C., se han encontrado 13 hornos rituales de los dos milenios de ocupación como centro ritual. Otros yacimientos relativamente vecinos entre sí y cercanos a Huaricoto tienen también sus hornos: Kotosh, contiguo a Shillacoto, La Galgada y Huacaloma, cerca de Cajamarca. El culto del hogar religioso parece que se difundió por la cordillera. Y en los

hornos se han conservado restos carbonizados de conchas marinas, cuarzo, carne y alimentos vegetales, especialmente chiles. La cremación de guindillas que irritaban los ojos puede haber formado parte de un ritual que invocaba la lluvia con una magia simpatética.

Influencias recíprocas

La cantidad de asentamientos, las dimensiones de algunos y la estratificación señalada demuestran el desarrollo de una organización social, caudillajes, un trabajo de grupo o corporativo, un ceremonial religioso, una economía en expansión y las influencias recíprocas entre los varios grupos; en una palabra, todo un movimiento profundo hacia la civilización. La construcción de algunos de los asentamientos –como Caballo Muerto, por ejemplo, o La Florida– debió de exigir un trabajo considerable de coordinación, y sus situaciones indican un grado creciente de interrelaciones de los grupos.

Caballo Muerto está en el valle del Moche, que en épocas posteriores fue el centro del principado o Estado mochica, y que más tarde se convirtió en el centro del reino de Chimor. Muchos de los primeros asentamientos de dimensiones considerables se agrupan en torno a la Lima moderna, con accesos a la costa y al valle alto del Rímac. Los valles del Casma, Fortaleza y Santa proporcionan acceso al callejón de Huaylas y desde allí hasta los Andes; en todos esos valles hubo asentamientos tempranos.

Tales centros religiosos fueron asimismo mercados o terminales de comercio entre campesinos y pescadores; en su mayoría debieron de depender de tal comercio.

Las Haldas se encuentra en la costa, en el desierto al sur del valle del río Casma. Su existencia pudo deberse al intercambio de los productos de la pesca por comestibles del interior, así como al cultivo del algodón en el

algunos cultivos en dicho espacio. Los grandes complejos ceremoniales estaban contiguos a los campos de cultivo.

Fueron pocos los animales domesticados, pero en Culebras se han encontrado restos de conejillos de Indias anteriores al 1800 a. C., y por las mismas fechas empezó en las tierras altas la domesticación de llamas y alpacas. Restos de peces han salido a la luz en grandes cantidades en los depósitos costeros de desechos, así como restos de mamíferos marinos, aves marinas y caracoles de tierra.

La cerámica

La cerámica más antigua que se conoce del Nuevo Mundo no se ha encontrado en los Andes centrales, sino en el centro de la cuenca amazónica, en la desembocadura del Amazonas, en Puerto Hormiga y Monsú, en la cuenca atlántica de Colombia y en Valdivia, y en unas fechas que varía entre el 3600 y el 3000 a. C. La alfarería aparece en la costa peruana después del 2000, en diferentes lugares y tiempos, según el desarrollo en que se hallaban las poblaciones, y dependiendo de las necesidades de cada asentamiento. Aparece por la misma época que el maíz. De hecho, el maíz y la alfarería son los dos indicadores principales de la civilización en el Nuevo Mundo. Las culturas se identifican con los términos de «cerámicas» o «precerámicas», y la manufactura de vasijas marca el paso a la civilización. El maíz fue el producto principal de las civilizaciones del Nuevo Mundo.

Durante dos milenios correspondió a los Andes centrales desarrollar los elementos constitutivos de la civilización: la agricultura, el control del agua, la arquitectura monumental, la cerámica y los textiles. Todas esas realidades surgieron en mutua conexión, como parte del mismo impulso de progreso, y concomitantemente al incremento de la población y la organización social.

CHAVÍN DE HUANTAR Y EL ESTILO CHAVÍN

El yacimiento típico de Chavín está junto a la moderna ciudad de Chavín de Huantar, en un pequeño valle de las estribaciones orientales de los Andes. La ciudad moderna cubre parte, al menos, del área del antiguo asentamiento. Y aunque parece remota, Chavín de Huantar resulta accesible mediante las calzadas que suben de la costa, las que bajan de los puntos elevados de la cordillera y las que llegan de la Amazonia.

Durante muchos años, los arqueólogos creyeron que el denominado estilo Chavín se había difundido desde Chavín de Huantar, en las tierras altas, desde donde habría descendido a la costa, con lo cual habría marcado un comienzo espectacular de la civilización en los Andes. Chavín fue seguramente un gran centro religioso, el máximo de los primitivos, no en dimensiones (otros eran mucho mayores), pero sí en lo complejo de su arquitectura, en las obras de albañilería y en la cantidad de esculturas. De estas últimas, se han recuperado en su recinto sacro más de 200, finamente talladas en piedra, pero sin duda debieron de ser muchas más. Con las nuevas fechas proporcionadas por el carbono 14 y la investigación de estructuras primitivas de otros puntos, Chavín de Huantar ha perdido la prioridad cronológica que en tiempos se le había atribuido. Las fechas de Chavín de Huantar se sitúan ahora entre el 850 y el 200 a. C., con un período de florecimiento y de influencia exterior en torno al 400-200 a. C. El yacimiento de Kotosh, no lejos de allí y también en las tierras altas, tiene un estrato anterior al del estilo de Chavín (del 1200 al 870 a. C.). La Galgada y Shillacoto produjeron joyas y objetos de estilo Chavín en un ámbito prechavínico.

valle. Las pruebas de las excavaciones demuestran que a finales del III milenio a. C. hubo allí un intercambio de productos que llegaban de grandes distancias desde la costa y la sierra. La harina de anchovetas es probable que fuese uno de los artículos más importantes, y se han encontrado conchas marinas en los yacimientos de las tierras altas, mientras que en la costa han salido a la luz tubérculos del altiplano y plumas de la cuenca amazónica.

La agricultura primitiva

En los primeros campamentos de pesca de Chilca y Ancón se han encontrado redes y textiles hechos con hilo de algodón. El algodón, usado para confeccionar cuerdas, redes y textiles, se cultivó al menos desde casi 3500 a. C., y parece haber constituido uno de los productos importantes en los valles costeros y hasta en La Galgada, ya en la meseta. El telar pudo usarse en torno al 2000 a. C. Las calabazas, utilizadas de alimentos y bebidas y también para la pesca, se cultivaron al menos desde el IV milenio. La caña pudo usarse con distintos fines en la construcción y quizá también como teas. La *Tillandsia*, una planta emparentada con la piña, pudo forrajearse como combustible.

Los primeros agricultores manejaron los cultivos de inundación o las fuentes cercanas a esos cultivos; pero al crecer la población y desarrollarse la vida sedentaria se hizo necesario el control de las aguas fluviales que se perdían en el desierto, con lo que empezaron a proyectarse los sistemas de regadío. Pudieron inundarse o regarse las plazas centrales de las estructuras en forma de U en algunos asentamientos, y es posible que crecieran

Arriba. Vaso de esteatita con dos figuras talladas, que se asemejan un tanto a las del portal en blanco y negro de Chavín de Huantar. El dibujo continuo recorre el fondo del vaso. Ánforas mochicas posteriores muestran figuras con cuerdas y describen ritos de incas que sostienen cuerdas. Aquí los corderos son ciertamente seres sobrenaturales. El vaso, de 10 cm de altura, procede de la costa septentrional.

Arriba izquierda. Figurilla hueca de unos 20 cm de altura que representa a un flautista con adornos de discos en las orejas y con un tocado de jaguar; el resto de la piel de jaguar forma un gorro en la parte posterior. El estilo ceramista con líneas incisas que marcan las zonas de color es típico del valle de Jequetepec, en la costa septentrional, pero es también parecido a las formas decorativas de Paracas en la costa Sur. Dibujos incisos se encuentran también en algunos objetos de piedra de aproximadamente la misma época.

Chavín de Huantar

La estructura del templo de Chavín de Huantar, con galerías interiores techadas con bloques de piedra, y provista de escaleras, rampas, nichos y respiraderos, da a una plaza espaciosa, cuadrada y hundida. Un montículo a cada uno de los lados largos del templo confiere al conjunto forma de U. En un lado del templo, una escalera conduce a un patio circular hundido y revestido con bloques de piedra en los que hay relieves de jaguares y figuras antropomorfas. La parte más antigua de la estructura del templo tiene la configuración de una U pequeña. En el centro y en la parte interior de la base de esa U hay un espacio cruciforme que corresponde a la confluencia de dos galerías. Ese espacio sagrado está casi totalmente ocupado por una escultura en piedra de 4,5 m de alto, conocida como la Gran Imagen del Lanzón (por recordar la forma de una lanza). La figura es característica de la iconografía del estilo de Chavín.

En su estadio final, la fachada del templo de Chavín fue embellecida con el portal en blanco y negro, así llamado por sus escalones negros (piedra caliza) en el lado Norte y blancos (pórfido riolítico) en la cara Sur. Dos columnas incisas con seres polimorfos alados (combinando elementos humanos, felinos y de aves y serpientes) sostenían un dintel tallado. Los muros exteriores de la parte principal del templo, construida con sillares finamente labrados en hiladas de tamaños alternantes, presentaba una serie de cabezas espigadas en el muro; cada una de ellas era diferente, aunque con unos rasgos generales parecidos. Esas cabezas-clava, virtualmente los únicos ejemplos de escultura en el ámbito de Chavín, pueden referirse al culto de las cabezas-trofeo, aunque se trata de cabezas de seres sobrenaturales.

Recientes trabajos arqueológicos han sacado a la luz un sistema de canales que corría a través del templo, y que probablemente se construyó para permitir el uso ritual del agua del río Huachesca, alimentado por glaciares. El agua podía discurrir a través de la amplia plataforma y por debajo del patio circular hundido, de modo que las galerías, resonando con el eco de las aguas impetuosas, podían hacer que el templo bramase.

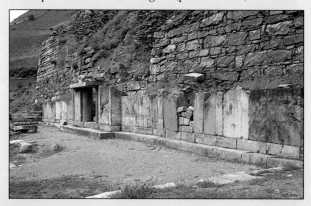

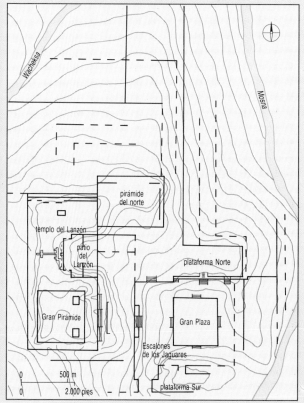

La fachada del templo de Chavin de Huantar (*arriba centro*) está ahora parcialmente cubierta con revestimientos de piedra finamente tallada. En una estancia del interior del templo se alza la Gran Imagen (*arriba izquierda*), una imponente piedra labrada que representa a un dios de Chavín con una boca armada de colmillos, ojos redondos y pupila elevada, aletas de la nariz prominentes, pelo y párpados de serpiente. Esta deidad aparece en otra escultura de Chavín y rasgos como las cabezas de colmillos entrelazadas por encima de la figura y en la vestimenta aparecen en objetos de ese mismo estilo en otros puntos. En el yacimiento costero del cerro Sechín, perteneciente al horizonte primero, se ven cabezas-trofeo y cuerpos desmembrados al lado de figuras de guerreros en los muros del templo.

Arriba. Plano de Chavín de Huantar.

Izquierda. Una de las cabezas-claves en el exterior del templo del Lanzón, en Chavín de Huantar.

Entre los yacimientos costeros, el de Huaca de los Reyes tiene unas esculturas arquitectónicas de aproximadamente el 1200 a. C., con una iconografía muy similar a la de Chavín. Las tallas arquitectónicas de Cerro Sechín se fechan hacia el 1300 a. C. Ancón produjo objetos chavinoides desde el 1100, y Garagay tiene decoraciones murales semejantes a las de Chavín hacia el 1000 a. C. Otros asentamientos, anteriores al de Chavín, presentan estructuras en formas de U y los patios hundidos de la arquitectura chavínica. Chavín de Huantar es la culminación gloriosa de un desarrollo cultural, no su origen.

Artefactos

Las criaturas cosmológicas de carácter híbrido, que pueden verse en la escultura de Chavín, reproducen los atributos imponentes de seres poderosos que se dan en la naturaleza. A veces los motivos se repiten en módulos como para poner de relieve su poder en un encantamiento.

Las figuras del panteón de Chavín, o sus atributos individuales, se reproducen en esculturas, en pequeños objetos de piedra y hueso, cerámicas y telas pintadas, a veces en forma de juegos de palabras que pueden leerse del derecho o del revés. Todas las expresiones del arte de Chavín muestran esencialmente los mismos tipos de diseño y con formas muy similares.

Los problemas de Chavín

Muchos de los motivos chavinoides sobre objetos muebles parecen ser en el fondo réplicas de los de Chavín de Huantar. Los tejidos pintados, hallados en la costa Sur y que se han conservado en buenas condiciones por la sequedad del ambiente, reproducen motivos casi idénticos a los de las esculturas de Chavín. Durante mucho tiempo se propuso la hipótesis de que el estilo de Chavín habría llegado a la costa meridional por medio de los textiles, que pudieron transportarse con gran facilidad. El hecho de que sus hilazas no estén torcidas en la forma característica de la costa Sur, sugiere que podrían proceder de otra parte. En el pasado se creyó que tales tejidos podían haber llegado de Chavín; hoy se piensa que acaso se tejieron en la costa Norte o central.

Con la información de que ahora disponemos sobre yacimientos más antiguos, es evidente que el estilo de Chavín fue anterior al asentamiento tipo. Parte del material chavinoide fue copiado en el breve período de influencia del asentamiento mismo; pero de acuerdo con las fechas proporcionadas por el radiocarbono, buena parte de ese material es anterior al asentamiento. ¿Dónde surgió, pues, la tradición de Chavín? ¿Dónde alcanzó su manifestación más antigua? ¿Cómo llegó hasta allí?

Numerosos asentamientos, algunos de los cuales fueron construidos al menos 1000 años antes, según parece estuvieron influidos fuertemente en un determinado estadio por el mismo Chavín o –lo que sería más probable– por el «estilo Chavín», que ya existía antes de la construcción del gran templo. Pacopampa, en las tierras altas septentrionales y a más de 400 kilómetros de Chavín de Huantar, fue un asentamiento temprano y un centro ceremonial de importancia evidente en tiempos prechavínicos. Al término de su primera ocupación hay un estrato de ese estilo. Kotosh y Shillacoto, más cercanos a Chavín de Huantar, muestran por ejemplo un patrón prechavínico importante, y más tarde un estrato de clara influencia de Chavín. En algunos de los asentamientos más antiguos la influencia «Chavín» fue absorbida de una forma sincretista. No desplazó la religión antigua, sino que se fundió con ella. Tal debió de ocurrir, según parece, en el asentamiento de Huaricoto.

El valle de Chavín de Huantar parece que estuvo ais-

Arriba. Cual si se pretendiera crear vegetación en el desierto, se trazó este árbol en forma de candelabro en una época desconocida y sobre una colina cerca de la entrada del puerto moderno de Paracas. Mira al mar y a las islas rocosas, habitadas por leones marinos y por miles de aves marinas, abundante fuente del fertilizante (guano).

Izquierda. Detalle de un vestido bordado, que se encontró en un fardo de momia de la Necrópolis de Paracas. Muestra al Ser oculado llevando una banda en la cabeza del mismo tipo de las halladas en los enterramientos y hechas en láminas de oro. Esta figura sobrenatural aparece a menudo en posición horizontal, con la cabeza abajo o acurrucada. Aquí, al final de su larga lengua dentada se ve una figura humana que lleva asimismo una banda en la cabeza.

lado de la influencia costera; pero fue un lazo de comunicaciones entre el Norte y el Sur a través de los caminos de la cordillera, y un nexo entre el Este y el Oeste por la calzada que llevaban a la costa y a la cuenca amazónica. Ello pudo deberse a su condición de nudo de comunicaciones en las rutas de un comercio dinámico, y pudo también deberse a su condición de lugar sagrado. El tipo de distribución de los yacimientos relacionados con Chavín sugiere que el mensaje visual de la iconografía de Chavín muy bien pudo llegar de los primitivos asentamientos costeños; algunos de los más importantes acaso desaparecieron a causa de maremotos o inundaciones fluviales. Es una posibilidad que se ha discutido recientemente.

Los rasgos sagrados de la iconografía de Chavín derivan en gran parte de criaturas de la selva tropical; una iconografía que tuvo su temprana aparición en los asentamientos de las tierras altas, no lejos de la cuenca amazónica. El propio Chavín de Huantar se halla en la parte inferior de unas laderas, e indudablemente allí se dio el tráfico durante un largo período a través de los pasos de montaña. La región amazónica se desarrolló en época temprana y muy bien podría haber sido una fuente de religión y de motivos artísticos. Sin embargo, un hecho debilita el argumento en favor de una fuente amazónica directa o *ceja de montaña*: el de que la práctica totalidad de la iconografía suramericana anterior a los españoles se inspira abundantemente en criaturas de la selva de tierras bajas.

El legado

La influencia, cualquiera que fuese su lugar de procedencia y la extensión que alcanzó, continuó dejándose sentir mucho tiempo después de que declinase la potencia que la había motivado. Son muchos los motivos chavinoides que destacan durante los siglos siguientes en las culturas de la costa septentrional, y especialmente en el arte mochica, en que la divinidad principal se asemeja de manera muy particular a un dios de Chavín. El llamado «Ser oculado» de la costa meridional presenta una acusada semejanza con el dios «sonriente» de Chavín. El arte posterior de las tierras altas, y en especial el de Tiahuanaco y Huari, experimentó la influencia de la herencia chavínica; en algunos objetos chavinoides, ciertas figuras de perfil reproducen el rostro frontal de un dios que lleva un bastón, como ocurre en la Puerta del Sol de Tiahuanaco.

LA CULTURA DE PARACAS

En la costa meridional de Perú destaca la península de Paracas por ser uno de los caladeros más ricos del Pacífico; se trata de un banco de arena desértico y barrido por los vientos, sito entre dos bahías (en quechua *paracas* significa huracán). El paisaje desolado de ahora fue en tiempos una península populosa. Debido a los ricos hallazgos que han salido a la luz, la península ha dado nombre a la cultura primitiva de toda la región.

En el pálido desierto destaca el mojón sorprendente de cerro Colorado, una colina rosada de pórfido granítico. En la década de 1920, el arqueólogo peruano J. C. Tello estudió en sus laderas arenosas tres cementerios, conocidos como Cabeza Larga, Cavernas y Necrópolis. El cementerio de Cavernas, en Paracas, conservaba los objetos más antiguos, aunque con el tiempo los yacimientos se mezclaron. Cavernas data de finales del horizonte primero (600-400 a. C.). Los asentamientos de Necrópolis y Cabeza Larga empezaron en el siglo VI a. C. y se prolongaron hasta el primer período intermedio.

En los cercanos valles costeros de Ica, Pisco, Chincha y Nazca se han encontrado otros enterramientos con ofrendas funerarias de estilos similares.

El estilo de Cavernas se denomina así por las tumbas de pozo en forma de botella o «cavernas», excavadas en la cima de Cerro Colorado. Cada uno de tales enterramientos contenía 30-40 cuerpos, enterrados con distintas cantidades de ofrendas funerarias, que en general no son grandes cantidades. Algunos de los enterramientos de la Necrópolis parece que se excavaron para recoger los desechos de Cavernas.

Casi todos los cráneos de los enterramientos de Cavernas, fueron deformados, y casi la mitad presenta una trepanación. La operación craneana de la trepanación se ha encontrado en numerosas culturas andinas. La realizaron con diferentes técnicas: haciendo cortes para formar los ángulos de un rectángulo o cuadrado y retirando después la pieza delimitada, taladrando el contorno de un corte circular o excavando el hueso con una gubia.

Algunos bultos atados a la parte exterior de las momias de Cavernas están tejidos con máscaras de algodón y llevan una cabeza o una figura frontales pintadas con colores pardo oscuro, púrpura, rojo y/o gris, con un estilo que recuerda la influencia de los textiles chavinoides, procedentes de la costa meridional.

La Necrópolis de Paracas fue, evidentemente, el lugar de enterramiento más lujoso para la clase dominante del asentamiento en su época, y contenía numerosos fardos funerarios. Algunos de tales fardos contenían a su vez más de 100 prendas de algodón, bordadas en lana con exquisito gusto y colorido. Tello encontró 429 de tales bultos, colocados en estructuras muradas o en cimientos de casas; muchos otros los encontraron los saqueadores de tumbas. El bulto cónico varía de tamaño; algunos pueden medir 1,5 m de base y altura, y pueden contener tres o cuatro veces más prendas que los fardos pequeños. Cada fardo difiere en los detalles, pero el procedimiento general de su preparación es el mismo.

Se ha discutido si hubo un verdadero proceso de momificación, y Tello sugirió la posibilidad de que se retirasen los cerebros y las vísceras. Esta hipótesis ha sido impugnada, pero los cadáveres pudieron disecarse o ahumarse. El cuerpo era dispuesto y atado en una apretada posición fetal. En ocasiones podía ir cubierto con un largo lienzo o con joyas, pero de ordinario el cuerpo estaba desnudo. Con frecuencia se le colocaba una laminilla de oro en la parte posterior de la boca y una calabaza vinatera con alimentos entre el pecho y las piernas. Otras ofrendas, adornos de oro para la frente, la nariz o las orejas, se depositaban también cerca del cadáver.

Una tosca tela de algodón envolvía todo esto, y el fardo se colocaba en una estera o en una cesta. Los espacios de la cesta se llenaban con telas u otros objetos, y el conjunto se cubría con un amplio manto bordado que constituyen la nota característica de la cultura de Paracas.

El motivo principal de la Necrópolis es una criatura conocida como el «Ser oculado», una figura frontal de ojos grandes y con apéndices ondulantes que terminan en cabezas trofeo; a menudo la cabeza tiene forma de corazón y a veces del vértice brota una pequeña cabeza a la manera de Atenea. Esta figura, que entró con el estilo de Cavernas de Paracas, es la única figura que aparece allí entre las máscaras pintadas.

La cerámica

Las ofrendas funerarias incluyen cerámica. Los fardos de la Necrópolis, de bordados suntuosos, iban acompañados de vasos monocromos de formas ovoidales, doble pitorro y puente con remates curvilíneos o zoomórficos.

En otros enterramientos se han encontrado, sin embargo, vasijas policromadas y otras pintadas en negativo. El grupo mejor conocido es uno numeroso que se encontró tierra adentro, en Ucucaje, y en el que se dan los ejemplares más antiguos de los que sirvieron para los motivos iconográficos de Chavín. Allí hay varios ejemplos de pitorros en forma de estribo, pertenecientes a la fase más antigua. Es una forma característica del Norte, y esos vasos pueden haberse importado. La forma de vaso predominante tiene un puente, que las fases más antiguas conecta un pitorro y una cabeza de pájaro, mientras que en épocas posteriores conecta dos pitorros parejos. Muchos de los ejemplares más antiguos son jarras-silbato. En las fases tardías, los rostros chavinoides son sustituidos por el Ser oculado, que aparece en los textiles de Paracas y de Cavernas.

Las fases más antiguas de Paracas acusan una fuerte influencia de Chavín y probablemente datan de la aparición inicial del estilo Chavín en la región. Un estilo característico desarrolla el introducido de fuera con cambios que satisfacen las exigencias religiosas y culturales del lugar, aunque con un fuerte sabor chavínico. Al final del período, el estilo de Paracas evolucionó de forma fácil y característica a partir del estilo Chavín; y evolucionó de un modo natural hacia el estilo Nazca.

LA CULTURA NAZCA

El estilo artístico que prevaleció en la costa meridional durante el primer período intermedio (hacia 370 a. C.-450 d. C.) es el llamado Nazca, que deriva del estilo Paracas. La transición de uno a otro se realizó sin traumas. Los textiles corrientes de los nazcas mostraban unas figuras que no se diferenciaban de las prendas de vestir de los paracas. El textil preferido fue el tapiz con diseños que se inspiraban en motivos de los mantos bordados más antiguos, aunque los mantos bordados continuaron tejiéndose en un estilo algo diferente. Se han encontrado asimismo brocados y trabajos con plumas. La primitiva cerámica nazca –protonazca–, presenta zonas coloreadas y detalles incisos. En los diseños posteriores la incisión fue sustituida por contornos planos pintados. Muchos de los motivos nazcas son muy similares a los que aparecen en el arte de Paracas. Hallamos, por ejemplo, un descendiente del Ser oculado, denominado a veces el Ser mítico antropomórfico. El vaso de doble pitorro y puente del período de Paracas se convierte en la forma de vaso dominante en Nazca.

La transición entre Paracas y Nazca está marcada por un cambio de la pintura de resina aplicada a las piezas tras la cocción, y por un cambio de los textiles a la cerámica como el medio más importante para expresar un tema de relevancia. Los alfareros de Nazca produjeron algunas de las cerámicas policromas más brillantes del Nuevo Mundo utilizando hasta seis o siete colores.

El culto de las cabezas trofeo tuvo particular arraigo en la cultura nazca. En sus cementerios se han encontrado cabezas violentamente trepanadas. Los vasos de efigie pueden haber tomado la forma de una cabeza trofeo, y algunos de los vasos están decorados por entero con repeticiones pintadas de tales cabezas. Cóndores o halcones antropomorfos tienen cabezas trofeo pintadas sobre las alas y a veces en sus picos. El Ser mítico antropomórfico se representa con un cuerpo humano, portando un largo lienzo y disimulado bajo una serie de atributos sobrenaturales. En algunas pinturas se acerca a la boca una cabeza-trofeo, cual si se dispusiese a devorarla.

Los restos de ciudades

El florecimiento nazca tuvo lugar especialmente en la región ocupada por el pueblo que creó el estilo de Paracas; así, por ejemplo, se han hecho importantes hallazgos de cerámica nazca en Ocucaje. Hubo sin embargo un ligero desplazamiento hacia el Sur, con una mayor concentración de asentamientos en la región del río Nazca y de sus cinco afluentes mayores y al sur del valle de Acarí, posiblemente a resultas de una conquista militar. El modelo de expansión y contracción parece estar indicado en estos valles por el abandono de algunos asentamientos y la apertura de otros.

Pocas son las estructuras arquitectónicas que perviven de la cultura nazca. Hay pruebas de canales de regadío, pero pocas construcciones de piedra. Los edificios importantes se hacían por lo general de adobes, y las casas residenciales eran de cañas atadas. El centro ceremonial de Cahuachi, en el valle del Nazca, puede haber sido la capital de un temprano principado en expansión, que más tarde fue perdiendo importancia. Cahuachi tuvo una pirámide escalonada, una elevación natural con las caras revestidas de adobes y de 20 metros de altura, una de las pocas estructuras monumentales de la región en esa época. Alrededor de la misma se dispusieron plazas, estancias de adobes y tumbas. El asentamiento fue abandonado antes de terminar el primer período intermedio, como ocurrió con otros grandes asentamientos de la primera época. En el período último se desarrollaron otros grandes asentamientos.

Arriba. La bahía de Paracas es una de las que más profundamente penetran en la costa peruana. Su combinación de océano y desierto se encuentra a todo lo largo de la costa de Perú y hasta Chile. Este paisaje arenoso, cerca a los enterramientos del cerro Colorado, ha conservado numerosos restos de épocas pasadas. Paracas, que sigue siendo una zona pesquera importante, lo fue ya en tiempos precolombinos.

Los alfareros hicieron vasos en forma de cabezas-trofeo, con ojos cerrados y bocas apretadas, iguales a las encontradas en los depósitos de cabezas-trofeo de Nazca. Los triángulos de los carrillos pueden representar a su vez una cara, lo que es un rasgo común precolombino.

Arriba derecha. Vaso cilíndrico de finales del período Nazca representando a unos cazadores con arpones y loros. Su vivacidad y la franja de cabezas de serpiente pueden reflejar cierta influencia de la cultura mochica coetánea sobre la costa septentrional.

Derecha. Jarro nazca con figura en el que se asocia un ser antropomórfico y mítico con las cabezas-trofeo, y muestra la complejidad de los motivos míticos que podían combinarse con la rica policromía de los alfareros de Nazca.

183

Líneas en el desierto

Tal vez el yacimiento arqueológico más fascinante de las Américas sea el que se extiende por más de 500 km² cerca de la moderna ciudad de Nazca, en la costa meridional del Perú. Hace más de mil años que se dibujaron en el suelo figuras, líneas y formas geométricas, removiendo el cascajo de la superficie oscura para descubrir el estrato inferior de un colorido luminoso, y apilando cuidadosamente la grava o las piedras a lo largo de los cortes. Y han aparecido figuras antropomorfas, animales, pájaros y flores al lado de otras trazadas con líneas rectas, o trapezoidales o abstractas. Pero unas y otras tan netas y precisas como si se hubieran hecho con una regla.

Tales marcas han dado pie a las especulaciones más fantasiosas y a las reflexiones serias de los eruditos. En realidad, las líneas sólo pueden verse desde el aire, y algunos especialistas han sugerido la idea de alineamientos de significado astronómico, aunque aún no haya podido probarse para todo el complejo. Las líneas pudieron también haber sido senderos rituales sagrados. Algunas se proyectan rectas a largas distancias y otras convergen en un punto determinado.

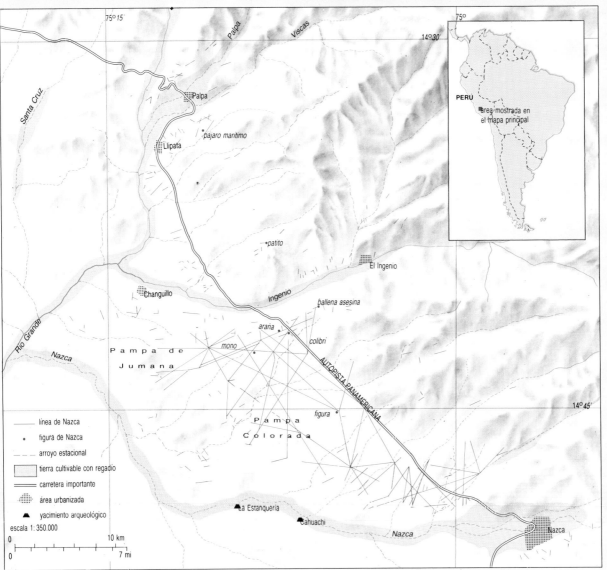

Las marcas en el suelo de la región noroeste de Nazca, en el sur de Perú, se prolongan sobre planos desiguales del desierto árido, cerca de las tierras de regadío aunque no dentro de las mismas, como puede verse en el mapa (*izquierda*). Algunas veces las líneas convergen en un centro (*arriba izquierda*), que podía tener unas especiales connotaciones sagradas, y es posible que allí se hiciesen ofrendas sagradas. Las espectaculares marcas de Nazca, un tributo a los dioses precolombinos con una habilidad tan grande como una pirámide gigantesca son los ejemplos mejor conocidos de esta forma artística; pero marcas similares, o geoglifos, se han encontrado en otros puntos cercanos a la costa peruana y también en Chile (véase pág. siguiente).

Las marcas probablemente fueron en principio un tipo de ofrendas a los antepasados o a los dioses del cielo o de la montaña (con identificaciones que se sobreponían). Los dioses del cielo/montaña controlaban el precioso don del agua en el desierto costero y estaban fuertemente asociados a la fertilidad.

Izquierda. Una de las figuras más intrigantes de los planos nazcas es un mono con los dedos extendidos y una gigantesca cola enrollada. Los monos son animales de la selva amazónica, no de la costa desértica, pese a lo cual constituyen un motivo importante en la iconografía costeña.

Abajo. Esta vista inmediata de parte de un «dibujo» nazca revela la escala monumental de las obras del desierto. Las líneas se trazaban removiendo la grava de la superficie oscura para exponer la superficie coloreada de la roca oculta.

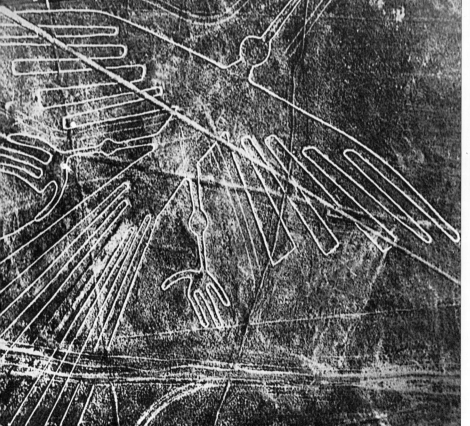

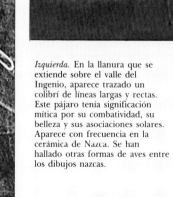

Izquierda. En la llanura que se extiende sobre el valle del Ingenio, aparece trazado un colibrí de líneas largas y rectas. Este pájaro tenía significación mítica por su combatividad, su belleza y sus asociaciones solares. Aparece con frecuencia en la cerámica de Nazca. Se han hallado otras formas de aves entre los dibujos nazcas.

Arriba. Este gigante antropomórfico, de unos 90 m de longitud, se encuentra en el cerro Unitas, al norte de Chile, donde a unos 800 km de distancia hay marcas similares a las de Nazca. En el cerro Unitas las marcas están también asociadas a los campos de regadío. Una versión menor y menos cuidada de ésta puede verse en Nazca. Tales figuras pudieron ser imágenes de los dioses de la fertilidad o eran imágenes supinas puestas como ofrendas al cielo.

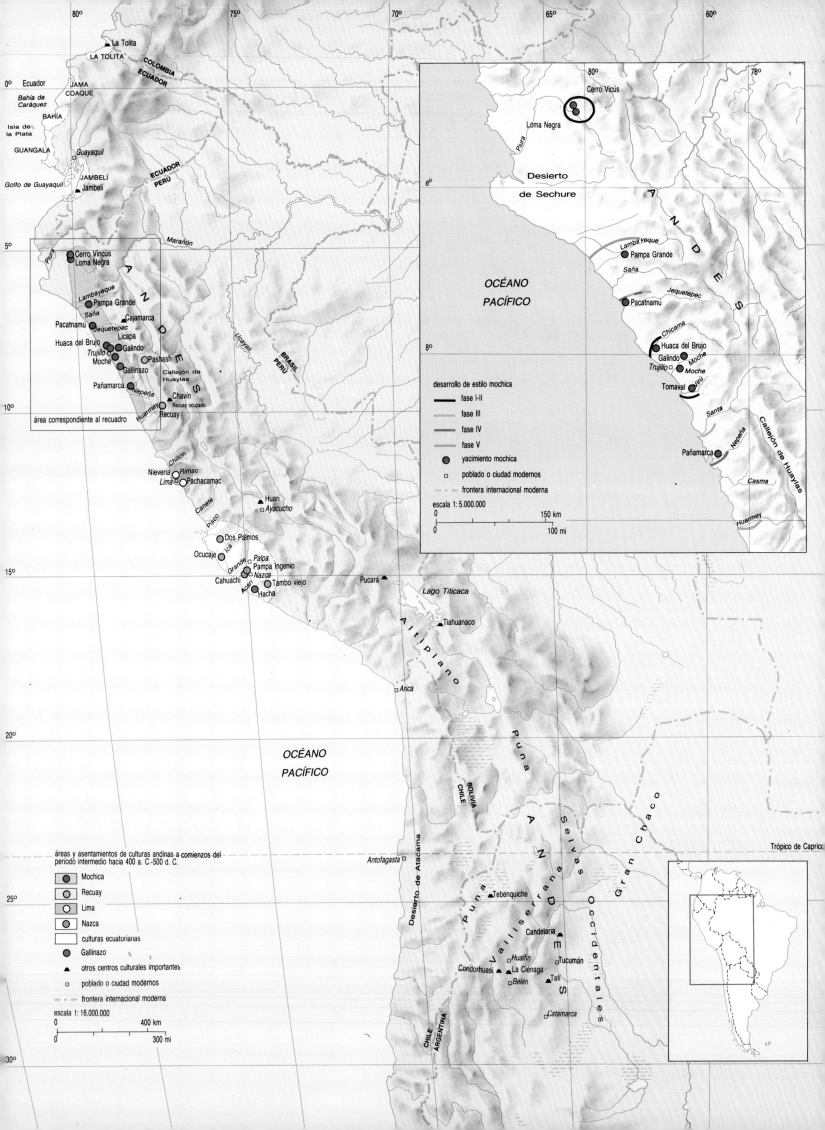

MOCHICA

Vecinos y precursores

En la costa norte de Perú, al fenómeno Chavín le siguieron las culturas de Salinar y Gallinazo. La primera produjo una alfarería relativamente simple, con asas en pitorro y hombreras. Gallinazo formó parte de una modalidad muy extendida de cerámica pintada en negativo, que se ha encontrado en Hacha, al Sur, donde se cree que apareció primero para extenderse después hacia el Norte por la región de Piura (Vicús).

La cerámica pintada en negativo o resistente es también característica de la cultura Recuay, en el callejón de Huaylas, por encima de los valles costeros de los mochicas. Recibe el nombre de una ciudad del callejón, no lejos de Chavín de Huantar, evidenciando ese estilo Recuay algunas influencias del arte chavínico, pero mostrando a la vez unas notas muy individuales. Terminada la dominación de Chavín, el templo que existía en Chavín de Huantar fue ocupado por las gentes de Recuay, cuyo estilo se inició algo antes que el de los mochicas, aunque esencialmente es coetáneo. Numerosos motivos del arte mochica parecen haber sido copiados del estilo Recuay, y ciertamente debieron de existir contactos, toda vez que el agua fluvial para el regadío de los valles mochicas tenían su fuente en territorio de Recuay. Los motivos copiados de Recuay aparecen reproducidos en escenas mochicas relativas al rito de la coca y otras actividades relacionadas con el producto. En cierto momento de su historia, al menos una parte de la coca mochica debió de llegar de Recuay o a través de sus tierras.

Considerando la proximidad geográfica y los contactos evidentes, no dejan de tener interés las diferencias entre Recuay y Mochica. Recuay produjo mirlos acuáticos, vasos y botes de efigie con «tapadera» de figuras, que son formas mochicas. Pero en general la forma de los vasos es diferente: rasgos típicos de Recuay son las urnas de cuellos invertidos, vasos anillados, tazas globulares con anchos bordes abocinados, y un pitorro que sobresale de la tapadera de un vaso a modo de embudo. Aunque se usaron estos motivos, su interpretación fue diferente. Algunos de los motivos compartidos que no estaban relacionados con la coca fueron las formas de las casas, vasos que sustentaban figuras, un hombre con un felino, una figura picoteada por cóndores y el denominado animal-luna.

La región y los asentamientos

El asentamiento de Moche, cerca de la moderna ciudad de Trujillo, fue el centro ceremonial y administrativo de la población mochica (o moche) al menos durante una parte importante de su período de esplendor, que se extendió aproximadamente desde los comienzos de la era cristiana hasta el año 600. La Huaca o pirámide del Sol, estructura enorme de adobes de 40 metros de altura y al menos 350 metros de largo –la mayor estructura sólida de adobe del Nuevo Mundo probablemente– fue construida a lo largo de varios cientos de años y alcanzó unas dimensiones mucho mayores que las actuales. Tal vez lo que hoy se levanta sea sólo una tercera parte de su tamaño original. Da a unos campos de regadío a la orilla del río, destacando sobre un desierto desnudo y estéril al otro lado. A través de un amplio espacio abierto, el monumento mira a la Huaca de la Luna, sita sobre una colina prominente, Cerro Blanco. La montaña de la Pirámide del Sol, construida por el hombre, se enfrenta a la pirámide natural que es la montaña. Una larga formación de «roca viva» sirve de marco a la

cara interna del asentamiento, rematando las dos estructuras mayores. Los restos entre las dos enormes pirámides están ahora cubiertos de arena.

En este valle y en otros paralelos a la costa, los mochicas cultivaron algodón, maíz, patatas, cacahuetes y guindillas mediante el regadío del desierto costero. La pesca fue, por supuesto, una de las principales fuentes de subsistencia, proporcionando alimentos para el consumo directo de la población costera y artículos para el comercio con los pueblos del interior.

Los estilos de la cerámica mochica han sido catalogados en cinco fases. Moche I y II se han encontrado por encima del estrato de Gallinazo en los valles del Moche, Chicama y Virú, desde la era cristiana o un poco antes. La fase más antigua hallada en el valle del Santa es Moche III; lo cual podría indicar que la expansión hacia el Sur se hizo por aquella época. El espléndido yacimiento de Pañamarca, en el valle del Nepeña, con sus pinturas murales y los rasgos de Moche IV, marca el punto más meridional de la arquitectura mochica conocida, aunque hay pruebas de cerámica que demuestran la presencia mochica más hacia el Sur, como es Huarmey. Enterramientos mochicas han salido a la luz en Pacatnamú, lo cual indicaría una expansión normal por el Norte. Pero en el valle del Piura, más septentrional aún, se ha encontrado una cerámica mochica muy antigua, así como alguno de los objetos de metal más delicados del estilo mochica. Un vasto enterramiento subterráneo, conocido como Loma Negra, ha conservado cientos de objetos de fina labor de oro, plata y cobre. También se han encontrado en dicha región, y según parece de la misma época (no se sabe si aparecieron juntos), unas cerámicas de decoración resistente relacionadas con las halladas en el valle del Virú. Tales reliquias abren la posibilidad de que el pueblo mochica hubiera llegado al valle del Moche desde el Norte, y que allí hubiera habido una temprana colonia septentrional de los moches, o que las gentes de los valles del Piura y del Moche hubieran tenido su origen en un tercer lugar desconocido, tal vez entre ambos. Cualesquiera sean las explicaciones, lo cierto es que los mochicas estuvieron presentes en los valles septentrionales a comienzos de la era cristiana y que hubo un abandono del asentamiento del Moche y un desplazamiento definitivo del poder hacia la región de Lambayeque hacia el 600 d. C.

Arte y religión

Los artesanos mochicas figuraron ciertamente entre los mejores del Nuevo Mundo. Entre ellos se contaban hábiles orfebres que sobredoraban delicadamente la plata y el cobre, finos tejedores –como lo prueban algunos de los tejidos conservados– y notables alfareros. La decoración de la cerámica incluye modelados en altorrelieve, creaciones en bajorrelieve mediante el estampado y escenas pintadas sobre superficies lisas. Algunos de los vasos están hechos con molde, y muchos fueron modelados a mano. Las formas varían; pero a la mayor parte de las cerámicas «de fantasía» se les añadió un pitorro en estribo. Los vasos no sólo muestran una gran variedad en forma y decoración, sino que, por añadidura, revelan de los mitos y rituales mochicas más que los artefactos de cualquier otra civilización andina.

El sistema básico de la iconografía parece el de las agrupaciones del tema tratado, sobreponiéndose a veces los motivos (como en el símbolo moderno de los juegos olímpicos). Por ejemplo, un grupo tiene que ver con la masticación ritual de las hojas de coca (tema que se encuentra en el arte de Ecuador y de Colombia). A veces aparecen pintados la bolsa para las hojas de coca y la ca-

Izquierda: **Culturas andinas en el primer período intermedio**
Entre los numerosos estilos artísticos que se desarrollaron en el primer período intermedio, el de la costa central y del valle del Rimac ha sido llamado de distintas maneras, y entre otras estilo Lima, Lima temprano y Nievería. No se conoce tan bien como otros estilos costeros, debido en parte a que en buena medida está cubierto por la moderna capital de Perú, Lima, o por restos de culturas precolombinas posteriores. Esta cultura estuvo influida por los estilos nazca y mochica, aunque los resultados fueron menos exquisitos y finos. En Pachacamac se ha conservado una pirámide de adobes de Lima, con murales que fueron retocados más tarde. Pachacamac fue un asentamiento importante, que llegó a tener un gran poder político a finales del horizonte medio y que contó con un oráculo famoso en tiempos de los incas.
Durante el primer período intermedio de las tierras altas el estilo Huarpa penetró en la región de Ayacucho, que más tarde sería la sede del poder huari; por las mismas fechas se desarrollaba también el estilo de Tiahuanaco.
El cuadro señala la amplia influencia mochica; pero su extensión en las zonas periféricas no está precisada. Aunque se han encontrado objetos de estilo moche en lugares tan remotos como el valle de Huarmey en el Sur, no parece probable que ejercieran allí una seria influencia política. Numerosos objetos de estilo mochica han salido a la luz en el valle del Piura, al Norte, pero no quedan restos arquitectónicos. Y aunque los mochicas fueron ciertamente un pueblo agresivo –lo cual se desprende no sólo de su extensión geográfica, sino también de los abundantes motivos belicosos de su iconografía–, es probable que lo que consideramos como influencia suya se debiera sólo a su arte.

Moche

Abajo. El retrato de un dios mochica constituye el cuerpo de este vaso con pitorro en estribo. La boca angular y dentada, los ojos con grandes cejas, la forma de las orejas y las serpientes de la cabeza proceden de los retratos de la deidad de Chavín. Estos vasos se han encontrado en tumbas y probablemente se hicieron para los enterramientos.

El yacimiento arqueológico de Moche está al abrigo de una colina desnuda de arenisca. Desde la cima de su gigantesca pirámide principal, la vista se pierde a través del desierto en el mar y en el valle cultivado; mira también al valle por el que desciende el río y por donde lo cierran las montañas. La mayor parte de los yacimientos andinos se encuentran cerca de una colina, que era un lugar sagrado y a la vez un punto estratégico desde el que se podían contemplar los alrededores. Los primeros trabajos arqueológicos en Moche los llevó a cabo en 1899 Max Uhle, quien descubrió las pinturas en la Pirámide de la Luna (desaparecidas después) y enterramientos en la zona entre las dos pirámides. Recientemente, se han emprendido nuevos proyectos de estudio.

Moche fue abandonado hacia finales del primer período intermedio. Galindo, en la parte superior del valle, pasó a ser el centro local importante. Hay aún una comunidad cercana a Moche, cuyas costumbres fueron estudiadas a principios del siglo XX como restos de los modelos de conducta de unos antepasados precolombinos.

Abajo. La escena del vaso muestra el mascado de hoja de coca en una noche ritual. La figura de la izquierda, en pie bajo una franja de cielo serpentino, tiene una boca angular de carácter sobrenatural. Las figuras humanas, con atuendo distinguido, tienen calabazas, vinateras y bastones para la cal que se mascaba con las hojas, que eran transportadas en bolsas.

Arriba. Esta máscara de cobre dorado y pintado tiene los ojos de concha incrustados y lleva agujeros en los lóbulos auriculares para pendientes. Fue hallada en un enterramiento en la Pirámide de la Luna. Podría ser el retrato del finado.

Derecha. La Pirámide de la Luna destacando sobre los campos de regadío del valle del Moche.

Arriba. Vaso con pitorro en forma de estribo, que muestra a un hombre búho con una cabeza-trofeo en su mano izquierda. Podría tratarse de un hombre vestido de búho o de un dios búho.

labaza y el bastón utilizado para la cal que se añadía a las hojas. Otras veces no aparecen. Pero cuando esos objetos faltan, aún es posible reconocer por su vestimenta característica las figuras que intervienen en el ritual de la coca. Algunas escenas de batalla muestran a personajes con la ropa del ritual de la masticación. La guerra y la captura de prisioneros para su decapitación en los distintos rituales son temas importantes en el arte.

El dios principal de los mochicas procedía de Chavín, origen común de muchos otros dioses andinos. Tenía colmillos de felino y llevaba un cinturón con ensanchamientos de cabezas de serpiente. Algunas pinturas lo presentan con las orejas en figura de ocho, como en el arte chavínico, o con unos párpados extraños como en ciertas piezas de cerámica del horizonte primero.

El fin de Moche

Al final de la fase IV, parece que hubo un abandono efectivo del asentamiento de Moche, trasladándose el centro real del poder a Pampa Grande, en el valle de Lambayeque, un asentamiento anterior del horizonte primero. Hay algunas pruebas de que Moche y el sistema de canales a su alrededor fueron cubiertos por una capa mayor de arena, destrozando la agricultura y obligando a la población al abandono del asentamiento. La expansión huari, que empezó por esa época, muy bien pudo haber motivado algunos cambios. Cambios

que ciertamente se observan en el estilo y en los temas del arte de Moche V. La forma de asa en estribo se modifica ligeramente; pero eso no es motivo de sorpresa, dada la evolución de las formas en las primeras fases. El color es más restringido y la pintura resulta, en general, menos hábil. Un cambio estilístico mayor es una especie de agorafobia, por la cual las escenas pintadas resultan tan confusas por el material de relleno, que es difícil percibir los elementos principales. Se introducen nuevos temas, al tiempo que se abandonan los antiguos. Durante la fase final de Moche, y tal vez coetáneos con los vasos de Moche V, se mezclaron los motivos y el estilo pictórico huaris con los motivos y formas mochicas. También en los vasos genuinos de Moche V ciertos detalles iconográficos –el dibujo de un ojo, la forma de un adorno del tocado– sugieren ya los comienzos de los estilos de Lambayeque y de Chimú.

TIAHUANACO Y HUARI

Tiahuanaco es un asentamiento amplio, con magníficas construcciones y esculturas en piedra. Está situado a unos 20 kilómetros del lago Titicaca y a unos 4000 metros de altitud sobre el nivel del mar, en el gran altiplano que se extiende desde Bolivia hasta el sur del Perú. El asentamiento boliviano fue conocido de los incas; algunas versiones de sus mitos sobre los orígenes se centran en una isla del lago Titicaca, y en el lago se han encontrado restos incaicos.

Titicaca es el lago navegable más alto del mundo, y Tiahuanaco el asentamiento urbano a mayor altitud, al menos por lo que respecta al Nuevo Mundo antiguo. El altiplano, que queda por encima de la línea de bosques, está bordeado de montañas, y constituye un paisaje desolado y hasta inhumano; pero es la extensión mayor de tierra llana y cultivable de los Andes, y ha estado ocupado durante milenios. Varios fueron los recursos con los que pudo sostenerse una población relativamente grande. En nuestros días se han descubierto en las proximidades del lago Titicaca campos acaballados o drenados, que sin duda se utilizaron para alimentar a los habitantes de Tiahuanaco mediante la conservación, distribución y avenamiento del agua. La elevada llanura no sólo es buena para el cultivo de tubérculos que pueden protegerse de las heladas, sino que también proporciona pastos a los rebaños de llamas y alpacas.

Tiahuanaco estuvo ocupado desde el 1500 a. C. hasta el 1200 d. C. Su período de esplendor es el comprendido entre los años 500 y 1000 d. C. Las grandes construcciones y también algunas de las esculturas se levantaron probablemente antes del 500 d. C., aunque por las mismas fechas se reconstruyeron las estructuras añadiéndoles sorprendentes esculturas y otros detalles arquitectónicos. La Puerta del Sol data de ese tiempo, que se conoce como el período clásico del Tiahuanaco.

Tiahuanaco y Huari

Junto con el asentamiento de Huari, cerca de la ciudad de Ayacucho y al sur de las tierras altas de Perú, Tiahuanaco compartió una iconografía con ciertos tipos de figuras como las que aparecen en la Puerta del Sol. Los motivos parecen haber aparecido en ambos asentamientos hacia el 500 d. C. En Conchopata, cerca de Huari, se descubrió un depósito de grandes urnas que presentan esos motivos y que datan de la misma época. Ese estilo de cerámica se encontraba al lado de los tipos de alfarería local que le habían precedido. El valle de Ayacucho tiene una historia larguísima de ocupación,

Abajo: **La expansión de tiahuanacos y huaris**
No conocemos bien la expansión de Tiahuanaco y Huari ni sus relaciones mutuas, aunque buena parte de los trabajos actuales se centran en solucionar ese rompecabezas. Huari parece haber creado un Estado o un imperio, aunque de corta vida. Una obra muy reciente indica que la máxima expansión huari ocurrió antes del 650 d. C. y que más o menos llegó de un solo empujón. Más difícil resulta precisar las fronteras de Tiahuanaco. Tal vez no llegó a formar un Estado; pero en su parte central controlaba algunos asentamientos comerciales y/o religiosos teniendo una vasta influencia. Objetos de Tiahuanaco o influidos por su estilo han salido a la luz en el norte de Chile, sin que se haya encontrado allí ninguna arquitectura de Tiahuanaco. El área rayada en el mapa estuvo en su mayor parte bajo dominio huari, pero la influencia artística de Tiahuanaco se dejó sentir en muchos lugares, algunos tan alejados como Conchapata. La creciente investigación de los yacimientos y de sus áreas de soporte podrá clarificar las intrincadas relaciones de los dos asentamientos y sus reinos.

estado de Tiahuanaco
región de influencia cultural de Tiahuanaco
imperio huari hacia 650
área de expansión huari después del 650
región de influencia de Pachacamac
▲ yacimiento de Tiahuanaco
○ yacimiento de Huari
carretera de Huari
□ poblado o ciudad modernos
frontera internacional moderna
escala 1: 16.000.000
0   300 km
0   200 mi

Tiahuanaco

Las características más importantes de Tiahuanaco se agrupan alrededor de Akapana, una enorme plataforma revestida de piedra, que mide 200 metros de lado con una altura de 15 metros. Algunos de los sillares de andesita o piedra arenisca pesan más de 100 toneladas; fueron arrancadas de canteras lejanas y transportadas en almadías y por tierra. Contiguo al lado norte de Akapana hay un templo semisubterráneo, reminiscencia de las primitivas plazas hundidas de los Andes, con muros en los que van espigadas unas cabezas salientes de toba volcánica, un rasgo que recuerda la influencia de Chavín. Cerca se alza Kalasasaya, el complejo arquitectónico más vasto e importante y el templo principal; es un recinto rectangular con muros de pilares de piedra arenisca, que alternan con pequeños bloques rectangulares de sillares de albañilería. Inmediato al mismo se encuentra el Putuni, otra amplia construcción que se cree fue el palacio. En algunas de estas estructuras hay sistemas de desagüe en piedra. A cierta distancia se levanta el Pumapunku, otra plataforma gigantesca de caras revestidas con piedra, que mide 5 metros de altura, con muros de 150 metros de longitud. También Katatayita, el centro administrativo, se alza lejos de Akapana.

Puertas megalíticas conducen a las grandes estructuras de Kalasasaya, Pumapunku y Akapana. La Puerta del Sol, en Kalasasaya, es la escultura más conocida de Tiahuanaco. Se trata de un modelo cosmológico con un panel central encima de la abertura, sobre el que hay tallada una gran figura frontal; a los dos lados hay tres hileras de figurillas aladas, de perfil, que giran en derredor, y debajo aparece una hilera de cabezas frontales.

En varios puntos del yacimiento se han encontrado esculturas monolíticas, que adoptan la forma de columnas con rostros humanos, sosteniendo objetos rituales. Tales estatuas, que alcanzan alturas desde 1,5 a 7,6 metros, están revestidas con unos ornamentos logrados mediante finas incisiones; sus rostros y miembros están tallados en bajorrelieve. Algunos de tales monolitos se alzan aún *in situ* dentro del Kalasasaya. También se han encontrado en el yacimiento estelas y placas murales.

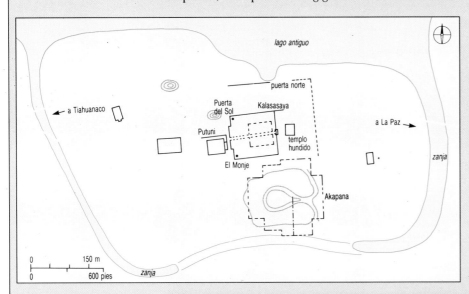

Una de las esculturas más delicadas de Tiahuanaco *(izquierda)* está erigida dentro del Kalasasaya. La figura se alza 3,5 m sobre el suelo. La columna monolítica con complicadas incisiones en bajorrelieve refleja el característico estilo compacto y simétrico de la escultura tiahuanaca, y es muestra de la compleja iconografía de su arte. El rostro, similar a una máscara, es típico del asentamiento con sus ojos cuadrados de mirada fija y los paneles de sus mejillas. El monumento, que data de la segunda mitad del siglo VII d. C., es conocido como monolito Ponce, por el nombre del arqueólogo boliviano que trabajó sobre todo en Tiahuanaco. A poca distancia, en el lago Titicaca, pescadores y viajantes indios usan aún las balsas de caña (totora) como las que fabricaban los habitantes de Tiahuanaco en tiempos precolombinos *(derecha)*.

Tiahuanaco *(arriba)* está situada en la llanura entre La Paz y la orilla meridional del lago Titicaca. La descripción más antigua de la ciudad la hizo Cieza de León, un soldado español que quedó impresionado al visitarla en 1549. El magnífico Kalasasaya ha sido restaurado. Parte de un muro de su gigantesco patio hundido aparece aquí *(derecha)* con una de las grandes puertas de Tiahuanaco detrás. La Puerta del Sol se levantaba allí cerca. Esculturas monolíticas exentas se han encontrado en el centro del patio y también en los muros, junto a las cabezas-claves. Esta estructura de 135 por 130 m podría haber sido el centro ceremonial de la ciudad.

pues se han hallado restos que se remontan más allá del 7000 a. C. En la época de la nueva iconografía, el asentamiento estaba ocupado por la cultura Huarpa.

Todavía sigue debatiéndose el tema de los mecanismos por los que aparecieron los nuevos motivos en los dos asentamientos. Ambas ciudades pudieron desarrollarse, por lo general, de una manera independiente, con algunos contactos e influencias mutuas y con una fuente común de motivos religiosos. Una escuela de eruditos cree que los motivos llegaron tanto a Tiahuanaco como a Huari desde un tercer punto, que podría haber conservado motivos del arte más antiguo de Pucará (200 a. C.-220 d. C.), con influencias chavínicas, punto que se encuentra entre Tiahuanaco y Ayacucho.

En Tiahuanaco, el dios frontal y las figuras aladas de perfil aparecen sobre un importante monumento en piedra; pero aunque presentes por doquier, son raros en la cerámica. Por otra parte, los motivos aparecen con una forma elaborada en Huari y en su cerámica provincial. Sería posible que los objetos muebles se hubiesen copiado del monumento. Hay, sin embargo, variantes en los motivos, que podrían explicarse por derivación del tercer asentamiento. La diferencia en el medio puede reflejar una diferencia en el énfasis, que se observa también en otros aspectos de las dos culturas. La escultura de Huari fue más simple y tosca que la de Tiahuanaco, y acaso su religión también estaba menos desarrollada. Tiahuanaco parece haber tenido un gusto más ceremonial, prevaleciendo en Huari un sentimiento más laico; pero ambas ciudades iniciaron su expansión después del 500 d. C., estableciendo confederaciones.

Otra interpretación posible de las relaciones Huari-Tiahuanaco es la de que hubiesen sido capitales duales, controlando Huari las tierras del Norte y Tiahuanaco las del contorno y las del Sur. La poderosa influencia coetánea de esta región en el norte de Chile y en el noroeste de Argentina parece haber llegado de Tiahuanaco. En cambio, Huari tuvo colonias en el valle del Nazca, a unos 300 km hacia la costa, aunque la región de Nazca está asociada tanto a Huari como a Tiahuanaco.

Algunos estudiosos piensan que Tiahuanaco fue el poder real que se ocultaba detrás de toda la expansión, y que Huari fue el centro del control político y militar de Tiahuanaco en el Norte. Cualquiera que fuese el modelo, ambas ciudades estaban en plena expansión poco después del año 500 d. C.

Los motivos característicos

La divinidad en pie y frontal, que aparece a menudo en una plataforma escalonada llevando un bastón o algún otro objeto simbólico en una de las manos, se ha encontrado en Pucará, en Tiahuanaco, en Huari y en el arte provincial. La figura tiene un rostro a manera de máscara, con formas radiantes y a veces terminadas en serpientes; lleva túnica, cinturón y faldellín. Probablemente representa un prototipo de la deidad posterior que se llamó Viracocha, un dios del cielo y creador panandino. Unas figuras de perfil, a menudo aladas y rampantes, arrodilladas, volando o flotando, acompañan a la figura central o aparecen con independencia de ella. Los dos tipos de figura comparten ciertos atributos como la cabellera de serpientes y parecida vestimenta. Son figuras asociadas o intercambiables con un sacrificador que lleva un hacha y una cabeza trofeo. Las cabezas trofeo son uno de los motivos dominantes.

La arquitectura y la expansión del Imperio huari

El horizonte medio se define por la expansión de Huari. Éste surgió a la vida poco después del 500 d. C., cuando

Izquierda. En varias culturas precolombinas han aparecido espejos. Este ejemplar de Huari-Tiahuanaco, de 24 cm de altura, tiene una superficie reflejante de piezas de pirita y un reverso de mosaico, en el que aparece un rostro central con paneles en las mejillas que terminan en pequeñas cabezas como las de la escultura de Tiahuanaco y dos pequeños rostros sin cuerpo a cada lado.

Culturas andinas a finales del período intermedio

En la última fase del período intermedio, los chimúes se expandieron en las dos direcciones a lo largo de la costa desde su capital Chan Chan y, por propio derecho, fueron los creadores de un imperio antes de las incursiones de los incas más agresivos. En su mayoría, los yacimientos del mapa datan de ese período. Chiquitoy, en el valle de Chicama, es un yacimiento del período tardío, aunque su arquitectura recuerda la de los chimúes. Manchán, ahora objeto del estudio de los arqueólogos, fue la capital administrativa meridional del reino de Chimor. Al sur de la fortaleza de Paramonga hay pruebas de la presencia y/o del control chimú. Entre las poblaciones conquistadas por los chimúes estuvo el pueblo de la llamada cultura Chancay, cuyas tumbas han conservado numerosas telas de notable calidad, algunas de las cuales fueron importadas de Chan Chan.

A finales del período intermedio, la actividad en la costa meridional estuvo centrada en los valles de Ica y Chincha. En este último La Centinela es un complejo piramidal de adobes, que pertenece a ese período. El asentamiento y una gran pirámide cercana están decorados con frisos geométricos. Los vasos de estilo Ica eran, a lo que parece, mercancías valiosas, que se han encontrado en la sierra y en Ancón hacia el Norte. Un artefacto característico de los incas fue un gran tablón de madera que se utilizaba para marcar las sepulturas.

Por esa época, en las tierras altas, entre la costa meridional y Cuzco, hubo pequeños grupos de población, generalmente conocidos como chancas, más tarde dominados por los incas.

---

el nuevo estilo artístico apareció en el valle de Ayacucho. El período siguiente, en torno al 600 d. C., fue un tiempo de conquistas que se extendieron hasta Chancay en la costa y hasta el callejón de Huaylas en las tierras altas.

Grandes complejos arquitectónicos, levantados en un estilo desconocido en los Andes, aparecieron en localizaciones estratégicas. Enormes muros encerraban casas, calles, plazas y construcciones con cientos de estancias. Eran edificios para la administración civil y para guarniciones militares; allí hubo almacenes, viviendas para el personal de mantenimiento y barrios para artesanos y trabajadores. Cerca se levantaron los santuarios religiosos. La arquitectura era regular, rectangular, simétrica, sugiriendo no sólo unas mentes ordenadas, sino también planificadoras, con construcciones de un solo piso, y sin los añadidos y hacinamientos de tantas estructuras precolombinas. La arquitectura estaba pensada para imponer con su presencia y para centralizar las fuerzas de ocupación. La construcción de un imperio estaba en marcha.

Las pruebas de la influencia de Tiahuanaco, en el Sur, se basan en buena medida en los hallazgos de útiles para la administración de los alucinógenos, que se tomaban aspirando por la nariz. Esta costumbre se extendió por los Andes y fue parte esencial del ritual religioso. La posición geográfica de Tiahuanaco entre la selva, que producía alucinógenos como *Piptadenia*, y la costa, que los utilizaba, favoreció el comercio centrado en los ritos y reforzó la influencia religiosa de Tiahuanaco, que se advierte en los objetos pequeños más que en la arquitectura. La influencia sobre la quebrada de Humahuaca, en el norte de Argentina, y sobre San Pedro de Atacama, en Chile, puede haber sido directa, mientras que la ejercida en el valle de Hualfín, en Argentina, pudo llegar a través de otros asentamientos intermedios.

Tras el período de expansión huari hubo, al parecer, una crisis que motivó una disminución en las construcciones y modelos de conquista, así como el abandono de algunos asentamientos en el valle de Ayacucho. Por ese tiempo ganó en importancia el centro costero de Pachacamac, que tal vez fuera una potencia rival de Huari. Más tarde, el asentamiento de Pachacamac desarrolló una esfera de influencia propia eclipsando la de Nazca. En tiempos de los incas, su templo y oráculo tuvieron gran importancia y prestigio. El genio conquistador de Huari había extendido el poder del Imperio, al menos por un breve período, hasta la lejana costa septentrional de Perú y hasta Cajamarca, en las tierras altas.

Antes de 800 d. C., el asentamiento de Huari fue abandonado; según parece, el período de conquista terminó de forma abrupta pero su estilo artístico continuó influyendo. En tanto, Tiahuanaco siguió prosperando algún tiempo y agregando a su Imperio nuevas colonias por el Sur.

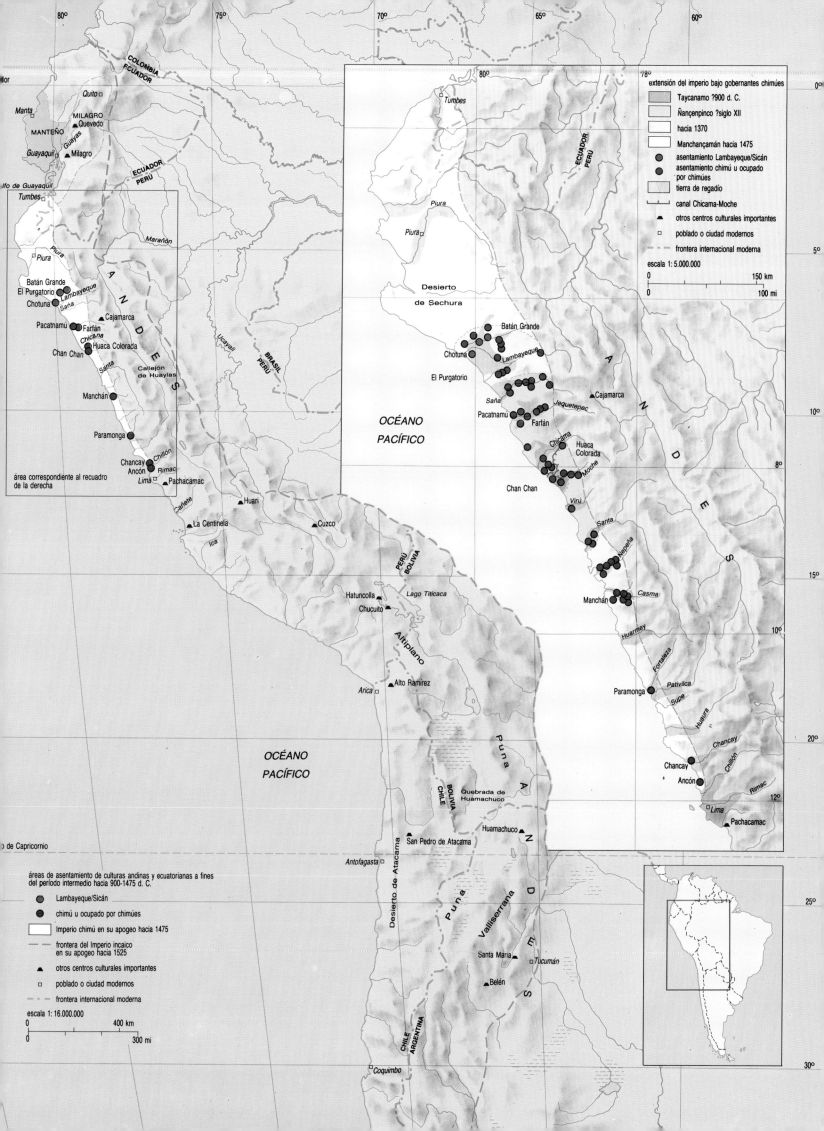

extensión del imperio bajo gobernantes chimúes

- Taycanamo ?900 d. C.
- Ñançenpinco ?siglo XII
- hacia 1370
- Manchançamán hacia 1475
- ● asentamiento Lambayeque/Sicán
- ● asentamiento chimú u ocupado por chimúes
- tierra de regadío
- canal Chicama-Moche
- ▲ otros centros culturales importantes
- □ poblado o ciudad modernos
- –·– frontera internacional moderna

escala 1: 5.000.000

0   150 km
0   100 mi

COLOMBIA
ECUADOR

Quito □
Manta
MANTEÑO
● Quevedo
Guayaquil □
MILAGRO
▲ Milagro
Guayas
Golfo de Guayaquil
ECUADOR
PERÚ
Tumbes □

A N D E S

Batán Grande
El Purgatorio
Chotuna ●
Saña
Lambayeque ●
▲ Cajamarca
Pacatnamú ●
Farfán ●
Chicana
Huaca Colorada
Chan Chan ●
Santa
Callejón de Huaylas
Manchán ●

Paramonga ●

Chancay
Ancón ● *Chillón*
Rimac
Lima □ ▲ Pachacámac

área correspondiente al recuadro de la derecha

Piura
□ *Piura*
Marañón
Ucayali
BRASIL
PERÚ

OCÉANO
PACÍFICO

Tumbes □
ECUADOR
PERÚ

Piura
Piura □

Desierto
de Sechura

Batán Grande
Chotuna ●
Lambayeque ●
El Purgatorio
Saña
Pacatnamú ●
Farfán ●
Jequetepec
▲ Cajamarca
A N D E S
Chicama
Huaca
Colorada
Moche
Chan Chan ●
Virú
Santa
Nepeña
Manchán *Casma*

Huarmey

Fortaleza
Pativilca
Paramonga ●
Supe
Huaura
Chancay
Chancay ● *Chillón*
Ancón ● *Rimac*
□ *Lima*
▲ Pachacámac

▲ Huari
La Centinela ▲
Cañete
Ica
▲ Cuzco

PERÚ
BOLIVIA

Lago Titicaca
Hatuncolla ▲
Chucuito ▲

Altiplano

Alto Ramírez ▲
Arica

OCÉANO
PACÍFICO

BOLIVIA
CHILE

Quebrada de
Huamachuco

Huamachuco ▲
San Pedro de Atacama ▲

Antofagasta □

Desierto de Atacama

P U N A

A N D E S

Trópico de Capricornio

**áreas de asentamiento de culturas andinas y ecuatorianas a fines
del período intermedio hacia 900-1475 d. C.**

- ● Lambayeque/Sicán
- ● chimú u ocupado por chimúes
- Imperio chimú en su apogeo hacia 1475
- –– frontera del Imperio incaico en su apogeo hacia 1525
- ▲ otros centros culturales importantes
- □ poblado o ciudad modernos
- –·– frontera internacional moderna

escala 1: 16.000.000

0   400 km
0   300 mi

Valliserrana

Santa María ▲
Tucumán □

Belén ▲

CHILE
ARGENTINA

Coquimbo □

LOS CHIMÚES

La historia de Chimú o Chimor pudo empezar con el estilo clásico de Lambayeque o Sicán, que se desarrolló en la primera mitad del siglo VIII d. C., con una cerámica negra característica y, ya en el siglo siguiente, con una arquitectura religiosa. La fase más esplendorosa y mejor conocida de este estilo se debe a Batán Grande, entre los ríos La Leche y Pacora, en el extremo septentrional del valle de Lambayeque. Batán Grande, un complejo arquitectónico que incluye unos 50 yacimientos, tuvo una historia que arrancaba aproximadamente del 1500 a. C. Todavía son visibles los restos de un templo en forma de U de esa época su período final, los mochicas habían irrumpido en esta región, creando un centro en Pampa Grande, en el valle de Lambayeque; pero su poder terminó hacia el 700 d. C. Siguió un período de influencia de Huari y Pachacamac por el Sur y de Cajamarca por las montañas del Este. Algunos de los rasgos introducidos con la penetración meridional persistieron en los períodos siguientes, como la forma de taza alta o *kero* y el vaso de doble pitorro y puente, que inicialmente había sido una forma de la costa meridional.

Del período de apogeo de Sicán (850-1050 d. C.) quedan en Batán Grande al menos 17 construcciones mayores de adobes, así como grandes tumbas de pozo y otras peculiaridades arquitectónicas. A lo que parece, el enorme complejo no fue un centro urbano sino un lugar para ritos y enterramientos, con pinturas murales y algunas de las tumbas más suntuosas de cuantas se conocen en el Nuevo Mundo. En algunas de esas tumbas se encontraron más de 200 objetos de oro o plata. Hay pruebas de una actividad metalúrgica en el complejo monumental. El cercano asentamiento de El Purgatorio probablemente llegó a ser un centro del gobierno de Lambayeque hasta que los chimúes conquistaron su valle hacia el 1350 d. C.

Las fuentes etnohistóricas hablan más de la costa septentrional que de la mayor parte de las regiones preincaicas de los Andes. Por ejemplo, una leyenda de los comienzos de la conquista se refiere a Ñaymlap, que habría llegado en una almadía al valle de Lambayeque, en el que se estableció un linaje real, sin que se conociera su procedencia. Tal vez fuera un personaje mítico, pero se creía que sus descendientes gobernaron Lambayeque hasta la conquista chimú. Allí se dio entonces, presumiblemente, un nuevo linaje con *status* real aunque no con un poder político, situación que se prolongó a través de la ocupación inca de la costa septentrional.

El reino de Chimor

Hubo también un gobernante chimú legendario, Tacaynamo, que llegó en una balsa y fundó la ciudad de Chan Chan. Sus herederos, en dos avances principales, extendieron las conquistas por el Norte y el Sur y fundaron el reino de Chimor (nombre antiguo del valle del Moche). Los chimúes acabaron controlando un territorio que se extendía desde Tumbes, en la remota costa septentrional, hasta el valle del Chillón, al norte de Lima. El reino de Chimor se expandió gracias a las conquistas y a una administración inteligente. Fue una operación bien organizada bajo la guía de un gobernante semidivino, el primero que fue claramente deificado según un modelo común en la América precolombina. Y como la mayor parte de los gobernantes precolombinos, el señor chimú tuvo la responsabilidad de la agricultura y del bienestar de su pueblo a través de sus conexiones sobrenaturales.

La leyenda nos dice algo de la religión chimú. Sabemos de la diosa lunar Si, la divinidad principal, a la que se consideraba protectora de la prosperidad pública porque, velando de noche, podía ver y descubrir a los ladrones en la oscuridad. La Luna viajaba hacia el Oeste, sobre el mar, divinizado también como el dios Ni, y también importante en la vida de los pescadores que vivían en la costa. Las fuentes primitivas nos informan de que los antepasados de la población costera fueron cuatro estrellas, dos de las cuales crearon a los reyes y nobles, mientras que las otras dos dieron origen al pueblo llano. Este sistema mítico de castas parece haber sido perfectamente real en la sociedad estratificada de Chan Chan.

Chan Chan está en el lado opuesto del lugar que ocupaba el asentamiento antiguo en el valle del Moche y en la orilla contraria del río, en el lado del mar, cerca del gran valle del Chicama. En esta parte de la costa se habían establecido sistemas de regadío milenios antes de la ocupación chimú; pero los chimúes ampliaron tales sistemas y construyeron un canal de unos 65 kilómetros de largo, para llevar agua desde el valle alto del Chicama hasta los campos chimúes en el valle del Moche, si bien ha sido objeto de notables debates si el canal se terminó y se llegó a utilizar.

No se sabe con precisión cuándo llegó en su almadía el primer gobernante chimú ni qué nuevas ideas trajo consigo. El estilo artístico chimú combina fundamentalmente elementos mochicas y del horizonte medio (Huari). Los grandes recintos amurallados y una figura divina frontal son reminiscencias de rasgos huaris; la arquitectura es también similar a la de Huari y ciertamente distinta de la de Moche. Por otro lado, los artesanos chimúes conservaron algunas de las formas de vajilla y motivos de la cultura mochica, aunque el repertorio de los temas y formas chimúes es mucho más limitado. Prevalecieron los motivos marinos, mientras que las escenas del complejo ceremonial fueron raras.

En algún momento, entre 1462 y 1470, estalló el conflicto chimú con los incas, que se resolvió con la inclusión del reino de Chimor en el Imperio incaico que se expandía rápidamente. Los chimúes eran a su vez imperialistas y con un desarrollo similar al de los incas –incluso es probable que con raíces más hondas y con un grado de progreso mayor–, pero cedieron a la fuerza de los montañeses meridionales. No deja de ser una ironía que los artefactos de estilo chimú se difundieran tras la conquista inca más aún que antes de ella. Esto pudo deberse a la red comercial o tributaria y quizá obedeciese también al gran respeto que los incas sintieron por la artesanía chimú. Herreros chimúes trabajaron en Cuzco para los incas. En cambio, los tejidos chimúes de la época son inferiores a los de épocas precedentes.

La costa meridional

Por esa época, en la costa Sur hubo algunas culturas importantes y relacionadas entre sí en los valles del Ica y del Chincha; con éste último estuvo también relacionado el valle de Cañete. Notas características de dichas culturas fueron las pirámides de paredes de arcilla, con frisos similares a los de Chan Chan, una cerámica preciosa y unos tejidos cubiertos por entero de pequeños dibujos geométricos.

Aquellos valles, que habían tenido escasa importancia en los tiempos del primer período intermedio y que después cayeron bajo la dominación huari, se sometieron fácilmente, según parece, a los conquistadores incas.

Los muros de adobe de Chan Chan presentan varios motivos decorativos. Algunos parecen haber sido funcionales y otros de carácter meramente ornamental o simbólico. Suele repetirse un único dibujo; pero a veces las composiciones son más complejas. Estos diseños, que semejan ardillas (*debajo*) son inusuales; en este yacimiento costero se hallan con más frecuencia las criaturas marinas –pájaros, peces y hombres en canoas–. También pueden verse algunos modelos funcionales de ornamentación (*a pie de página*), en este caso diseños de diamantes abiertos y de tableros de damas. Por desgracia, la mayor parte de los muros interiores de las *ciudadelas* han sido destruidos.

Chan Chan

Abajo. Las *ciudadelas* fueron construyéndose tierra adentro a partir de la costa. En el plano interior básico aparecen unas variantes. Los recintos fueron abandonados hacia el 1470 d. C. y se designan con el nombre de los arqueólogos que trabajaron en ellos o de los viajeros que visitaron el asentamiento en el siglo XIX.

La gran ciudad de Chan Chan cubría una superficie de unos 6 km², albergando diez gigantescos recintos con muros de adobes, así como pequeñas estructuras selectas y sencillos barrios de viviendas y talleres. Los recintos son todos rectangulares, con una orientación aproximada Norte-Sur y con una distribución interior que es casi la misma. El recinto más espacioso o *ciudadela* delimitaba no menos de 221 000 m² de suelo. Los muros del recinto exterior podrían haber alcanzado los nueve metros de altura, y uno de los muros del recinto tenía 650 metros de largo. Los gruesos muros de adobe se alzaban habitualmente sobre unos cimientos de guijarros.

Tales *ciudadelas*, que eran los palacios reales de los gobernantes chimúes, tenían una única entrada en el alto muro Norte, que se abría a un corredor, el cual conducía a un vasto patio de ingreso. En el muro meridional de dicho patio, una rampa conducía a una elevada tribuna de estructura alargada. Las excavaciones realizadas en tales rampas han sacado a la luz enterramientos, que probablemente se hicieron al tiempo de la dedicación de la estructura. Las construcciones del complejo en forma de maza incluían patios menores, almacenes y *audiencias*, que eran pequeñas estructuras en forma de U y que muy bien podrían estar relacionadas con las construcciones costeras de tiempos pasados, también en forma de U. Las *audiencias*, que tenían una

superficie de 5-6 m², han sido descritas como posibles centros para la distribución y control de los alimentos. El hecho de que los enterramientos hayan aparecido dentro de las mismas o en sus proximidades sugiere, sin embargo, una función ritual, lo mismo que su forma podría representar un modelo de casa o un nicho cósmico.

Toda esta sección septentrional del conjunto era casi cuadrada. Pegada a ella, y mediante otra puerta en el muro Norte, se llegaba a otro recinto cuadrado de dimensiones similares, con más almacenes, algunas *audiencias* y cuartos para viviendas.

El rasgo más importante de este sector era una plataforma de enterramiento para la familia real, que de ordinario era la última estructura que se construía en cada complejo. Nueve de los diez conjuntos contienen en el extremo sureste esa pirámide truncada, dentro de la cual había múltiples celdas, a las que se entraba desde arriba tras la aproximación a través de un patio especial. Una celda central y más amplia debió de albergar el cadáver del gobernante.

La lista de reyes chimúes menciona a diez soberanos, y diez son las estructuras palatinas muradas en Chan Chan. Los arqueólogos creen que cada una de las *ciudadelas* fue la residencia particular de un rey y el centro administrativo del gran reino Chimú. Al fallecer el soberano su residencia se convertía en un mausoleo sellado.

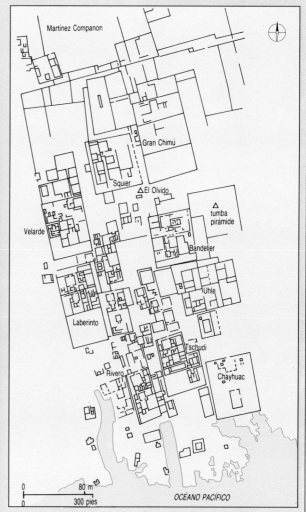

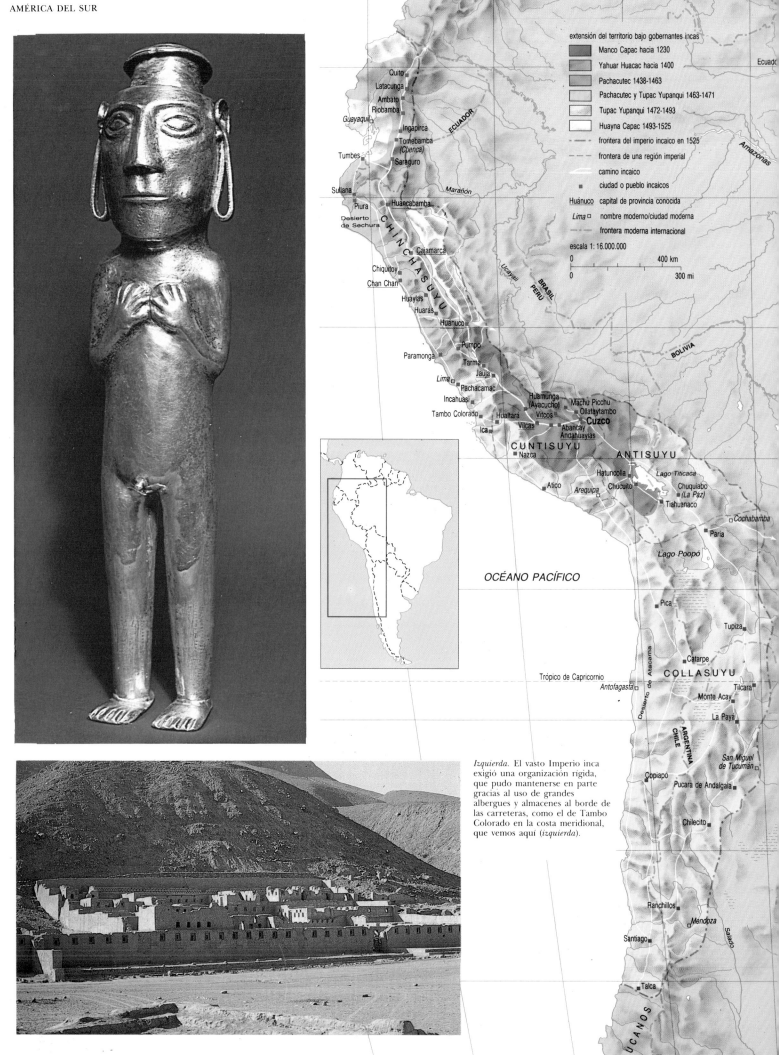

extensión del territorio bajo gobernantes incas

- Manco Capac hacia 1230
- Yahuar Huacac hacia 1400
- Pachacutec 1438-1463
- Pachacutec y Tupac Yupanqui 1463-1471
- Tupac Yupanqui 1472-1493
- Huayna Capac 1493-1525
- — · — frontera del imperio incaico en 1525
- — — — frontera de una región imperial
- camino incaico
- ciudad o pueblo incaicos

Huánuco   capital de provincia conocida

Lima □   nombre moderno/ciudad moderna

— — —   frontera moderna internacional

escala 1: 16.000.000

0 — 400 km
0 — 300 mi

Izquierda. El vasto Imperio inca
exigió una organización rígida,
que pudo mantenerse en parte
gracias al uso de grandes
albergues y almacenes al borde de
las carreteras, como el de Tambo
Colorado en la costa meridional,
que vemos aquí (*izquierda*).

Izquierda. **El Imperio inca**
Tahuantinsuyu, el mundo de las Cuatro Partes –Chinchasuyu (Norte), Cuntisuyu (Oeste), Antisuyu (Este) y Collasuyu (Sur)– fue en realidad una franja estrecha que se extendía por la costa occidental de Suramérica. Formalmente respondía a la difundida creencia precolombina sobre la estructura cósmica de los cuatro puntos cardinales. Tahuantisuyu abarcaba una gran variedad de climas y topografías, que proporcionaban bienes para su distribución y regiones que se trabajaban con finalidades diferentes –pastoreo, cantería, agricultura, pesca, minería, etc.– Se discute la existencia o no de ciudades reales; pero ciertamente que a lo largo de los caminos incaicos hubo puntos en los que se almacenaban o transbordaban las mercancías y en los que unos funcionarios controlaban o supervisaban las operaciones del Imperio. La secuencia cronológica de la expansión que aquí aparece coincide con la historia «oficial» de los incas, que muy bien pudiera ser legendaria, ya que los anales incaicos se mezclan con mitos. Los primeros reyes y sus gestas son probablemente apócrifos. Los soberanos precolombinos gustaban, según parece, de refrendar su poder regio relacionándose con algún antepasado sobrehumano de tiempos míticos. Ciertamente que Manco Capac, el fundador inca que se convirtió en piedra y era el hijo del sol, es una figura de los reinos nebulosos de la leyenda. La historia empieza realmente con Pachacutec, el gran hombre de los incas. Su padre, el inca Viracocha, fue un personaje histórico; pero fueron Pachacutec y su hijo Tupac Yupanqui (el inca Topa), con una pequeña contribución posterior de Huayna Capac, los que crearon el imperio que aquí trazamos.

Página anterior izquierda. Los herreros incas forjaron figurillas desnudas de hombres y mujeres en oro o plata. Un ejemplar, hallado en Chile, aparece vestido, y las prendas en miniatura que se han hallado en otros lugares sugieren que tal vez se las vestía. La figura presente muestra unos lóbulos auriculares estirados por el peso de los pendientes. Aunque el hombre representado no lleve tales pendientes, el hecho de que se le hayan puesto esas enormes orejas indica que se trataba de una persona importante que había depuesto sus vestidos y pendientes para alguna ceremonia sagrada.

Arriba. La vida e historia de los incas fueron deliciosamente ilustradas por Guamán Poma de Ayala. Aquí Huayna Capac porta armas y lleva una capa regia típica.

LOS INCAS

La construcción imperial andina alcanza su máximo esplendor en el siglo anterior a la llegada de los españoles al Nuevo Mundo, cuando el Imperio incaico se extendía desde Cuzco, en las tierras altas meridionales, hasta Chile y el noroeste de Argentina, y por el Norte hasta Ecuador. Un aspecto del fenómeno inca es su brevedad, dato que se ha observado frecuentemente. En efecto, el Estado inca duró casi 90 años, y el Imperio poco más de 50 antes de que los españoles acabasen con él. Estaba sin embargo en la naturaleza misma de los imperios o de los grandes Estados andinos su corta existencia tras una expansión considerable. Cuando los españoles llegaron, ya se habían iniciado las luchas por el acceso al poder.

El pueblo inca había surgido como un pequeño principado en el área de Cuzco, habiéndose afianzado poco a poco. Hacia 1440, y tras una expansión victoriosa entre los pueblos vecinos, iniciaron unas conquistas más serias a las órdenes de su gobernante, el inca Pachacutec, el «gran hombre» de la historia incaica. (La palabra *inca* se refería al gobernante, que era considerado el hijo del Sol o la encarnación terrestre del mismo. Luego se aplicó al pueblo conquistador que hablaba quechua.) Pachacutec reorganizó también la estructura económica y política del principado hasta convertirlo en un reino centralizado y estratificado, y reconstruyó el poblado de Cuzco, que era de madera y techumbres de paja, transformándolo en la ciudad que impresionó a los españoles y que hizo famosa en el mundo la arquitectura incaica.

Los incas se distinguieron por varias cosas; pero quizá sobre todo por sus construcciones urbanas y por sus exquisitos trabajos en piedra. Es legendaria su labor de albañilería con piedras enormes y almohadilladas, cortadas de forma irregular y unidas sin mortero alguno, de una manera tan perfecta que entre ellas no pasaba la hoja de un cuchillo. Y no fue sólo Cuzco, sino que construyeron otras varias ciudades a lo ancho de su Imperio. A veces las edificaron desde los cimientos, y en ocasiones renovaron las estructuras existentes. Grandes bloques de piedra eran laboriosamente arrancados de las canteras, desbastados y tallados con instrumentos de piedra, y después los arrastraban sobre rodillos de madera o sobre trineos tirados con cuerdas, todo lo cual exigía una abundante mano de obra. Frente al muro en construcción levantaban rampas de tierra y piedras por las que izaban los grandes bloques. La talla y acomodación final de los mismos se realizaba una vez colocadas las piedras; pero los levantamientos, cortes y rebajes tenían que hacerse una y otra vez para lograr el ensamblaje perfecto. Uno de los primeros cronistas, Pedro de Ondegardo, aseguraba que se necesitaban veinte hombres durante un año para tallar cada uno de los grandes bloques. Los incas conocieron la plomada, las reglas de cálculo de dos piezas, palancas y elevadores de bronce y de madera, así como cinceles de bronce. Fueron los adelantados en la fundición de este metal, pero los instrumentos hechos con él fueron poco utilizados en la talla de las piedras. Éstas se trabajaban con martillos de piedra y se pulían con piedra o con arena mojada.

Buena parte de los trabajos se aplicó a la construcción de terrazas de cultivo y de obras de canalización y regadío. Cuzco está rodeada de amplios valles; pero en los Andes la tierra es por lo general poco llana y cultivable, por lo que los cultivos crecen en las terrazas de las laderas, a veces de notable pendiente. Las terrazas se construían con la contención de taludes de piedra y con

capas de cascajo debajo de la tierra para asegurar el drenaje. A través de las terrazas se construían también sistemas de avenamiento con piedras alineadas.

Estructura social y cósmica

Como muchas otras ciudades antiguas, Cuzco fue el «ombligo» del mundo, y eso es lo que significa el nombre. El Imperio incaico fue llamado Tahuantinsuyu o «mundo de las cuatro regiones». Los cuatro puntos cardinales fueron importantes para los pueblos precolombinos, y los incas no constituyeron una excepción. Ellos, sin embargo, consideraron el Este y el Oeste como las direcciones dominantes, porque marcaban el curso del Sol. Los incas propendieron a dividir el concepto mismo de mundo y a sus poblaciones en cuartos o en mitades.

En teoría –y también en buena parte en la práctica– la sociedad incaica estuvo estructurada de un modo rígido. En el vértice de la estructura estaba el gobernante inca semidivino. Al igual que el Imperio, también la ciudad de Cuzco estaba dividida en cuatro partes, con unas divisiones sociales estrictas y obligatorias. Los cuartos de Tahuantinsuyu estaban divididos en provincias de distinta extensión, con una capital en cada una, subdividiéndose las demarcaciones provinciales en mitades. Los funcionarios que gobernaban cada una de las cuatro partes vivían en Cuzco. Y en cada provincia había un gobernador. Tales funcionarios eran nobles, y probablemente estaban emparentados con el soberano inca.

Dentro de cada provincia, la población estaba idealmente dividida en diez partes, sujeta a una jerarquía a las órdenes del gobernador. Éste tenía la responsabilidad de unas 10 000 personas, y los funcionarios subordinados controlaban menos de una décima parte.

Para poder establecer dicho sistema, fueron necesarios los traslados de la población, por motivos diferentes. Si un grupo parecía inquieto bajo el yugo inca, podía ser deportado a otro lugar en el que las posibilidades de rebelión fuesen menores. Si el trabajo lo requería, se trasladaba a la población según las necesidades; el motivo de tales movimientos de población podía ser la apertura de un nuevo territorio, la intensificación de la agricultura o el empleo de otras fuentes de aprovisionamiento. A menudo esos grupos de prestación personal, llamados *mitmac*, eran llevados a Cuzco, donde la gente de un lugar, organizada según su tradicional *ayllu* o linaje, y llevando la vestimenta de su patria de origen, era acomodada en una parte de la ciudad o sus alrededores con otras gentes del mismo grupo. Conservaban su propia lengua, aunque el quechua era la oficial, la *lingua franca*. Topónimos quechuas se encuentran todavía hoy hasta en Ecuador.

Los impuestos adoptaron muchas veces la forma de prestación personal. En general, una tercera parte de los alimentos o bienes producidos revertían al inca o al Estado, un tercio a los dioses (que probablemente también acababa en manos del Estado) y otro tercio quedaba para uso de los productores.

La agricultura tuvo, naturalmente, importancia primordial. Los ritos incaicos giraban en buena medida en torno al calendario agrícola. El propio soberano iniciaba la estación de la siembra. Cuando la población aumentó y se amplió la esfera del poder, la producción y el control de la distribución de alimentos fueron cada vez más importantes. La identificación del soberano con el Sol pudo haber sido una forma de destacar políticamente el control del soberano sobre la agricultura.

Se conservaron los archivos por medio del *quipu*, consistente en una cuerda a modo de ábaco, en la que podían hacerse los cálculos mediante nudos que eran uni-

Piedra sagrada

Todos los pueblos precolombinos parecen haber tenido sus piedras sagradas; pero los incas fueron en esa práctica más lejos que otros pueblos. El sentido de la piedra que aparece en la arquitectura se refleja también en los mitos. Son numerosas las variantes de los mitos incas acerca de los orígenes, que aparecen en las crónicas del siglo XVI. Una de esas versiones cuenta que el dios creador hizo a los hombres de una piedra. En otra de las leyendas se refiere que, habiendo fracasado el primer ensayo de hombre, el creador convirtió en piedras el producto de su experimento. Relata una historia que el pueblo inca originario lo formaron cuatro hermanos y cuatro hermanas que salieron de una puerta de piedra –es decir, de una cueva– en una isla del lago Titicaca, no lejos de Tiahuanaco. (En otros mitos el Sol había nacido de una roca sagrada en dicha isla.) Uno de los cuatro hermanos regresó a la cueva y nunca más se le volvió a ver; otros dos se convirtieron en piedras, y el cuarto fue Manco Capac, el primer soberano inca que, habiendo fundado Cuzco, se dice que jalonó el país arrojando con una honda cuatro piedras en las cuatro direcciones del mundo. Se creía que el propio Manco Capac había terminado convirtiéndose en piedra, y como tal era llevado a la batalla por los guerreros incas posteriores.

Todas las piedras sagradas alrededor de Cuzco se despliegan en abanico sobre la ciudad; algunas son rocas planas y desgastadas, otras son rocas naturales talladas con motivos escalonados, formas serpentinas y otros diseños.

Dramáticamente situado en la cima de una colina abrupta sobre el río Urubamba y rodeado de montañas aún más altas, Machu Picchu es un asentamiento estratégico en el extremo del Imperio inca; pero es también un lugar sagrado, que contiene numerosas piedras vivas talladas, las cuales eran *huacas* para los incas. La más prominente y en forma de trono es la Intihuatana («lo que detiene al Sol») que estaba situada en un lugar alto al que se llegaba por escalones excavados en la roca (*extremo derecha*). Una serie de canales y fuentes, finamente tallados, distribuían el agua por el asentamiento (*derecha*).

En las construcciones de magnífica albañilería del Grupo del Rey en Machu Picchu (*arriba izquierda*), y también en Tambomachay al este de Cuzco, han aparecido puertas o nichos trapezoidales, característicos de la arquitectura inca. Los cuatro nichos de Tambomachay (*izquierda*) pueden referirse a los cuatro hermanos que salieron de unas cuevas según el mito inca de los orígenes, porque piedra, cuevas y antepasados estaban relacionados estrechamente. Las terrazas y muros de este asentamiento, uno de los santuarios a lo largo de las líneas que irradiaban de Cuzco, enmarcan y canalizan una fuente sagrada. Desde los primeros tiempos se construyeron estructuras religiosas en torno a las fuentes. Según la crónica de uno de los primeros españoles, el soberano inca se hospedaba en Tambomachay cuando iba de caza, que era una actividad relacionada con los antepasados. El muro que soporta los nichos presenta una labor de cantería más cuidada que la de los muros inferiores. Tales contrastes eran frecuentes.

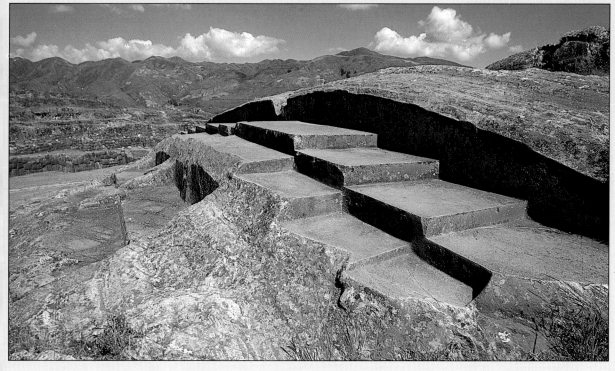

Izquierda. Los incas marcaron la naturaleza con la habilidad del hombre. Rocas naturales prominentes fueron trabajadas a menudo con una labor de talla precisa. Muchas presentan un diseño tripartito, y es habitual el motivo de la escalera. Esta roca, llamada el Trono del Inca, es la nota característica de un largo saliente de piedra caliza, que incluye otras obras de talla —nichos, escalinatas y pasadizos—, así como una formación natural absolutamente rara de roca ígnea. El Trono, orientado hacia el Este, mira a Sacsahuamán, una construcción inmensa encima de Cuzco, que recibe los primeros rayos del sol naciente antes de que iluminen el valle inferior. La roca pudo haber sido un trono o un altar o una piedra sagrada. La leyenda refiere que el soberano inca acudía a sentarse sobre esta piedra en ciertas ocasiones. También se han dado interpretaciones astronómicas a propósito de la misma.

Cuzco

La ciudad de Cuzco se levanta en un valle a unos 3500 metros de altitud sobre el nivel del mar, en el punto en que confluyen los ríos Chunchullmayo, Tullumayo y Huatanay. Al este de la ciudad afloran las fuentes del Urubamba, que desemboca en el Amazonas. El valle de Cuzco es pequeño y está resguardado; pero los valles fluviales le dan acceso al antiguo Imperio inca.

Según la leyenda, la ciudad fue fundada por Manco Capac en el lugar en que después se alzaría el incaico Templo del Sol, y en el que ahora se levanta la iglesia de Santo Domingo. Según uno de los primeros cronistas españoles, Pedro Sarmiento de Gamboa, la familia de los gobernantes incas vivió en aquel lugar en casas sencillas hasta que la ciudad empezó a crecer, y entonces se construyeron unas residencias especiales para los soberanos.

Pachacutec dio su esplendor a la ciudad. Cuenta una leyenda que ese soberano inca visitó la ciudad más antigua de Tiahuanaco, y quedó tan impresionado, que reconstruyó en piedra la ciudad de Cuzco. Pero là grandiosa arquitectura de piedra era ya una tradición de las tierras altas, y la arquitectura cuzqueña tiene poco que ver con la de Tiahuanaco. Más aún: hay ejemplos de construcciones magníficas estrechamente relacionadas con lo autóctono. Pikillacta, por citar un caso, es un asentamiento huari amplio y hermoso en el camino de Collasuyo, no lejos de Cuzco. Pachacutec construyó de nueva planta un esplendoroso Templo del Sol, cuyos restos pueden verse todavía hoy.

Edificó de piedra algunos templos, palacios para sus oficiales y un convento para las mujeres elegi-

das, las cuales tejieron las telas más finas y desempeñaban ciertas funciones en distintos rituales. Pachacutec empezó también la construcción de Sacsahuamán, el magnífico templo-fortaleza en la parte alta de la ciudad.

Pedro Sancho, secretario que fue de Francisco y de Pedro de Pizarro (este último sobrino del conquistador), nos dejó informes sobre la ciudad antes del expolio español y antes de que las batallas por su posesión la destruyeran en gran parte. Sin embargo, no resultaba fácil destruir ni remover los muros monumentales levantados por los incas con enormes piedras, y muchos persisten en Cuzco como cimientos de la ciudad moderna.

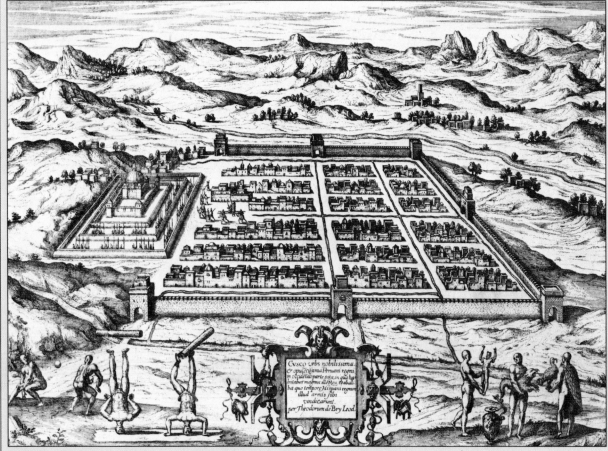

Abajo. La ciudad colonial de Cuzco fue construida sobre restos incaicos, sobreviviendo buena parte del plano y de los muros de los antiguos incas. Cuzco es probablemente la ciudad más antigua y de ocupación más continuada del Nuevo Mundo.

A pie de página. Sacsahuamán queda por encima del centro alto

del plano, hacia el Oeste. Este gigantesco yacimiento, sito en una colina abrupta encima de la ciudad, lo inició Pachacutec a mediados del siglo XV y estaba casi completo al tiempo de la conquista española. Lo guardaban tres murallas inmensas en zigzag, que todavía hoy alcanzan 16 m de altura y que en tiempos fueron aun más altas. Se dijo que

10 000 personas –en su mayor parte pertenecientes a la población de Cuzco– podrían haberse refugiado dentro de sus muros. Sacsahuamán fue escenario de batallas al tiempo de la conquista española. Fue también un lugar consagrado al Sol, en el que según parece se celebraron sacrificios.

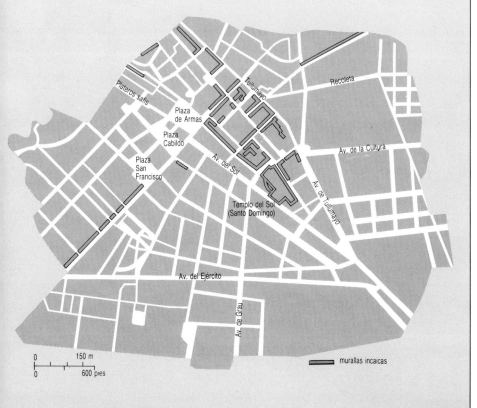

dades de valor en posiciones decimales. En el siglo XX se han utilizado tales *quipus* para recuentos cotidianos; en el pasado pueden haber tenido usos más esotéricos, tal vez con propósitos astronómicos o religiosos.

El sistema de carreteras

La espina dorsal del Imperio incaico fue un sistema de carreteras cuya longitud no se ha medido aún, pero que probablemente totalizó unos 40 000 km. La calzada principal discurría a través de los Andes desde Cuzco a Quito, con numerosos centros incaicos a lo largo de la misma. La extensión septentrional conducía hasta lo que hoy es el sur de Colombia. Otra carretera iba por las tierras altas desde Cuzco, por el Sur, hasta el noroeste de Argentina y Chile, más allá de Santiago. Hubo también una carretera costera, que enlazaba con carreteras de montaña, y otras calzadas unían todas las ciudades.

Cuando era posible, los constructores de carreteras evitaban las dificultades del terreno, como las altitudes excesivas, los pantanos y el desierto; pero tuvieron también recursos notables para afrontarlas, cuando era necesario. Al no haber tráfico rodado –no se emplearon los animales de tiro–, la construcción se adaptaba a la geografía y al uso para el que se abría el camino. La anchura variaba de un metro a dieciséis, aunque en algunos puntos la calzada podía ser más ancha aún. A veces no se construía formalmente una carretera, sino que se trataba sin más de la apertura de un sendero. Y en muchos lugares se utilizaron caminos preincaicos. Se abrieron calzadas en el horizonte medio, porque los caminos «incaicos» enlazaron muchos asentamientos huaris y tiahuanacos, y hay también pruebas de caminos anteriores pertenecientes al horizonte primero. Los senderos incas de montaña se estrechan a veces a lo largo de una fachada de precipicio. Las carreteras costeras eran más anchas y rectas, con muros bajos de piedra, adobe o tapia o con hileras de postes de madera a ambos lados para contener las arenas del desierto. Las calzadas a través de regiones agrícolas estaban limitadas por muros altos. Cuando el camino cruzaba por tierras húmedas se construían calzadas propiamente dichas, con canales de drenaje y con pavimentos de piedra.

Los puentes incaicos de suspensión sobre simas profundas fueron famosos. Hubo también puentes con superestructuras de madera o piedra que se apoyaban sobre pilastras de piedras. Hay pocos ejemplos de empleo de puentes de piedra natural, y en la región del lago Titicaca se construyeron puentes sobre pontones de cañas. En algunos puntos el viajero era transportado a través del río en una cesta sujeta a unos cables, y en algunos cursos fluviales hubo transbordadores consistentes en almadías de madera, calabazas o cañas.

A lo largo de los caminos había *tambos*, unas estructuras de diferentes dimensiones que servían como alojamientos y almacenes, y que probablemente eran también sedes de administraciones locales y centros de varias otras actividades. Probablemente hubo al menos un millar de *tambos*, distintos en su capacidad y formas arquitectónicas.

No eran caminos para uso de turistas corrientes. Se trataba de un servicio importante para controlar el Im-

Doble página siguiente. Esta vista de Machu Picchu muestra su compleja estructura, la variedad de sus trabajos en piedra y su emplazamiento dramático. El «lugar que detiene al Sol» aparece en el centro de la parte izquierda dentro de un recinto de albañilería; encima se suceden las terrazas para cultivo.

Los tejidos andinos

La vestimenta tuvo una importancia primordial para los antiguos peruanos: era un signo de riqueza, estaba presente en los intercambios que se hacían los gobernantes, se empleaba en las ceremonias religiosas, y su entrega, quema o sacrificio constituían una ofrenda sagrada. Su uso señalaba los cambios en los ciclos vitales y era depositada en los enterramientos en grandes cantidades. Convertida en una realidad simbólica por una serie de rituales, la vestimenta tuvo que ver con los motivos religiosos más importantes. Las vestiduras, generalmente tejidas, señalaban el *status* social y caracterizaban los ritos: determinados vestidos los llevaban determinadas personas para realizar determinados actos.

Los tejedores precolombinos de Perú utilizaron una gran variedad de técnicas y se contaron entre los más hábiles del mundo. El mecanismo textil más común fue el telar con retroceso; consistía en un telar estrecho, uno de cuyos extremos se enrollaba a la cintura del tejedor y el otro se ataba a un árbol o a un poste de la casa. Los tejidos empezaron probablemente con fibras de cactos, que se utilizaban para hacer lazos y redes. En tejidos del norte de Chile, Perú y Ecuador, pertenecientes al III milenio a. C., se ha encontrado algodón. Y, en efecto, el algodón fue uno de los primeros productos domésticos en los valles de la costa occidental de Suramérica. En los Andes centrales, una de las fases primitivas se denomina del algodón precerámico, porque, aunque la población no había empezado aún a manufacturar la alfarería, ya cultivaba y usaba el algodón. Los textiles de comienzos del horizonte primero son por lo general tejidos de algodón planos. Hacia finales de ese período, se introdujeron las fibras de camélidos –llama, alpaca, guanaco o vicuña–, utilizándose para los bordados coloristas de las vestiduras de Paracas (la lana toma el tinte mejor que el algodón) y para algunos de los primeros tapices de la costa meridional.

Los vestidos no se confeccionaban. Las túnicas se tejían en dos bandas rectangulares del ancho del telar, y se juntaban en los lados de arriba abajo, dejando aberturas para la cabeza y los brazos. Esa forma del vestido se mantuvo con numerosas variantes.

Fuentes tempranas hablan de la jerarquía de los tejedores incas: las mujeres enclaustradas que tejían los paños más finos para las imágenes del culto, para el gobernante inca y para los sacrificios rituales; las esposas de funcionarios, que cada año enviaban vestidos al soberano inca, y los tejedores especializados cuyo impuesto laboral era una fina tela. La cría de camélidos, de los que se obtenía la lana, estuvo también controlada por el gobierno. En el período tardío, la lana de vicuña se empleaba sólo para las vestiduras del propio soberano.

Cuando Atahualpa, se encontró con Pizarro en Cajamarca, se cuenta que reprochó al español lo que había hecho diciéndole: «Yo sé lo que habéis hecho a lo largo de este camino. Habéis tomado los vestidos de los templos, y yo no cejaré hasta que me los hayáis devuelto.»

Hoy, en los Andes, las indias ancianas aún tienen un huso en la mano todo el día. La necesidad de hacer telas es tan profunda y está tan difundida entre la gente que puede verse a las jóvenes vestidas con ropas modernas cruzar la plaza de una ciudad al tiempo que van haciendo punto.

Izquierda. Una criatura bordada sobre una tela de la Necrópolis de Paracas tiene cabeza de gato y cola de pájaro. Pequeñas figuras cuelgan de las puntas de sus apéndices superiores. Dentro de su estómago lleva un cuadrúpedo que a su vez tiene en su estómago a otra criatura. Los bordados de Paracas están llenos de una iconografía compleja.

A pie de página, izquierda. A finales del periodo intermedio en la costa fueron habituales las grandes telas pintadas, y un motivo frecuente es la figura de pie bajo la franja de un cielo serpentino. Este tejido tiene 1,25 m de altura.

Gorros con cuatro puntas de pelillo –«terciopelo peruano»– son característicos del traje ritual de Huari-Tiahuanaco (*abajo izquierda*). Este ejemplar no es frecuente por la altura de su cuerpo. Se utilizaban plumas de ave, fijadas al tejido de algodón, para ciertas prendas especiales, como ésta para el cuello o esclavina con dibujos chimúes (*abajo*).

Manta nazca (*izquierda*) de 225 por 95 cm, bordada con figuras en un solo color, contrastando con las mantas anteriores de Paracas de bordados multicoloristas. El diseño repetido parece representar una *huaca*, una colina sagrada con plantas que crecen y una testa coronada que parece aludir a su espíritu. La entrada a una cueva puede representar una fuente. Enfrente, dos figuras quieren agarrar a un personaje central, tomándolo una del pelo –un signo de conquista en los Andes– y la otra de la muñeca, quizá para atarlo. Puede tratarse de un cautivo para ser sacrificado. Un animal sobrenatural aparece emparejado, una figura hacia arriba y la otra hacia abajo. Son mantas que probablemente empezaron tejiéndose para los enterramientos. Las telas de algodón pudieron tejerse en telares con retroceso, como el que aparece en el dibujo (*encima*), con el extremo atado a un árbol, según el dibujo de un vaso moche.

perio, y sólo se podía viajar por ellos con un permiso imperial. Por aquellas calzadas era transportada la litera real, por ellas se realizaban los desplazamientos de población de un punto a otro del imperio, y también por ellas marchaban los ejércitos encargados de controlar las poblaciones de aquel enorme Estado. Caravanas de llamas –cada animal podía transportar hasta 45 kg– acarreaban los productos de un lugar a otro del Imperio.

LOS ANDES MERIDIONALES Y LA TIERRA DEL FUEGO

El área arqueológica conocida como Noroeste argentino, y que fue el área cultural más desarrollada al sur de los Andes centrales, estaba formada por tres regiones: la puna o meseta elevada, la valliserrana o valles montañosos y las selvas occidentales, con una concentración cultural en los valles de montaña. El noroeste de Argentina fue un lugar de encuentro para la población ya establecida allí con las gentes e influencias llegadas por el Norte desde Chile, los Andes centrales y el Chaco al Este –estas últimas eran una población nómada con una economía rudimentaria– y con los pueblos cazadores y recolectores de las Pampas patagónicas, que eran las regiones del Sureste.

El período primero o formativo (500 a. C.-650 d. C.) fue un tiempo de desarrollo. En los primeros 300 años de ese período hubo una agricultura incipiente. Después del 200 a. C. se iniciaron las labores de alfarería y metalurgia con la primera cultura Condorhuasi en los valles centrales y con la llamada cultura de Candelaria en el noreste. En los valles bajos se ha encontrado la cultura Condorhuasi, que fue probablemente una mezcla de pueblos de origen andino y de otros de inferior nivel cultural procedentes del Chaco o de la selva tropical. Los artesanos de los poblados condorhuasis hicieron una cerámica policroma y modelada de alta calidad, esculturas de piedra y sencillos colgantes de oro y plata.

En los comienzos de la era cristiana hubo allí una floración de culturas que se llamaron de Condorhuasi y La Candelaria, así como las de La Ciénaga, Tafí y otras apiñadas en las provincias de Cajamarca y Tucumán, entre las llanuras boscosas del Chaco, el borde oriental de los Andes y la puna alta. En la puna, al Oeste, se desarrollaba la cultura tebenquiche, propia de los pastores de llamas y de los cultivadores de patatas del altiplano, con poblados pequeños y una técnica avanzada en los tejidos y la cerámica. La creciente estratificación social podría ayudarnos a explicarnos la presencia de adornos de oro en dicha cultura.

El período medio (650-850 d. C.) incluye la cultura Aguada, que estuvo influida por Tiahuanaco, pero que tuvo un estilo cerámico característico de figuras incisas sobre vasos redondeados, algunos de los cuales constituyen la cerámica más exquisita de la región. Fue una cultura que produjo asimismo finos objetos de metal: las formas *kero* de Tiahuanaco se hicieron con láminas de oro o de plata. Aproximadamente por la misma época, se introdujeron nuevas variedades de plantas.

Un período de desarrollo tardío o regional, que duró desde el 850 al 1480 d. C., creó las culturas de Santa María y Belén, notables por las grandes urnas funerarias policromadas. El período final fue el tiempo de la dominación e influencia incaicas (1480-1535).

Los pueblos del noroeste argentino formaron principados con confederaciones dirigidas por uno o varios caudillos. En cada aldea se utilizaba como templo una casa especial; pero los logros arquitectónicos fueron escasos. Se dio entre ellos una agricultura de regadío intensiva, la domesticación de animales y hubo excedentes de alimentos. Los artesanos pintaron petroglifos y labraron cerámicas de excelente calidad, modelada o pintada a dos o tres colores; trabajaron el oro, la plata, el cobre y el bronce, y tejieron telas y cestos.

Chile

El desierto de Atacama, en la costa norte de Chile, es uno de los lugares más secos del mundo. La región al sur de Arica, en el extremo Norte de la costa, es de una particular riqueza arqueológica. Sus cementerios han conservado centenares de enterramientos en perfecto estado, algunos con cuerpos momificados según técnicas de gran complejidad. La costa chilena se hace semiárida en el trópico de Capricornio, cerca de la moderna Antofagasta, y húmeda a medida que se aproxima a la isla de Chiloé. En la región semiárida de la costa central, cerca de Coquimbo, ya en el período tardío, floreció la cultura diaguita. Los indios araucanos, que habitaban la franja costera húmeda de Chile en los últimos períodos, desafiaron primero la invasión inca y más tarde la de españoles y chilenos. Los campesinos, que abrían calveros con hachas de piedra y practicaban las rozas, cultivaron maíz, calabazas, patatas, frijoles, chiles y quinoa. Utilizaron canoas con alojamiento y balsas de caña, y en tierra se sirvieron de las llamas como animales de carga. Los mapuches, un grupo de los araucanos, fueron cazadores semisedentarios de guanacos, ciervos, zorros y pájaros, y recolectores de plantas. Uno de los primeros cronistas españoles dejó una descripción vivaz de estos indios que se alineaban a la orilla del río, se lanzaban al agua y, con lanzas de tres puntas, lograban una pesca abundante.

El período primero de cazadores y forrajeros había empezado hacia el 10 000 a. C. con la persecución de una fauna ahora extinguida; ya hacia el 7000 a. C. cazaban especies modernas, forrajeaban y pescaban. Hacia finales de ese período aparece la cultura del «anzuelo de moluscos/peces», y se han encontrado restos de la misma en los alrededores de Cobija. Hacia el 3000 a. C. empieza el período inicial o de Chinchorro, que se prolonga hasta el 500 a. C. Esa cultura ha dejado huellas en la costa hasta el sur de Taltal. Fue una cultura precerámica que ignoró la agricultura, pero que manufacturó cestos y útiles de caza y pesca, así como algunos textiles (algodón y más tarde lana) con colores naturales o con un color rojo, y exquisitos tocados de plumas y fibras.

El período intermedio evidencia contactos con Tiahuanaco y el sur de Bolivia, prolongándose desde esa época hasta la era final de la influencia y control incaicos. En la primera parte de ese período, la fase de Alto Ramírez, ya se habían desarrollado asentamientos de poblados con una arquitectura mínima. Cultivaron maíz, frijoles, calabazas y *capsicum* (pimientos); utilizaron una alfarería simple e hicieron progresos en el arte de tejer.

Patagonia, Tierra del Fuego y Chile meridional

El hombre había encontrado el camino hasta el extremo más meridional del continente suramericano, al menos ya para el año 9000 a. C. El arqueólogo Junius Bird halló restos de un hombre primitivo desde aproximadamente esa fecha en la orilla continental del estrecho de Magallanes, en las cuevas Fell y Palliaike. Fueron campamentos de cazadores que utilizaban proyectiles de piedra en la persecución de caballos y perezosos ahora extinguidos, así como de los guanacos que aún se conservan. Restos aun más antiguos (hacia el 9400 a. C.) han aparecido más al Norte, en la costa de Chile, en la laguna de Tagua Tagua, un campamento junto a un lago en el que los cazadores aguardaban a los animales que acudían

a abrevarse. En la misma latitud, tierra adentro, la cueva de Intihuasi conservaba restos anteriores al 6000 a. C.

Hablando con propiedad, Tierra del Fuego es la amplia isla al norte del archipiélago que se halla en el extremo sureste de Suramérica, entre el estrecho de Magallanes y el canal Beagle. Pero aquí el nombre lo usamos en un sentido más amplio para designar todo el archipiélago y la cultura fueguina que se prolonga a través del archipiélago desde el oeste de Chile hasta la ciudad de Chiloé. Los glaciares descienden de la cordillera hacia el Oeste; las laderas andinas están densamente cubiertas de selvas; al Este se extienden las praderas onduladas. Charles Darwin describió Tierra del Fuego como una región con un clima horrible y con unos nativos en condiciones miserables. El clima de Tierra de Fuego no es tan extremo como el de algunas regiones habitadas del hemisferio septentrional. Hay bosques, caza abundante y posibilidades para una agricultura limitada, que podría sostener a una población considerable. Mas, pese a sus tempranos inicios, la cultura india se mantuvo allí en un nivel muy bajo. Ya en el siglo XX no había aún cerámica ni tejidos, se ignoraban el arpón, el hacha y el taladro, así como los recipientes para cocer los alimentos.

En la región hubo cuatro grupos de indios, dos orientados hacia la tierra (indios de a pie) y otros dos hacia el mar (indios de las canoas). Ambos grupos fueron cazadores y forrajeros. Destacaba la escasez de vestimenta que llevaban: gorros, taparrabos reducidos, botas de agua, tocados de plumas y fibras y algunas joyas. Para las ceremonias se pintaban el cuerpo simulando «ropas».

Los más cercanos al mar, los migratorios yaganes y alacalufes, disponían de canoas, paletas, argollas y cuerdas de amarre, pero carecían de anzuelos. Pescaban con arpones o a mano; de ordinario comían aves marinas y ánades y peces, aunque su alimento principal eran las focas.

Los nómadas onas y los pequeños grupos de haúshes recogían plantas y cazaban (con ayuda de un perro fueguino ahora extinguido) guanacos y zorros, que utilizaban como alimento y por las pieles, para capas y bolsas. Construyeron abrigos contra los vientos con cortezas o pieles sostenidas por postes. Cazaban mamíferos marinos desde la orilla y capturaban peces en las charcas que dejaba la marea baja. Hay un mito ona que se asemeja mucho a los de los pueblos del Norte: hubo un dios creador o un primer hombre que se convirtió en dios al comienzo del mundo y que creó ciertos elementos del mismo. El modelo mítico se encuentra en gran parte del Nuevo Mundo. El mito ona de los orígenes habla también del primer pueblo que descendió del cielo por una cuerda, mito que se encuentra asimismo entre los pueblos del Norte. En el noroeste, los chonas cazaban y forrajeaban alimentos marinos a lo largo de la costa chilena. También llevaban poca ropa, aunque usaban largas capas de piel de guanaco y botas de agua.

Patagonia se extiende al norte de la Tierra del Fuego y al este de los Andes. Hay allí mesetas secas que penetran hasta las Pampas, las praderas del Norte. Esas praderas fueron la patria originaria de los puelches y tehuelches, pequeñas bandas nómadas de 51-150 personas, que cazaban guanacos, zorros y pequeños gamos. Estos indios se servían de instrumentos de piedra para trabajar las pieles y como armas. Decoraban sus mantos de piel, hacían máscaras y cestas y tallaban objetos de hueso. Como los vecinos del Sur, se pintaban el cuerpo. Algunos de los grupos posteriores manufacturaron pequeños vasos de alfarería de escasa calidad.

Desde comienzos del siglo XX, las poblaciones indias casi han desaparecido. Como muchos otros, los fueguinos fueron eliminados por los europeos y sus epidemias.

Una máscara en piedra con dibujos geométricos, y 11 cm de altura, perteneciente a la cultura de Tafí en el noroeste de Argentina.

Hacha ceremonial de bronce, perteneciente a la fase última del período de desarrollo regional, también en el noroeste de Argentina.

PARTE SEXTA
LA HERENCIA VIVA

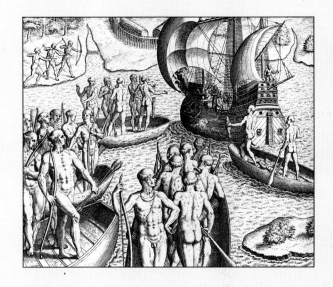

Choque de culturas

Se puede argüir que continúa el contacto entre culturas indias y culturas europeas, y que las divisiones siguen siendo profundas. Pero los contactos del siglo XVI fueron especiales, porque se trataba de culturas esporádicas y complejas, sin ninguna experiencia anterior sobre la que cimentar la comprensión recíproca. Las culturas de América y las de Europa (había varias en los dos continentes) se fundamentaban en principios muy diferentes y a menudo conflictivos. Con frecuencia se agriaron los contactos iniciales a los ojos de todas las partes por gestos de incomprensión y ofensas no intencionadas.

El intercambio de bienes lo vieron los europeos por lo general como un comercio, mientras que a los ojos de la mayor parte de los indios era reciprocidad. Pronto, sin embargo, cada uno de los bandos se acomodó a las costumbres del otro. Los mercaderes europeos empezaron a manufacturar los productos más ambicionados por los indios, como ollas de latón, abalorios, armas de fuego y hachas. Por su parte, los indios incrementaron la caza de animales para pieles con el fin de proporcionar a los europeos lo que deseaban.

Era inevitable que los europeos intentasen adquirir y ocupar tierras indias. El proceso fue rápido en el Caribe. Poco después, los Imperios de México y de Perú caían en manos españolas. Pero hubo de pasar un siglo o más para que otras regiones de América pasaran al dominio europeo. La exploración y las diversas tentativas de colonización hicieron saltar la chispa de epidemias esporádicas que tomaron enormes proporciones y acabaron devorando a las poblaciones indias. Los europeos llevaron consigo enfermedades que se habían incubado siglos antes en el hemisferio oriental, y de las que a menudo derivaron mutaciones de las especies anima-

les domésticas, entonces mucho más numerosas. Las enfermedades, a las que las poblaciones europeas ya se habían adaptado gradualmente, golpearon con fuerza las poblaciones indias, a veces de un modo generalizado. Tales plagas, como las viruelas y otras infecciones epidémicas, llegaron a reducir a la población indígena hasta en un noventa por ciento en uno o dos siglos. Así, el choque de culturas no se realizó sólo en términos sociales y políticos, sino que la guerra biológica y no intencionada desempeñó también un papel importante.

Los grabadores europeos del siglo XVI copiaron en buena medida las fuentes gráficas que les llegaban de todas las regiones de América. Esta ilustración de una matanza de indios en su aldea (*izquierda*) fácilmente podría representar la ilustración de numerosos relatos sobre el mismo tema en los dos semicontinentes americanos.

Algunas culturas suramericanas se han conservado relativamente intactas hasta hace poco (*arriba izquierda*). Pero la mezcla de la atención de los mercaderes y de las bendiciones de los misioneros acabó socavando la cultura tradicional, encargándose las enfermedades de reducir el número de los aborígenes hasta no hace muchas décadas.

Un grabado, que ilustra el trato que se daba a los nativos en la Virginia del siglo XVI (*encima*), copia las fuentes suramericanas. Los curanderos emplean la fumigación y las técnicas chamánicas para combatir una enfermedad desconocida, no diferenciándose fundamentalmente de las prácticas europeas por la misma época.

Abajo. Este poste de aspecto ridículo es un testimonio elocuente de que las sanciones a menudo no son capaces de traspasar los límites culturales. En este caso, un comerciante blanco (en lo alto) es ridiculizado por haber cometido fraude. Se trata sin duda de un eficaz mecanismo de control social en el seno de la cultura de la costa Noroeste, pero carece de efecto sobre el comerciante, que ya partió.

A mediados del siglo XIX, el gobierno de EE.UU. negociaba regularmente con las naciones indias del Oeste. La mayor parte de las guerras con los indios eran ya cosa del pasado, y las condiciones del tratado quedaron bien establecidas. A veces algunas delegaciones indias visitaron Washington, D. C. Aquí (*arriba*) una delegación india visita al presidente Andrew Johnson en la Casa Blanca, el año 1867.

La Constitución estadounidense prohíbe a los estados y a cualesquiera otras instituciones públicas y privadas establecer tratados con las naciones indias, y exige que tales naciones sean tratadas como soberanas, aun existiendo por completo dentro de Estados Unidos. Esas medidas invalidaron muchos tratados entre estados particulares y naciones indias, y casos como pretensiones a ocupar la tierra formulada por algunas naciones indias modernas siguen siendo objeto de litigio a finales del siglo XX.

Los esquimales se cuentan entre los últimos que experimentaron un cambio omnipresente de su cultura tradicional. Muchas de las tradiciones continúan; pero las embarcaciones de motor y los vehículos que se desplazan sobre la nieve han suplantado a los trineos de perros y a los kayaks que fotografiaron los primeros exploradores. (*izquierda*).

La vida de los esquimales

Derecha. Los esquimales del Polo emplean las traillas de perros para arrastrar las morsas capturadas, con vistas a su descuartizamiento, de una forma que permitía el despliegue de los canes como vemos aquí. Cuando ese despliegue debilitaba la fuerza de las traillas, se les disponía en una forma más complicada por parejas. Los perros fuertes eran indispensables, sobre todo en el invierno, y es más que dudoso que alguna cultura prehistórica hubiera podido adaptarse al Ártico sin esa raza fuerte.

Abajo. Se cazaban los pájaros por su carne y sus plumas, de varios modos: con lanzas o arpones, redes y hasta bolas que se les lanzaban para su captura, vivos o muertos.

Los esquimales y los aleutianos habían llegado tarde, pasando desde Siberia al Ártico americano hace cuatro mil o cinco mil años. Eran y son diferentes de los indios americanos en muchos aspectos (biológicos, lingüísticos y culturales). Aportaron una técnica lítica avanzada, con la que elaboraron los instrumentos necesarios que les permitieron penetrar en el Ártico hostil y sin árboles.

La tecnología esquimal ha sido descrita como un montaje de artilugios. En algunos casos, como ocurre con el arpón de aparejo, el kayak o el trineo de perros, sus instrumentos fueron muy perfeccionados, hasta el punto de que no pudieron mejorarlos dentro de las limitaciones de las materias primas tradicionales. Algunas de las herramientas, como el matalobos o el flotador de piel de foca, son simples pero ingeniosos. El matalobos es una lámina de hueso de ballena, afilado en las dos puntas, enrollada y congelada con un trozo de grasa del mismo animal; cuando el lobo hambriento se la traga, la grasa se derrite, dejando que actúe la lámina afilada, que mata al animal. El flotador de piel de foca lo emplean los que pescan en kayak, atándolo al arpón; las focas y morsas arponeadas arremeten contra el flotador en vez de

hacerlo contra los kayaks, hasta morir de agotamiento.

Los instrumentos ingeniosos, las lámparas de aceite y los mamíferos marinos permitieron a los esquimales penetrar y sobrevivir en el medio ambiente más hostil que el hombre ha conocido. La adaptación dejó poco espacio al error, mientras que la larga noche ártica proporcionaba tiempo para las distracciones y habilidades.

La vida esquimal se ha mostrado resistente a las presiones del siglo XX, pero los equipos modernos han sustituido en buena parte a los instrumentos tradicionales.

Abajo. El taladro de arco permite la realización rápida y precisa de pequeños agujeros en un material duro. Antes de que se introdujese allí el hierro, los artesanos esquimales utilizaban la piedra, el cobre y los meteoritos como barrenas. En esta fotografía de comienzos del siglo XX un esquimal hace agujeros con ese método en una pieza de marfil de morsa.

Abajo derecha. Las casa de nieve es sólo un tipo de iglú; pero la ingeniosa construcción de nieve y hielo es una de las cosas que más impresiona a la imaginación de los no esquimales. Las tiendas de pieles, césped y rocas servían para otras estaciones, pero no bastaban en el invierno ártico.

Izquierda. Un hombre aguarda inmóvil al borde de un hielo. Con un pequeño bastón en una mano hace oscilar el cebo para atraer a la umbra, un pez pariente de la trucha. En la otra mano sostiene un arpón como el que aparece de repuesto en primer término. Un pincho central servía para espetar al pescado, mientras que los dos brazos laterales se abrían para hacerlo entrar en la trampa; la orientación de los pinchos hacia atrás impedía que el pez escapara.

Arriba. Un esquimal actual de Groenlandia saca un mérgulo marino con una red ajustada a un palo largo. Los esquimales de Groenlandia descienden de los thules que se extendieron por la parte este del Ártico americano. La expansión de hace 1000 años empujó también a los escandinavos en dirección oeste hacia Groenlandia, aunque sólo los esquimales se quedaron allí tras la larga carrera.

211

El drama ritual hopi

¿Cómo ha podido sobrevivir el grupo cultural de los hopis, con una población aproximada de 6500 personas, en una nación moderna de 231 millones de habitantes? La respuesta no puede estar en una organización política compacta, toda vez que cada uno de los poblados hopis se autogobierna con su propio regidor y su sistema de clanes matrilineales, que poseen las tierras. Lo que mantiene la cohesión de esta cultura y de la sociedad que la sustenta es un ciclo ceremonial de dramas culturales, en los que participa cada hopi. Los dramas poseen una sólida base religiosa y filosófica.

En el ceremonial hopi son de capital importancia los *kachinas*, espíritus bondadosos de los difuntos, de los antepasados, personificados por los bailarines con máscaras. Hay unos 335 kachinas diferentes, cada uno con su personalidad y su máscara distintivas, viviendo en su propia aldea sobrenatural con sus propios jefes. Llegan a cada poblado hopi en diciembre y pasan el invierno, la primavera y parte del verano con la gente, bendiciéndola y asegurándole la lluvia para las cosechas. En julio, regresan a la aldea kachina de las montañas.

El corazón secreto de toda la realidad hopi es el *kiva*, una cámara rectangular con una escala en el techo que comunica con el mundo superior. El kiva es la Madre Tierra, y un agujero en su suelo (el *sipapu*) es el lugar de emergencia por el que llegaron los hopis de mundos anteriores. La mayor parte de los dramas rituales empieza en la aldea kiva, y algunos terminan en ella. El éxito de las plegarias ofrecidas delante de los altares kivas está asegurado por el empleo de bastones de oración, la harina sagrada de maíz y el tabaco.

Como en otros indios pueblos, los payasos son parte integrante de su representación. Pintados con franjas negras y blancas horizontales, exhiben un humor picante, con mimos y comentarios burlescos sobre el entorno social, en ocasiones a expensas de los espectadores blancos. Constituyen una importante válvula de escape para una sociedad altamente conformista.

Todas las ceremonias y danzas públicas son anunciadas por un heraldo jefe. En las danzas kachinas los participantes en el canto son conducidos a la plaza por el «gran padre» con acompañamiento de tambores, moviéndose todo en el sentido contrario a las agujas del reloj, con el director de la danza en el centro. En los bailes sociales los cantores y los tamborileros están separados.

En contraste con lo que ocurrió en la Mesoamérica posterior a la conquista, el drama ritual de los indios pueblos es casi puramente indígena, con escasa o ninguna influencia española y sin sincretismo alguno. No sólo tenemos aquí un descendiente directo de la religión y ceremonias del período clásico de los indios pueblos del Suroeste americano, sino también una muestra –a pequeña escala– de lo que debieron de haber sido los grandes ritos del calendario de la Tenochtitlán azteca antes de 1521.

Derecha. En una alternancia anual, las sociedades de la flauta y de la serpiente celebraban ritos importantes para conducir las nubes de agua al poblado y asegurar así el agua para los estanques y cisternas. La ceremonia de la flauta empieza aquí en la fuente principal de la aldea con dos muchachas y un muchacho flautistas, a los que seguía el sacerdote de la flauta.

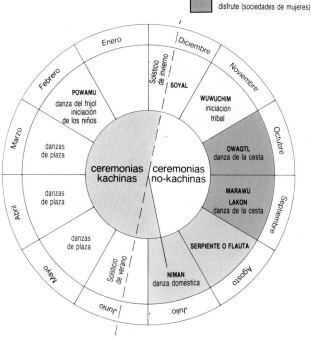

Izquierda. El año hopi de los dramas rituales está delimitado por el Sol y las estrellas. Empieza con el Wuwuchim, una ceremonia realizada el día 16 y que celebra la creación del universo, y durante la cual varias sociedades religiosas cumplen el rito del nuevo fuego en sus kivas y a los jóvenes se les otorga la iniciación final. En el solsticio de invierno, durante el Soyal, aparece repentinamente en el poblado el primer kachina, enmascarado con un yelmo de turquesa y con paso vacilante como un niño pequeño; tanto él como la ceremonia simbolizan el nacimiento de una nueva vida. El Powamu («purificación») es el rito que marca la última de las tres fases de las ceremonias de la creación germinal. Semillas de frijoles germinaban en los kivas antes del tiempo y brotaban milagrosamente en medio de la muerte invernal; era también el tiempo en que los muchachos y muchachas hopis eran iniciados por los kachinas en los ritos de las sociedades tribales.

En julio, cuando maduran el maíz y otras cosechas, se celebraba una gran danza que marcaba el regreso de los kachinas a su hogar. A mediados de agosto, y en años alternantes, se celebraban las ceremonias espectaculares de la serpiente o de la flauta para asegurar la lluvia benéfica para las cosechas.

Finalmente, septiembre y octubre es el tiempo para las sociedades de mujeres, que también desempeñan un papel en el cuidado y recogida de las cosechas con sus danzas específicas. Desde 1911 está prohibido tomar fotografías de los ritos sagrados de los hopis; pero a comienzos de siglo algunos visitantes no hopis consiguieron algunos testimonios fotográficos, por lo general de la danza de la serpiente. Entre 1904 y 1906 un joven, llamado José Mora, que era además un gran acuarelista, tomó una serie de fotos del drama ritual hopi, algunas de las cuales vemos aquí.

Abajo. Niman es una ceremonia, celebrada el día 16 de julio, en la cual los kachinas bailan por última vez en ese año, antes de regresar a su casa de los espíritus. Ya no regresarán a las aldeas hasta diciembre. Vemos aquí, en la plaza de Walpi, una hilera de kachinas de Kuwan Heheya con sus rostros verdes y sus máscaras que reproducen las nubes de agua danzando al son de una música chirriante. Un grupo de payasos hanos, con vestidos a franjas horizontales, los observa.

Abajo. Conducida por el kaletaka o guerrero, la sociedad de la flauta se encamina en procesión por la falda de la mesa. Cuando el grupo de cantores entra en la plaza de la aldea caminan sobre unas nubes simbólicas de agua, pintadas con la blanca y sagrada harina del maíz.

Arriba. Durante el rito del Powamu, o después, aparece en la aldea un grupo de monstruos, que visita cada una de las casas pidiendo alimentos y aterrorizando a los que se han portado mal, amenazándolos con comérselos. Aquí los vemos llamando a la escotilla de un kiva para que el jefe les dé alimentos frescos o también a él lo devorarán.

Abajo. En el otoño las tres sociedades de mujeres celebran la culminación de las cosechas con danzas y con la distribución pública de alimentos y productos caseros. Esta danza de la cesta la ejecuta la sociedad Lakón en la plaza de Walpi, junto a la mesa primera. A la derecha puede verse la Roca de la Serpiente, una formación natural.

Abajo. Fotografía realizada en 1893 de los kachinas hopis de la ceremonia del Powamu o «plantación de los frijoles». Los kachinas eran los protagonistas en la danza de los frijoles, que se celebraba en febrero, por lo general en la noche. Aunque los kachinas eran tanto hombres como mujeres, los papeles de éstas solían realizarlos los hombres.

Derecha. Muñeca hopi en madera de unos 20 cm de altura; es de mediados del siglo XIX. Sus ojos representan las nubes de lluvia y los párpados son el agua.

WALPI poblado hopi

☐ pueblos orientales

■ pueblos occidentales

— límite de reserva hopi

— límite de reserva navajo

▭ territorio por encima de 2000 m

camino

☐ poblado o ciudad modernos

escala 1 : 3.000.000

La leyenda de los orígenes hopis

Todas las sociedades pueblo tienen sus mitos sobre los orígenes. Son las actas no escritas sobre la conducta cultural y social. De manera similar a otras poblaciones del Nuevo Mundo, como los aztecas, también los hopis (abreviatura de Hopituh Shinumu, «el pueblo pacífico») creen que primero hubo unos mundos inferiores o creaciones imperfectas, y que sus antepasados pasaron sucesivamente a través de las mismas, y en el caso de los hopis a través de un *sipapu* o vagina del mundo. Cada mundo inferior está asociado con una dirección, un color, un mineral y un pájaro específicos. Es una concepción probablemente de origen asiático.

El mundo primero, el «espacio infinito», fue un universo puro y feliz en el que estuvo el primer pueblo. Con el tiempo fue destruido por el fuego, cuando la disensión y la guerra, tan ajenas a los hopi, se adueñaron de él. En el mundo segundo, la «media noche oscura», y debido a un renovado conflicto, el fin llegó con el frío y el hielo, salvándose el pueblo elegido en un hormiguero. Aquella población subió al mundo tercero a través de una escala, pero volvió a repetirse la misma catástrofe, con grandes inundaciones como la fuerza destructora de todo. La Mujer Araña salvó a los antepasados hopis ocultándolos en balsas y conduciéndolos hasta la tierra seca. En el mundo cuarto, que es el nuestro, el «mundo completo», el vigilante a la vez que el que otorga y arrebata la vida es Masau'u, el dios fuego. Aquella salida a través del *sipapu* vio la migración de los clanes hopis hasta las aldeas de la meseta en la que hoy se encuentran.

Abajo: **Reservas de los indios pueblo, hopis y navajos**
Actualmente son ocho los poblados hopis, distribuidos en tres mesas, aquí sólo aparecen cuatro de tales poblados. Zuni es el mayor de los indios pueblo, con una población de 5460 habitantes en 1970. La población pueblo total supera los 35 000 individuos. En contraste con ellos, los navajos eran en 1970 más de 125 000 con un incremento demográfico rápido.

Taos es el poblado más al Noreste de los pueblos orientales y está situado casi en el extremo meridional de las Grandes Llanuras. De hecho, la población taos ha adoptado en ciertos aspectos la cultura de las tierras llanas, como el vestido, la música y la danza. En las tierras de los pueblo hay incluso un pequeño rebaño de bisontes.

Derecha. Los hopis dan a sus niños las «muñecas» kachinas no para que jueguen con ellas, sino para que puedan reconocerlas en sus funciones reales. Ésta es una «muñeca» que reproduce al kachina Hemis, el protagonista principal en la danza kachina de Niman.

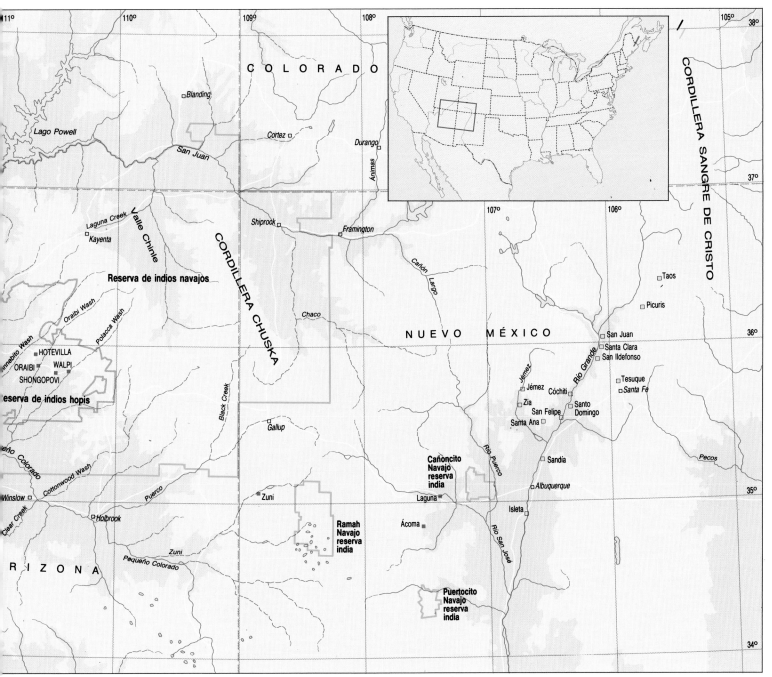

La vida en las llanuras

Las tribus nómadas y coloristas que recorren a caballo las Grandes Llanuras son una realidad cultural relativamente cercana en el tiempo. Los indios americanos no dispusieron de caballos hasta que los animales se escaparon o fueron robados de las avanzadillas españolas en el siglo XVI. No obstante, para el siglo XVIII muchas tribus ya habían adoptado el caballo, dedicándose por entero o en parte a la caza de bisontes y llevando una vida nómada en las vastas praderas del Oeste.

A medida que se desarrollaban las culturas indígenas en las praderas y las llanuras, fue cambiando la actitud euroamericana a propósito de los indios aborígenes. A comienzos del siglo XIX, unas imágenes positivas y románticas habían sustituido a las posturas anteriores, más negativas. Cuando el Oeste se abrió a la exploración y a la inmigración, allí convergieron las nuevas ideas, y se montó el escenario para el establecimiento del mito del indio de las praderas como el arquetipo romántico de toda la cultura aborigen americana.

Los pintores del siglo XIX –Karl Bodmer y George Catlin–, así como los fotógrafos que llegaron después viajaron con los primeros exploradores y llevaron su visión romántica a los temas indios. A menudo las pinturas, los dibujos y las fotografías resultantes de todo ello constituyen nuestro único acceso visual a tales culturas.

Arriba. Un grabado con una aldea de las Llanuras, según diseño del pintor suizo Karl Bodmer (1809-1893), que acompañó al príncipe alemán Maximilian de Wied-Neuwied en una expedición por el río Missouri en 1833.

Extremo izquierdo. George Catlin (1796-1872) pintó a Mah-to-toh-pah (Cuatro Osos), segundo jefe de los mandanes, en 1832. Las figuras pintadas y los cabellos humanos que adornan su túnica nos dicen que había matado a muchos enemigos. Una mano pintada indica que había matado a un enemigo en combate cuerpo a cuerpo.

Izquierda. Los mandanes de las Llanuras realizaban las danzas del búfalo para empujarlos mágicamente hacia los cazadores. Los jóvenes bailaban día y noche hasta que los exploradores anunciaban que los bisontes estaban a poca distancia.

Derecha. Una danza minnetaree (hidatsa) representando el rito de arrancar el cuero cabelludo, pintada por Bodmer. Los hidatsas conservaron muchos de los convencionalismos culturales de los nómadas de las Llanuras.

Máscaras rituales de la costa Noroeste

La vegetación abundante de la costa noroccidental permitió el desarrollo de grandes poblados, sin que se diera una mera horticultura. La templada selva lluviosa de la región proporcionaba la madera de cedro que podía talarse y cortarse en tablas anchas con cuñas y martillos. Así, y a pesar de la falta de animales y plantas domesticados, los indios de la costa del Noroeste crearon grandes poblados de sólidas casas de madera.

Es posible que antes de sus contactos con los europeos se hubiesen procurado instrumentos de hierro con piezas llegadas en restos flotantes a través del Pacífico. Y después de tales contactos con los europeos, la manufactura de esos instrumentos encontró una gran aceptación, dando origen a una explosión de creatividad. Muchas de las obras producidas conservan toda su vivacidad.

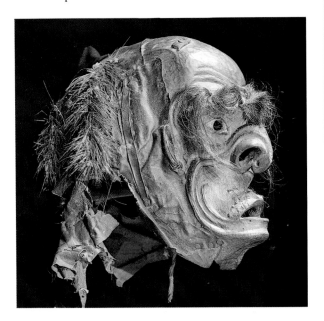

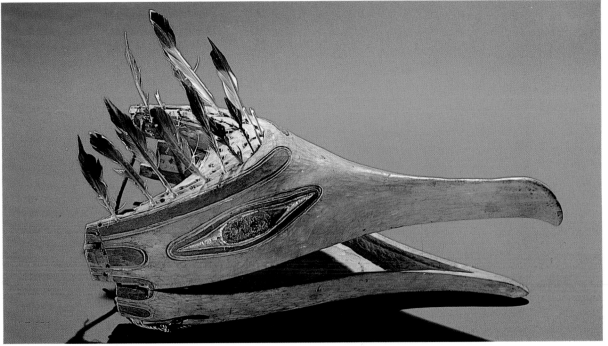

Abajo. Este retrato funerario sin pintar, procedente de una aldea cercana a Kitimat, en la Columbia Británica, tiene el aspecto de madera de deriva. La pieza kwakiutl concentra deliberadamente la personalidad del difunto en el tratamiento de los ojos y la boca.

A pie de página. Una máscara pintada de Bella Coola ilustra los motivos curvilíneos que abundan en el arte de la costa noroeste. Aunque hay una tendencia a llenar todo el espacio aprovechable, el dibujo parece flotar libremente.

Supervivencias: la vida diaria

En muchas regiones de América Latina se reflejan todavía hoy los modelos fundamentales de la antigüedad. Algunos de los productos importantes siguen siendo los mismos, sin que hayan cambiado mucho los procedimientos para obtenerlos. La introducción de los animales domésticos ha comportado ciertas diferencias. En los Andes, por ejemplo, las llamas han sido sustituidas por las ovejas, y en general intervienen más animales en la dieta humana.

Casi en todas partes hay mercados en los que se venden verduras, frutas y hierbas, cerámica y otros productos de los viejos mercados. A veces se ve a las mujeres llevando sus productos al mercado en cestos o en fardos sobre la cabeza.

En las tierras altas de Mesoamérica y de los Andes, el tejido sigue siendo importante. Muchas regiones siguen haciendo sus dibujos y vestidos específicos, que permiten identificar a quien los lleva y también a quien los ha tejido.

La arquitectura sencilla ha cambiado poco. La paja sigue siendo el material usado para los techos, y se utilizan también cañas y adobes. Aún se emplean algunos puentes incas y se camina por calzadas probablemente preincaicas.

Es verdad que eso ocurre en regiones subdesarrolladas y que las cosas se hacen a menudo según los viejos métodos sólo porque es la mejor manera de hacerlas. Los procedimientos antiguos siguen siendo válidos. Los criterios prácticos de actuar de conformidad con el entorno o con los materiales a mano crearon desde hace tiempo unos métodos que aún se muestran efectivos.

Un dibujo temprano de Guaman Poma muestra al soberano inca iniciando la plantación de primavera (*arriba*). Tanto él como los hombres que aparecen detrás usan un arado de pie, relacionado con el bastón mesoamericano para escarbar. Campesinos contemporáneos (*derecha*) aparecen realizando el mismo gesto sobre un instrumento curvo en una terraza agraria de Perú. Aperos similares siguen utilizándose en muchos lugares de las Américas, porque las condiciones de un suelo somero hacen preferibles tales instrumentos al arado que conocemos.

El acarreo de bultos mediante una correa o tira con que se atan y se cargan a la espalda es un método viejo que sigue utilizándose. Este dibujo del siglo XVII (*izquierda*) muestra cómo se transportaban los sacos al almacén durante los tiempos incaicos (las gallinas del primer plano, introducidas por los españoles, representan un anacronismo). En las tierras altas y alejadas de Chiapas, México, una mujer maya actual acarrea de la misma manera la leña para el fuego (*encima*).

Extremo izquierdo. Un típico mercado indio, que se celebra semanalmente en Chinchero, una ciudad cerca de Cuzco, con amplias ruinas incaicas y que en tiempos fue un importante lugar de reunión. Las mujeres llevan sus sombreros distintivos con el dibujo de las cuatro partes del mundo.

Izquierda. Hoy es ya una costumbre rara la pintura del rostro y del cuerpo, en tiempos muy difundida. Como los primeros indios que vio Colón, muchos grupos del Amazonas no llevan vestido alguno sino que se pintan el cuerpo con colores brillantes. En la mayor parte de los casos la pintura del cuerpo sólo se realiza para ocasiones especiales. Para las fiestas de Yonamamö las mujeres se pintan dibujos en rojo.

Las mesas para la molienda o *metates* pueden adoptar diversas formas (*abajo*). La faena doméstica fundamental de moler el maíz para hacer tortillas o gachas las realizan habitualmente las mujeres. Los *metates* son por lo general menores del que aparece aquí y los utilizaba una sola persona. Las piedras de molienda también presentaban formas variadas. Las losas ásperas, que aquí aparecen, pulverizan los granos sobre los que se frotan. Las drogas alucinógenas para uso ritual a veces las muelen los chamanes sobre un *metate*.

El telar con correa trasera fue en tiempos antiguos un instrumento corriente en los Andes para tejer (*izquierda*), y se usa todavía hoy (*extremo izquierdo*). La mujer trabaja aquí al modo tradicional de Chinchero, frente a unas piedras de inhabitual corte incaico. Tales telares se utilizan todavía hoy en muchos lugares de América. Pueden transportarse fácilmente y se pueden fijar a cualquier objeto vertical.

Supervivencias: ritos

Un aspecto sorprendente de las supervivencias cultules de Latinoamérica es su fusión con el catolicismo. Son muchos los elementos en ese sincretismo, algunos de los cuales fueron utilizados por los primeros misioneros para facilitar la conversión de los indios; por ejemplo, la cruz, que era un importante símbolo maya. El Sol –en la antigüedad un dios importante en toda América Latina– se identificó con Jesucristo en muchas mentes aborígenes. A la Virgen María se la identificó a menudo con la Luna (entre los mayas) o con la diosa Tierra (en los Andes). El dios del trueno tuvo singular relevancia entre los incas, y ahora se le confunde con Santiago, el patrón de los españoles, que iban equipados con armas de fuego. Los días festivos de los santos se celebraban en las iglesias con bailes de máscaras.

También es verdad que algunos ritos se mantuvieron alejados de las iglesias. Tempranos informes españoles cuentan que los indios hacían ofrendas y sacrificios en lugares sagrados y en determinadas fechas del año. Todavía se conservan esos lugares –montañas, fuentes, cuevas– y aún se siguen haciendo ofrendas y sacrificios, a menudo en conexión con determinadas ceremonias cristianas. Las montañas son especialmente sagradas. Las jóvenes y gigantescas montañas del Nuevo Mundo sufren terremotos y erupciones volcánicas. La tierra tiembla y las piedras se mueven por sí mismas. La ladera se derrumba en una cascada de agua y rocas, o estalla el cielo con el fuego de un volcán.

Tales catástrofes conducen al animismo y también a la naturaleza, manteniendo el entramado cósmico fundamental. El Sol se alza de la cordillera sagrada en la que todavía se celebran ciertos ritos, y muere en el Oeste, el lugar de los muertos.

Los incas presentaban ofrendas –a menudo holocaustos– a los *huacas* o lugares sagrados; las ofrenda consistían principalmente en licor de maíz fermentado, alimentos, ropas y coca. Entre las ofrendas más importantes se contaban las llamas (*arriba*), que todavía siguen sacrificándose en ciertos ritos, por ejemplo en honor de los dioses de la montaña. En El Calvario, una colina encima de La Paz (*derecha*) la gente se reúne para quemar incienso y rezar, elevándose el humo perfumado y las ofrendas de todo tipo hasta las cumbres coronadas de nieve que rodean el valle.

Los indios tarahumaras del norte de México representan una semana santa de la danza de los fariseos (*extremo izquierdo*). Pintan sus cuerpos y llevan coronas de plumas de pavo o de gallina mientras danzan con una figura de Judas de trapo al son de los tambores y de silbatos de caña. En la iglesia se hacen ofrendas de alimentos a los santos.

En las danzas festivas de toda Mesoamérica los danzarines llevan vestidos de animales, que en tiempos antiguos fueron para ellos muy importantes, como ciervos, monos y –el principal sin duda– jaguares, los grandes depredadores de la selva lluviosa de las tierras bajas. En Guerrero dos hombres vestidos de jaguar se enzarzan en un combate fingido (*izquierda*).

Noviembre, que los incas llamaban Ayamarca, era el mes de los difuntos, cuando se sacaban las momias de sus lugares de reposo y eran llevadas en procesión sobre literas o angarillas. Para los vivientes, la litera era un signo de *status* elevado, y su empleo en honor de los muertos señalaba el carácter sacro de los antepasados. En el mundo cristiano el 2 de noviembre es el día de los difuntos, que en México se celebra con especial solemnidad.

Como los dignatarios de casi todos los pueblos del mundo, también los funcionarios del Nuevo Mundo llevaban bastones de mando en el pasado y siguen llevándolos todavía hoy. Un oficial de la parte alta de Cuzco estaba también relacionado con el inca (*arriba*), ya que lleva la corona y parte de la vestimenta regia. En las tierras altas del Chiapas actual los oficiales mayas de los tzotziles llevan sombreros encintados y trajes ceremoniales cuando recorren la ciudad con sus bastones de mando (*sobre estas líneas*).

La ciudad de Paucartambo, próxima a Cuzco, celebra la fiesta de la Virgen el 15 de julio (*izquierda*). La imagen es sacada de la iglesia y llevada en procesión bajo un parasol incaico hecho de plumas de ararauna. Danzantes enmascarados acompañan la procesión. Un baile creado en Paucartambo lo realizan unos danzarines vestidos a la vieja usanza española; en las danzas antiguas de los Andes se utilizaban cuerdas. La Virgen se relaciona con la diosa incaica de la tierra, llamada Mamapacha. En Paucartambo pueden verse todavía restos de *chulpas* o tumbas incas.

LISTA DE ILUSTRACIONES

AGRADECIMIENTOS

Equinox quiere dar las gracias a Sue Scott del Instituto de Arqueología de la Universidad de Londres y a John Fisher de la Universidad de Liverpool por su asesoramiento. Elizabeth Benson desea agradecer asimismo a Patricia Anawalt, a Elizabeth Boone, a Richard Cooke, a Hernán Crespo Toral, a Alban Eger, a Olga Fisch, a Olaf Holm, a Julie Jones, a Nancy Mason, a Gordon McEwen, a Presley Norton, a Michael Snarskis y a George Stuart por la ayuda recibida en su investigación y búsqueda.

BIBLIOGRAFÍA

Primera parte: el Nuevo Mundo
G. Ashe, T. Heyerdahl, H. Ingstad, J. V. Luce, B. J.
Meggars and B. L. Wallace, *The Quest for America*. New
York, 1971.
J. D. Jennings (ed.), *Ancient Native Americans*. San Francisco,
1978.
B. Landström, *Columbus*. New York, 1967.
M. Magnusson and H. Pálson (trans.), *The Vinland Sagas:
The Norse Discovery of America*. Baltimore 1965.
R. L. Wauchope, *Lost Tribes and Sunken Continents*. Chicago,
1974.
G. R. Willey, *An Introduction to American Archaeology*. vol. 1.
North and Middle America, vol. 2 *South America*. Englewood
Cliffs. N. J., 1966.
G. R. Willey and J. A. Sabloff, *A History of American
Archaeology*. San Francisco, 1974.

Segunda parte: los primeros americanos
A. L. Bryan, *Valeo-American Prehistory*. Pocatello, Idaho,
1965.
A. L. Bryan (ed.), *Early Man in America from a Circum-Pacific
Perspective*. Edmonton, Alberta, 1978.
D. Dincauze, «An archeo-logical evaluation of the case for
pre-Clovis occupations», *Advances in New World Archaeology*,
vol. 2, pp. 276-323, 1984.
J. E. Ericson *et al* (eds.), *Peopling of the New World*. Los
Altos, Calif., 1982.
W. S. Laughlin and A. B. Harper (eds.), *The First Americans:
Origins, Affinities and Adaptations*. New York, 1979.
K. Macgowan and J. A. Hester, Jr., *Early Man in the New
World*. Garden City, N. Y., 1962.
R. S. MacNeish, «Early man in the New World», *American
Scientist*, vol. 63, n.º 3, pp. 316-27. New Haven, 1976.
P. S. Martin and H. E. Wright, Hr., *Pleistocene Extinctions:
The Search for a Cause*. New Haven, 1967.
I. Rouse. «Peopling of the Americas», *Quarternary Research*,
vol. 6, pp. 597-612, 1976.
Scientific American, *Early Man in America*. San Francisco,
1973.

Tercera parte: Norteamérica
L. M. Alex, *Exploring Iowa's Past: A Guide to Prehistoric
Archaeology*. Iowa City, 1980.
J. B. Billard (ed.), *The World of the American Indian*.
Washington, D.C., 1974.
D. S. Brose, J. A. Brown and D. W. Penney, *Ancient Art of
the American Woodland Indians*. New York, 1985.
L. Campbell and M. Mithun (eds.), *The Languages of Native
America: Historical and Comparative Assessment*. Austin, Tex.,
1979.
J. L. and K. K. Chartkoff, *The Archaeology of California*.
Stanford, Calif., 1984.
L. S. Cordell, *Prehistory of the Southwest*. New York, 1984.
«Southwest Archaeology», *Annual review of Anthropology*, vol.
13, pp. 301-332, 1984.
D. Damas (ed.), *Arctic*, Handbook of North American
Indians, vol. 5. Washington, D. C., 1984.
P. Druker, *Cultures of the North Pacific Coast*. San Francisco,
Calif., 1965.
P. S. Essenpreis, «Fort Ancient Settlement: Differential
Reponse at a Mississippian-Late Woodland Interface», in B.
D. Smith (ed.), *Mississippian Settlement Patterns*. Orlando,
Fla., 1978.
W. W. Fitzhugh and S. A. Kaplan, *Inua: Spirit World of the
Bering Sea Eskimo*. Washington, D.C., 1982.
F. and M. E. Folsom, *America's Ancient Treasures*.
Alburquerque, NM 1983.
H. S. Gladwin, *A History of the Ancient Southwest*. Portland,
Me., 1957.
J. B. Griffin, «Eastern North American Archaeology: A
Summary», *Science*, vol. 156, pp. 175-191, 1967.
W. G. Haag, «The Bering Strait Land Bridge», *Scientific
American*, 1962.
C. W. Hibbard *et al.*, «Quaternary Mammals of North
America», in H. E. Wright, Jr. and D. G. (eds.), *The
Quaternary of the United States*. Princeton, N. J., 1965.
B. Hayden, «Research and Development in the Stone Age:
Technological Transitions among Hunter-Gatherers», *Current
Anthropology*, vol. 22, pp. 519-548, 1981.
R. F. Heizer (ed.), *California*, Handbook of North American
Indians, vol. 8. Washington, D.C., 1978.
J. Helm (ed.), *Subarctic*, Handbook of North American
Indians, vol. 6. Washington, D.C., 1981.
C. Hudson, *The Southeastern Indians* Knoxville, Tenn., 1976.
A. S. Ingstad, *The Discovery of a Norse Settlement in America*.
New York, 1977.
J. D. Jennings, *Prehistory of North America*. New York, 1974.
J. D. Jennings (ed.), *Ancient Native Americans*. San Francisco,
Calif., 1978.

R. Kirk and R. D. Daugherty, *Exploring Washington
Archaeology*. Seattle, Wa., 1978.
A. L. Kroeber, *Cultural and Natural Areas of Native North
America*. Berkeley, Calif., 1963.,
D. J. Lehmer, *Introduction to Middle Missouri Archaeology*.
Washington, D.C., 1971.
R. H. and F. C. Lister, *Chaco Canyon*. Alburquerque, NM,
1981.
R. J. Mason, *Great Lakes Archaeology*. Orlando, Fla, 1981
J. T. Milanich and C. H. Fairbanks, *Florida Archaeology*.
Orlando, Fla., 1980.
–and S. Proctor (eds.), *Tacachale: Essays on the Indians of
Florida and Southeastern Georgia during the Historic Period*.
Gainesville, Fla., 1978.
W. N. Morgan, *Prehistoric Architecture in the Eastern United
States*. Cambridge, Mass., 1980.
D. F. and P. A. Morse, *Archaeology of the Central Mississippi
Valley*, New York, 1982.
A. Ortiz (ed.), *Southwest*, Handbook of North American
Indians, vol. 9. Washington, D.C., 1979.
–*Southwest*, Handbook of North American Indians, vol. 10,
Washington, D.C., 1983.
J. Pfeiffer, «America's First City», *Horizon*, vol. 16, pp.
58-63, 1974.
D.B. Quinn (ed.), *North American Discovery Circa 1000-1612*.
Columbia, S.C., 1971.
W. A. Ritchie, *The Archaeology of New York State*, Harrison,
N.Y., 1980.
V. E. Shelford, *The Ecology of North America*. Urbana, Ill.,
1963.
B. D. Smith (ed.), *Mississippian Settlement Patterns* Orlando,
Fla, 1978.
D. R. Snow, *The Archaeology of New England*. Orlando, Fla,
1980.
–*The Archaeology of North America*, New York, 1976.
(Published in London as *North American Indians: Their
Archaeology and Prehistory*.)
R. F. Spencer and J. D. Jennings (eds.), *The Native
Americans*, New York, 1977.
E. G. Squier and E. H. Davis, *Ancient Monuments of the
Mississippi Valley, Comprising the Results of Extensive Original
Surveys and Explorations*. Washington, D.C. 1874; reprinted
New York, 1965.
J. B. Stoltman «Temporal Models in Prehistory: An Example
from Eastern North America», *Current Anthropology*, vol. 19,
pp. 703-746, 1978.
J. B. Stoltman and D. A. Baerreis, «The Evolution of
Human Ecosystems in the Eastern United States» in H. E.
Wright, Jr. (ed.), *Late-Quaternary Environments of the United
States*, vol. 2, *The Holocene*. Minneapolis, Minn., 1983.
G. E. Stuart, «Mounds: Riddles from the Indian Past»,
National Geographic, vol. 142, pp. 783-801, 1972.
B. G. Trigger (ed.), *Northeast*, Handbook of North American
Indians, vol. 15. Washington, D.C., 1978.
W. R. Wood, *The Origins of the Hidatsa Indians: A Review of
Ethnohistorical and Traditional Data*. Lincoln, Neb., 1980.
J. V. Wright, *Ontario Prehistory: An Eleven-Thousand-Year
Archaeological Outline*. Ottawa, 1972.
–*Quebec Prehistory*. Ottawa, 1979.

Cuarta parte: Mesoamérica
A. F. Aveni, *Skywatchers of Ancient Mexico*. Austin, 1980.
E. P. Benson, *The Maya World*, New York, 1967.
–(ed.), *The Olmec and Their Neighbors*. Washington, D.C.,
1981.
I. Bernal, *The Olmec World*. Berkeley and Los Angeles,
Calif., 1967.
R. E. Blanton, *Monte Albán: Settlement Patterns at the Ancient
Zapotec Capital*. New York 1978.
D. S. Byers and R. S. MacNeish (eds.), *The Prehistory of the
Tehuacan Valley*. Austin, Tex., 1967-77.
M. D. Coe, *Lords of the Underworld: Masterpieces of Classic
Maya Ceramics*. Princeton, N.J., 1978.
–*Mexico*. London 1984.
–*The Maya*. London 1984.
M. D. Coe and R. A Diehl, *In the Land of the Olmec*. Austin,
Tex., 1980.
N. Davies, *The Ancient Kingdoms of Mexico*. London 1982.
The Aztecs. London, 1973.
R. A. Diehl, *Tula, The Toltec Capital of Ancient Mexico*.
London, 1983.
K. V. Flannery (ed.), *The Early Mesoamerican Village*. New
York, 1976.
P. D. Harrison and B. L. Turner II (eds.), *Pre-Hispanic Maya
Agriculture* Alburquerque, NM, 1978.
P. D. Joralemon, *A Study of Olmec Iconography*. Washington,
D.C., 1972.
J. S. Justeson and L. Campbell (eds.), *Phoneticism in Mayan
Hieroglyphic Writing*. Albany, N.Y., 1984.

M. E. Kampen, *The Sculptures of El Tajín, Veracruz, Mexico*.
Gainesville, Fla., 1972.
D. H. Kelley, *Deciphering the Maya Script*. Austin, Tex., and
London, 1976.
J. Kelley, *The Complete Visitor's Guide to Mesoamerican Ruins*.
Norman, Okla., 1982.
R. Milton. *Urbanization at Teotihuacan, Mexico*. Austin, Tex.,
1973.
H. B. Nicholson and E. Quiñones, *Art of Aztec Mexico*.
Washington, D.C., 1983.
J. Gaddock (ed.), *Ancient Oaxaca*. Stanford, Calif., 1966.
E. Pasztory, *Aztec Art*. New York, 1983.
W. T. Sanders, J. R. Parsons and R. S. Santley, *The Basin of
Mexico: Ecological Processes in the Evolution of Civilization*.
New York, 1979.
L. Schele, *Notebook for Maya Hieroglyphic. Writing Workshop at
Texas*. Austin, Tex., 1986.
–and M. E. Miller, *The Blood of Kings: A New Interpretation of
Maya Art*. Austin, Tex., 1986.
M. E. Smith, *Picture Writing from Southern Mexico: Mixtec
Place Signs and Maps*. Norman, Okla., 1973.
J. Soustelle, *The Olmec*. New York and London, 1984.
R. Spores, *The Mixtec Kings and Their People*. Norman,
Okla., 1967.
J. Eric S. Thompson, *Maya Hieroglyphic Writing: An
Introduction*. Norman, Okla., 1971.
–*Maya History and Religion*. Norman, Okla., 1970.
M. P. Weaver, *The Aztecs, Maya, and Their Predecessors*. New
York, 1981.

Quinta parte: Suramérica
R. E. Alegria, *Ball Courts and Ceremonial Plazas in the West
Indies*, Yale University Publications in Anthropology. New
Haven, Conn., 1983.
G. Bankes, *Moche Pottery from Peru*. London, 1980.
–*Peru Before Pizarro*. Oxford, 1977.
E. P. Benson, *The Mochica*. New York, 1972.
–(ed.), *Dumbarton Oaks Conference on Chavín*. Washington,
D.C., 1971.
–(ed.), *Pre-Columbian Metallurgy of South America*.
Washington, D.C., 1979.
–W. J. Conklin, J. B. Bird and S. J. Chavez, *Museums of the
Andes*. New York and Tokyo, 1981.
W. Bray, *The Gold of El Dorado*, London, 1978.
D. Browman, *Advances in Andean Archaeology*. The Hague
and Paris, 1978.
B. C. Brundage, *Empire of the Inca*. Norman, Okla., 1963.
R. K. *The Prehistoric Occupation of Chavín de Huantar*,
University of California Publications in Anthropology n.º
14. Berkeley, Calif., 1984.
G. H. S. Bushnell, *Peru*. London and New York, 1957.
C. B. Donnan, *Moche Art of Peru*. Los Ángeles, Calif., 1978.
–(ed.), *Early Ceremonial Architecture in the Andes*. Washington,
D.C., 1985.
A. R. González, *Arte Precolombino de la Argentina*, Argentina,
1977.
J. Henning and E. Ranney, *Monuments of the Inca*. Boston,
Mass., 1982.
J. Hyslop, *The Inka Road System*. Orlando, Fla. and London,
1984.
J. Jones, *The Art of Pre-Columbian Gold*. London, 1984.
L. Katz (ed.), *Art of the Andes*. Washington, D.C., 1983.
P. Kosok, *Life, Land and Water in Ancient Peru*. New York,
1965.
F. W. Lange (ed.), *Recent Developments in Isthmian
Archaeology*. Oxford, 1984.
–and D. Stone (eds.), *The Archaeology of Lower Central
America*. Alburquerque, NM, 1984.
E. P. Lanning, *Peru Before the Incas*. Englewood Cliffs, N. J.,
1967.
A. Lapiner, *Pre-Columbian Art of South America*, New York,
1976.
D. W. Lathrap, *The Upper Amazon*, London, 1970.
–, A. Gebhart-Sayer and A. M. Mester, «The Roots of the
Shipibo Art Style», *Journal of Latin American Lore*, vol. 11.
Los Ángeles, Calif., 1985.
S. K. Lothrop. *The Indians of Tierra del Fuego*, Contributions
from the Museum of the American Indian, Heye
Foundation, vol. 10. New York, 1928.
L. G. Lumbreras, «Excavaciones en el templo antiguo de
Chavín», *Ñawpa Pacha*, vol. 15. Berkeley, Calif., 1977.
–*The Peoples and Culture of Ancient Peru*, Washington, 1974.
G. F. McEwan, *The Middle Horizon in the Valley of Cuzco,
Peru*. Ann. Arbor, Mich., 1984.
B. J. Meggers, *Amazonia*. Chicago, 1971.
D. Menzel, *The Archaeology of Ancient Peru and the Work of
Max Uhle*. Berkeley, Calif., 1977.
T. Morrison, *Pathways to the Gods*. New York, 1978.
M. Moseley and K. C. Day, *Chan Chan*. Alburquerque, NM,

J. V. Murra, «Cloth and Its Functions in the Inca State», *American Anthropologist*, vol. 64. Menasha, Wisc., 1962.
P. I. Porras, G., *Arqueologia del Ecuador*. Quito, 1984.
D. A. Proulx, «The Nasca Style», in L. Katz (ed.), *Art of the Andes: Ceramics from the Arthur M. Sackler Collections*. Washington, D.C., 1983.
R. Ravines (ed.), *Chan Chan*. Lima, 1980.
G. Reichel-Dolmatoff, *Colombia*. London and New York, 1965.
J. Reinhard, *The Hazca Lines: A New Perspective on their Origin and Meaning*. Lima, 1985.
J. W. Rick, *Prehistoric Hunters of the High Andes*. New York, 1980.
M. A. Rivera, *Prehistoric Chronology of Northern Chile*, Ann Arbor, Mich., 1977.
I. Rouse and J. M. Cruxent, *Venezuelan Archaeology*. New Haven and London, 1963.
A. P. Rowe, E. P. Benson and A. L. Schaffer (eds.), *The Junius B. Bird Pre-Columbian Textile Conference*. Washington, D.C., 1979.

J. H. Rowe, *An Introduction to the Archaeology of Cuzco*, Papers of the Peabody Museum of American Archaeology and Ethnology, Harvard University, vol. 27, Cambridge, Mass., 1944.
–*Chavín Art*. New York, 1962.
–*The Kingdom of Chimor*, Acta Americana vol. 6, 1948.
T. Salentiny, Machu Picchu. Enigma de piedra en la tierra del cóndor, Barcelona, 1981.
C. Ponce Sangines, *Tiwanaku*, La Paz, 1972.
A. R. Sawyer, *Ancient Peruvian Ceramics*. New York, 1966.
J. H. Steward (ed.), *Handbook of South American Indians*, Bureau of American Ethnology Bulletin vol. 143, Washington, D.C., 1946-59.
–and L. C. Faron, *Native Peoples of Southe America*. New York, 1959.
K. E. Stothert, «The Preceramic Las Vegas Culture of Coastal Ecuador», *American Antiquity*, vol. 50. Washington, D.C., 1985.
J. C. Tello, *Chavín*. Lima, 1966.
–*Paracas: Primera parte*. Lima, 1959.

–*Paracas: II parte*. Lima, 1979.
G. R. Willey, *An Introduction to American Archaeology*, vol. 2, South America. Englewood Cliffs, N. J., 1971.

Sexta parte: la herencia viva

K. Birket-Smith, *The Eskimos*. London, 1936.
D. Damas (ed.), *Arctic*, Handbook of North American Indians, vol. 5. Washington, D.C., 1984.
G. M. Foster, *Culture and Conquest*. New York, 1960.
C. J. Frisbie (ed.), *Southwestern Indian Ritual Drama*, Alburquerque, NM, 1980.
J. C. H. King, *Portrait Masks from the Northwest Coast of America*. London, 1974.
C. Levi-Strauss, *La vie des mesques*. Geneva, 1975.
R. H. Lowie, *Indians of the Plains*. New York, 1954.
J. H. Steward and L. C. Faron, *Native Peoples of South America*. New York, 1959.
F. Waters, *Book of the Hopi*. New York, 1963.
G. Weltfish. *The Lost Universe*. New York, 1965.

ÍNDICE DE TOPÓNIMOS

ÍNDICE ANALÍTICO

237

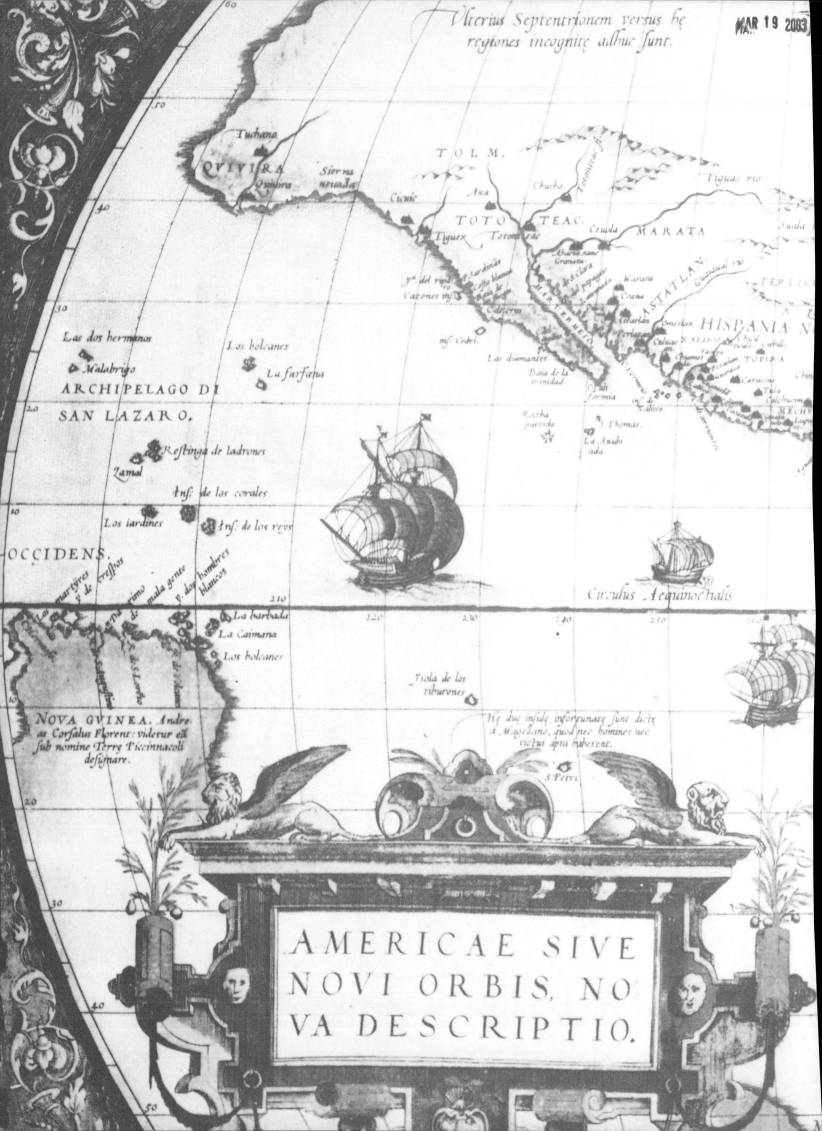

Tuchana

QVIVIRA
Quivira   Sierra nevada

TOLM.

Cicuic   Axa   Chucho   Tiguas rio

TOTO   TEAC.

Tiguex   Totonteac   Ceuola   MARATA   Susila

Acharia nome
Granata   des clara   Marata
Coana

ya del rio   del papagaio   ASTATLAN.   Guanual rio
Caçones ins

insl Cedri   HISPANIA N

Las dos hermanos   Los bolcanes   Culuae KALISCO
Malabrigo   La farfana   Las diamantes   TOPIRA

ARCHIPELAGO DI   Baia de la
trinidad   Caracou
Chili

SAN LAZARO.   Calchuem
Rocha   MECHV
partida   S. Thomas.

Restinga de ladrones   La Anubi
Zamal   ada.

Insl de los corales.

Los iardines   Insl de los reys

OCCIDENS.

Los martyres de creschos   V. de hombres
blancos   210   220   230   240   250   260

Da ci primo di mala gente   Circulus Aequinoctialis

La barbada

La Caimana

Los bolcanes

Ysola de los
tiburones

*Hę duę insulę, infortunatę sunt dictę
à Magellano, quod nec homines nec
victui apta haberent.*

S. Petri

AMERICAE SIVE
NOVI ORBIS, NO
VA DESCRIPTIO.